U0442474

同济大学政治学人文集
Collected Works of
Tongji Political Science Scholars

门洪华　主编

STRATEGIC GAME OF GREAT POWERS: A COMPARATIVE STUDY
大国战略博弈研究

门洪华　著

中国社会科学出版社

图书在版编目（CIP）数据

大国战略博弈研究／门洪华著．—北京：中国社会科学出版社，2024.8
（2025.8 重印）
（同济大学政治学人文集）
ISBN 978-7-5203-8333-2

Ⅰ.①大… Ⅱ.①门… Ⅲ.①国际政治 x 文集 Ⅳ.①D5-53

中国版本图书馆 CIP 数据核字（2021）第 228112 号

出 版 人	季为民	
责任编辑	侯聪睿　贾森茸	
责任校对	李　莉	
责任印制	张雪娇	

出　　版	中国社会科学出版社	
社　　址	北京鼓楼西大街甲 158 号	
邮　　编	100720	
网　　址	http://www.csspw.cn	
发 行 部	010-84083685	
门 市 部	010-84029450	
经　　销	新华书店及其他书店	
印　　刷	北京明恒达印务有限公司	
装　　订	廊坊市广阳区广增装订厂	
版　　次	2024 年 8 月第 1 版	
印　　次	2025 年 8 月第 2 次印刷	
开　　本	710×1000　1/16	
印　　张	28.5	
字　　数	401 千字	
定　　价	139.00 元	

凡购买中国社会科学出版社图书，如有质量问题请与本社营销中心联系调换
电话：010-84083683
版权所有　侵权必究

目 录

前言 / 1

弛张有度　和斗相兼
　　——试析冷战后的美日关系 / 1
国际机制理论的批评与前瞻 / 17
联合国机制浅析 / 35
国际机制与中国的战略选择 / 53
联合国集体安全机制的困境 / 78
冷战后美国大战略的争鸣及其意义 / 91
中国和平崛起的国际战略框架 / 107
回归国际关系研究的中国重心，架起理论与实践的桥梁 / 122
中国战略文化的重构：一项研究议程 / 129
美国霸权与美欧关系 / 143
中国崛起与东亚安全秩序的变革 / 160
关于德国政党政治变迁的调研与思考 / 179
东亚秩序视角下的中日关系 / 197
关于中国大战略的理性思考 / 212
两个大局视角下的中国国家认同变迁（1982—2012年） / 231
中国对美国的主流战略认知 / 256
开启中国全面深化改革开放的新时代 / 273

中国公共外交与对日方略 / 284
党中央治国理政新理念新思想新战略：一项国际研究议程 / 298
探国家盛衰之理　究世界风云之源
　　　　——门洪华教授访谈 / 326
贸易摩擦背景下的中美博弈 / 348
外部环境演变与中国的战略应对（2008—2020年） / 371
构建新时代中国国际统一战线
　　　　——一项战略研究议程 / 388
构建面向未来的中国战略新布局 / 420
中国三大全球倡议的战略逻辑 / 434

前　言

大国在国际社会中拥有举足轻重的地位、负有重大责任，是国际关系的天然主角。各大国历史经验不同，实力地位和内外环境有异，所求有别，博弈时兴。有鉴于此，大国关系往往是决定国际结构、左右国际进程、促进人类思想创新的主要力量，大国博弈是国际关系的重要主题。

本书以大国博弈研究为主题，聚焦中国大国关系的理论与实践。中国一贯高度重视大国和大国关系。1840年以降，与西方诸国（尤其是西方大国）的关系一直是中国—世界互动关系的核心。20世纪30年代以来，与美国的关系更是构成了中国大国关系的重要环节。随着大国兴衰和国际格局的变化，西方大国、社会主义大国、发展中大国成为中华人民共和国建立以来处理大国关系的核心关注点，结盟（准结盟）、不结盟、伙伴关系、新型大国关系等先后成为中国处理大国关系的基本模式，中国在大国之间纵横捭阖，既有合纵，亦有连横；既有对抗和竞争，也体现为协调与合作。纵观1949年迄今70余年的中国国际战略设计，大国始终是中国外交的基本关注点，大国关系也是引动中国外交格局演变的核心力量。国家战略目标的调整和国际环境的演变相辅相成，促动了中国处理大国关系的战略思路发生变化，中国国际战略布局亦在此间逐步展开，走向纵横捭阖、丰富多彩，并在当前体现为总体稳定、均衡发展的基本战略诉求。

本书是笔者1998年攻读博士学位迄今所撰写的国际关系研究论

文结集，聚焦于中国战略与大国关系，每年收录学术论文一篇，共计25年25篇文章，以体现学术研究的持续性和连贯性，可视为对自己学术生涯的阶段性、领域性总结。

时间如白驹过隙，逝者如斯！二十余年学术生涯，从初窥门径到沉浸其中，世事风云止于书斋，化成文字，其思其想，其感其叹，其乐其忧，莫不随风矣！忽记起《苦茶》所载"三道茶"之说，谓之第一道茶甘如爱情，第二道茶苦如人生，第三道茶淡如微风。斯言浩渺，惟静夜思之。

是为记。

门洪华
2024年8月

弛张有度　和斗相兼[*]

——试析冷战后的美日关系

美日关系是当今世界体系中最重要的双边关系之一，在亚太格局中更是举足轻重。从历史上看，美日争斗曾一度主宰了亚太地区的战争与和平；从现实而言，美日结盟仍将在很大程度上制约乃至决定亚太地区的未来走向。因此，正确认识美日关系的实质，是把握亚太格局的关键切入点和前提之一。

美日结盟，始于冷战之初，直至今日，其作用未见衰败，而渐显加重。然而，今日的同盟毕竟非昔日城下之盟可比，不仅两国的地位和目标有所不同，而且同盟的性质和意义也渐具质变之势。

美日间的特殊同盟关系是冷战期间双方最大的共同遗产，能否继承与如何继承曾经使双方大伤脑筋，今后也未必能够避免龃龉。究其原因，乃是共同敌手苏联的不复存在，原有的基本利益冲突游到表面，且愈燃愈烈，大有互不相让之势；经贸领域的摩擦日趋激烈，日本细川首相当面喊"不"，美国各界亦有"你死我活"之辩；双方对亚太地区主导权的争夺加剧，战略利益频因迭和而冲突不断。然而，这些冲突并未导致双方关系质的异化，协调与冲突仍然为主要方面，其根源不外于经济上的相互依赖、政治及安全利益的相互需求、价值

---

[*] 本文公开发表于《国际政治研究》1998年第2期，第96—104页，收入本书时有所修订。

观念（社会、政治制度等）的认同等。这在 1995 年双方达成汽车贸易协议和 1996—1997 年双方加强安全保障方面已有所凸显。

今后相当长的时间里，美日关系将仍是和斗有兼，但其张其驰均不会过"度"。双方国家利益与同盟利益已难解难分，但今后在双边关系中将增加注重国家利益的成分，并在将来导向 21 世纪的角逐。

在国际关系中，国家利益是"制约、影响国家行为的根本因素，是国家对外行为的基本动因"。① 美日关系的过去、现状和将来，无不决定于双方对国家利益的界定和追求。以国家利益为底线，来论述分析战后日美关系的发展演变，特别是冷战后双方关系的新变化及发展趋势，可以有效地揭示美日关系的本质特征。

一 冷战时期美日同盟关系的形成与演变

战后的美日关系是以美国单独占领日本为起点的。由于冷战的开始和对华政策的失败，美国的对日政策由打倒日本、消灭战争潜力转向扶植日本。1951 年 9 月 8 日，美国单独与日本签订和约，美日并于当日签订《日美安全条约》。日本被纳入美国"遏制"政策的轨道，成为美国在远东地区的反苏战略堡垒和军事基地。从此，美日"特殊关系"正式建立。

这种特殊关系是美日双方国家利益互有需求的结果。在苏美争霸的冷战背景下，美国把日本看作远东的"新重心"、在东方战略防守的"第一道防线"，② 通过与日本结盟，获得在远东的活动条件。为此，美国在政治、经济、军事等各个方面扶植日本。日本则把美国的保护伞看作是最佳安全形式。更重要的是，在美国保护下，它可以避免直接的国际纷争，集中力量于经济发展。正是因为有利于双方的国家利益，

---

① 张季良：《国际关系概论》，世界知识出版社 1990 年版，第 54 页。
② 宋成有等：《战后日本外交史（1945—1994）》，世界知识出版社 1996 年版，第 70—72 页。

符合双方的战略需要，美日特殊关系才得以建立和维持。美日从结盟中获益不菲，但也付出了不少代价。美国取得驻军日本的特权，最终得以建立起包围苏、中的战略态势，在亚太地区取得了对苏的优势；同时，美国也不得不承担起保护日本安全的责任和义务，且扶植日本也在亚太给自己造就了经济上的对手，可谓"养虎遗患"。日本利用美国的保护伞放手发展经济，但同时也丧失了外交自主，在国际事务中唯美国马首是瞻，在各方面冲突都不得不做出比美国更大的让步；在美日关系中，日本的地位也是从属性的。这种得失兼具的同盟关系必会带来双方的摩擦，并导致其自身的不断调整。

对于日本而言，日美关系是巨大利益的源泉，日本成为冷战格局最大的受益者。但日本也有不满之处，名义上的同盟、实质上的主从关系，这种不平等事关国家主权，总令日本人有篱下之感。所以，日本在利用"美日基轴"执着追求自身利益的同时，也对自己所付出的政治代价设法予以弥补。1960年修改《日美安保条约》，乃是一个划时代的事件。它删除了驻日美国可以镇压日本"内乱"的条款，突出了日美双方的对等性，标志着日本局部改变了对美一边倒的外交策略，两国关系从20世纪50年代的磨合期进入到60年代的黄金时期。从此，日本的外交自主性加大，对自主外交的追求也日愈强烈。

对于美国而言，作为资本主义世界的盟主，为了实现全球战略，达到扼制共产主义的目的，它要求日本重整军备，扩军32.5万人。对此，当时的日本首相吉田茂坚决予以反对，他坚持渐进扩军，拒绝美国迅速整军治武的要求。对吉田茂而言，亲美外交的目的在于利用美国的保护发展自己，急于发展本国的军事能力不但削弱了经济竞争力，而且会有置于美苏对峙"马前卒"的危险，[①] 其实质是充分享受美苏冷战的益处而不愿为维护之稍尽义务。双方在这方面的矛盾暴露

[①] 冯昭奎：《日美关系：从战后到冷战后》，《美国研究》1996年第3期，第7—20页。

了两国利益关系的不同目标：美国既要驻军又不愿承担保卫日本的义务；日本依附美国发展自己却又不甘自主性的丧失。经过短暂的外交折冲，双方矛盾通过妥协和调整目标达成如下协议：日本同意组建"警察预备队"，并增加"海上保安队"人数；美国则相机放弃了对日本大规模武装的要求。但是，这一矛盾并未得到根本解决，在军备、人员、军费、驻地等方面美日时有龃龉。这说明，在同盟利益和国家利益之间发生矛盾时，美国坚持自己的国家利益，而日本为了自身的利益，也不断增强其外交的自主性。

随着经济的迅速增长，日本在20世纪60年代末成为西方世界第二经济强国；而美国则因"越战"等影响，元气大伤，对日经济优势大有缩小。日美由保护与被保护关系变为经济上的竞争对手，并开始了"对等关系的危机"。这主要表现在以下几个方面：其一，贸易摩擦不断，1970年发生的日美纺织品摩擦正式揭开了日美经济战的序幕，从此愈燃愈烈，从传统的钢铁、汽车等"夕阳产业"扩展到了电子、通信、计算机等"朝阳产业"，进一步进入到高科技领域的竞争，美国的贸易黑字迅速扩大，国内惊呼日本在"购买美国"。美国不断动用行政手段向日本施压，甚至动用了"超级301条款"这根大棒。然而，日本虽然频做让步，但并未就范，对美国的霸权主义反抗反而更加剧烈，喊出了"日本可以说不"的呼声。其二，日本追求外交自主性的步伐加大，在重大国际问题上与美国意愿相左，其反应也日渐体现自主性。1973年石油危机爆发期间，日本不顾美国反对，采取了保护自身利益的独立外交行为。从此，日本多次不顾美国利益，在处理外交事务上自作主张，使日美关系不时紧张。其三，随着美国相对的经济衰落和日本经济的增强，美国要求日本承担更多的防务负担，双方矛盾仍旧不断。总之，20世纪70年代以来，日美矛盾公开化，日本多边自主外交的步伐亦越来越大。恰如基辛格所说："我们没有哪个国家解决了这样一个问题：如何执行自主的国家经济政策，同时又不至于同既是政治盟友又是贸易对手的国家搞得关系日益紧张。"①

然而，这些矛盾与摩擦并未导致同盟的解体，防共防苏的共同战略需要把美日两国牢固地维系为一体。两国各自的国家利益与同盟利益的矛盾虽时有发生，但在全局上，仍服从于后者。所以美国容忍了日本对战后冷战格局的利用和有损同盟利益的某些做法；日本虽然与美国经济竞争激烈，但每每都能妥协处理矛盾，特别在东西关系紧张对峙时毫不迟疑地配合美国的战略行动。当然，随着双方相对实力的变化，美日缓解矛盾的余地缩小了，已出现了基本利益的碰撞，双方维持昔日的关系越来越难了。

二　冷战后美日关系的调整与演变

20世纪80年代末90年代初，世界形势风云变幻，可谓天翻地覆。东欧剧变、苏联解体使战后两大军事集团对峙40多年的"冷战体系"彻底瓦解。冷战的结束直接冲击着美日两国的同盟关系。美日特殊同盟是建立在防苏反共基础之上的，在敌人骤失的局势下，双方维系同盟的纽带随之消失；两国之间原有的矛盾也凸显出来，争斗更为激烈；而且两国在重新确定自己的国家利益、对同盟利益认识的不同又导致了新的矛盾和冲突。

冷战结束后，与欧洲混乱不堪的地区局势相对照的是，亚太地区继续保持着政治秘密和经济高速发展，亚洲的政治体制也走向成熟，"21世纪是亚太世纪"的说法不胫而走，亚洲的重要性越来越突出、西方学者认为，亚洲将拥有与欧美抗衡的政治、经济和军事力量，被赋予对本地区乃至全球施加影响的能力。②

亚太经济的飞速发展早就引起了社会各界的关注，而冷战的结束

---

① ［美］基辛格：《白宫岁月》第1卷，世界知识出版社1980年版，第453页。
② Richard Holloran, "The Rise of the East", *Foreign Policy*, Spring, 1996.

并没有丝毫减慢其迅猛的发展势头。继日本和"东亚四小龙"之后，泰国、马来西亚和印度尼西亚正在崛起为第二代新兴工业国，且大有后来者居上之势，亚太地区的重要国家——中国的经济发展更是占尽风头，在20年的改革开放中经济一直保持着两位数的增长率。从20世纪60年代起，东亚国家和地区的经济增长即居世界前列，整个亚洲地区现在每10年人均年产值就增长一倍。冷战后的东亚地区就像世界星空中的闪烁明星，成为带动世界经济发展的发动机。

与经济的发展相适应，亚太地区的政治局势也在冷战后表现出稳定与和解的局面。欧洲因社会主义国家纷纷消失而陷入混乱；非洲因推行政治多元化而重新动荡；相对而言，亚洲一枝独秀，领尽风骚。这种相对稳定的政治局势为各国经济发展提供了良好的基础和环境。亚太地区逐渐成为世界政治经济的重心。国际问题专家预测，在未来国际格局的构建中，亚太地区至少会像欧洲一样成为重心之一。

面对亚太地区日益上升的国际地位和广阔的市场潜力，美日相继调整战略，都力争取得亚太地区的主导权，争夺亚太地区的主导权成为美日矛盾的重中之重。日本提出"脱美入亚"的战略，推行"雁型模式"；美国则调整亚太政策，推行"扇形战略"，力图用西方价值观重塑亚太，构塑一个在分享力量、分享繁荣和对民主价值共同承担义务基础之上的新太平洋共同体。双方都把争夺亚太地区的主导权看作未来发展的重大契机，这必然导致矛盾冲突更加激烈。而且，这一矛盾影响到了美日两国的根本国家利益和全局战略利益，必然加剧了原有的各项矛盾，使之更为深化。

美国对亚太地区之垂涎非止一日。林肯时代的美国国务卿西华德曾称："谁占领了太平洋，谁就拥有了整个世界。"冷战后，经济地位相对衰落的美国把亚太地区当作重振经济的"救命稻草"。美国1994年的《国家安全战略报告》指出：亚洲是"一个对美国的繁荣和安全越来越重要的地区"。从经济上看，亚太地区是目前美国最大的贸易伙伴，美国与亚太经合组织（APEC）成员的贸易额占其贸易总额的50%以上，双向贸易总额达3000多亿美元；从政治上看，美、俄、日、中等各国的政治各富色彩，其内政外交都在调整之中，它们的未来政策将会影响亚太乃至全球的稳定与发展，影响美国的国家安全利益乃至其尽力维持的"美国治下的和平"（Pan Americana），美国不得不加强在这一地区的力量投入，通过参与加以控制；从价值观念上看，亚太地区文化最为丰富多姿，美国多年推行其文化价值观，力图用之统一观念都未奏效，该地区"亚洲价值观"的兴起、伊斯兰教的复兴都对美国的文化价值观念提出了直接的挑战，这对于文化特色颇浓的美国外交构成了相当的威胁，不由美国不认真处置，亨廷顿的"文明冲突论"便是美国提出的一味"解毒剂"；从军事上看，亚太地区经济的发展必会带来军费的增加，几大国的外交折冲也直接影响美国的军事利益，所以美国对亚太地区主导权的争夺是不遗余力的。

作为亚洲的一员，日本曾一度力图独霸亚洲，虽遭失败，其心未死。从20世纪50年代末开始，日本加强与东南亚、东亚的合作，确立了在亚太地区的重要地位。日本的原料多来自亚太，在世界区域集团化加强的今天，亚太地区对日本未来的繁荣与发展有举足轻重的作用。日本国内颇为流行的"脱美入亚论"正反映了这一需求。在外交上，日本愈来愈重视这一地区，提出"比以往更加紧密地"与这一地区的国家进行对话与合作。日本提出了建立"东亚经济圈""环日本海经济圈"等计划，进一步密切同亚太各国的经济、政治关系，其目的也在立足亚太，争做亚太的盟主。美日两国都想在未来的亚太世纪中扮演主角或领导角色，不可避免地引发了两国进一步的摩擦与矛盾。

到冷战结束前后，日本已初步具备了与美国全球竞争的实力。经济上，冷战使日本成为国际格局最大的经济受益者，1985年，日本成为世界上最大的债权国，与美国的贸易顺差逐年增大，其国民生产总值已达美国的60%以上，而美国沦为世界上最大的债务国，欠有日本大量外债；高科技方面，日本在微电子、计算机等领域加紧开发，技术输出剧增，有许多尖端技术超过了美国；军事上，日本军费从中曾根时代就突破了国民生产总值的1%，军费支出已占世界第二位，日本的军备也大大增强，是亚洲武器装备现代化水平最高的国家，其军事能力已引起世界的瞩目；外交上，日本从多边自主外交走向咄咄逼人的"大国外交"，力图分享世界领导权，希冀用经济实力填补世界力量的真空，参与国际决策，以图在亚太地区与美国分庭抗礼，且取得了相对可观的成效。正是在这种力量对比的前提下，从冷战体系开始崩溃之后，美日就酝酿调整双边关系，并几经波折，渐显合霸亚太之势。

东欧剧变后，日本各界担心美国不再容忍日本及其经济扩张，重演20世纪30年代的日美对立，同时也害怕美国抛弃它，使之成为世界孤儿，抢先提出了关于未来国际秩序的构想。1990年1月，海部俊树首相发表致布什总统的亲笔信，正式提出必须以"日、美、欧三极为主导形成世界新秩序，而日本将为世界新秩序的形成做出积极的贡献"。此时的美国也在不安地审视着日本的动向，其目光也越来越严厉。1990年3月，老布什在《国家安全战略报告》中宣称，在迅速变化的世界上，一些国家正以"新的领导者"的姿态出现，对美国构成了潜在的威胁，可能使"盟友之间相互对立"。出于这种考虑，美国开始了对日战略的调整：在经济上，更加严厉地"敲打"日本；在军事上，加强控制，在继续要求日本分担防务的同时，控制日本的扩军，美国国防部部长切尼公开表示"美国不希望日本成为军事大国，日本不需要大规模扩军"；在政治上，安抚日本，支持其成为联合国常任理事国的要求，企图将日本走向政治大国的努力纳入美国的战略轨道。这次战略调整为以后美日关系的发展定下了基调。

冷战的结束给美日双方提供了反思的机会。在共同敌人消失后，美国怎样才能维持其"治下的和平"，怎样调整对日关系成为一个重点；而日本在怎样才能依据自己的实力实现大国之梦，是否需要改变传统的与强国结盟的政策方面也颇费踌躇。日本国内反对唯美国马首是瞻，要求"今后日本无利可图就不给予援助"的呼声有所提高，且"脱美返亚论"日益流行，主张改变日美轴心、从专对美国转变为全方位外交、与亚洲建立"成人式近邻关系"者也不乏其人。

在日本各界期待外交战略有所变革的氛围中，宫泽喜一首相上台伊始即提出了外交新构想，这实际反映在他1991年12月8日发表的施政演说中。宫泽提出，加强外交独立性，"亲自发挥主导作用"，从而与美国拉开距离；加强以联合国为中心的外交，减轻对美国的依赖；全力拓展与亚洲国家的关系，并以此作为与美国分庭抗礼的基础。此后，他又提出"亚太安全会议"的构想，其目的是与美国保持一定距离，突出亚美均衡，确立日本亚洲盟主的地位。

尽管美日矛盾日渐加深，但美日之间多年结盟已构成了相互间隔绝不断的利益组合。美国之所以有冷战后"唯一超级大国"的地位，与日本财政的鼎力支持是分不开的。苏联解体使亚太地区也同样面临着力量重组，美国欲建立其"治下的和平"，填补力量真空，应付欧亚局势，必须借助日本在安全、政治、经济领域分担责任。所以，美国在需要日本配合又害怕日本独霸亚太经济的心理下，再次调整了对日战略，其中最突出的是重新强调把美日关系当作"亚太外交"的核心，双方调整政策的初步成果是1992年发表的《东京宣言》。

1992年1月，美国总统布什访日，其间发表了《美日东京宣言》，宣称两国决心携手并肩，承担建立新时代的"特殊责任"，并准备灵活地运用《美日安保条约》和有关规定，使美日同盟成为"具有全球性的合作关系"。宣言进一步提高了日本的地位，美国正式确认了与日本"对等的伙伴关系""全球性的伙伴关系"。宣言宣称，日美作为亚太国家，在尊重地区多样性的同时，要促进本地区的繁荣，缓和紧张局势，促进本地区的政治合作。为此，两国再次确认了1960年的《共同合作和安全保障条约》，美国将保持维护亚太和平与稳定的美军力量，日本则承诺继续向美国提供日本国内的设施和基地,并承担更高比例的军事费用。日本还承诺将焦点对准贸易和投资关系,解决经济摩擦。

《美日东京宣言》的达成是经过彼此让步和妥协的。美国加强了同日本的同盟,力图将日本重新纳入其亚太战略之内,控制住日本。日本得到美国对其大国地位的承认,也暂时满意了。两国试图从此"确定美日在冷战后的关系构架",但美日之间的国家利益冲突岂能由一纸协议控制,在冷战磨合期内,双方的矛盾并未因之减少。

此后一段时间,美日双边关系的摩擦有增无减,而且有从传统的经贸方面向高科技、安全、政治领域溢出之势。在经济领域,美日贸易逆差进一步加大,美国多次动用行政威胁,特别是在克林顿政府上台后注重经济安全为先的情况下,美国不惜动用"超级301条款",力促日本屈服;而日本并没有像冷战前那样配合美国,细川首相甚至在克林顿面前响亮地回答了一个"不"!美国动用了"日元升值"和经济制裁两手,不惜一切代价压制日本,其国内对日本的敌视心理日重,全国各地掀起抵制日货的运动,得到了63%居民的支持。双方基本利益发生了尖锐的碰撞。

虽然日美的经济摩擦日趋激烈,对亚太地区主导权之争正在加剧,对安全问题的龃龉也在发展,但日美关系现在仍将以合作为主要方面。首先,双方经济上相互依赖很深。对日本来说,日本的出口商品迄今仍有1/3销往美国,而且日本对美国的贸易连年有巨大顺差。日本如果同美国在经济上全面对抗、在政治上分道扬镳,日本不得不为价值上千亿美元的出口商品重新寻找市场。原料进口对日本的经济和整个国家的生存都是必不可少的,从经济安全考虑,日本还离不开美国在军事上对波斯湾、印度洋、南太平洋的控制。此外,美国在日本的投资战略中具有极大的重要性:对美国来说,日本的市场和其在美国的投资也很重要,美对日出口比美对德、意、法三国出口的总和还要多,美国财政赤字的相当大部分要由日资来弥补。因此美日的经济摩擦到一定程度也需协调,以免失控,影响本身的经济发展和未来各自的竞争力。

其次,双方在安全战略上仍有共同需要。日本目前花在防务上的钱,已居世界第二位,日本的军工潜力相当大。但是,日本建立一支强大的军队来保护自己的政治、经济利益还需要相当长的时间,日本也需要美国的军事存在,以平抑东亚国家对日本复活军国主义的戒心,因此日本需要维护美日安全关系,但也要求调整。由于美国实力下降,美国要控制亚太、抑制日本军队的发展,维持军队的"前沿存在",也需要日本"分担责任"的合作。

最后,政治上美日仍需互相支持。日本期望成为政治大国和联合国安理会常任理事国,必须得到美国的支持;美国要推行其亚太战略也需要日本的协助,如果美日关系变成对抗性质,美国在整个地区的利益将受到损害。

美日关系的最新发展,验证了以上分析基本正确。经济上,1995年6月美日两国就他们之间最严重的经济摩擦——汽车贸易达成协议;政治与安全上,1996—1997年,双方就安全保障协商取得一致,不仅巩固了冷战时的同盟,还形成了合霸亚太的特殊轴心。[①]

首先,几十年来困扰和颇伤两国人民感情的美日贸易摩擦开始趋缓。以日美汽车贸易协定为标志,双方的贸易摩擦呈下降趋势。这种趋缓不单是美国施压、日本自我约束的政策性结果,也是美日经济关系内外环境变化的结果,被认为"一定的客观性、持续性和稳定性"。从美日双边关系看,两国经济的相互依存将会趋向平衡,两国经济政策更容易协调,美国国内反日情绪也会减轻,从而使两国的合作关系更为巩固,同时也使双方在处理与东亚其他国家经济关系时更易协调立场。从地区关系看,东亚各国在处理与美国贸易摩擦时将仿效美日贸易的解决模式。美日这两个世界上最大的经济强国所达成的

---

① 任东来:《形成中的美日轴心及其对东亚的影响》,《战略与管理》1996年第4期,第51—53页。

贸易条件可能成为世界的惯例。

其次，美日的安全合作已从美国向日本提供安全保护扩大成为"亚太地区和平与繁荣"的基础。1996年4月16—18日，时任美国总统克林顿访问日本，同日本首相桥本龙太郎举行了首脑会谈，这次会谈被认为是战后日美关系史上最重要的一次会谈。会谈的中心议题是安全问题，目的是为冷战结束后日美安全关系的重新定位，或称"再定义"。这次会谈的结果是发表了《日美安全保障联合宣言》，对《日美安保条约》进行了一次实质性修改。这是当前亚太战略格局中的一大战略动向，其影响所及不仅使美国同盟体制得到巩固和加强，对未来亚太战略格局的形成和中美、中日安全关系也将产生深远影响，因而倍受国际社会关注。该宣言称，当前这个地区依然存在着不稳定和不确定因素，日美安全同盟将继续成为21世纪亚太地区维护稳定与繁荣的基础，两国要着手修改1978年制定的《日美防卫合作指导方针》，"当日本周边地区发生的事态对日本的和平与安全产生重要影响时，两国将进行磋商合作"。

《日美安全保障联合宣言》（以下简称《联合宣言》）的发表，标志着日美对亚太地区安全战略的重大调整。日美要把两国之间产生于冷战时期的双边安全合作体制变成冷战后时期亚太地区安全秩序的支柱；该体制的作用将从遏制苏联"保障日本的安全"变为应对地区内各种"不稳定、不确定因素"，处理"紧急事态"，"维持亚太地区的和平与稳定"；适用范围从原来针对"日本有事"扩大为"日本周边地区有事"，从日本本土及菲律宾以北的"远东地区"扩大到整个亚太及至波斯湾地区。

日美安全同盟朝实效方向迈出了一大步。双方加强了日美安全合作的具体机制；日美军事合作已不单纯局限于提供基地；日本的基本防务政策由"专守防卫"向行使"集体自卫权"方向发展。这意味着原来仅限于自卫的日本军事力量将跨出国门，在其边界以外发挥作用。《联合宣言》标志着日本不仅被更牢固地纳入美国的世界战略，而且将改变一直标榜的"专守防卫"政策，偏离战后走过的和平发展之路。

日美强化双边安全合作机制不是偶然的，这是两国从追求自身利益，实现既定战略目标出发而做出的一种选择。美国的新东亚战略认定，对东亚只有深入参与才最符合亚洲和美国双方的利益，而美日同盟是美国推行这一战略的关键；日本随着国家战略重点的转移，也把维持并加强日美同盟视为走向政治大国的必由之路。日本确认继续借助日美同盟的保护自我发展壮大，不失为明智的选择。设想日本如果放弃日美同盟，摆在它面前的恐怕只有两条路可以走：一是全面重新武装，实现防卫独立。这首先将面临日本国内宪法的束缚以及广大和平力量的反对，加剧周边国家的疑虑，而且也得不到美国的首肯。二是实行"非武装中立"，显然，这与今天日本要在国际上发挥更大作用的国家意向是相悖的。

美国通过与日本签署联合宣言再次显示了它对日政策的底牌：需要日本在军事领域发挥更大的作用，但是这一作用必须严格限制在美国的战略轨道之中。

经过一年多的密切磋商，日本和美国于1997年6月7日在夏威夷发表了一个修改《日美防务合作指导方针》的中间报告。该文件一经发表立即在日本国内外引起了强烈反响和严重关注。拟议中的新指导方针同样规定了平时和日本遭受外来入侵时双方进行军事合作的内容、步骤和分工，主要内容和1978年的指导方针基本相同，但其中的关键之处在于，它规定"日本周边地区发生不测事态"时，日本向作战中的美国提供合作的内容和机制，即要日本在战争中发挥军事作用。其合作内容主要包括：战时美军可使用自卫队的设施、民用港湾、机场；日本向作战中的美军提供补给、运输、维修、医疗、通信和警备等后方服务；日本自卫队在公海上担任警戒巡逻和提供所截获的军事情报；在日本领海和公海上扫雷和交换有关情报；参加海上封锁、检查可疑船只等。鉴于新指导方针的上述规定无异于是对日美安全条约的一次实质性修改，因此日本有评论认为，这已不是什么指导方针，"等于是新日美安保条约"。①

1997年9月23日，日美两国政府发表了酝酿已久的新日美防卫合作指针。双方宣称，制定这个指针的目的，是从平时就开始构筑对付武装攻击日本及发生周边事态时更有效、更可信赖的日美合作牢固基础。指针对日常及紧急状态下日美两国的作用、合作及协调方法，确定了一般框架并指明了方向。文件指出，平时双方加强合作，日美两国政府坚持现行的日美安全保障体制。努力维持各自所需的防卫态势。两国政府从平时开始就要在各个领域加强合作。为此，需要根据日美相互提供物资和劳务协定及日美相互防卫援助协定以及有关规定进行相互支援。在日本遭到武装攻击时，双方采取联合行动，仍然是日美防卫合作的核心因素；在日本周边发生事态时，双方要密切合作。周边事态是指对日本的和平与安全产生重要影响的事态，此处不着眼于地理位置而是着眼于事态性质。在对付周边事态时，日美两国政府要采取包括抑制事态扩大在内的适当措施，根据需要相互支援。其内容与修改美日防卫合作指针的"中间报告"基本雷同。新指针规定，日本自卫队要为保护生命和财产以及确保航行安全，进行搜集情报、监视以及排除水雷等活动，增加并用较大篇幅强调周边有事时日美要相互支援与合作，提出建立日美协调机构等，扩大了日美军事合作的范围和强度，提高了日本在日美合作中的作用。

一年来，美日两国不顾众多亚洲国家的强烈不满和抗议，在加强安全战略同盟关系的道路上越走越远，走到了已超越日本宪法规定和明显侵犯邻国主权的地步。"新指针"使美日同盟发生质变。它增大了日本的军事作用，使美日同盟由保卫日本为主的"内向型"变为

---

① 金熙德：《关于美日修改防卫合作指导方针的"中间报告"学术研讨会述要》，《日本学刊》1997年第5期，第147—150页。

以介入周边冲突为主的"外向型"同盟,使日本突破"专守防卫"政策及宪法禁止行使"集体自卫权"的约束。[①]它突破了美日安全条约的有关规定,突破了以往日本国内的种种禁区,加强了对周边的军事干预,包含了美日共同主宰亚太的战略意图,堪称是世界多极化进程中的一种异化现象,引起了国际舆论的广泛关注和亚洲国家的严重警惕。

三 日美关系将走向何方?

对今后日美关系发展趋势的判断,存在着不同的观点。极端者或强调合作、协调的一面,或强调竞争的一面,各有其侧重和理由。但总的来看,战后40年来,合作与竞争始终贯穿于两国关系之中,且合作是主流。现在,双方关系的本质有了变化,昔日唯美国马首是瞻的风光不再,双方竞争的一面突出了;但双方今后在很多事情上仍互有需求,共同点大于不同点,在一段时间内,合作仍将是主要方面。

从地缘政治上讲,亚太地区的大国关系并不稳定,尚存许多变数,在东亚的美、中、日、俄四角关系中,美日仍把对方看作是最为现实的盟友。不过,美日关系也不像冷战时期那么巩固,双方也会互有猜疑和提防。从国家安全上讲,美日已经加强了合作,方向明确,目标确定,一段时间内双方都会在约定条文基础上行事。日本将利用美国的海洋保护线和核保护伞,渐进扩军,走"富国精兵"之路。[②]出于现实主义的考虑,日本即使走军事大国之路,也需在较长时间里继续利用美日安保机制。从经济方面讲,不断的经济摩擦使双方更认识到两国经济依存的深度和广度,美日两个经济大国经过长期的合作

[①] 刘江永:《新"日美防卫合作指针"何以令人忧虑》,《现代国际关系》1997年11期,第7—12页。
[②] 冯昭奎:《日美关系:从战后到冷战后》,《美国研究》1996年第3期,第7—20页。

与同盟关系，就如同一对连体双胞胎，难舍难分。美日经济已达到一损俱损、一荣俱荣的地步，双方在经济关系中会进一步加强协调和合作，避免出现实质性对抗。

综上所述，美日关系在今后一段时间内会相对平静些。然而，双方共同点虽多，但不同点却直接关乎美日双方的基本国家利益，不由双方不竭力维护，这主要体现在以下几个方面：其一，谁将主导亚太地区？目前的局面是追求"合霸"，这是双方互相退让妥协的结果，但长期看，争夺"独霸"的斗争是必然的，能否酿成军事对抗亦未可知；其二，建立何种国际政治经济新秩序？日本积极参与建立国际新秩序，力图分权，反对美国治下的和平，分享领导权的决心已定，而美国自不甘放弃"世界领袖"的地位，斗争必将是长期的，并不排除"零和"的可能性。

美日关系将会在国家利益与同盟利益之间找寻平衡，并在合作与竞争中走向21世纪。新的角逐不过刚刚开始。

国际机制理论的批评与前瞻[*]

在国际关系学者研究国际机制（International Regimes）20多年之后的今天，学者们对在特定国际关系问题领域控制国家行为的"原则、规范、规则和决策程序"依然充满着兴趣。[①] 尽管"机制"这一术语失去了原本的某些魅力，[②] 但是确定机制分析研究课题的实质性问题——不管是否以"机制"或"制度"的名义——仍是美欧国际关系学界的研究重点。国际机制理论曾经被忽视、蔑视和漠视，它刚刚问世，就有人对它的解释力提出质疑，[③] 很多人认为国际机制的研究是一种过时的时尚（passing fad），但事实证明它不是所谓的"时髦"或昙花一现，而是有自己的生命力的。国际机制的研究在理论与实践层面都对国际关系理论学者形成冲击，引起他们持续的浓厚的兴趣，并表现出非凡的整合能力。[④]

国际机制理论是在现实主义、自由主义和建构主义的论证中成长起来的，吸收了各派理论的精髓，对国际关系提出了强有力的解释。

---

[*] 本文公开发表于《世界经济与政治》1999年第11期，第17—22页。

[①] Andreas Hasenclever, Peter Mayer, and Volker Rittberger, *Theories of International Regimes*, London: Cambridge University Press, 1997, p. 1.

[②] Helen Miller, "International Regimes and World Politics: Comments on the Articles by Samouts, Senarclens and Jonsson", *International Social Science Journal*, 1993, Vol. 45, p. 494.

[③] Susan Strange, "Cave! Hic Dragones, A Critique of Regimes Analysis", *International Organization*, 1982, Vol. 36, pp. 479-496.

[④] Volker Rittberger, ed., *Regime Theory and International Relations*, Oxford: Clarendon Press, 1993, Editor's Introduction, pp. xii – xiii.

但是，国际机制理论的发展历程只有短短 20 年，它还没有来得及进行理论的整合，没有形成完整的理论体系，甚至在基本概念上还没有取得明确的界定。分析国际机制理论本身的局限是理论发展的前提条件之一。本文将从整体的角度剖析国际机制理论的局限性，并对国际机制理论的发展前景予以展望。

一 国际机制理论的局限性

笔者认为，国际机制理论的局限性主要体现在以下几个方面：

第一，国际机制概念的模糊和随意性。1975 年约翰·鲁杰首先将国际机制的概念引进到国际关系理论中，[①] 随后成为论述国际关系最时髦的概念之一。但是，这一概念自开始就缺乏明确的界定。著名机制理论家苏珊·斯特兰奇指出，国际机制的研究注定失败，其中一个原因是国际机制概念的定义混乱，"不同的人所指不同"。[②] 奥兰·扬抱怨说，"国际机制的整个分析框架仍然建立在脆弱的基础上"，"机制的概念被随意使用，以至批评家有充足的理由认为该概念是一团乱麻，只能制造混乱而不能澄清什么"。[③]

1982 年，在美国召开了以国际机制为主题的国际会议，对国际机制的定义进行了探讨，并通过了克莱斯纳提出的定义："机制可定义为整套明示或暗含的原则、规范、规则和决策程序，行为体的期望围绕之在一个给定的国际关系领域汇聚。"[④] 该定义是迄今最为权威的定义，但绝非尽善尽美，对其的批评依然很多，主要集中在其中各

[①] Robert Keohane, *After Hegemony: Cooperation and Discord in the World Political Economy*, Princeton: Princeton University Press, 1984, p. 57.

[②] Susan Strange, "Cave! Hic Dragones, A Critique of Regimes Analysis", *International Organization*, 1982, Vol. 36, pp. 479–496.

[③] Oran Young, *International Cooperation: Building Regimes For Natural Resources and the Environment*, Ithaca: Cornall University Press, 1989, p. 9.

[④] Stephen Krasner, "Structural Causes and Regime Consequences: Regimes As Intervening Variables", *International Organization*, 1982, Vol. 36, pp. 185–205.

组成部分的区分与相互关系上。批评者认为原则、规范、规则以及决策程序的异同关系无法区别，有损于概念的科学性。奥兰·扬指出，该定义有如下不足：它只是罗列出从概念上难以区分而在现实世界中又经常重合的机制要素；在分析现实的国际关系时表现出令人沮丧的弹性；定义"单薄"，在应用时不能避免模糊性。[1] 简言之，该定义强调机制的制度化规范，而缺乏现实操作性的考虑。基欧汉定义为，"机制是有关国际关系特定问题领域的、政府同意建立的有明确规则的制度"。[2] 基欧汉在1993年的文章中指出，国际机制的定义应"正式"，它是行为者认可和遵守的明确的规则。[3] 该定义强调机制的动态操作性，但避开讨论原则、规则、规范和决策程序，而以规则一词概括之，似乎显得简单化和模糊化。认知主义学派的鲁杰等认为，国际机制通常定义为国际问题领域期望聚拢的社会制度（Social Institutions），强调聚拢的期望作为机制的构成基础使得机制不可避免地具有关联性质。我们可以通过被期望或可接受的社会行为形式的有原则的或共享的理解来认识机制。国际机制可定义为："对社会行为的期望与可接受形式的有原则的、共享的理解。"[4] 该定义中对共享社会知识的认识，是一种有益的补充。但这种定义更带有模糊和随意的特征。

　　国际机制理论的三种流派都提出了对国际机制概念的界定，但都不可避免地带有模糊或（和）随意的特征，从而为国际机制理论的发展设置了根本性障碍。但是，克服概念随意性和模糊性的希望正在

---

[1] Oran Young, "International Regimes: Toward a New Theory of Institutions", *World Politics*, 1986, Vol. 39, pp. 104–122.

[2] Robert Keohane, *International Institutions and State Power: Essays in International Relations Theory*, Boulder: Westview Press, 1989, p. 4.

[3] Volker Rittberger, ed., *Regime Theory and International Relations*, Oxford: Clarendon Press, 1993, pp. 26–29.

[4] Krotochwil and Ruggie, "International Organization: A State of Art or an Art of State", *International Organization*, 1986, Vol. 40, p. 764.

于理论的发展。①

第二,国际机制理论体系的不完善。与国际机制概念的模糊性和理论流派的分歧相关,国际机制理论尚未建立起一个完整的理论体系。国际机制理论从根本上是一种应用性理论,但其应用体系也缺乏全面的架构,对国际机制效用性的探讨起步未久。在笔者看来,国际机制理论属于一种边缘性理论,是在传统的国际关系理论的基础上,结合经济学、社会学、历史学、传播学等研究方法发展起来的一种理论架构。在理论与实践结合上,国际机制理论显然还有很远的路要走。但国际机制理论显然继承了边缘理论的优势,体系的不完善性也可以成为推动理论进步的动力。国际机制理论已经并将继续结出理论的硕果。

第三,国际机制理论对国内因素的相对忽视。理性主义的国际机制理论强调国家是单一、理性的自我利益最大化追求者,是国家追求的权力或(和)利益,因此倾向于把国家看作主要行为整体,对国内因素相对忽视。这种忽视在建构理论那里并没有得到应有的弥补。这种倾向受到罗伯特·考克斯等学者的强烈批评。考克斯把对国内因素的忽视作为机制理论的重要不足之处。② 在考克斯看来,美国的霸权之重要,不仅仅是由于霸权的存在,还在于美国本身。约翰·鲁杰(John Ruggie)、罗伯特·吉尔平(Robert Galpin)等都注意到了美国国内政策与战后国际机制多元化的并行发展。他们还注意到不同国家建立或维持国际机制的意愿不同,这都源于其国内因素。有的学者如斯朗特·伯利(Slaughter Burley)指出,由自由民主国家组织的机制相对其他机制更有活力。③ 从总体上看,国际机制理论对国内因素的

---

① Andreas Hasenclever, Peter Mayer and Volker Rittberger, *Theories of International Regimes*, London: Cambridge University Press, 1997, p. 22.
② Andreas Hasenclever, Peter Mayer and Volker Rittberger, *Theories of International Regimes*, London: Cambridge University Press, 1997, p. 203.
③ Slaughter Burley, "International Law and International Relations Theory: A Dual Agenda", *American Journal of International Law*, 1993, Vol. 87, pp. 205 – 239.

重视程度不够，限制了机制理论的解释力和应用性。

第四，国际机制理论的美欧属性。国际机制的概念及其对国际合作的设定都反映了美国的文化—政治价值观。这也许是世界政治的现实结果，反映了国际关系理论与政治霸权的联系。在美国学术界推动国际机制理论发展的同时，英国社会理论学派兴起，德国、澳大利亚、加拿大等国学术界增加了对国际机制理论的关注，从而形成了以欧美为中心的解释霸权或话语霸权，使国际机制理论不免带有"美欧属性"。实际上，国际关系理论可谓是英美的"产业"，而美国学术界更是国际机制理论的发源地。西方（美欧）长期垄断着国际关系的主导权和国际机制的制定权，迄今为止的国际机制在建构中仍然难以超越这些机制规则所奠定的思维框架，国际机制的理论概念继续反映着这种现实。非美国学者最近对国际机制的兴趣更表明机制理论研究中心的所在。[①] 在当前，西方实力仍然是主导国际关系的因素；西方仍然安排着国际机制的建构趋向，体现着西方尤其是美国的愿望和利益需求；而且，西方仍然是国际机制的主要实践者。这种属性体现了国际机制理论应用和文化根基上的狭隘，并维护着美欧，尤其是美国的国家利益。

第五，理性主义机制理论利益倾向的偏狭性。理性主义机制理论包括新现实主义和新自由主义机制理论。罗伯特·考克斯认为，理性主义机制理论为维持和保护现存的霸权结构服务，维护着现存的世界秩序。机制分析主流学者的现实目的显然不仅仅是为国际问题的合作提供政策建议，而是试图稳定现存的分配结构，而该结构并不公正。在考克斯看来，现行国际机制加强了发达国家对世界其他部分的统治，是不公正分配的结果。战后的国际机制是美国控制世界秩序的一个组成部分，反映了西方统治精英的利益和价值观念。按照考克斯的

[①] Robert M. Crawford, *Regime Theory in the Post-Cold War World: Rethinking Neoliberal Approaches to International Relations*, Dartmouth Publishing Company, 1996, pp. 4 – 6.

看法,战后时代的霸权秩序根植于19世纪的社会冲突中,随着资产阶级的崛起和发展逐步建立了它们的霸权机制。在霸权秩序理论中,权力与冲突的概念占有突出的地位。行为模式依赖特定的权力分配,考克斯采用了与新现实主义相近的更广义的"霸权概念",将霸权秩序定义为"历史结构"。他强调历史结构并不机械地决定行为体的行为,但是一个稳定的聚拢力量,塑造了"行为发生的习惯、压力、期望和限制的情境"。考克斯将霸权作为分析对象,强调霸权秩序通过机制对社会行为产生影响。在国际政治中,霸权秩序体现在国际机制和组织上,国际制度按照统治阶级的利益组织国际和跨过关系。考克斯得出结论:在利益倾向上,理性主义机制理论是为"世界体系的大国管理服务的";[1] 在价值倾向上,理性主义国际机制理论对现存国际制度道义地位缺乏系统性反映,认为战后的国际机制是应该受到谴责的。[2] 这种观点受到理性主义机制理论主将基欧汉的质疑。基欧汉的观点相对平和得多,尽管他承认这些机制从道义上说没有多少积极后果,但认为没有这些国际机制,人类的期望更加暗淡。[3] 在这个问题上两派观点是针锋相对的。

第六,国际机制理论应用的难点。从本质意义上,国际机制理论属于应用理论的范畴。在具体的应用过程中,不同国家对国际机制的认识是不同的,各国国内环境、国际战略设计不同,因而参与方式和程度有所不同,对国际机制的期望值也不一样。这种不同制约了国际机制理论作用的发挥。从历史发展过程来看,国际机制倾向于独立发挥作用,但不能摆脱大国的制约。基欧汉指出,国际机制主要是由追

---

[1] Robert Cox, "Social Forces, state and World Order: Beyond International Relations Theory", in Robert Keohane, ed., *Neorealism and Its Critic*, New York: Columbia University Press, 1986, pp. 224-248.

[2] Andreas Hasenclever, Peter Mayer, and Volker Rittberger, *Theories of International Regimes*, London: Cambridge University Press, 1997, p. 205.

[3] Robert Keohane, *After Hegemony: Cooperation and Discord in the World Political Economy*, Princeton: Princeton University Press, 1984, p. 57.

求自我利益的最强大的国家所塑造的,[①] 并主要反映了大国的利益。大国拥有国际关系的控制权,占据着国际机制制定的主导权,这与国际机制独立发挥作用的欲求是相斥的。国际机制对国家主权形成一定的制约,这是一种自然结果。但大国主导的现实却使维护主权不惜牺牲或破坏国际机制成为弱小国家的首要任务,从而在国际机制与国家主权之间造成相互矛盾的事实。而且,国际机制在各个问题领域的密度不一,缺乏总体的规划和平衡,从而在机制理论的认识和适用上造成难点。这种理论应用的困境是由于理论本身的发展程度和国际关系不平等性的现实造成的,在目前阶段还缺乏解决的思路,是一种不合法但合理的困境。

第七,国际机制理论的美国问题。探讨国际关系理论的发展,美国重心是一个不可避免的话题。[②] 新现实主义、新自由主义都是美国的理论创新,建构主义的成长也离不开美国学术界的贡献。所以,要完整而准确地了解国际关系理论,就必须探讨美国问题。所谓"美国问题",应该包括美国的国际地位、美国的国际影响、美国的理论贡献及其局限的探讨等方面的内容。美国是国际机制理论的起源地,是机制理论的"重镇",而国际机制理论主要是美国政治—文化价值反映的事实,表明了"美国问题"地位之重要。其一,美国是当今国际机制的主导者和主要制定者。当前的国际机制几乎涉及国际关系的各个领域,每个领域都有自己特殊的运转机制,包括国家权力的分配、利益分享所必须遵循的规章、原则、规范和决策程序;也包括正常运转的机制如国际收支平衡机制、国际贸易机制、国际金融货币机制、国际石油产供销机制、海洋以及海洋资源的开发和利用机制、外交人员的保护机制等。整个国际社会的运转机制,一方面反映了客观

---

① Robert Keohane, *After Hegemony: Cooperation and Discord in the World Political Economy*, Princeton: Princeton University Press, 1984, p. 65

② 王逸舟:《西方国家政治学:历史与理论》,上海人民出版社1998年版,第282—324页。

发展规律；另一方面又与美国的霸权地位有关。美国一贯重视在国际上制定有形和无形的法规、行为规则和制度安排，力图操纵现存的国际组织，按照美国的意愿和利益建立新的国际机制。冷战后美国更加紧监督执行或组建、参与国际机制，如核不扩散机制、全面禁试条约、导弹技术控制会议、知识产权协定、西方七国首脑会议、北美自由贸易区、亚太经合组织、世界贸易组织等，并力图在其中发挥主导作用。① 美国霸权的一个特性是，美国人固然重视军事力量，但是同时极为重视机制和程序的作用。与历史上的列强相比，美国人在外交中并不那么倾向于用赤裸裸的暴力压服对方，而是用一套具有普遍价值的规则来使对手自愿地就范。以把中国拉入现存国际秩序为目标的"接触"政策，显然符合这一特性。同时，国际机制也受制于美国的霸权。例如，1971年8月15日，美国单方面破坏了布林敦森林体系的机制安排，因为该机制阻碍了美国的行动自由。② 1998年和1999年，美国抛开现行的国际机制，在没有联合国安理会授权的情况下，擅自对主权国家伊拉克和南联盟进行军事打击，从而对国际机制的效用和国际机制理论形成强大的冲击。其二，美国是当今国际机制理论最重要的诠释者，掌握国际机制理论的解释霸权。前面已就此问题进行过分析，此处不予赘述。其三，美国霸权是否衰落？这是学术界争论不休的问题，并对国际机制理论有重要的影响。机制不仅影响着国际合作，同时也执行着国家的重要职能，③ 美国霸权是否衰落直接影响机制的效用；而且新自由主义机制理论论述的是"霸权后合作"，从而强调国际体系内业已形成的机制的作用，是以对美国霸权衰落的判断为理论前提的。我们不能否认，美国霸权在当前国际机制的形成

---

① 王缉思：《高处不胜寒——冷战后美国的世界地位初探》，《美国研究》1997年第3期，第24页。

② Robert Keohane, *After Hegemony: Cooperation and Discord in the World Political Economy*, Princeton: Princeton University Press, 1984, p. 98.

③ Robert Keohane, *After Hegemony: Cooperation and Discord in the World Political Economy*, Princeton: Princeton University Press, 1984, p. 63.

过程中起着决定性的作用。当前美国依然是主导国际机制的霸权国。基欧汉和约瑟夫·奈指出,美国的霸权衰落是不完全的衰落(Incomplete Decline)。[1] 当前,美国是世界最大债务国,其贸易赤字达一代人之久;冷战的结束意味着世界不再需要美国的保护,对美国军事实力的行使不再那么热心。从旧观念看来,美国衰落了,不再是霸权国。换一个角度看,则是另一番情景。按平均购买力平价(PPP)计算,美国仍是世界上最富有的国家;"衰落派"(Declinism)误解了现代世界经济的真正性质,特别是"结构权力"的重要性,美国在某些关系方面确实不那么突出了,但其结构地位仍然强大。衰落派最大的反对者苏珊·斯特兰奇指出,当今世界结构权力的四个相关联而独立作用的基本来源——安全、生产、金融和知识结构。[2] 从该角度出发,我们可以得出与衰落派不同的画面。美国仍然主导着世界的安全结构,是冷战后稳定世界局势的重要权力源泉;世界的经济结构仍然为美国公司所控制;世界的金融结构仍然以美元和美国的资本市场为基础;而最发达的信息产业、计算机软件和娱乐业——知识结构的核心——仍然在美国。换句话说,美国的经济仍然处于霸权地位。以上解释与理性主义的机制理论是契合的。不同的是,机制理论家强调美国没有能力承担霸权国角色,而斯特兰奇强调美国不愿充当霸权国——特别是在金融领域。[3] 实际上,美国是不会自动放弃国际机制的主导权的,因为现存的具操作性的国际机制对美国基本是有利的,通过有利于自己的国际机制和国际组织发挥作用,可以弥补美国实力的缺陷、延缓美国霸权的衰落。从理论上讲,当前的国际机制体系与美国霸权是相互促进的。世纪之交,影响世界未来走向的"机制之

---

[1] Robert Keohane, *International Institutions and State Power: Essays in International Relations Theory*, Boulder: Westview Press, 1989, p. 27.

[2] Susan Strange, *State and Market——An Introduction to the International Political Economy*, London: Pinter Publishers Limited, 1988, p. 29.

[3] Chris Brown, *Understanding International Relations*, Houndmills: Macmillan Press Ltd., 1997, pp. 177–180.

争"趋于激烈。美国一方面全力维护对其有利的现有国际机制,保证既得利益不受侵害;另一方面防止大规模毁灭性武器的扩散、反对国际恐怖主义、打击毒品走私、维护生态平衡等加紧制定新的国际机制。与此同时,对伊拉克等"无赖国家"重点管控;对中俄等大国诱压兼施,使之既严格遵守旧机制,又适当参与制定新机制,最终成为负责任的国家;对执行这些机制的国际组织努力管控,为其利益服务。未来的国际机制体系和国际机制理论发展,有赖于美国霸权的变化前景。

以上从纯学理、现实应用、理论背景等角度对当前国际机制理论的局限性进行了剖析。任何理论都不是完美无瑕的,但趋于完美应该是任何理论努力的方向。我们指出国际机制理论存在的不足,目的为了该理论体系的完善及其实践效用的加强。在指出国际机制理论不足的同时,我们必须意识到,国际机制理论正被接受为当前较为现实的规范模式;在越来越带有相互依赖特点的世界政治经济中,在解决共同问题和达成互补性目标时,国际机制的作用越来越大;国际机制正在全球范围向规范化、合理化方向发展;国际机制理论正在重新成为并将长期作为学术研究的一个核心命题。

二 国际机制理论发展面临的机遇

冷战的结束是国际关系理论发展的一个重要分期,世界新秩序的建立势在必行,国际关系理论的发展遇到新的机遇与挑战。国际政治理论大师霍尔斯蒂指出,良好的国际关系理论要"密切关注世界上实际发生的事件和对可靠知识的需求"。[1] 当前,国际关系进入转型时期,国际社会对国际机制的需求空前加强;而且,国际关系理论流派

---

[1] K. Holsti, "Mirror, Mirror on the Wall, Which are the Fairest Theories of All?", *International Studies Quarterly*, 1989, Vol. 33, No. 3, p. 261.

辈出，特别是后现代主义理论直接挑战现存的主流派（理性主义）理论，对国际机制理论有着重要的理论启示意义。这些背景既对当前的国际机制理论提出挑战，又提供了难得的机遇。

第一，国际关系进入转型时期。冷战结束标志着国际关系转型时期的到来。全球化进程驶上快车道，一个多层次、全方位、多元化的国际关系体系架构即将出现，国际关系的内涵大大丰富了，国际政治让位于世界政治，[1] 跨国问题、全球性问题成为国际关系关心的一个中心议题，非国家行为体的作用正在加强，并正在得到应有的重视。国际关系中的相互依存加深，一损俱损、一荣俱荣的观念深入人心。国际关系的主旋律由国际冲突转向国际合作。全球化使得处理问题的思维与运作方式与过去明显不同，"非此即彼"的零和博弈模式在减少，双赢式的非零和博弈原则越来越成为主流。而且，国际规则和规范的作用增强，成为调节国家之间关系的重要杠杆，也日益成为可操作性的经常性行为规范，国际机制成为国际关系中较为现实的规范模式。

国际关系的转型对传统的国际关系理论提出了挑战，一种全新的国际关系理论——即论述全球化进程中的国际关系理论正在形成，它对传统的国际关系理论有继承，但又有鲜明的时代烙印。国际关系的转型时期对国际机制理论最重要的影响就是全球性国际机制架构成为迫切的需求和发展的目标。当前的国际机制体系是全球性机制与地区性机制并存的局面，在重要的问题上，如国际安全、经济发展等，地区性机制的作用往往要大于全球性机制。但是，随着全球化进程的深入，许多问题，如环境保护问题、国际犯罪问题等，仅仅依靠一个国家或区域性国际机制是不能圆满解决的，对全球性国际机制的建立和发挥作用成为各国和整个国际社会内在的需求。了解和研究国际机制

---

[1] ［美］罗伯特·基欧汉、约瑟夫·奈：《权力与相互依赖——转变中的世界政治》，林茂辉、段胜武、张星萍译，中国人民公安大学出版社1992年版，第25—44页。

理论也随之成为各国和国际社会必然的趋向。而且，在构建国际机制的过程中，国家利益的观念和对权力的认识发生变化，实力因素的作用相对下降，理性因素的作用有所上升，相互依赖的国际现实使得追求相对平等和理性的国际机制体系成为一种比较现实的期望。国际关系的转型给我们提供了全新的视角，为国际机制理论的发展与超越提供了前所未有的机遇。

第二，信息技术革命对国际机制的影响。科技革命是推动国际机制形成与发展的原动力。作为当前科技革命的先锋，信息技术革命推动着世界经济全球化的进程，促进着国际社会相互依赖的加深，促使国际机制原则、规则的规范化，从而对国际机制及其理论产生着重大的影响。

首先，信息技术革命改变了人们的交往方式，使得国际合作成为国际社会的主流趋向。随着信息技术的发展和信息的广泛交流，各国合作范围将不断扩大。一国的信息很大程度上即为多国和世界的信息，这种信息资源共享将成为各国发展的原动力。当今世界存在着诸多日益严重的全球问题，如环境恶化、资源枯竭以及国际金融危机等，这些问题的影响已超出了一国范围，需要国际社会共同努力，采取协调行动，才能求得解决。基欧汉指出，按照市场失败的理论，机制的信息功能最为重要。机制向成员提供信息，从而降低了达成协议的风险。信息交流的增加，使达成互惠互利的协议更为容易。国际机制降低了不确定性，从而促成合作的达成。就像国际法一样，它使人类行为与可预测性的模式一致，从而在手段与结果之间建立某种理性关系。机制的存在提高了危害他者利益的成本，改变了交易成本，并提供了可靠的信息。[1]

其次，信息技术革命带动经济全球化的深入，促进相互依赖的

---

[1] Robert Keohane, *After Hegemony: Cooperation and Discord in the World Political Economy*, Princeton: Princeton University Press, 1984, pp. 91 – 97.

进一步加强。这种趋势有正反两种作用：促进国际机制作用的发挥；导致现存国际机制的过时或崩溃。其一，相互依赖增加，则政策空间的密度越大，各种问题相互联系，机制将促进规范，如建立谈判程序等。相互依赖密度高将产生复杂的联系，要求建立一系列形成规则、规范、原则和决策程序的全面框架。这样对机制的要求增加了。它导致对国际机制更大的需求，以及更广泛机制的出现。这就形成了相互依赖与国际机制的联系：相互依赖程度的增加导致对机制需求的增加。① 其二，信息技术革命改变了相互依赖的基础，互利成为基本可以满足的需求。这就迫切需要建立一种协商合作的全球性或领域性（"问题领域"）的机制，以克服或弥补原有机制存在的不足。过去的机制框架显然不能满足当前的需求。建立公正、合理、为各方所接受的国际机制可能得到越来越多的认同，并成为一种可能和必要。

最后，信息技术革命渗透到社会生活的各个领域，使一国对信息扩散的控制能力大大减弱，国家的传统权力也随之削弱。原有的平衡和均势将被打破，新的力量对比将会出现，从而引起国际机制的变迁。而且，国家在信息技术可获得性方面存在着不对称分布，影响着国际机制的变化和发展。

总之，信息技术革命对现存的国际机制提供了发挥作用的背景、范围和渠道，也对现存国际机制提出了挑战，提供了变迁的方向和途径。

第三，美国跨世纪全球战略的形成与实施。美国因素对国际机制理论与实践的影响一如前述。冷战结束后，美国调整了自己的全球战略部署，从而形成了跨世纪的国际战略。与以前的战略部署相比，该战略更突出了美国的全球领袖地位和维护对其有利的国际机制体系的

---

① Robert Keohane, *International Institutions and State Power: Essays in International Relations Theory*, pp. 108–117.

意图。

美国认定，2015年前不受任何大国的直接军事威胁，但面临着非对称性威胁（即恐怖主义、极端民族主义和电子黑客的威胁）。所以美国以世界稳定的促进者和破坏者作为划分世界力量的标准，以建立和完善多层次的经济和安全合作机制作为推行融合战略的主要手段，以使世界逐步全部融入以美国为主导的、以美国与各主要国家或国家集团的双边关系为内圈、以不同领域内的多边合作机制为外圈的制度化国际体系为目标，力求美国在现有的和它倡导建立的多边机制中发挥主导作用。① 美国跨世纪战略布局大体成型于1997年。产生了《四年防务评估报告》和《国家安全报告》，启动北约东扩、强化美日同盟、提升美中关系等外交实践，基本确立了发挥世界"领导作用"、长期保持"一超"地位的跨世纪外交战略总目标。从战略思想上，美国要继续推行参与和扩展战略，强调继续参与全球和地区事务，突出维持和增进美国全球领导地位的重要性；在地区安排上，美国立足本土和美洲大陆（建立北美自由贸易区）向大西洋和太平洋同时出击，构筑两洋战略机制：以欧洲为第一战略重点，把北约作为"确保欧洲成为21世纪和平的堡垒"，重建新的大西洋联盟，确保欧洲的霸主地位；提高亚洲的战略地位，积极参与解决地区问题，确保在亚太的政治、经济和安全利益，并乘机谋取经济实惠；继续实施东遏两伊、西和阿以的中东战略，确保在中东的战略和经济利益；在军事上，提出"塑造—反应—准备"军事战略，谋求"压倒性军事优势"；在经济上，构筑以美国为中心的全球经济体系：推动北美自由贸易区的发展，加快亚太地区贸易和投资自由化的进程，构想泛大西洋自由贸易区；在政治上，力图构造由美国领导的全部由"民主"国家组成的世界，提高人权外交的地位，意识形态上色彩更加突出。

---

① 宋以敏：《美国关于安全战略、世界力量划分和对外政策的新调整》，《国际问题研究》1998年第4期，第4—6页。

显然，美国意图在现有国际机制体系中，利用其超级大国的地位，以有利于美国的方式处理国际问题。① 肯尼思·沃尔兹指出，哪个国家或者哪些国家具有物质上的实力和政治上的愿望，能够结束美国的"单极时刻"（Unipolar Moment）呢？②

美国力图以自己为核心分头组织"大西洋共同体"（价值共同体）和"太平洋共同体"（利益共同体），启动"两洋战略"机制，身处两端，游刃有余。在美国的全球战略中，维持美国的既得利益，确保美国的世界领袖地位显然是其主要战略目标。因此，美国对国际机制的态度是：维持对美国有利的国际机制，改造对美国既有利又有弊的国际机制，使之符合美国的利益；对不符合美国利益的国际机制，则弃置不用或打破；建立新的国际机制，以更好地维护和促进美国的战略目标。美国致力于同中国建立建设性的战略伙伴关系，显然是这一战略部署实施的一步棋。1998 年和 1999 年，美国撇开维护世界和平与安全的联合国安全机制，在未经联合国安理会授权的情况下，擅自对伊拉克和南联盟进行军事打击，显然也是这一战略部署的必然结果。这两场战争标志着美国跨世纪战略部署的初步实施。它挑战现有的国际机制体系；给现有的国际机制理论也提供了新的研究素材和应用机遇；对国际机制理论的发展也有着莫大的启示意义。

第四，多元化国际关系理论的启示。20 世纪 80 年代末 90 年代初国际形势的变化，既给国际关系理论的发展提供了机遇，也提出了新的挑战。冷战的结束犹如打开了潘多拉盒子，原有的各种理论流派或复苏，或提出新的观点，而新理论亦是辈出。多元化成为国际关系理论发展的一个鲜明特征。它为国际机制理论的发展与整合提供了绝好的机遇。特别是以后现代主义理论（包括建构主义、女性主义、历史

---

① Samuel Huntington, "The Lonely Superpower", *Foreign Affairs*, Vol. 78 No. 2, March/April 1999, p. 48

② Kenneth Waltz, "East-West Relations After the Cold War", *International Security*, Vol. 25, No. 1, 2000, pp. 5 – 41.

社会学等理论分支）为代表的国际关系理论发展给国际机制理论提供了新鲜血液。后现代主义的国际关系理论揭示了现有的国际关系理论与西方权力利益的相互关系，指出了西方国际关系理论的偏见与狭隘。它认为，传统的国际关系理论（理性主义理论）注重对权力、利益、结盟、威慑、均势等的研究，反映了冷战的需要。而冷战的结束标志着时代的不同，国际关系理论应该开拓新的研究领域，寻找新的研究课题，探讨长期被忽视或压抑的问题。它强调对国际关系文本含义结构以及国家所处社会结构的研究，将文化、规范、认同等引入国际关系的研究范畴，用以解释国际行为及其后果。这种研究方法是以前国际机制理论所忽视或未曾取得的理论突破。多元化的国际关系理论挑战有国际机制理论，其研究方法、途径、内容和课题都对国际机制理论的研究有重要的启示意义。

任何理论的发展都离不开现实的土壤。国际机制理论走过了长期受批评和漠视的历程，迎来了理论发展的春天。在国际条件逐步成熟的情况下，当前的国际机制理论建构正呈现乐观的价值倾向，正被接受为国际关系理论中较为现实的理论模式。随着全球性、区域性国际机制的逐步发展和完善，国际机制理论的应用性得到更多的重视，国际机制理论也因之有着可喜的发展前景。

三　国际机制理论发展的前瞻

从20世纪70年代开始，现实主义与自由主义论证激烈；从80年代开始，建构主义发起对理性主义的理论批判。理论的撞击迸发智慧的火花。作为论证结果的国际机制理论逐渐走上理论体系建构之路，成为当代最有解释力的国际关系理论之一。

国际机制理论最突出的特点之一就是前文所述的美欧属性，西方掌握着国际机制理论的"话语霸权"。而西方学者曾说，非美国学者最近对国际机制的兴趣更表明机制理论研究中心的所在。中国宣布要成为国际社会中"负责任的大国",熟悉现行的国际机制及其理论体系成为必要。然而,综合观之,中国对国际机制理论的了解尚处在起步阶段,目前论述国际机制理论的专著尚未出现,在著作中专题论述国际机制,寥寥无几。[1] 国内对国际机制理论论述最集中、最完整的是王逸舟教授。[2] 当前国际关系理论探讨的国内重要刊物《世界经济与政治》等刊登过近 20 篇探讨国际机制实践与理论的文章,大多还属于引介或批评的层次,还没有上升到理论建构的高度。霍尔斯蒂指出:"非基于现实的理论普及将导致时尚(Fashion)而不是知识。"[3] 中国国际机制理论的研究必须避免这种现象的出现。加强国际机制理论的研究是当前中国国际关系学界的一项紧迫的任务,在国际机制理论上提出基于中国现实的看法也应是我们的一个努力方向。

国际机制理论的另一个重要特点是其边缘性。该理论是理论论战的产物,随着各派理论的发展,该理论将会取得新的发展。当前国际关系理论发展的趋势为国际机制理论的发展提供了难得的机遇。传统理性主义理论和后现代国际关系理论的联姻是国际机制理论未来发展的一个切实趋向。各种理论范式都在强调和突出一个或几个研究视角,不可能全部解释错综复杂的国际关系,在诸多理论范式并存的情况下,我们不一定要首肯一种理论范式,而应综合利用不同理论的可取之处。整体而言,国际关系的主题并没有发生根本的变更,但在解释当前国际事务时乏力,需要补充新的内容;后现代理论的文化、社会学、规范和认同的视角提供了新的解释途径。二者结合将可能形成更有解释力的研究趋向。我们相信,在促进国际机制和国际合作的理

---

[1] 根据笔者掌握的资料,最早专题论述西方国际机制理论的国内著作是金应忠和倪世雄合著的《国际关系理论比较研究》,两位作者把国际机制理论归为现实主义的范畴,认为国际政治经济学、国际合作论与国际机制论属于美国学术界的"新现实主义三论"。参见金应忠、倪世雄《国际关系理论比较研究》,中国社会科学出版社 1992 年版,第 68—69 页。

[2] 王逸舟:《当代国际政治析论》,上海人民出版社 1995 年版;《西方国际政治学:历史与理论》,上海人民出版社 1998 年版。

[3] Kalevi J. Holsti, "Mirror, Mirror on the Wall, Which are the Fairest Theories of All?", *International Studies Quarterly*, 1989, Vol. 33, No. 3, p. 259.

论进步上，不只存在一种有希望的道路。在未来的理论整合中，任何现有是机制理论流派的精髓都将是新的国际机制理论的组成部分。国际机制理论的发展方向将是新现实主义、新自由主义和建构主义理论的融会贯通、传统理性主义方法和社会学方法的结合。

不论未来如何，国际机制的价值或必要性是无可置疑的，国际政策的协调预示着国际机制的探讨将保持着理论探讨的核心地位。[①] 国际机制理论的研究必将趋于深入，走向整合。

---

① Robert M. Crawford, *Regime Theory in the Post-Cold War World: Rethinking Neoliberal Approaches to International Relations*, Dartmouth Publishing Company, 1996, p. 138.

联合国机制浅析[*]

"联合国机制"的说法由来已久，是中国联合国研究的时髦"话语"。然而，中国学者似乎未对"联合国机制"的含义予以解释和限定，从而造成"联合国机制"使用颇多但所指模糊的现象。现有文献中的"联合国机制"与英文的"UN Mechanism"相对，多指联合国的运行机制。

国际机制理论集大成者基欧汉（Robert O. Keohane）认为，机制是"有关国际关系特定问题领域的、政府同意建立的、有明确规则的制度"，[①]"国际组织总是隐含在国际机制之中：它们所做的主要的事情就是监督、管理以及调整机制的运作。在实践中，国际组织和国际机制是同一事物的不同表现方式"。[②] 根据以上理论，联合国作为一个整体性体系（UN System），拥有该组织体系所共同遵守的原则、规则、规范和决策程序，"联合国机制"的说法是成立的。这里，"联合国机制"与英文的"UN Regimes"相对，指联合国处理国际关系的原则、规则、规范和决策程序，是联合国在国际关系各问题领域的国际机制之抽象与综合。本文探讨联合国机制的目的在于，应用国际

---

[*] 本文公开发表于《国际问题研究》2000年第3期，第44—50页。

[①] Robert Keohane, *International Institutions and State Power: Essays in International Relations Theory*, Boulder: Westview Press, 1989, p. 4.

[②] Robert Keohane, "International Institutions: Two Approaches", *International Studies Quarterly*, 1988, Vol. 32, No. 4, pp. 379 – 396; Andreas Hasenclever, Peter Mayer, and Volker Rittberger, *Theories of International Regimes*, London: Cambridge University Press, 1997, pp. 7 – 22.

机制理论，对联合国各"问题领域"的机制予以描述和分析，从一个全新的视角研究联合国，并以此加深对联合国的认识。

一 联合国与国际机制

联合国是国际机制发展到一定程度的产物，是国际机制从量变到质变的飞跃。联合国的出现是国际机制发展到一定程度的标志，即全球化进程发展到这样一种阶段，国际和平与安全、经济与社会发展等事务需要全球治理（global governance），它表明国际机制"制度化水平的提高"。①

进入20世纪，国际机制的范围由欧洲扩大到全球，其标志就是国际联盟和联合国的建立。国际联盟是建立世界性和平与安全机制的创新尝试。② 它是国际机制发展到一定阶段的产物，其基本原则、规则和决策程序都代表着当时国际机制的发展水平，当然也体现着时代的局限。尽管国际联盟失败了，但人们建立一个权威性国际组织、维护世界和平与安全的愿望并未熄灭，国际联盟所尝试和检验的国际机制为之奠定了基础。威尔逊理想主义的火炬为富兰克林·罗斯福传承，成为《联合国宪章》的理论渊源。联合国建立的直接源头是1941年英美签署的《大西洋宪章》。1944年，美苏英中四国共同提出了《关于建立普遍性国际组织的建议案》（The Dunbarton Oaks Proposals）。这是对世界和平与安全领域国际机制的一种总结与发展，它提出了未来国际组织的宗旨、原则、机构和职能等，基本确定了该机制的本质特征。③ 1945年2月，美苏英通过了"雅尔塔方案"（The

---

① Robert Keohane, *International Institutions and State Power: Essays in International Relations Theory*, Boulder: Westview Press, 1989, p. 5.

② T. Marbury, *Development of the League of Nations Idea*, New York: MacMillian, 1932, Vol. 2, pp. 121–122.

③ Werner Feld et al, *International Organizations: A Comparative Approach* (3rd Edition), Westport: Praeger, 1994, pp. 44–45.

Yalta Formula），确定了安理会的决策程序。1945年4月25日，联合国制宪会议在旧金山召开，与会代表一致通过了《联合国宪章》。1945年10月24日，《联合国宪章》正式生效，联合国宣告成立。

《联合国宪章》是全球性国际机制成熟的标志。联合国是世界上第一个真正意义的全球性组织，它不仅以维护国际和平与安全为核心目的，还致力于促进经济与社会发展、增进人类福祉，从而在国际机制的发展上树立了一个丰碑。联合国是当时国际机制发展水平的写照：它并不谋求更改现有的秩序，而是改进其运行机制；它追求理想主义原则，但其规则和决策程序又符合当时国际社会的现实；它突出大国的主导地位，强调大国一致原则的重要性，但对大国权力设置了必要的限制；其权力来源于成员国的授权，但作为独立的国际法主体，它在法律上享有一定的权力和行为能力，在实践中享有一定独立行动的权限；联合国本身是一个协调中心，将权限进行划分，从而保证机制上的活力，为国际机制在各问题领域的发展留下了广阔的空间。总之，联合国的创立是战后的世界性进步，体现了当时国际机制发展的最高水平，为国际机制发展创造了条件。联合国成为"国家认同和利益的源泉"。[①] 根据《联合国宪章》的原则，以安全机制为核心，联合国在各个问题领域的工作逐步展开，在安全、社会、经济等方面都确立了全球性机制，从而成为有史以来最包罗万象的一般性国际组织。

联合国诞生不久，冷战接踵而至。联合国确立的原则、规则、规范和决策程序被漠视，屡遭违反，联合国机制遭到致命打击。但是，作为独立变量（independent variable），联合国机制在冷战期间发挥着特定的作用，在推动国际机制的发展上并非无所作为。其一，在安全领域，"团结一致共策和平"的决议客观上削弱了大国否决的作用，是国

---

① Michael Barnett, "Bringing in the New World Order: Liberalism, Legitimacy, and the United Nations", *World Politics*, Vol. 49, 1997, p. 546.

际安全机制的一种发展;联合国创立了维持和平行动,并逐步形成维和机制;联合国机构尤其是秘书长在冲突双方进行斡旋和调解,从而形成联合国特有的危机缓解和解决机制;第三世界崛起并在安理会可以拥有"事实上的集体否决权",① 从而完善了安理会的表决机制。当然,联合国受制于当时的国际机制水平,在维护和平与安全问题上作用不力,某些突破并未从根本上改变国际局势,这恰恰是国际机制作用限度的证明。② 其二,社会发展与经济领域不是东、西方对抗的核心领域,联合国机制的作用得以相对发挥。联合国建立和完善了非殖民化机制,推动了国际经济机制的建立和发展。其三,在环境保护、贩毒、恐怖主义等新的全球性问题上,联合国不仅提供了论坛和场所,并且尝试着建立解决问题的机制,使这些问题的解决走向机制化。总之,冷战期间,联合国在安全、经济与社会发展、人权等领域都尝试建立了相应的国际机制,为国际机制的发展提供了宝贵的经验和教训。

　　冷战结束前后,联合国机制焕发出活力,这种趋势首先在维护和平与安全领域表现出来。在安理会中,五大国促成会外磋商机制;安理会决策机制呈现活力,工作量大幅增加;维和机制有了新的发展。同时,联合国在人权、环境保护等领域的作用更加突出,机制化水平更高。冷战结束以来,国际局势发生了翻天覆地的变化,国际社会对联合国扮演的角色提出新的要求。但是,联合国机制明显滞后于国际现实。当前的国际局势及其发展趋向,对联合国机制构成了挑战,又为联合国机制的发展提供了前所未有的机遇。

二　联合国机制浅析

　　联合国创建于第二次世界大战的硝烟中,经过50余年的发展,联

---

① 张小明:《冷战及其遗产》,上海人民出版社1998年版,第206页。
② Robert Keohane, *After Hegemony: Cooperation and Discord in the World Political Economy*, Princeton: Princeton University Press, 1984, pp. 85–109.

合国的作用大大加强,联合国机制也臻于健全和完善。但是,冷战结束以来,联合国赖以建立的基本国际格局发生根本变化,联合国机制本身滞后于国际局势的发展,导致有人慨叹联合国的衰落。① 1999年的科索沃危机中,出现美国和北约主导而联合国被抛在一旁的局面,各报刊纷纷传言联合国名存实亡。这一方面反映了联合国表现之不尽如人意;另一方面也反映了人们对联合国机制的认识尚待廓清。

联合国机制以《联合国宪章》为基本指导原则,在实践中形成了相应的规则、规范和决策程序。基欧汉指出,国际机制的范围大致与问题领域(issue-areas)的界域有关,所谓"问题领域",指的是"由官僚机构通过谈判或密切协调处理的一系列问题的总称,它与单独处理或未经协调的问题相对照"。② 按照这一解释,联合国机制的范围与联合国处理国际关系的领域相联系,是联合国各问题领域机制的抽象与综合。分析联合国机制,应从问题领域的机制着手。

维护和平与安全是联合国的首要职责。在规划联合国蓝图时,奠基者们意识到,国际经济、社会发展、人权等问题关乎人类福祉且对于世界和平与安全至关重要,因而将之列入联合国的活动区域。由于联合国重点在于维护和平与安全,不可能组织开展国际经济、社会、人权等所有领域的活动,这些领域也早有相应的国际机制与国际组织,所以联合国承认这些机制与组织的作用,与这些国际组织签订协定,将联合国置于协调中心的地位,从而构成了开放性的联合国体系。随着环境恶化、国际恐怖等全球性问题的凸显,联合国机制明显呈现出"扩张"趋势,最具代表性者莫过于联合国环境保护机制的建立与逐步完善。联合国的活动涉及人类生活的方方面面,最主要体

---

① Michael Barnett, "Bringing in the New World Order: Liberalism, Legitimacy, and the United nations", *World Politics*, Vol. 49, 1997, p. 528.

② Robert Keohane, *After Hegemony: Cooperation and Discord in the World Political Economy*, Princeton: Princeton University Press, 1984, p. 61.

现在和平与安全、经济与社会发展、人权、环境保护等问题领域,[1]这些领域的国际机制也基本代表着联合国机制。

(一) 维护和平与安全机制

所谓联合国维护和平与安全机制,指联合国在国际和平与安全领域的一系列明示或暗含的原则、规则、规范和决策程序。联合国维持和平与安全主要体现于以下方面:《联合国宪章》与大量的决议、宣言、公约等确立了根本原则、规则、规范和特定程序;安理会和大会提供研究和平与安全的论坛;以维和部队、军事观察团、秘书长特使等形式,通过经济制裁、武器禁运、军事措施等手段解决地区冲突;倡导裁军、军控等。联合国以大会、安理会和秘书长形成和平与安全领域的决策机制;在控制地区冲突的机制方面,形成联合国秘书长与维和行动的危机处理机制;与此同时,联合国的裁军与军控则形成常规性机制。以上共同构成了联合国维护和平与安全的机制。

其一,决策机制。安理会、大会与秘书长构成了联合国维持和平与安全的决策机制。安理会处于联合国维持和平与安全机制的核心。《联合国宪章》将维持和平与安全的主要责任授予安理会,安理会"得以调查任何争端或可能引起国际摩擦或惹起争端之任何情势"(第34条),"在任何阶段,得建议适当程序或调整方法"(第36条第一款);安理会有权断定"该项争端或情势之继续存在是否足以危及国际和平与安全之维持"(第34条),可以提出必要或合宜之临时办法并"促请当事国遵行"(第41条),它还有权"采取必要之空海陆军行动"(第42条)。在安理会的表决机制中,五大常任理事国拥有否决权。《联合国宪章》授权大会得讨论维持和平与安全的任何问

---

[1] Paul Kennedy and Bruce Russett, "Reforming the United Nations", *Foreign Affairs*, Vol. 74, No. 5, 1995, pp. 56 – 71.

题并向安理会提出建议,"对于足以危及国际和平与安全之情势,得提请安理会注意"(第 11 条);大会对安理会行使监督职能。但对安理会正在审议的任何争端或情势,非经安理会请求,大会"不得提出任何建议"。《联合国宪章》赋予秘书长独特的地位,秘书长有根据情况权宜行事的活动余地,并可"将其认为可能威胁国际和平与安全之任何事件,提请安全理事会注意"(第 99 条),甚至有权"协助安理会探索合宜之临时办法"。[①] 综上所述,在联合国维护国际和平与安全上,安理会掌握着确立政策、采取措施的决策权;大会拥有广泛的建议权,而秘书长可以主动地判断情势,向安理会提出相关建议。在实践中,往往是大会进行讨论,由安理会常任理事国先非正式性磋商,而后在安理会、常任理事国和秘书长磋商中得出某种结论。实际上,大会往往起不到实际作用,而最终的决策权往往被联合国五大常任理事国甚至其中的某些(或某个)国家掌握。在该决策机制中,联合国大会提供建议而安理会做出决定的规定使安理会在有重大政治意义的问题上可以间接控制大会的职能,[②] 这显然是机制安排上的弊病。而 1950 年通过的"团结一致共策和平"决议,扩大了大会权力,又导致大会与安理会权限的模糊。而秘书长的行动常常受到大国制约,得不到大国的支持则寸步难行。但总体而言,该决策机制基本上有效地维护了国际和平与安全。

其二,维和机制。所谓联合国维和机制,指的是联合国在解决国际冲突问题上的原则、规则、规范和决策程序。维和行动现在已经成为联合国解决国际冲突最有效的手段。[③] 从历史渊源看,维和行动并无《联合国宪章》规定或其他法律依据,而是填补《联合国宪章》

---

① 陈鲁直:《联合国秘书长和维持国际和平与安全》,《美国研究》1995 年第 2 期,第 36 页。

② [美] 汉斯·摩根索:《国际纵横策论——争强权,求和平》,卢明华、时殷弘、林勇军译,上海译文出版社 1995 年版,第 589 页。

③ Paul Diehl et al, "United Nations Intervention and Recurring Conflict", *International Organization*, Vol. 50, 1997, pp. 683 – 700.

第六章关于调解冲突条款和第七章关于强制行动条款之间空白的"实际办法"。联合国的维和行动在实践中形成了一定的原则、准则、规范和决策程序。具体地说，维和行动应由安理会、个别情况下由联合国大会组织建立；应由秘书长指挥；在维持和平行动中应遵循"赞同、中立、不使用武力或以武力相威胁的原则"。[①] 联合国维和行动在组建、运作、管理等方面均已走向成熟，但还没有形成一种规范的国际制度，迄今只是联合国解决地区争端所采取的一种手段。[②] 从形式看，联合国有两类维和行动，一种是由秘书长直接领导的联合国维和行动（有军事观察团和维持和平部队两种表现形式）；另一种是由安理会批准、秘书长授权、在西方大国直接参与指挥的维和行动（一般称为多国部队）。从发展历程看，联合国的维和行动经历了两个主要发展阶段：1988年以前，维和行动主要限于苏美争夺范围之外，基本严格遵循中立、不干涉内政等国际法准则。1988年以来，维和行动的功能大大扩展，由"维持和平"发展到"建立和平"（Peacebuilding）乃至"缔造和平"（Peacemaking）。但是，在和平与安全领域，联合国原本不如地区组织效率高。[③] 20世纪90年代以来，由区域组织组建的联合国家部队开始活跃，它们也自称"维和部队"，并"接管"了联合国维和机制的部分权限。苏联解体以来，新干涉主义甚嚣其上，人道主义干预频频付诸行动，[④] 借联合国维和之名干涉内政时有发生。[⑤] 维和行动与《联合国宪章》出现冲突：《联合国宪章》

[①] 王杰主编：《联合国遭逢挑战》，中央编译出版社1994年版，第52—57页。

[②] 王杰主编：《联合国遭逢挑战》，中央编译出版社1994年版，第39页。

[③] Paul Diehl et al, "United Nations Intervention and Recurring Conflict", *International Organization*, Vol. 50, 1997, pp. 683–700.

[④] Adam Roberts, "Humanitarian War, Military Intervention and Human Rights", *International Affairs*, Vol. 69, No. 3, 1993, pp. 429–449.

[⑤] 参见王杰主编《联合国遭逢挑战》，中央编译出版社1994年版，第46—58页；郭隆隆等：《联合国新论》，上海教育出版社1995年版，第98—108页；黄仁伟：《冷战后联合国维和机制改革的影响及其与国家主权的关系》，《上海社会科学院学术》（季刊）1995年第4期，第66—74页。

不适应不断变化了的国际现实；有的联合国干预行动背离了《联合国宪章》的宗旨与原则。联合国的维和机制面临着诸多挑战。我们应该冷静视之，将着眼点放在其基本原则的坚持和未来完善上。

其三，裁军与军控机制。裁军与军控关乎国际和平与安全。《联合国宪章》将其处理权限授予安理会、大会和军事参谋团。大会得考虑裁军及军备管制问题并向成员国和（或）安理会提出建议（第11条）；安理会应拟订方案以建立军备管制制度（第26条）；军事参谋团可就军备管制及可能的裁军问题向安理会提供意见和协助（第47条）。联合国的裁军及军控机制主要体现在以下几个方面：第一，建立裁军机构，形成联合国内的裁军机构体系（联合国裁军事务部、裁军研究所、历届裁军特别联大、裁军审议委员会、日内瓦裁军谈判会议、秘书处裁军事务中心等），发挥联合国的协调作用。第二，组织舆论，发挥国际讲坛的道义作用，广泛开展宣传活动。联合国自20世纪70年代起提出了三个"裁军十年"，召开了三次"裁军特别会议"，通过了大量决议、协议、宣言，形成了强大的舆论力量。第三，直接指导裁军谈判，推动谈判进程。1978年第一次裁军特别大会召开，确立了联合国在裁军领域的中心地位，开始了以联合国为主轴的多边裁军审议和谈判。联合国的裁军谈判会议成为"唯一的多边裁军谈判论坛"。冷战后，联合国构架内的多边裁军活动格外突出，日内瓦裁军谈判会议对禁止生化武器、核裁军、防止核扩散、防止外空竞赛等进一步的审议。但裁军和军控机制有其内在的局限，1998年印巴先后进行核试验，公然违背有关公约，而联合国在此问题上迄今无所作为，就是一个明证。有必要指出的是，大国为了政治需要，多年来呼吁裁军和军控，有利于联合国裁军和军控机制发挥作用。总体而言，当前的国际局势和大国政策对裁军和军控有利，联合国应利用有利时机，完善裁军与军控机制。

总体而言，联合国维护和平与机制基本维护了和平，但其本身是脆弱的，甚至在原则和规范制定方面都行动不力，如规定"侵犯"

的定义竟用了 30 年。① 在当前解决国际冲突和维护安全中,联合国将部分权力向有影响的地区组织——北约、美洲国家组织、非统组织等转移,逐步形成联合国授权,地区组织主导谈判、斡旋,并由当事国参与的共同参与机制。如何完善联合国维护和平与安全机制,使之适应冷战后的国际形势是该机制未来作用发挥的关键,也是当前亟须解决的问题。

(二) 经济与社会发展机制

促进经济与社会发展是联合国主要宗旨之一。陈世材指出,"自从联合国成立以来,世人的注意往往集中于它在国际政治方面的作用,实则联合国的大部分工作,无论人力还是物力,都用在国际经济与社会福利方面"。②

联合国负责处理经济与社会问题的主要机构是大会、经社理事会和秘书处。经社理事会具体负责和协调联合国经社工作,并通过各附属机构开展活动。理事会下设区域经济委员会,致力于本地区问题的研究并就采取行动向有关国家或专门机构提出建议,理事会下设的各常设、特设委员会以及职司委员会从各个方面辅助工作。在大会权力下活动于经社领域的附属机构有:联合国计划开发署、联合国贸发会议、世界粮食计划署、联合国环境规划署等。联合国各专门机构(劳工组织、工发组织等)与联合国合作处理经济、社会等领域的事务。以上机构共同构成了联合国的经社系统,关于这些机构职能、活动范围、权限的规定以及这些机构相互关系产生的在经社发展领域的原则、规则、规范和决策程序,则构成了联合国的经济与社会发展机制。相比而言,《联合国宪章》可能最重要的进步是"它明确规定了

---

① John Gerald Ruggie, "The United States and the United Nations: Towards a New Realism", *International Organization*, Vol. 39, 1985, pp. 343–356.

② [美] 陈世材:《国际组织——联合国体系的研究》,中国友谊出版公司 1985 年版,第 185 页。

国际经济与社会合作的目标、政策、机构和程序"。① 联合国是一般性的国际政治组织，所以专门性事务由法律上独立的各专门机构负责，它们本身独立活动，并不隶属经社理事会，这一构思反映了当时人们对联合国缺乏信心。②

在经济与社会发展领域，联合国形成了相应的协调机制。其一，审议机制（Deliberative Regime），即对经济与社会发展领域的问题进行研究，以宣言、决议等形式公布，形成舆论力量；其二，规范制定机制（Normative Regime），即制定经济与社会问题的指导原则、发展战略、行动纲领等，从而产生规则与规范；其三，立法机制（legislative Regime），即缔结普遍性公约，将原则、规则、规范和决策程序制度化；其四，发展援助机制（Operative Regime），即通过无偿援助、技术援助等方式促进发展中国家的经济发展。③ 以上机制与经社系统共同构成了联合国经济与社会发展机制的主干。

经济与社会发展问题的实质是南北关系问题。但联合国经济与社会发展机制在南北关系协调不力。该机制还存在如下缺陷：首先，在权力机制上，联合国的经社工作属于大会的管辖范围，而大会只具有建议权，缺乏强制力；其次，经社系统庞杂，各机构之间缺乏协调机制；最后，联合国的发展援助机制衰微，发达国家的援助远远低于规定的国民生产总值（GNP）0.7%的目标。联合国对经济与社会发展重视不够，联合国的经济与社会发展机制不健全，联合国的功能只在于将明确存在的问题向各国政府提出政策建议。但是，当前对发展的方向和性质已经取得某种程度的一致，④ 经济与社会发展问题关乎世

---

① Leland Goodwich, "From League of Nations to United Nations", *International Organization*, Vol. 1, No. 1, 1947, p. 19.
② 《联合国宪章》第57—59条、第62—64条、第66条。参见饶戈平主编《国际组织法》，北京大学出版社1996年版，第112页。
③ 参阅王保流《联合国经社领域的现状和改革》，陈鲁直、李铁城主编《联合国与世界秩序》，北京语言学院出版社1993年版，第255—258页。
④ 本杰明·里弗林：《发展的困境与联合国内的紧张关系》，《国际社会科学》1996年第2期，第151—163页。

界的兴旺和未来，冷战后各国重视经济安全，联合国的经济与社会发展机制面临着发展的机遇。

（三）人权保护机制

联合国就保障人权提出了一整套正式的目标，[①] 为国际人权保护机制的建立提供了可能。联合国在人权领域做了大量的努力，制定了一系列旨在促进和保护人权的国际文件，建立了各种人权机构，确立了各项人权保护措施，形成了人权保护机制。

《联合国宪章》把"促进对于人权和基本自由的尊重"作为宗旨，并有七处涉及人权问题，构成国际人权保护机制的渊源和核心原则。联合国大会通过的《世界人权宣言》《经济、社会、文化权利国际公约》和《公民权利和政治权利国际公约》从理论上和实践上为联合国的人权活动奠定了基础。50多年来，联合国制定并通过了70多个关于人权的宣言、公约和其他文件，涉及人权保护的方方面面，基本确立了人权保护的原则、规则、规范和措施，成为人权保护机制的理论基础。

《世界人权宣言》所阐述的人权主要指公民权利和政治权利，被英国法学家米尔恩批驳为"不是一种经得起理性辩驳的表述"。[②]《经济、社会、文化权利国际公约》和《公民权利和政治权利国际公约》做了修正，使人权概念扩展到集体权利。1968年联合国国际人权会议明确指出，"若不同时享有经济、社会与文化权利，则公民及政治权利决无实现之日"。1977年联大通过《关于人权新概念的决议》，重申"对于公民权利和政治权利，以及经济、社会、文化权利的执行、增进和保护，应当给予同等的注意与迫切的考虑"。此外，联合

---

① 利昂·戈登克：《联合国50年：组织机构的发展》，《国际社会科学》1996年第2期，第61—79页。
② [英] A. J. M. 米尔恩：《人的权利与人的多样性——人权哲学》，夏勇、张志铭译，中国大百科全书出版社1996年版，第3页。

国提出了发展权、环境权、和平权等新概念，使联合国的人权活动具有了更广泛的意义。

根据《联合国宪章》规定，联合国大会建立了一些负责人权事务的特设机构和附属机构，如反对种族隔离特别委员会、联合国纳米比亚理事会等。此外，联合国难民事务高专办事处和联合国儿童基金会处理特定领域的人权事务；经社理事会设立了人权委员会及其他特设委员会；联合国秘书处设立了人权中心，协助联大、经社理事会处理人权事务；根据一系列人权公约派生出了一些专门机构，它们负责处理各公约缔约国同实施公约有关的事务，并同联大、经社理事会沟通。安理会、托管理事会、国际法院、联合国教科文组织等也在不同程度上关注和促进人权事务。以上所有机构构成了联合国关于人权保护的组织体系。

联合国人权保护的程序基本上是反应性的，即事后处理方式。[1] 总体而言，联合国的人权保护措施以监督和舆论督促为主，但也不乏强制措施的实施。近年来，"人道主义干预"理论勃兴并付诸实践就是明证。联合国确立了人权保护的基本原则、准则、规范和决策程序，建立了人权保护机制。可以说，联合国是处理人权的核心，是"适于协调当代人权活动的唯一组织"。[2] 但从进入国际领域之日，人权问题就争论时起。从本质上说，人权属于一国内部事务，促进人权需要当事国的积极配合。联合国人权保护机制本身机构设置重叠，效率低下，导致人权保护不力的现象时有发生。联合国应该以改革的姿态，对该机制本身进行调整。

（四）环境保护机制

联合国成立之初，环境问题并未列入日程。20世纪70年代以来，

---

[1] 朱晓青：《论联合国人权保护的执行措施》，《法学研究》1994年第4期，第70—77页。

[2] 房广顺：《联合国与世界人权活动》，《世界经济与政治》1995年第10期，第46—49页。

环境保护与国际和平与安全、经济发展一道成为全人类最重要的三项课题。联合国环境机制的创立与逐步完善，成为联合国机制发展的重要标志。

1972年6月，联合国召开人类环境会议并通过了《人类环境宣言》和行动方案，规定了解决环境问题的基本原则，揭开了联合国历史的新篇章。自此，联合国在世界环境保护领域一直扮演着主要角色，发挥着主导作用。在环境保护机制的设立与完善方面，联合国做了以下努力：（1）建立协调和管理的组织体系。1973年，联合国环境规划署成立，负责协调各国在环境领域的活动，成为"全球一级负责推进环境保护的核心组织"。[1] 联合国还根据形势发展设立了可持续发展委员会等，从而健全了管理和协调体系。联合国大会与经社理事会通过决议允许非政府组织参与可持续发展，环境非政府组织与联合国建立了联系机制，共同合作。[2]（2）发起会议，通过宣言与决议。1992年，联合国环境与发展大会在里约热内卢隆重召开，通过《环境与发展宣言》和《21世纪议程》两个纲领性文件以及《关于森林问题的原则声明》，还签署了《气候变化框架公约》和《生物多样性公约》，这是联合国建立全球环境保护协调机制的重要尝试。[3] 此外，联合国环境规划署与联合国系统各国际组织、各国合作，就特定问题组织研讨会，确立特定领域环境保护的规则与规范。（3）促进国际环境立法。联合国制定和通过的《人类环境宣言》《联合国环发宣言》《世界自然宪章》等为环境保护确立了基本原则、规则、规范。（4）加强环境资金援助机制：1990年，世界银行、联合国开发署和环境署共同设立了"全球环境基金"（Global Environmental

---

[1] 陈志敏：《国际关系中的环境问题及其解决机制》，《复旦学报》（社会科学版）1998年第5期，第3—5页。

[2] 关于二者之间的关系，可参见赵黎青《环境非政府组织与联合国体系》，《现代国际关系》1998年第10期，第24—28页。

[3] 黄仁伟：《冷战后联合国面临的挑战及其机制转变》，《社会科学》1992年第11期，第24—27页。

Fund），帮助发展中国家解决环境问题，加强环境领域的活动。

通过以上努力，联合国基本建立了相对健全的环境保护机制。但是，该机制在实际运行中困难重重。环境问题属于"低级政治"，严重受制于国际局势；国家是联合国环境保护机制的主要制约角色，主要大国意图牵制着该机制作用的发挥；联合国资金短缺，各国捐款有限，是制约该机制作用的核心因素；此外，联合国的执行机构远远不足以使环境保护公约化为各国的具体行动。环境问题的重要性早已为世人所认识，但将这种认识转化为完善的机制，尚需时日。

以上，我们从国际和平与安全、经济与社会发展、人权保护、环境保护等方面对联合国机制进行了剖析，基本勾勒出了联合国机制的概貌。从这些分析我们可以看出，联合国机制有如下本质性特征。

第一，大国主导性。联合国本来就是大国合作与妥协的产物，建立在"大国一致原则"的基础之上。联合国机制当然受到大国因素的严重制约，体现出大国主导的特性。大国因素不仅体现在维护和平与安全领域，在经济与社会发展、人权等领域的作用也非常突出，这种特性更明确地表现在联合国与美国的关系上。从一定意义上，联合国是美国全球战略的产物，也是美国赖以实现其全球战略的工具和途径。联合国成长为相对独立的国际关系行为体系，其间离不开美国全球战略的实施、调整及其与美国霸权体系的互动。联合国前秘书长加利曾说，"缺乏美国的实力，联合国就没有力量；而一旦有了美国，联合国将失去独立性"。[1] 在可预计的将来，大国尤其美国仍将是制约联合国机制的首要因素。

第二，西方规范性。从本源讲，国际机制是西方规范全球扩张的产物。[2] 从联合国机制本身分析，联合国建立本身就是西方国际组织的衍生，西方（尤其美国）是联合国的原则、规则、规范的制定者，

---

[1] *New York Times*, Dec., 31, 1992.
[2] 参见刘杰《试论国际机制中的西方规范问题》，《世界经济研究》1997年第3期，第42—46页。

决定和安排着决策程序乃至实际运行程序。当前联合国机制的主要原则、规则、规范和决策程序都起源于西方，甚至在联合国职能最新扩展的领域——如环境保护方面，西方仍然是基本机制的制定者和执行者。西方在联合国机制中的主导作用必然使其带着西方规范的特征。

第三，协调性。联合国是"一种非中央集权的合作机构"，[①] 这种性质决定了联合国的主要功能是协调。从严格意义上讲，联合国不过是各国协调关系的机构，本身权力来源于成员国授权。这种前提决定了联合国机制本质上是协调性而不是决定性的。

第四，开放性。作为一个协调性机构，联合国为各国政府和人民提供了宣讲自己主张和见解的论坛。源于该特征，联合国机制本身具有开放性的特征，体现在各个问题领域，联合国机制往往充当监督者、协调者的作用，其本身作用的发挥也有赖于相关国家或国际组织的合作。源于该特征，联合国涉及的领域也在扩展，随着全球性问题的增多，其解决更依赖于联合国机制。

三 结论

联合国是世界上最具代表性、最有权威性的国际组织。经过50余年的发展，联合国的独立性大大加强了。冷战之后，国际社会希望加强国际协调，避免局面无序或失控。这为联合国在新时期的存在提供了基础，也为联合国机制提出了新的要求。

但是，联合国机制具有天然的局限：其权力来源于成员国的授权，其成就很大程度上取决于大国一致原则能否实现，其财政命脉掌握在成员国尤其是发达国家手中。美国独霸世界的野心严重制约着联合国作用的发挥。而且，联合国机制产生、发展于第二次世界大战炮火和

[①] 利昂·戈登克：《联合国50年：组织机构的发展》，《国际社会科学》1996年第2期，第61—79页。

冷战中，联合国必然体现着那个时代的印迹。《联合国宪章》规定的宗旨远未实现；联合国在组织结构、运行方式等方面同冷战后的世界经济政治结构不适应；联合国将主要精力和财力投向和平与安全领域，对经济发展要求的反应迟钝，与当前重视经济发展的潮流不符。

冷战的结束导致国际局势的巨大变化。随着相互依赖的不断增加，国际合作的领域拓宽，国际机制的作用增强，"跨国问题的崛起意味着国际机制及其他形式的超国家组织或管理在未来将更有价值"[1]。国际机制成为获致和平与发展的现实思路。联合国机制既面临着严峻的挑战，也存在着良好的发展机遇。进入后冷战时期，从安全局势上讲，联合国出现不稳定、甚至是脆弱的权力组合，大国对国际危机的处理能力实际下降了，冲突重点转移，加大了联合国维持和平的难度；从经济上讲，世界经济一体化与区域集团化对联合国的经济职能提出新的要求；环境问题、国际和平与安全和经济发展一道成为全人类最重要的三项课题，从而成为联合国机制转变的突出部分；走私、恐怖活动、海洋开发、外层空间利用等全球性问题需要超国家机构来组织处理，联合国需要建立和健全相应的机制。

首先，《联合国宪章》的宗旨和基本原则规定了联合国的任务、目标、结构、运作等，体现了组织属性和特征，应予坚持，而非殖民化条款、敌国条款业已过时，应在适宜时期修改。否决权难以根本修改，应予限制。在修宪时机未到时，应发挥其蕴藏的潜力。[2]

其次，我们必须意识到这样一个事实，即"每一个国际组织都源于国家主权的行使，但都构成了对国家主权的削弱"。[3] 联合国机制

---

[1] Robert M. Crawford, *Regime Theory in the Post-Cold War World: Rethinking Neoliberal Approaches to International Relations*, Dartmouth: Dartmouth Publishing Company Limited, 1996, p. 137.

[2] 李铁城：《世纪之交联合国面临的挑战》，《外交学院学报》1996年第3期，第36—42页。

[3] Chris Brown, *Understanding International Relations*, Houndmills: Macmillian Press Ltd, 1997. p. 51.

与国家主权的关系应予明确,即联合国机制必然冲击国家主权,但在国家依然为国际关系核心行为体的今天,维护主权仍然是任何国家的首要选择,我们在推动联合国机制发挥更大作用的同时,必须尊重所有国家的主权。

最后,总体而言,现行的国际机制加强了发达国家对世界其他部分的统治,是不公正分配的结果。[①] 联合国机制是全球追求平等、民主化的重要途径,但该机制也存在着非民主化的弊端。健全联合国机制,必然在民主化方面有所推进。推动联合国机制的改革,必须以高效、民主、平等、和平与发展并重为目标,使之成为维护世界和平与安全、推动经济与社会发展、加强国际合作与国际协调的重心。

毋庸讳言,联合国从未达到其预想的目标和期望,但它确实极大地促进了政治、经济和社会合作。[②] 我们有理由期待,未来的联合国将形成一系列协调、控制、干预和合作的国际机制,在加强国际合作、维护世界和平与安全、推动经济与社会发展、解决全球性问题等方面继续发挥核心作用。

[①] Andreas Hasenclever, Peter Mayer, and Volker Rittberger, *Theories of International Regimes*, p. 193.

[②] Robert M. Crawford, *Regime Theory in the Post-Cold War World: Rethinking Neoliberal Approaches to International Relations*, Dartmouth Publishing Company, 1996, p. 3.

国际机制与中国的战略选择*

中国的觉醒贯穿20世纪国际政治的发展历程，最终奠定了中国在国际社会中的大国地位。1997年，中国第一次公开宣布"做国际社会中负责任的大国"，从此确立了世界大国地位的战略。[①] 世纪之交，往往是大国调整或确定国际战略的契机。在开启21世纪帷幕之际，中国同样面临着战略选择。

中国的发展空间是独特的，这不仅源于中国文化、历史的独特，也取决于其国际空间的与众不同。20世纪，国际社会越来越趋向制度化、秩序化，其基本表现就是国际机制作用的增强。中国与国际机制之间的关系可谓"爱恨交织"，成为中国国际战略选择中一个难解难分的"结"。

---

* 笔者在攻读博士学位期间，曾发誓要在国际关系核心期刊上遍发文章，并戏称为学术"圈地运动"。本文在博士毕业前夕公开发表于《中国社会科学》2001年第2期，第178—187页，收入本书时有所修订。

① 自20世纪80年代以来，中国强大起来之后的战略选择就是国际社会关注的焦点问题之一。进入90年代，"中国威胁论"不胫而走，国际社会对中国的未来走向争论不休。中国一直坚持独立自主的和平外交政策，在许多国家（特别是图谋建立单极霸权的美国和中国的周边国家）看来，中国强大起来后必然挑战现行国际秩序，不遵循现行的国际规则。1997年东南亚金融危机爆发后，中国坚持人民币不贬值，筹资援助受损国家，成为抗击金融风暴的中流砥柱，在国际社会中的分量与日俱增。国际社会高度评价中国的作为，认为中国表现出了负责任大国的应有姿态，正在走向"负责任的大国"之路。此后，中国领导人江泽民、朱镕基、钱其琛等多次在国际场合宣讲中国要"做国际社会负责任的大国"，表明中国外交战略调整的方向。学术界认为，这标志着中国确立了谋求世界大国地位的战略。参阅中华人民共和国外交部政策研究室编《中国外交1998》，世界知识出版社1998年版，第851—917页。

一 国际机制与国际战略选择模式

所谓国际机制,指的是在国际关系特定领域里行为体愿望汇聚而成的一整套明示或默示的原则、规范、规则和决策程序,[1] 或有关国际关系特定问题领域的、政府同意建立的有明确规则的制度。[2] 按照德国学者的解释,国际机制必须是有效的,"即使是明确的规范或规则,如果处于不可操作的状态,不能体现一种制度性的存在,也不能成为国际机制的一部分"。[3] 国际机制的萌芽可追溯到古希腊时期。[4] 国际机制的发展与欧洲资本主义制度的确立和对外扩张息息相关,并随着经济全球化、国际法、国际组织等的发展而逐步趋向完善。进入20世纪,国际机制的作用范围扩展到全球,在国际事务中发挥作用的领域日益广泛,参与国际社会的程度更加深入,行动能力与权威性大大增强,在国际关系中发挥着越来越重要的作用。而且,国际机制自身的规范化、制度化程度也得以提高。因此,国际机制成为各国国际战略选择必须虑及的重要国际性因素。

(一) 关于国际机制作用的基本判定

国际机制的形成与主要大国的利益和国际战略的需求密切相关。由于国际社会无政府状态的存在,国际机制的建立是困难的。事务性领域的国际机制往往符合所有国家的利益,其建立相对容易得多。但国际政治经济领域的国际机制往往反映了主要大国(尤其是霸权国)

---

[1] Stephen D. Krasner, "Structural Causes and Regime Consequences: Regimes As Intervening Variables", *International Organization*, Vol. 36, 1982, pp. 185 – 205.

[2] Robert Keohane, *International Institutions and State Power: Essays in International Relations Theory*, Boulder: Westview Press, 1989, p. 4.

[3] Volker Rittberger, ed., *Regime Theory and International Relations*, Oxford: Clarendon Press, 1993, pp. 9 – 10.

[4] Robert M. Crawford, *Regime Theory in the Post-Cold War World: Rethinking Neoliberal Approaches to International Relations*, Dartmouth: Dartmouth Publishing Company, 1996, p. 2.

的需要，很多国家对此充满戒心，往往需要主要大国（尤其是霸权国）利用超强的国家实力将国际机制强行建立并强迫其他国家接受和遵守。实际上，在国际机制的建立上就出现了不同国家国际战略选择的分野。

现存全球性的国际机制多是第二次世界大战后在美国主导下建立起来的，[1] 并多以美欧政治文化—价值观念为思想基础。这验证了罗伯特·基欧汉（Robert O. Keohane）等学者的观点，即国际机制的创立与主导国（乃至霸权国）的积极鼓励密切相关。[2] 这些国际机制主要包括：由国际货币基金组织（IMF）、世界银行（World Bank）、关税和贸易总协定（GATT）/世界贸易组织（WTO）的基本原则、规则、规范和决策程序所构成的国际经济机制；由联合国安理会决策机制、联合国维和机制、国际裁军机制等构成的国际安全和政治机制，并辅以北约（NATO）、欧洲安全与合作组织（OSCE）等地区性安全与政治机制。随着军事在国际关系中地位的不断下降和政治经济关系不断融合，全球性国际机制的功能及其涉及的问题领域也呈现扩张的态势。例如，联合国机制就由政治、经济、人权、环境保护等多个问题领域的国际机制构成，成为当前最包罗万象的一般性国际机制。[3]

国际机制一旦建立，就成为相对独立的变量（Comparatively Independent Variable），成为国际关系中不可或缺的公共物品（Public Goods），对参与国际政治经济活动的所有国家产生影响。[4] 罗伯特·

---

[1] Chris Brown, *Understanding International Relations*, Houndmills: Macmillan Press Ltd., 1997, p. 50.

[2] Robert Keohane, *After Hegemony: Cooperation and Discord in the World Political Economy*, Princeton: Princeton University Press, 1984, pp. 32 – 38; Robert Crawford, *Regime Theory in the Post-Cold War World: Rethinking Neoliberal Approaches to International Relations*, Dartmouth Publishing Company, 1996, p. 53.

[3] 门洪华：《联合国机制浅析》，《国际问题研究》2000 年第 3 期，第 44—51 页。

[4] 以上观点综合了新现实主义与新自由主义国际机制理论流派对国际机制产生的不同看法。关于国际机制不同理论流派的主要观点及其批评，参见门洪华《国际机制理论主要流派评析》，《中国社会科学》（季刊）2000 年夏季号，第 155—164 页。

基欧汉认为,在"复合相互依赖"(Complex Interdependence)程度越来越高的国际政治经济中,国际机制的作用越来越大。[1] 按照市场失灵(Market Failure)的理论,国际机制信息功能最为重要,国际机制可以向成员提供可靠的信息,从而减少达成协议的风险,降低交易成本,提供指导原则,致力于发展规范,促成国际合作。[2] 秦亚青指出,国际机制的作用主要体现在三个方面,即权威性、制约性和关联性。其一,国际机制是在无政府状态下制度和权力分散状态下的规则,但它是国际社会成员认可或达成的规则,代表了某个领域的行为准则,对参与国际社会的国家是有效的。其二,国际机制通过建立国际行为准则,规范和制约国家的国际行为。国家在确定自己国家利益的时候,必须将国际机制考虑在内,使自己的国际行为在制度约束的范围内实现自己的最大利益。其三,随着国际社会相互依赖程度越来越高,国际行为体的交往也越来越频繁,国际机制也不断延展,并逐步在世界范围内建立起一种国际机制网络体系,使各问题领域的国际机制形成互联网络。国际机制的关联效应使其能够奖励遵守国际机制的行为,惩罚违反国际机制的行为,从而确立国家的国际机制活动空间。[3] 当然,这种惩罚功能是双重意义上的:一方面,国际机制本身有相关的惩罚性规定;另一方面,国际机制被视为创立责任的原则,违背机制规范不仅损害了双方获

---

[1] Robert Keohane, *After Hegemony: Cooperation and Discord in the World Political Economy*, Princeton: Princeton University Press, 1984, p. 63; Robert Keohane, "International Institutions: Can Interdependence Work?", *Foreign Policy*, Spring 1998, pp. 82 – 96; Robert Keohane and Joseph S. Nye Jr., "Globalization: What's New? What's Not? (And So What)", *Foreign Policy*, Spring, 2000, pp. 104 – 119; etc..

[2] Robert Keohane, *After Hegemony: Cooperation and Discord in the World Political Economy*, Princeton: Princeton University Press, 1984, pp. 90 – 101; Robert Keohane, *International Institutions and State Power: Essays in International Relations Theory*, Boulder: Westview Press, 1989, pp. 116 – 117.

[3] 秦亚青:《霸权体系与国际冲突——美国在国际武装冲突中支持行为(1945—1988)》,上海人民出版社1999年版,第83—84、279—281页;秦亚青:《国际机制与国际合作——反思自由制度主义》,《外交学院学报》1998年第1期,第40—47页。

益的一系列安排，也破坏了违反者的名声，从而损害了它未来制定协议的能力。① 这样，国际机制不仅为国家提供了国际活动环境，而且引导国家在国际机制的框架内定义国家利益，从而对国家的国际战略选择产生重要影响。当然，国际机制并非在等级意义上强行实施规则，而是要改变交往模式，并能够为参与者提供信息以减少不确定性，其本质作用是强化互惠效应并使其制度化。② 其影响作用是潜在的、潜移默化的，而非强制意义上的。

在考察国际机制有效作用的同时，我们必须了解国际机制的局限性之所在，从而为冷静地判断国际机制的作用提供认识基础。所谓国际机制的局限性，指的是国际机制作用发挥所受到的限制，它表现在国际机制自身缺陷和外在制约两个方面。分析国际机制的局限性，并非意图否认国际机制作用增强的趋势，而是通过对国际机制自身缺陷和外在制约的分析研究其作用发挥的局限，以达到认清国际机制作用的目的。③

从国际机制自身的缺陷着眼，国际机制的局限性主要表现在如下几个方面：其一，机制的本义是权衡，即对各种利益的规范之间进行权衡的结果。如此，则妥协性是国际机制本身固有的属性。这种妥协性足以损伤国际机制的权威性和/或有效性，影响着国际机制作用的发挥。其二，现存国际机制源自西方特别是美国的政治—文化观念，其基本原则、规则、规范乃至决策程序都主要是西方文化的产物，与西方利益有着天然的联系。西方（美欧）长期垄断着国际关系的主

---

① Robert Keohane, *After Hegemony: Cooperation and Discord in the World Political Economy*, Princeton: Princeton University Press, 1984, p. 126.
② R. 艾斯罗德、R. 考恩：《无政府状态下赢得合作的策略与机制》，《现代外国哲学社会科学文摘》1996 年第 11 期，第 34—37 页。
③ 国际机制的局限性是国际机制理论家分析的弱项，多数理论家侧重于分析国际机制的作用与影响力。笔者认为，分析国际机制局限性（即独立性与从属性的矛盾互动）将是国际机制理论取得自身突破的一个焦点。罗伯特·基欧汉曾简要分析国际机制的作用限度，可参见 Robert Keohane, *After Hegemony: Cooperation and Discord in the World Political Economy*, Princeton: Princeton University Press, 1984, pp. 85 – 109.

导权和国际机制的制定权,迄今为止的国际机制在建构中仍然难以超越这些机制规则所奠定的思维框架。① 罗伯特·考克斯(Robert Cox)认为,现行国际机制加强了发达国家对世界其他部分的统治,是不公正分配的结果,因而在道德上是应该受到谴责的。② 其三,就其本性而言,国际机制的发展是渐变而非突变,③ 国际机制的发展滞后于国际局势的变化将是国际机制发挥作用的重要制约因素。其四,国际机制并非促成国际合作与建立国际秩序的充分条件。国际机制作为促进国际合作的方式而产生,通常表现出相当程度的公共物品(public goods)属性。④ 然而,尽管国际机制建立的前提是活跃在特定问题领域的国家拥有只有通过合作才能实现的共同利益,但国家之间拥有共同利益并不一定合作,即共同利益的存在是国家之间合作的必要而非充分条件。⑤ 从国际机制的外在制约着眼,国际机制的局限性主要表现在如下几个方面:其一,冷战结束以来,非国家行为体的作用进一步加强,但当前仍未超越"民族国家时代"的根本特征,国家相对收益(Relative Gains)的追求仍然超过绝对收益(Absolute Gains)的考虑,国家利益仍然是各国首先争取维护和追求的核心内容;在集体安全的目标中,民族国家对自我利益的追求必然决定了它们的自私本性。⑥ 在国际关系理论大师肯尼思·沃尔兹(Kenneth Waltz)看来,

---

① Robert M. Crawford, *Regime Theory in the Post-Cold War World: Rethinking Neoliberal Approaches to International Relations*, Dartmouth Publishing Company, 1996, pp. 4 – 6.

② Robert Cox, "Social Forces, State and World Order: Beyond International Relations Theory", in Robert Keohane, ed., *Neorealism and Its Critic*, New York: Columbia University Press, 1986, pp. 224 – 248.

③ 相关思想请参见 Alfred Marshall, *Principles of Economics*, London: Macmillan Company, 1927, pp. 248 – 249。

④ Oran Young, *International Cooperation: Building Regimes for Natural Resources and the Environment*, Ithaca: Cornell University Press, 1989, p. 21.

⑤ Andreas Hasenclever, Peter Mayer, and Volker Rittberger, *Theories of International Regimes*, London: Cambridge University Press, 1997, p. 31.

⑥ Robert Powell, "Absolute and Relative Gains in International Relations Theory", in David A. Baldwin, ed., *Neorealism and Neoliberalism: The Contemporary Debate*, New York: Columbia University Press, 1993, pp. 209 – 233.

"我们面临着为共同所得而合作的可能，但在所得如何分配上国家是感到不安全的，它们并不问'我们都有所得吗?'，而是问'谁所得更多'"。① 其二，从历史发展过程来看，国际机制倾向于独立发挥作用，但不能摆脱大国的制约。罗伯特·基欧汉指出，国际机制主要由最强大的国家所塑造，并主要反映了大国的利益。② 在可预见的将来，大国协调主导国际机制仍将是不可避免的。大国拥有国际关系的控制权，占据着国际机制确立和运行的主导权，这与国际机制独立发挥作用的欲求是相斥的。这种局势必然影响着国际机制独立作用的发挥，国际机制的原则、规则、规范乃至决策程序成为这些大国讨价还价的工具，甚或牺牲品。其三，美国在国际机制的建立、诠释和修改方面拥有不容置疑的重要权力，成为影响国际机制作用发挥的最大因素。美国一贯重视在国际上制定有形和无形的法规、行为规则和制度安排，力图操纵现存的国际组织，按照美国的利益建立、控制、修改国际机制。冷战后出现了"一超多强"的国际格局，"一超"的地位似乎越来越巩固，甚至有人断言21世纪仍将是"美国世纪"。③ 美国力图主导国际机制的执行、修改或组建，以实现单极霸权的图谋。1998年和1999年，美国抛开现行的国际机制，在没有联合国安理会授权的情况下擅自对主权国家伊拉克和南联盟进行军事打击，从而对国际机制的效用形成强大冲击。

现存国际机制是在巨大的霸权阴影下、在两极格局的国际体系中发展起来的，必然带着时代的特征。④ 由于国际机制主要是在美国联合其他西方国家主导建立的，必然反映着它们的利益取向。

---

① Kenneth Waltz, *Theory of International Politics*, Readings: Addison-Wesley, 1979, p. 105.

② Robert Keohane, *After Hegemony: Cooperation and Discord in the World Political Economy*, Princeton: Princeton University Press, 1984, p. 65

③ Mortimer Zucherman, "A Second American Century", *Foreign Affairs*, Vol. 77 No. 3, 1998, pp. 19 – 31.

④ Robert M. Crawford, *Regime Theory in the Post-Cold War World: Rethinking Neoliberal Approaches to International Relations*, Dartmouth Publishing Company, 1996, p. 1.

20世纪70年代以来,第三世界国家举起建立国际政治经济新秩序的旗帜,其目的就是打破美欧在全球性国际机制中的垄断局面,改变自己在国际机制机构中所处的不利地位,力图在平等、民主的基础上重构国际机制体系。随着东欧巨变和冷战的终结,国际机制的作用得到了进一步的加强,其固有缺陷也似乎更为显现,重新构建国际机制似乎成为一种可能的选择。有必要说明的是,冷战的终结是一个重要的时代分野,国际机制的建立基础发生了本质变化。伴随着国际机制作用的增强及美国利用国际机制建立单极霸权秩序的展开,国际机制的不合理性更为凸显和强化,如何对待现有的国际机制成为每一个大国选择国际战略所必须面对的首要问题。

(二) 国际机制与国际战略的选择模式

在对待国际机制问题上,不同的国家有不同的战略选择模式。笔者意图首先从理论角度论述各种可能的选择模式,为以下分析中国的战略选择模式提供理论参照。

从是否参与国际机制角度着眼,我们可以发现有两大类国家:一类是国际机制的参与国;另一类则是国际机制的非参与国。

由于国际机制的建立和维持主要取决于大国尤其是霸权国,国际机制的参与国分为主导国与非主导国。其中,主导国由霸权国和一般主导国组成。霸权国是"有能力确保管理国家关系的核心原则、并愿意这样做的国家"。[1] 按照该定义,霸权国的标志就是该国在政治、经济、军事等各个方面拥有超出国际体系中诸国的占绝对优势的国家实力;而且有将自己的力量转化为对国际事务、国际体系和其他国际行为体进行干预乃至控制的意愿。霸权国建立管理和控制国际事务、

---

[1] Robert Keohane, *International Institutions and State Power: Essays in International Relations Theory*, p. 234.

国际体系的各种国际机制，并胁诱其他国家参加，从而建立起自己的霸权体系。① 由于国际机制是政府间同意建立的有明确规则的制度，霸权国建立国际机制必须得到其他主导大国的配合和合作。非主导国分为两类：一类是搭便车者（Free Rider）；另一类则是其他非主导参与国。所谓"搭便车者"，即以减少自身的某些行动自由、让渡某些国家权力为代价，获得大国以及国际机制的庇护，在避免承担有关责任的情况下分享国际机制的积极成果，第二次世界大战之后的日本就是典型的搭便车者。其他非主导参与国又分为两类国家：一类是消极参与国；另一类是积极参与国。消极参与国接受国际机制的原则、规则、规范和决策程序，承担与自身能力相符的责任和义务，但其参与有着被动反应的特征；积极参与国正视国际机制作用的现实，并承认国际机制的一般规定，但认识到国际机制的不合理性，其行动并不限于被动的追随，而有强烈的意向从内部改造现有的国际机制。

根据国家对国际机制的认识程度，国际机制非参与国分为自觉型非参与国和不自觉型非参与国，这是国际机制发展的阶段性和各国不同的发展程度造成的。例如，国际机制是由欧洲扩展到全球的，此前有的国家因为不知道国际机制的存在而不自觉地充当了非参与国，另一类国家则由于种种原因不愿意参与国际机制，从而充当着自觉型非参与国。其中，根据国家不参与国际机制的意图，自觉型非参与国可分为两类：挑战国和其他国家。所谓"挑战国"，即自觉置身国际机制之外、漠视甚至图谋推翻现有的国际机制、另外建立国际机制安排的国家，这类国家往往与霸权国发生直接冲突。此外，根据国家不参与国际机制的意愿，自觉型非参与国还可分为：自愿型非参与国和被迫型非参与国。所谓被迫型非参与国，是指该类国家并非自愿置身国际机制之外，而是外力强迫所致，现在的伊拉克基本属于这种

---

① 吉尔平指出，构成对国际体系统治的三个组成部分是权力的分配、威望的等级以及统治或至少是影响国家间互动的一系列规则，其观点与以上分析大意相同。参见罗伯特·吉尔平《世界政治中的战争与变革》，中国人民大学出版社1994年版，第29—38页。

类型。

需要说明的是，以上分类非常粗略，甚至存在不同分类标准的重合，它是应中国国际战略选择的分析需要而设定的。

二 中国参与国际机制的历程与启示

19世纪之前，中国一直在东亚相对孤立的地缘政治环境中发展，与世界其他部分相对隔绝，不自觉地充当着国际机制的非参与国。19世纪中期，欧洲列强用坚船利炮将中国强行纳入其主导的国际机制，从此开始了中国参与国际机制的曲折历程。中国参与国际机制明显地表现为两个特征：从"中国之世界"向"世界之中国"的转变，从"局外者"向"局内者"的转变。二者相互交叉、相辅相成，导致中国在国际机制中的角色几经变换。

历史上，中国本来就是大国。中国科技曾千余年领世界风气之先，中国的国民生产总值在19世纪初期仍雄居世界之冠。[1] 中国拥有自成体系的悠久文明。历史上中国在东亚地区形成了自成一体的帝国体系；中国所设计的儒家社会政治秩序体现出"普天之下，莫非王土；率土之滨，莫非王臣"（《诗经·小雅·北山》）的天下统一格局。这种天下统一的格局构成所谓的华夷秩序和朝贡制度，"完成了同心圆式的分成等级的世界体制"。[2] 我们可以视之为东亚地区性国际机制的雏形。这种机制体系把中国文化看作规范现实存在的唯一法则，中国皇帝的恩德教化四海，所谓华夏中心、四方夷狄[3]。

传统的中国社会固步自封，缺乏创新精神和扩张意识。相形之下，摆脱中世纪束缚的欧洲迅速崛起，并加快了对外扩张的步伐。17

---

[1] 1750年，中国占世界工业生产总值的份额为32.8%；1800年为33.3%；1830年仍保持着29.8%。参见保罗·肯尼迪《大国的兴衰》，中国经济出版社1989年版，第186页。
[2] 费正清主编：《剑桥中国晚清史》（下卷），中国社会科学出版社1985年版，第37页。
[3] 孟子称，"吾闻用夏变夷者，未闻变于夷者"。

世纪，欧洲列强就把殖民触角伸到了中国东南沿海。19世纪，在运用外交手段与清帝国建立更广泛、更直接联系的努力接连受挫后，西方列强诉诸武力，发动一系列对华战争，用坚船利炮砸碎了中国天下一统的格局思想，将中国强行纳入国际机制体系。中国经历了从天下一统格局向现代意义上的民族国家的转变，即从"中国之世界"向"世界之中国"的转变。由于被强迫纳入国际机制，中国长期受到列强的欺凌，领土被肆意瓜分，更谈不上主权的维护了。几经挣扎，几经失败。种种惨淡境况构织着中国对待国际机制的心态：时而强烈期望全面参与国际机制，时而期望恢复到闭关自守。在中国实行对外开放政策之前，这种摇摆心态长期影响着中国的国际战略选择。

随着国际机制由区域性扩展到全球——其主要标志即国际联盟的建立，中国参与国际机制的意愿增加了。1916年中国参加第一次世界大战，自近代以来第一次成为战胜国。但是，在安排未来国际机制的巴黎和会上，作为战胜国的中国不仅无权参与战后的国际机制安排，其自身利益也无法得到维护，中国第一次亲身体验了国际机制的实质。

加入国际联盟是中国融入国际社会的重要步骤。然而，日本于1931年发动大规模侵华战争，中国一度对国际联盟的争端解决机制寄予厚望。中国向国联提出申诉，要求它主持正义，根据盟约规定制裁侵略。国联虽然派出调查团并发表了调查报告，但该报告偏袒日本，拒绝宣布日本为侵略者，导致国联历史上第一次重大失败。中国试图搭国联之便车，但再一次被迫吞下国际机制酿造的苦酒。[1]

第二次世界大战期间，中国承担了远东战场抗击日本侵略军主力的任务，为打败法西斯做出巨大贡献。中国作为主要大国参与了联合国的成立过程，并成为拥有否决权的联合国安理会五大常任理事国之一，其大国地位在联合国机制中得到肯定。中国第一次成为国际机制的积

---

[1] 参阅刘杰《秩序重构：经济全球化时代的国际机制》，高等教育出版社1999年版，第239—240页；李铁城：《联合国五十年》，中国书籍出版社1995年版，第22—23页。

极参与者，参与国际机制的建立并体会到了实力对国际机制的作用。

然而，1949年中华人民共和国成立后，美国等主要西方国家拒绝承认中华人民共和国，继续承认盘踞中国台湾的国民党政府，而且支持国民党政府继续窃据联合国等国际组织的席位，中国大陆再一次被排除在国际机制之外。中国领导人在权衡之后做出了"一边倒"的外交决策，正式成为国际机制的局外者和挑战国。20世纪60—70年代，国际力量呈现大分化、大组合：中苏友好同盟关系破裂，社会主义阵营宣告瓦解；资本主义阵营则呈现美欧日三足鼎立的趋势；发展中国家作为独立的政治力量登上世界舞台。中国改变了一边倒的国际战略，提出两个中间地带理论，进一步挑战霸权及其主导的国际机制。

进入70年代，在苏联霸权成为中国主要威胁的背景下，中国再一次调整国际战略，提出三个世界理论，与美国等西方国家的外交关系取得重大突破，中国也随之淡化了挑战者的角色。1971年10月中国恢复在联合国的常任理事国席位，这是中国重新参与全球性国际机制的界标，标志着中国赢得了更广阔的国际空间。但是，这个时候的中国仍然摇摆于国际机制局外者与局内者之间。

1978年，中国开始实行对外开放的政策，逐步深化融入国际机制的步伐。中国终于放弃了局外者的身份，成为大多数全球性国际机制的参与者，哈里·哈丁（Harry Harding）指出，"北京被一些分析家看作是一个'准超级大国'，它将在全球问题上打上越来越多的印记"。① 在对待区域性国际机制（如东南亚联盟等）上，中国开始采取建设性的态度，并表明了继续推进其国际社会接轨的愿望。中国已经放弃了挑战者的角色，但由于历史因素和现实境况的制约，中国参与国际机制的步伐还有些摇摆，即使在全面对外开放的时期还依稀存留着消极参与者的影子。

---

① Harry Harding, *China and Northeastern Asia*, American University Press, 1988, p. 12.

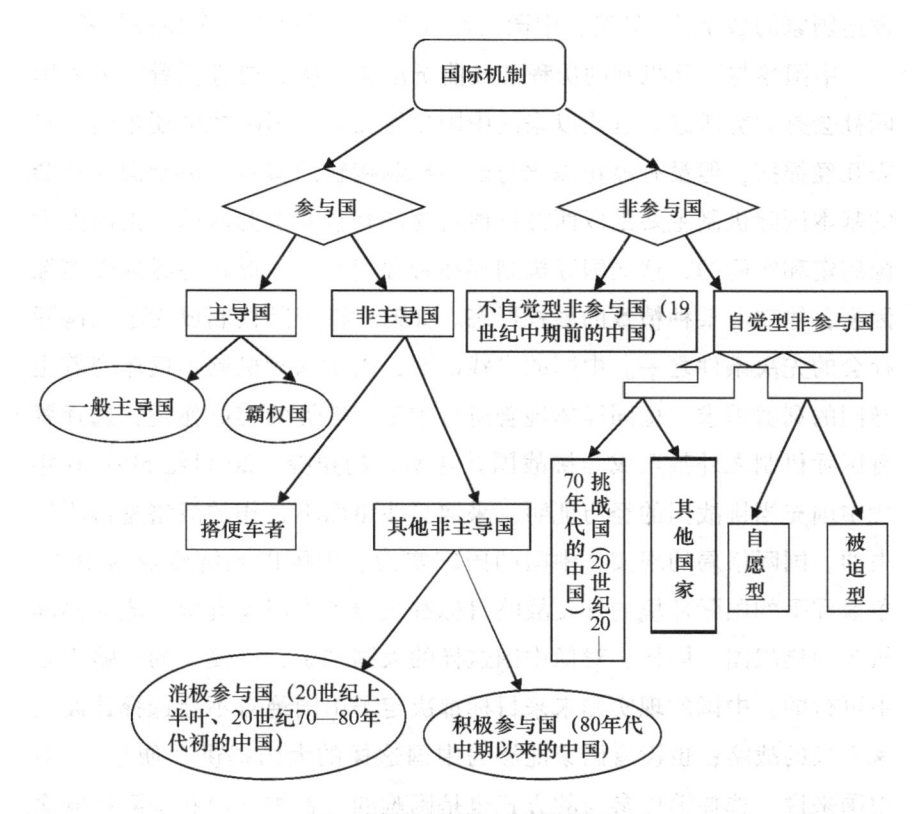

图 1　国际机制与中国的角色

冷战的终结导致国际局势发生了根本性的变化，国际机制也随之体现出新的时代特点。中国抓住历史机遇，积极促动国际政治经济新秩序的建立，在参与国际机制方面越来越体现出积极参与者的特征。江忆恩（Alastair Iain Johnston）指出，1996 年，中国参与各种类型（全球和地球性）的政府间国际组织的数量是美国的 70%、印度的 80%、世界平均值的 180%。就全球性政府间国际组织来说，中国参加了总共 37 个组织中的 30 个，美国参加了其中的 33 个，中国的参与程度是美国的 90%。20 世纪 60 年代中期，中国加入的政府间国际组织数量近于零；到 90 年代中期，该数量上升到接近发达国家的数字。① 显然，中国已经近乎是国际机制的全面参与者。

中国参与国际机制的历程几经曲折沧桑。从历史进程看，融入国际社会是大势所趋。近代以来的中国尽管在融入国际社会还是闭关自守几经摇摆，但没有停止深化与国际机制接轨的脚步。由于国际社会的基本国际机制主要是以西方价值观念和利益需求为基础，由西方大国制定和实施的，这些国际机制存在着程度不一、形式各异的强迫性因素，体现着某种精致的霸权形态。如何对待国际机制成为融入国际社会的先决条件之一。中国的实践证明，由于国际机制不仅体现着主导国的利益需求，也同样体现着所有国家一般性的美好愿望，选择置身国际机制之外甚至成为挑战国并非明智的抉择。20世纪50—70年代中国充当挑战国的经历证明，采取只斗争而不合作的战略是得不偿失的。国际格局的现实、中国的国家实力、中国以经济建设为中心、争取和平的国际环境的外交战略目标都决定了中国没有理由成为国际机制的挑战国。同样，对像中国这样的大国来说，搭便车的战略也是不可行的：中国的现实和未来目标都决定了中国绝对不会选择让渡国家主权的战略；也没有国家能够为中国这样的大国提供"便车"。对中国来说，选择消极参与的方式也是困难的。首先，现有国际机制多反映了西方主导国家的利益需求，其本身就存在种种局限和缺陷，对中国这样的"后发国家"利益存在严重制约，中国可以正视这些机制安排仍将长期存在的事实，但必然有意愿和实力要求这些机制安排趋向合理性和民主化；其次，国际机制的制定者多是既得利益者，不会让中国自动享有机制权益，必然力图将中国排除在利益安排之外，以遏制中国的迅速崛起，中国为"复关"所做出的10多年努力均可佐证之；再次，冷战结束后，重新安排国际机制已是大势所趋，作为世界上举足轻重的大国，中国第一次赢得了平等参与国际机制决策的

---

① 江忆恩：《中国参与国际体制的思考》，《世界经济与政治》1999年第7期，第4—10页。

可能，选择消极参与的战略岂非错过千载难逢的良机？最后，中国在20世纪70—80年代的经历证明，消极参与并不真正符合维护中国国家利益的需要。实践证明，中国只能采取积极参与的战略，全面参与国际机制体系；参与国际机制的修改和完善过程，促使国际机制更为合理、合法、民主、兼顾效率与公平；参与新国际机制的制定，主动促成积极性国际机制的建设。中国应该在国际机制的完善上发挥与其实力、影响相宜的作用，积极参与国际机制的决策；在国际机制体系中代表和维护发展中国家的根本利益，适时承担一个主导国的角色。

三 中国的国际战略选择

世纪之交往往是大国确立国际战略的时机。面对冷战终结以来的国际风云变幻，中国处变不惊，进一步树立起大国形象，为新世纪的世界大国地位奠定了坚实的基础。冷战的终结是国际关系发展的重要分水岭，国际机制的作用更为凸显。为争取21世纪有利的国际地位，各主要大国纷纷制定跨世纪战略，其中强化国际机制的作用是各国战略的重要组成部分。如何更好地利用国际机制成为确立中国战略选择所必须慎重思考的内容。

（一）冷战后国际机制的作用空间

冷战的终结标志着国际关系转型时期的到来。信息技术革命的发展日新月异，全球化进程驶上快车道，一个多层次、全方位、多元化的国际关系体系架构即将出现。在这个转型时期，国际关系的内涵大大丰富了，国际政治（International Politics）让位于世界政治（World Politics），[1] 跨国问题、全球性问题成为国际关系关心的一个中心议

---

[1] 在这个问题上，基欧汉和约瑟夫·奈提出了非常出色的见解。参见 Robert Keohane and Joseph S. Nye, *Power and Interdependence* (2nd Edition), Boston: Scott, Foresman/Little, 1989, pp. 23–37。

题，非国家行为体的作用正在加强，并正在得到应有的重视。国际关系中的相互依存加深，一损俱损、一荣俱荣的观念深入人心。国际关系的主旋律由国际冲突转向国际合作。全球化使得处理问题的思维与运作方式与过去明显不同，零和博弈模式在减少，双赢式（win-win）的非零和博弈原则越来越成为主流。国际机制的作用增强，成为调节国家之间关系的重要杠杆，也日益成为可操作性的经常性行为规范。随着全球化进程的深入，对全球性国际机制的建立和发挥作用成为各国和整个国际社会内在的需求。而且，在构建国际机制的过程中，国家利益的观念和对权力的认识发生变化，实力因素的作用相对下降，理性因素的作用有所上升，相互依赖的国际现实使得追求相对平等和理性的国际机制体系成为一种比较现实的期望。随着信息技术革命和全球化进程的深入发展，长期存在的国际政治关系集团化呈现销蚀的态势，大国之间一超多强的局势也似乎成了一个锁定的事实。① 这种态势为推动国际社会的多元化、多极化、民主化提供了良机，为国际机制作用的发挥创造了宽阔的国际空间。

然而，在经济全球化和国际合作规范化、国际机制日渐突出和发挥更重要作用的同时，霸权主义和强权政治的阴影依然是笼罩这个世界的达摩克利斯之剑（The Sword of Damocles）。冷战的终结并没有终结美国构筑单极世界的企图。近年来，在大国关系走向战略协调化的主流中，美国独霸世界的跨世纪战略逆流也逐步成型。美国力图以自己为核心分头组织"大西洋共同体"（价值共同体）和"太平洋共同体"（利益共同体），启动"两洋战略"机制，以达到身处两端、游刃有余的佳境。在美国的全球战略中，维持美国的既得利益、确保美国的世界领袖地位显然是其主要战略目标。因此，美国对国际机制的

---

① 学术界普遍主张，当前的世界格局是美国一超下的多极（Uni-multipolar）格局。参见 Samuel P. Huntington, "The Lonely Superpower", *Foreign Affairs*, Vol. 78, No. 2, March/April 1999, pp. 35 – 49；俞正梁等《大国战略研究：未来世界的美、俄、日、欧（盟）和中国》，中央编译出版社1998年版。

态度是：维持对美国有利的国际机制，改造对美国既有利又有弊的国际机制，使之符合美国的利益；对不符合美国利益的国际机制，则弃置不用或打破；建立新的国际机制，以更好地维护和促进美国的战略目标。1998年和1999年，美国未经联合国安理会授权，撇开公认的国际机制，擅自对主权国家伊拉克和南联盟发动军事打击。美国战略的制定和实施严重冲击了现存的国际机制体系，并制约着国际机制未来的发展方向。[①]

　　国际机制必须得到参与国的一致同意，所以它也拥有一定程度的合法性；国际机制必然反映了人类对美好生活的一般追求，从而具有一定的合理性。但是，由于国际机制主要是主导大国利益协调的结果，主要反映了主导国家的利益。现有国际机制多是西方国家制定、主导实施的，而且国际机制的阐释权也掌握在西方国家手中。基欧汉指出，许多世界上最重要的国际机制都存在着"民主赤字"（Democratic Deficit），只有在极少数情况下，主要国际机制的管理才是民主的。[②] 冷战之后，国际机制的不合理性因美国建立单极霸权的战略而强化。当然，在指出国际机制缺陷的同时，我们必须认识到：尽管存在种种不足，但国际机制在协调国际社会秩序方面起到了重要作用；改革国际机制的缺陷是必需的，但冰冻三尺非一日之寒，其解决也不可能一蹴而就，势必是一个渐进的改革过程；不同问题领域的国际机制性质各异，有的完全是为霸权服务的，有的直接表达了国际社会大多数成员的要求和利益，更多的则是二者的杂合，我们不能在泼脏水的同时扔掉了孩子，而且国际机制拥有超越其具体目标的潜在价值；国际机制赖以建立的原则从道德上讲是不足的，但这并不意味着要抛弃或推翻它们，将国际机制建立在道义基础上而不顾及自我利益的现实，不

　　[①] Men Honghua,"U. S. Cross-Century Global Strategy and the UN", *Foreign Affairs*, No. 55, March, 2000, pp. 19–32.
　　[②] Robert Keohane,"International Institutions: Can Interdependence Work?", *Foreign Policy*, Spring 1998, pp. 82–96.

过是空中楼阁或建立在沙土地基上的大厦。①

国际机制既要适应国际局势的新要求,又要克服自身的缺陷,可谓困难重重。然而,随着更大数量和更高质量的信息在成员间的交流,国家行为会越来越符合稳定的行为模式,国际社会的透明度也将不断增大;随着国际合作的普遍与加强,国际关系中的权力越来越分散化。这些变化不仅可以加强国际机制的作用,而且必然促动国际机制的改革、完善和发展。

(二) 中国的国际战略设计

对中国这样的大国来说,在对待国际机制未来发展的问题上,有以下几种战略选择:其一,作为主导国参与国际机制的制定、修改和完善,在国际机制的基本原则、规则、规范和决策程序上打上自己的印记,使之符合自己的国家利益;其二,被动地参加国际机制,承担国际机制的职责并享受其权益;其三,积极参与国际机制,承担相应的义务,享受相应的权益,对国际机制持建设性的改革态度,促使现有国际机制向民主化、合理性的方向发展,积极参与新国际机制的制定,适时参与主导之,使之体现本国的意愿和大多数国家的利益需求。

在中国的战略选择上,我们需要考虑以下因素的影响:

其一,中国的国内外环境及其参与国际机制的经验教训。改革开放以来,中国经济迅速发展,并加快了政治民主化的进程,承担了越来越多的国际角色;冷战的结束为中国进一步融入国际社会提供了有利的机遇。美国国会图书馆研究部 1994 年 9 月 16 日发表报告指出,中国目前的周边地区已有着较过去任何时期所出现的有利安全环境;摆脱了任何大国的军事威胁与军事压力;中国的外交趋向温和、务实,淡化意识形态因素;中国积极参加了国际组织活动,特别是更加

---

① Robert Keohane, *After Hegemony: Cooperation and Discord in the World Political Economy*, Princeton: Princeton University Press, 1984, pp. 256 – 257.

重视联合国的活动,以发挥其常任理事国的大国作用;中国在军售问题上已经采取与西方合作的态度,因此中国在冷战后已经扮演着国际社会合作者和参与者的角色,并发挥着重要作用。[1] 随着中国的发展,中国承担国际责任的欲望和能力在增加,1997年宣布"做国际社会中负责任的大国"更是一个明确的战略宣示。多年来,中国参与国际机制是稳健而又相对积极的,经历了一个随着国内发展及需要而逐渐适应、逐步深化的过程,积累了一定的经验;随着中国对国际机制认识的逐步深刻,参与的欲望也进一步上升,1996年迄今,中国先后签署或批准了《联合国海洋公约》《核不扩散条约》《全面禁止化学武器公约》《全面禁止核试验条约》《经济、社会、文化权利国际公约》《公民权与政治权利国际公约》——这些对人类自身意义非凡的成就,并在恢复关税及贸易总协定缔约国地位以及加入世界贸易组织的谈判中付出艰巨的努力。这意味着,中国已经基本认可了当今国际体系中几乎所有重要的国际机制。

其二,国际社会对中国参与国际机制的态度。国际社会普遍倾向于把中国看作重要的世界大国,尤其是亚太地区或东亚的重要国家,对中国未来成为真正的世界大国充满肯定。但是,对于中国的迅速崛起和未来走向,许多国家尤其是西方国家是充满疑虑的,在中国宣布"做国际社会中负责任的大国"以前,"中国威胁论"是西方对中国的主流看法之一。该论调认为,中国实力增强后势必要求改变现存的国际秩序,不会遵守西方主导建立的国际规范,甚至将中国与20世纪30年代的日德相提并论。1997年出版的《即将到来的美中冲突》就是其中主要的代表作,其实质是把中国看作现有国际机制的最大挑战者。[2] 然而,更多的有识之士认为,"中国如果是安全的、有凝聚

---

[1] Robert G. Sutter, "China's Changing Conditions", *Congressional Research Service Report*, 1994, pp. 93 – 114.

[2] Richard Bernstein and Ross Monro, "The Coming Conflict With China", *Foreign Affairs*, Vol. 76, No. 2, March/April 1997, pp. 18 – 32;[美] 理查德·伯恩斯坦、罗斯·芒罗:《即将到来的美中冲突》,新华出版社1997年版。

力的、朝向改革的、正在现代化的、稳定的、对外开放的、并且能够有效地处理本国问题，那么它在未来的行动就很可能是建设性的"，①"由于中国的日益增强的国际角色，将它融入国际社会并给予它合法的权益，使它参与维持全球和平、稳定与繁荣，具有紧迫的意义"。②针对"中国威胁论"，基辛格指出，中国即使在主观上想威胁别国，实际上也做不到，因为中国关心的是自己的经济增长和领土安全，所以"中国威胁论"是可笑的想法。③ 美国国务卿奥尔布莱特撰文指出，"我们鼓励中国成为国际体系中一个全面而完全具有建设性的参与者。"④ 世纪之交，将中国看作建设性的大国越来越成为国际社会的共识，主要大国表示期望看到中国全面参与国际机制。⑤

其三，国际机制的发展趋势。尽管现有国际机制主要由美国等西方国家主导，但经过几十年的磨合之后，基本上"成为全球性的规则和机制"。这是我们必须正视的事实。⑥ 西方国家主导的国际机制能否扩展为全球性完全接受的国际机制将是西方未来面临的重要挑战，也将对全球发展产生重大影响。⑦ 冷战结束以来，国际社会的民主化、多元化趋势得到更好的体现，现有国际机制经过完善成为全球性规则

---

① Kenneth Lieberthal, "A New China Strategy", *Foreign Affairs*, Vol. 74, No. 6, Nov. / Dec. 1995, pp. 35 – 49.

② A. Dork Barnett, et al, *Developing a Peaceful, Stable, and Cooperative Relationship With China*, A National Committee on American Foreign Policy Report, July 1996, p. 24.

③ [美] 基辛格:《西方与中共对峙，应记取一战殷鉴》，《中国时报》(中国台湾) 1999年9月15日。

④ Madeleine K. Albright, "The Test of American Foreign Policy", *Foreign Affairs*, Vol. 77, No. 6, Nov. /Dec. 1998, p. 57.

⑤ Henry Kissinger, "The Stakes With China", *The Washington Post*, March 31, 1996; Robert Ross, "Beijing As a Conservative Power", in *Foreign Affairs*, Vol. 76, No. 2, March/April, 1997, pp. 33 – 44.

⑥ 王缉思主编：《高处不胜寒——冷战后美国的全球战略和世界地位》，世界知识出版社1999年版，第38页。

⑦ 时殷弘曾经指出，"21世纪世界政治的根本问题是：几个世纪以来西方占支配地位的国际社会能否实现一项世界历史性的创新，即转变为西方同非西方强国互相协调和持久共存的国际社会"。参见时殷弘《西方对非西方：当今美国对华态度的根本原因》，《战略与管理》1996年第3期，第8—9页。

体系的可能性增加了。在国际机制的完善和发展方面，美国发挥着不可或缺的关键作用。在美国的全球战略设计中，中国占有重要的地位。尤其是，美国的亚太战略设计包括美国军事存在、美日安保条约、与中国扩大交往政策以及亚太多边安全机制，每一项利益目标都需要中国的配合，否则难竟其功。美国认为，积极、全面、建设性、战略性与逐渐壮大的中国进行交往，可以满足其成为强国地位的心理需求，并希望带领其遵守作为国际强权的游戏规则，使其认识到维持现状最为有利是美国亚太战略成功的关键。美国期望将中国网在美国所设定的国际新秩序与国际机制体系内。中国与美国等西方国家在国际机制的完善、维持和建立方面有着诸多共同利益，为中国参与国际机制的战略选择提供了重要的国际环境。当然，美国对中国采取接触政策的目的是，希望其经济、政治、文化、思想影响向中国社会的纵深渗透，以便用它倡导的国际机制约束中国，实现美国在中国和亚洲的长远目标。[①] 美国助理国务卿洛德（Winston Lord）说，"我们面临的挑战是，要保证中国发展成为全球大国时它能起建设性作用，成为融入国际机制并承诺遵守国际法所规定的行为的国家"，[②] 这可以视为美国对华策的诠释。

以上因素以及中国参与国际机制的经验教训表明，中国的战略选择只能是积极全面地参与国际机制；参与国际机制的修改和完善过程，促使国际机制更为合理、合法、民主、兼顾效率与公平；参与新国际机制的制定，主动促成积极性国际机制的建设；积极参与国际机制的决策；适时承担一个主导国的角色。这个战略选择包含两个相互联系的角色：在当前充当国际机制的积极参与国；争取在未来的适当时机充当一般主导国。需要说明的是，争取一般主导国的地位将是中

[①] 王缉思主编：《高处不胜寒——冷战后美国的全球战略和世界地位》，世界知识出版社1999年版，第288—289页。

[②] Winston Lord and Joseph Nye, "Engagement with China Will Aid Regional Security", Transcript on October 11, USIA Wireless File, October 13, 1995, p. 2

国发展的未来趋势，其目的是更好地发挥"负责任的大国"的作用，推动世界民主化、多极化的进程，而不是放弃独立自主、平等互利的外交准则，甚或追逐一己之私利。

宏伟战略目标的达成需要精心的战略设计，包括战略目标、战略原则、战略步骤等的谋划。具体地讲，中国参与国际机制的战略设计应该包括如下方面的内容：

其一，战略目标。中国积极参与国际机制的核心目标是：创造和平、民主的国际环境，服务于中国发展的总体谋划，促进中国的国际化进程，为中国成为国际社会中负责任的世界大国创造条件，实现中华民族崛起的夙愿，同时促进国际机制趋向民主化、合理化。具体地讲，全面而积极地参与国际机制，使得现有国际机制朝向有利于中国的方向发展，为中国以经济建设为中心的战略谋划创造适宜的国际空间；更好地体现"做国际社会中负责任的大国"的宣示，在国际机制体系内寻找共同利益，以打破"中国威胁"谬论，澄清对中国外交战略的误读，表明自己接受国际机制约束的正当态度，稳定外部世界对中国外交政策的预期，消除对中国发展的担忧，防止美国与中国周边国家共同遏制中国的发展；促使中国外交更加积极和具有建设性，向世界展示中国传统思想的魅力和建设性建议，增强中国的国际影响力，更多地承担起领导世界走向更美好未来的责任；在国际机制体系内维护中国的主权和领土统一，实现国家的统一和民族振兴；积极参与国际机制的完善和发展，以中国的国家利益和全人类的共同利益为依归，对国际社会的民主化、多元化进程做出贡献。

其二，战略原则。维护国家利益；坚持独立自主、反霸维和的外交战略原则；在坚持和平共处五项基本原则的基础上，更好地体现与国际社会接轨的战略思路；将长远利益与眼前利益、长远目标和当前目标结合起来，我们可以暂时放弃眼前的非核心利益，只要从长远看有利于中国民主、富强、繁荣、统一。

其三，战略步骤。由于国际化进程开启未久，中国对与国际接轨的完整含义、在什么程度上与国际接轨最符合中国的利益、接轨过程中如何平衡发展与安全、主权的关系等问题上认识远未明确，中国对国际机制的认识还需要进一步深化。所以，积极而全面地参与国际机制，并不意味着立即加入任何国际机制，我们不能超越自己能力介入国际社会中所有的机制性事务。在思想上，我们要明确国家主权与国际机制的辩证关系。国际机制既有侵蚀国家主权的一面也有从长远方面有助于增强主权的一面。国际机制对主权的侵蚀表现在两个方面：一是国际机制客观上要求国家为全人类共同利益或长远发展改变观念；二是西方凭借主导国际机制的地位谋取自我利益。对于前者，我们应主动适应国际机制的要求，在主权观念上根据现实做出适应性调整。[①] 在行动上，我们应积极而不失稳健，根据国家利益和国际社会的需要选择何时、何种程度参与某国际机制，参与该国际机制的方式，以及在该国际机制中承担的角色。长期以来，中国"现存国际秩序不公正、需要实质性改变"的观点受到西方国家的怀疑，[②] 中国参与国际机制的目标也必定受到西方国家的怀疑与制约，我们要有耐心和策略。现有国际机制总是有利于维护发起者的利益，这必然涉及如何在机制体系内据理力争，使之为我所用，并寻求机会从内部改造国际机制的问题。王逸舟指出："面向 21 世纪的中国外交有三种基本的利益与需求：第一，发展利益与需求，即服务于国内经济建设目标，争取有利改革和发展的相对稳定的外部环境；第二，主权利益与需求，即保障领土、边界和基本主权不受侵犯，经过一个较长时间的努力逐步实现国家统一；第三，责任利益及需求，即在亚太地区发挥积极的、逐渐上升为主导性的影响，努力成为全球范围有影响力的、被

---

① 刘杰：《秩序重构：经济全球化时代的国际机制》，高等教育出版社 1999 年版，第 236 页。

② Harry Harding, "China's Changing Role in the Contemporary World", in Harry Harding (ed.), *China's Foreign Relations in the 1980s*, New Haven: Yale University Press, 1984, pp. 218–219.

公认为起建设性作用的国家。"① 从中国的实情出发，我们首先应该着眼于国家利益的维护，并承担起国际社会赋予的责任，适时承担主导国角色。中国应该争取参与所有重要的全球性国际机制，使"国际社会中负责任的大国"名副其实；立足亚洲，在亚洲特别是东亚事务中发挥建设性、积极和负责的作用；反对霸权的恶性膨胀，促进国际社会的机制化、民主化进程，为21世纪公正、合理、民主的国际秩序做出贡献。

四 结论

世纪之交，国际社会的竞争趋势由意识形态和社会制度之争转向国际机制之争，国际机制安排进入重新调整时期。新的机制安排将决定各国在21世纪世界中的角色与行动空间。

进入冷战后时代，中国建设性的大国地位越来越得到国际社会的认可和鼓励。1997年中国宣布"做国际社会中负责任的大国"，标志着中国开始实施谋求大国地位的战略。面对新世纪的国际机制安排，中国无论是从国家利益还是从国际责任考虑都应该有所作为，积极参与国际机制的设计、完善和发展，使之具有"中国因素"，为21世纪的中国谋得有利的国际地位，为国际机制的民主化、合理化做出自己的贡献。伴随着国际社会秩序化、机制化的进程，中国将扮演更重要的国际角色。世纪之交，国际社会第一次给中国提供了平等参与国际机制决策的机遇，中国也第一次拥有了承担国际机制积极参与者乃至主导国的实力和意愿。中国的战略选择及其谋划将在很大程度上决定着世界和平与繁荣的前景。中国积极参与国际机制的战略将促进世界民主化、多元化的进程，并有助于中华民族振兴夙愿的早日实现。

---

① 王逸舟：《面向21世纪的中国外交：三种需求的寻求及其平衡》，《战略与管理》1999年第6期，第18—27页。

同时,我们要注意到,随着国际机制作用的增强,国际社会对国际机制的理论研究越来越深入。相对而言,中国的国际机制研究起步于20世纪90年代中后期,目前尚处于译介西方理论成果的起步阶段。因此,组织力量深入研究国际机制理论,将对中国的外交战略研究起到巨大的推动作用。

联合国集体安全机制的困境[*]

联合国追求的安全目标和手段是集体安全。但联合国建立不久，整个世界就陷入冷战的深渊，联合国念兹在兹的集体安全并未实现。[①] 这一目标在1990年的海湾战争期间曾一度实现，联合国安理会通过的665号决议和678号决议为利用集体力量维护世界安全奠定了新的基础，而联合国也徒然辉煌一时。[②] 此后，建立后冷战时代国际秩序的讨论展开，美国追求单极霸权秩序的目标和战略逐步明确，而联合国的战略领导地位随之呈现下降趋势。[③] 进入21世纪的前夜，联合国所追求的集体安全目标似乎再次成为了空中楼阁。如何认识当前联合国集体安全困境成为一个亟须解决的理论问题。笔者从国际机制理论分析入手，力图通过对联合国集体安全机制的内在缺陷和外在制约的分析，考察联合国集体安全机制的困境原因之所在，并提出某些针对性的政策建议。

---

[*] 本文公开发表于《国际观察》2002年第3期，第1—8页。

[①] Joseph P. Lorenz, *Peace, Power, and the United Nations: A Security System for the Twenty-first Century*, Boulder: Westview Press, 1999, p. 1.

[②] Joseph P. Lorenz, *Peace, Power, and the United Nations: A Security System for the Twenty-first Century*, p. 96.

[③] 关于美国单极霸权秩序的讨论，请参见 William C. Wohlforth, "The Stability of a Unipolar World", *International Security*, Vol. 24, No. 1, summer 1999, pp. 5–41；关于联合国在美国全球战略中的地位，参见 Men Honghua, "U. S. Cross-Century Global Strategy and the UN", *Foreign Affairs Journal*, No. 55, March, 2000, pp. 19–32。

一 关于国际机制局限性的理论分析

随着世界"复合相互依赖"程度的日益深化,跨国问题、全球性问题成为国际关系关心的一个中心议题,非国家行为体的作用加强,并正在得到应有的重视。国际关系的主旋律由冲突转向国际合作,零和博弈模式在减少,双赢式的非零和博弈原则越来越成为主流,国际社会趋向规范化、制度化。与此相联系,国际机制在国际事务中发挥着越来越重要的作用。所谓"国际机制",指的是在国际关系特定领域里行为体愿望汇聚而成的一整套明示或默示的原则、规范、规则和决策程序,[①] 或有关国际关系特定问题领域的、政府同意建立的有明确规则的制度。[②] 国际机制的作用突出表现为:在国际事务中发挥作用的领域日益广泛;参与国际社会的程度更加深入;行动能力与权威性大大增强;其自身的规范化、制度化程度也逐步提高。[③] 国际机制成为调节国家间关系的重要杠杆,也日益成为可操作性的经常性行为规范。

然而,国际机制作用的增强,并没有给国际社会带来人们孜孜以求的和平与安全。世纪之交,国际形势风云变幻,和平与安全的目标似乎随着地区冲突和国内纷争的日趋激烈而幻灭了。现实的困境促使理论开花结果。体现在国际机制理论的发展上,就是对国际机制局限性的认识得以加深。

所谓国际机制的局限性,指的是国际机制作用发挥所受到的限制,表现在国际机制自身缺陷和外在制约两个方面。分析国际机制的

[①] Stephen D. Krasner, "Structural Causes and Regime Consequences: Regimes As Intervening Variables", *International Organization*, Vol. 36, 1982, pp. 185 – 205.

[②] Robert Keohane, *International Institutions and State Power: Essays in International Relations Theory*, Boulder: Westview Press, 1989, p. 4.

[③] Robert Keohane, *After Hegemony: Cooperation and Discord in the World Political Economy*, Princeton: Princeton University Press, 1984, p. 63; Robert Keohane, "International Institutions: Can Interdependence Work?", *Foreign Policy*, Vol. 110, spring 1998, pp. 82 – 96.

局限性,并非意图否认国际机制作用增强的趋势,而是通过对国际机制自身缺陷和外在制约的分析研究其作用发挥的局限,以达到认清国际机制作用的目的。[1]

从国际机制自身的缺陷着眼,国际机制的局限性主要表现在如下几个方面:其一,机制的本义是权衡,即对各种利益规范之间进行权衡的结果。如此,则妥协性是国际机制本身固有的属性。因之,国际机制本身无涉国际正义和平等,尽管参与制定和运用国际机制的国家总是假正义与平等之名行事。这种妥协性足以损伤国际机制的权威性或有效性,影响着国际机制作用的发挥。其二,现存国际机制源自西方特别是美国的政治—文化观念,其基本原则、规则、规范乃至决策程序都主要是西方文化的产物,与西方利益有着天然的联系。西方(美欧)长期垄断着国际关系的主导权和国际机制的制定权,迄今为止的国际机制在建构中仍然难以超越这些机制规则所奠定的思维框架。[2] 在当前,西方(尤其是美国)实力仍然是主导国际关系的因素;西方仍然安排着国际机制的建构趋向,国际机制主要体现着西方尤其是美国的愿望和利益需求;而且,西方仍然是国际机制的主要实践者。这种属性体现了国际机制理论应用和文化根基上的狭隘,并维护着美欧,尤其是美国的国家利益。罗伯特·考克斯(Robert Cox)认为,现行国际机制加强了发达国家对世界其他部分的统治,是不公正分配的结果,因而在道德上是应该受到谴责的。[3] 其三,就其本性而言,国际机制的

---

[1] 国际机制的局限性是国际机制理论家分析的弱项,多数理论家侧重于分析国际机制的作用与影响力。笔者认为,分析国际机制局限性(即独立性与从属性的矛盾互动)将是国际机制理论取得自身突破的一个焦点。罗伯特·基欧汉曾简要分析国际机制的"限度"(Limitations),可参见 Robert Keohane, *After Hegemony: Cooperation and Discord in the World Political Economy*, Princeton: Princeton University Press, 1984, pp. 85 – 109。

[2] Robert M. Crawford, *Regime Theory in the Post-Cold War World: Rethinking Neoliberal Approaches to International Relations*, Dartmouth Publishing Company, 1996, pp. 4 – 6.

[3] Robert Cox, "Social Forces, State and World Order: Beyond International Relations Theory", in Robert Keohane, ed., *Neorealism and Its Critic*, New York: Columbia University Press, 1986, pp. 224 – 248.

发展是渐变而非突变。① 国际机制的建立是一个艰难的过程，大多数现存国际机制由霸权国——美国在第二次世界大战结束不久建立的。② 国际机制是在巨大的霸权阴影下、在两极格局的国际体系中发展起来的，必然带着那个时代的特征，③ 冷战对国际机制的影响在短期之内无法消除。国际机制的发展滞后于国际局势的变化将是国际机制发挥作用的重要制约因素。其四，国际机制并非促成国际合作与建立国际秩序的充分条件。国际机制作为促进国际合作的方式而产生，是各国政府政策协调的结果。国际机制通常表现出相当高度的公共物品属性。④ 然而，尽管国际机制建立的前提是活跃在特定问题领域的国家拥有只有通过合作才能实现的共同利益，但国家之间拥有共同利益并不一定合作，即共同利益的存在是国家之间合作的必要而非充分条件。⑤ 因之，国际机制作用的发挥受到自身特质的限制。

从国际机制的外在制约着眼，国际机制的局限性主要表现在如下几个方面：其一，冷战结束以来，非国家行为体的作用进一步加强，但当前仍未超越"民族国家时代"的根本特征。尽管全球化风起云涌，但国家相对收益（relative gains）的追求仍然超过绝对收益（absolute gains）的考虑，国家利益仍然是各国首先争取维护和追求的核心内容；在集体安全的目标中，民族国家对自我利益的追求必然决定了它们的

---

① 相关思想请参见 Alfred Marshall, *Principles of Economics*, London: Macmillan Company, 1927, pp. 248 – 249。

② Chris Brown, *Understanding International Relations*, Houndmills: MacMillian Press Ltd., 1997, p. 50; Robert Keohane, *After Hegemony: Cooperation and Discord in the World Political Economy*, Princeton: Princeton University Press, 1984, pp. 31 – 38.

③ Robert M. Crawford, *Regime Theory in the Post-Cold War World: Rethinking Neoliberal Approaches to International Relations*, Dartmouth Publishing Company, 1996, p. 1.

④ Oran Young, *International Cooperation: Building Regimes for Natural Resources and the Environment*, Ithaca: Cornell University Press, 1989, p. 21.

⑤ Andreas Hasenclever, Peter Mayer, and Volker Rittberger, *Theories of International Regimes*, London: Cambridge University Press, 1997, p. 31.

自私本性。① 在国际关系理论大师肯尼思·沃尔兹看来,"我们面临着为共同所得而合作的可能,但在所得如何分配上国家是感到不安全的,它们并不问'我们都有所得吗?',而是问'谁所得更多'"。②

其二,美国在国际机制的建立、诠释和修改方面拥有不容置疑的重要权力,成为影响国际机制作用发挥的最大因素。探讨国际机制,离不开对美国机制霸权的认识与分析。从理论角度讲,国际机制的研究始于美国,该概念及其基本理论流派也最早在美国产生与发展,实际上,美国基本掌握着国际机制理论的"话语霸权"。从现实角度看,美国主导着当今国际机制的确立、执行和修订。现行国际机制几乎涉及国际关系的各个领域,每个领域都有自己特殊的运转机制,包括国家权力的分配、利益分享所必须遵循的原则、规则、规范和决策程序;也包括正常运转的机制如国际收支平衡机制、国际贸易机制、国际金融货币机制、国际石油机制、海洋以及海洋资源的开发和利用机制、外交人员的保护机制等。整个国际社会的运转机制,一方面反映了客观发展规律;另一方面又与美国的霸权地位有关。美国一贯重视在国际上制定有形和无形的法规、行为规则和制度安排,力图操纵现存的国际组织,按照美国的意愿和利益建立新的国际机制。冷战后美国更加紧监督执行或组建、参与国际机制,如核不扩散机制、全面禁试条约、导弹技术控制会议、知识产权协定、西方七国首脑会议(八国集团)、北美自由贸易区、亚太经合组织、世界贸易组织等,并力图在其中发挥主导作用。美国霸权的一个特性是,美国人固然重视军事力量,但是同时极为重视国际机制的作用。与历史上的列强相比,美国人在外交中并不那么倾向于用赤裸裸的暴力压服对方,而是用一套具有普遍价值的规则使对手自愿就范。以把中国拉入现存国际

---

① Robert Powell, "Absolute and Relative Gains in International Relations Theory", in David A. Baldwin, ed., *Neorealism and Neoliberalism: The Contemporary Debate*, New York: Columbia University Press, 1993, pp. 209 – 233.

② Kenneth Waltz, *Theory of International Politics*, Readings: Addison-Wesley, 1979, p. 105.

秩序为目标的"接触"政策，显然符合这一特性。与此相关，第二次世界大战结束以来的国际机制也受制于美国的霸权。例如，1971年8月15日，美国单方面破坏了布林敦森林体系的机制安排，因为该机制阻碍了美国的行动自由。[1] 1998年和1999年，美国抛开现行的国际机制，在没有联合国安理会授权的情况下，擅自对主权国家伊拉克和南联盟进行军事打击，从而对国际机制的效用形成强大冲击。

其三，从历史发展过程来看，国际机制倾向于独立发挥作用，但不能摆脱大国的制约。罗伯特·基欧汉指出，国际机制主要由最强大的国家所塑造，并主要反映了大国的利益。[2] 大国拥有国际关系的控制权，占据着国际机制确立和运行的主导权，这与国际机制独立发挥作用的欲求是相斥的。在可预见的将来，大国协调主导国际机制仍将是不可避免的。当前"一超多强"的国际格局仍将持续下去，而"一超"的地位似乎越来越巩固，甚至有人断言没有国家具有物质上的实力和政治上的愿望来结束美国的单极时刻。经过20世纪末东欧巨变、金融危机的冲击，多强不强、"一超"超出似乎成了一个锁定的事实。大国力量在相当程度上主导国际关系，这种局势必然影响着国际机制独立作用的发挥，国际机制的原则、规则、规范乃至决策程序成为这些大国讨价还价的工具，甚或牺牲品。

以上分析表明，国际机制在新的国际局势下发挥着越来越重要的作用，其独立性愈发突出，更多学者视之为独立变量；与此同时，由于内外条件的制约，国际机制的作用又受到相当的限制，认为国际机制仍然是从属变量的学者大有人在。总体而言，独立性与从属性都是国际机制的内在属性，二者矛盾互动所导致的国际机制的局限性是影响未来国际格局的重要变量之一。

---

[1] Robert Keohane, *After Hegemony: Cooperation and Discord in the World Political Economy*, Princeton: Princeton University Press, 1984, p. 98.

[2] Robert Keohane, *After Hegemony: Cooperation and Discord in the World Political Economy*, Princeton: Princeton University Press, 1984, p. 65.

二 联合国集体安全机制及其当前困境

联合国创建于第二次世界大战的硝烟中,经过 50 余年的发展,联合国的作用大大加强,其机制也趋于完善。国际机制作用增强的重要表征之一,就是联合国在冷战结束前后所焕发出来的光芒:联合国的维和行动大大扩展,第二代维和行动应运而生;在海湾战争中,大国一致原则得到维护,联合国孜孜以求的集体安全得以实现,似乎联合国真正成为了国际政治生活的核心。但是,随着联合国在索马里两次强制和平行动 (Peace-enforcement Operations) 的折戟沉沙,第二代维和行动宣告结束;① 随着美国跨世纪全球战略的制定和实施,联合国在国际事务的战略领导地位明显下降,在处理伊拉克和前南斯拉夫问题上,联合国基本上被排除在决策之外,大国一致原则再次荡然无存,集体安全的目标再次束之高阁,导致有人慨叹联合国的衰落。② 问题出在哪里?难道联合国真的好景不长?难道《联合国宪章》所载明的集体安全不过是昙花一现的幻望?要解决这些问题,我们必须从联合国集体安全机制自身去寻找答案。

所谓联合国集体安全机制,指的是联合国在世界和平与安全领域确立的一系列明示或暗含的原则、规则、规范和决策程序。维护和平与安全是联合国的首要职责。联合国以集体安全为目标,确立并逐步形成了维护世界和平与安全的机制,我们称之为联合国集体安全机制。联合国维持世界和平与安全的机制主要体现在以下方面:《联合国宪章》与大量的决议、宣言、公约等确立了根本原则、规则、规范和特定程序;安理会和大会提供研究和平与安全的论坛;以维和部

---

① Joseph P. Lorenz, *Peace, Power, and the United Nations: A Security System for the Twenty-first Century*, p. 88.

② Michael Barnett, "Bringing in the New World Order: Liberalism, Legitimacy and the United Nations", *World Politics*, Vol. 49, July 1997, pp. 526–551.

队、军事观察团、秘书长特使等形式,通过经济制裁、武器禁运、军事措施等手段解决地区冲突;倡导裁军、军控等。简言之,联合国大会、安理会和秘书长构成维护集体安全的决策机制;在控制地区冲突的机制方面,形成联合国秘书长与维和行动的危机处理机制;与此同时,联合国的裁军与军控则形成常规性机制,以上共同构成了联合国的集体安全机制。

第一,联合国决策机制的当前困境。安理会、大会与秘书长构成了联合国维护集体安全的决策机制。在联合国维护世界和平与安全上,安理会掌握着确立政策、采取措施的决策权;大会拥有广泛的建议权;秘书长可以主动地判断情势,向安理会提出相关建议。在实践中,往往是大会进行讨论,由安理会常任理事国先非正式性磋商,而后在安理会、常任理事国和秘书长磋商中得出某种结论。实际上,大会往往起不到实际作用,而最终的决策权往往被联合国五大常任理事国甚至其中某些(或某个)国家掌握。在该决策机制中,联合国大会提供建议而安理会做出决定的规定使安理会在有重大政治意义的问题上可以间接控制大会的职能,[①] 这显然是机制安排上的弊病。而1950年通过的"团结一致共策和平"决议,扩大了大会权力,又导致大会与安理会权限的模糊。而秘书长的行动常常受到大国制约,得不到大国的支持则寸步难行。关于联合国集体安全决策机制的改革,自联合国建立以来就不绝于耳。限制甚至取消否决权是五个常任理事国之外几乎所有国家的愿望。否决权的规定雄辩地证明了国际机制非平等性的价值判断。现在,出资最多的日本、德国已经减淡了对安理会常任理事国的追求,日本甚至有人提出由八国首脑会议(G8)取代安理会决策权的设想。安理会常任席位的未来组成与权力分配是联合国改革的焦点,也是联合国集体安全困境的矛盾核心。联合国秘书

[①] [美] 汉斯·摩根索:《国际纵横策论——争强权,求和平》,卢明华、时殷弘、林勇军译,上海译文出版社1995年版,第589页。

长名义上独立于任何国家之政府，但实际上忙于应付大国之间。最具有独立性的加利秘书长因美国阻挠而下台，新任秘书长安南基本上以美国马首是瞻，导致了对联合国集体安全机制的强大冲击。对照《联合国宪章》的规定，联合国集体安全的决策机制基本处于非正常运转状态，更因美国跨世纪全球战略的制定和实施而陷于深渊。在美国全球战略与联合国的关系处理上，美国提出对联合国的职能重新定位，对其任务重新安排优先次序，对其机构重新加以塑造，从而实现联合国职能的弱化：使之限定于和平、人道主义援助、人权和环境保护等领域。在安理会改革上，美国明确支持安理会扩大，主张德、日成为新的常任理事国，但属意新增安理会常任理事国不拥有否决权，而旧有的否决权不得削弱或取消。① 美国的目的是，在安理会的权力机制层面实现美国跨世纪战略的政治目标，组成民主国家为主的共同体，在保持自己原有权力的基础上改革联合国权力分配机制，以此控制联合国的主导权。

第二，联合国维和机制的当前困境。从历史渊源看，维和行动并无《联合国宪章》规定或其他法律依据，而是填补《联合国宪章》第六章关于调解冲突条款和第七章关于强制行动条款之间空白的"实际办法"。联合国的维和行动实践中形成了一定的原则、准则、规范和决策程序。具体地说，维和行动应由安理会、个别情况下由联合国大会组织建立；应由秘书长指挥；在维持和平行动中应遵循"赞同、中立、不使用武力或以武力相威胁的原则"。② 联合国维和行动在组建、运作、管理等方面均已走向成熟，但还没有形成一种规范的国际机制，迄今只是联合国解决地区争端所采取的一种手段。③ 从形式看，联合国有两类维和行动，一种是由秘书长直接领导的联合国维和行动（有军事观察团和维持和平部队两种表现形式）；另一种是由安理会

---

① "Bigger Security Council?", *International Herald Tribune*, August, 16 - 17, 1997.
② 王杰主编：《联合国遭逢挑战》，中央编译出版社 1994 年版，第 52—57 页。
③ 王杰主编：《联合国遭逢挑战》，中央编译出版社 1994 年版，第 39 页。

批准、秘书长授权、在西方大国直接参与指挥的维和行动（一般称为多国部队）。从发展历程看，联合国的维和行动经历了两个主要发展阶段：1988年以前，维和行动主要限于苏美争夺范围之外，基本严格遵循中立、不干涉内政等国际法准则；1988年以来，维和行动的功能大大扩展，由"维持和平"发展到"建立和平"（Peacebuilding）乃至"缔造和平"（Peacemaking）。但在和平与安全领域，联合国原本不如地区组织效率高。[1] 20世纪90年代以来，由区域组织组建的联合国家部队开始活跃，它们也自称"维和部队"，并"接管"了联合国维和机制的部分权限。联合国授权、地区组织主导进行谈判、斡旋，并由当事国参与的共同参与机制有望形成。但是，苏联解体以来，新干涉主义甚嚣其上，人道主义干预频频付诸行动,[2] 美国乘机实施干涉主义，为自己霸权战略的实施谋得"合法"之名，借联合国维和之名干涉内政时有发生。维和行动与《联合国宪章》出现冲突：《联合国宪章》不适应不断变化了的国际现实；有的联合国干预行动背离了《联合国宪章》的宗旨与原则。联合国的维和机制面临着诸多困境。

第三，联合国裁军与军控机制的当前困境。冷战后，联合国构架内的多边裁军活动格外突出，但裁军和军控机制内在的局限并未消除。其根本原因在于：联合国无法控制国际局势的发展；裁军和军控从属于一个国家的外交政策，联合国无法改变国家的政策；联合国缺乏推动裁军必备的保证力量；联合国对各国的军备规模和质量也缺乏科学的监控。1998年印度和巴基斯坦先后进行核试验。公然违背有关的国际公约，而联合国在此问题上迄今无所作为，就是一个明证。1999年，美国参议院拒绝批准《全面禁止核试验条约》、美国违反

---

[1] Paul Diehl et al, "United Nations Intervention and Recurring Conflict", *International Organization*, Vol. 50, 1996, pp. 683 – 700.

[2] Adam Roberts, "Humanitarian War, Military Intervention and Human Rights", *International Affairs*, Vol. 69, No. 3, 1993, pp. 429 – 449.

《限制反弹道导弹条约》、(1972年)促动建立"国家导弹防御系统"(NMD)表明,主要大国利益在相当程度上决定着裁军与军控机制的成败。有识者呼吁,美国参议院拒绝批准《全面禁止核试验条约》与建立"国家导弹防御系统"纠缠在一起将意味着核军控的结束,国际社会现在有必要在政治和外交上行动起来,避免军备控制失败和新一轮军备竞赛的开始。

另外,需要说明的是,联合国现有的和平与安全维护机制与集体安全的理念之间存在差距,而且联合国集体安全的这一目标本身也存在问题。集体安全建筑在国际社会是一个有机整体的基本假设之上;要求整个国际共同体的力量远胜于任何大国或几个国家的力量;要求各国不仅维护自身的利益,还支持利他性的国际主义;集体安全需要一定的规则;其实施需要适当的国际机构来组织和协调。以上基本要求,联合国都无法满足。① 著名国际政治学者摩根索甚至认为,"集体安全作为一种理想是毫无瑕疵的",但实践中却是远远达不到理想的境界。②

三 基本的结论

联合国的集体安全机制具有天然的局限性:其权力来源于成员国的授权;其成就很大程度上取决于大国一致原则能否实现;其财政命脉掌握在成员国尤其是发达国家手中;美国独霸世界的野心更是严重制约着该机制作用的发挥。而且,联合国集体安全机制创建于第二次世界大战炮火之后,壮大于冷战硝烟之中,在机构设置、权限划分、工作机制和目标设置等方面,必然体现着那个时代的印迹。③ 冷战结

---

① 王逸舟:《当代国际政治析论》,上海人民出版社1995年版,第394—396页。
② [美]汉斯·摩根索:《国际纵横策论——争强权,求和平》,卢明华、时殷弘、林勇军译,上海译文出版社1995年版,第375页。
③ Michael Barnett, "Bringing in the New World Order: Liberalism, Legitimacy, and the United Nations", *World Politics*, Vol. 49, July 1997, pp. 526–551.

束后,联合国集体安全机制滞后于国际形势的变化,并陷入了困境。但新的国际形势既对联合国集体安全机制提出了强烈的挑战,也提供了新的发展机遇。冷战结束后,国际社会对联合国的角色提出新的要求,希望制定新的国际规则、规范,加强国际协调,在全球范围达成普遍共识,避免局面无序或失控。这为联合国集体安全机制的存在与发展提供了时代基础,也提出了新要求。

摆脱联合国集体安全机制的困境,首先,我们要意识到国际机制的发展是渐变的,联合国集体安全机制的发展与完善将是一个相对漫长的过程。联合国集体安全机制存在着非常严重的"民主赤字",它根源于强权政治和冷战思维,内化于机制本身。要解决该机制的困境,则必须根除强权政治与冷战思维。另外,在经济全球化和国际社会民主化进程中,国际机制趋于独立性与民主化是可能的。也只有在这一国际局势下,联合国集体安全机制的目标才有望达成。该机制的基本目标是维护世界和平与安全,而这也是绝大多数国家的根本愿望,少数国家的倒行逆施并不能阻碍大势之趋。

其次,对大国尤其是霸权国在联合国集体安全机制修改与执行中的主导作用,我们要有正确的认识。不容否认,大国在国际机制的建立、维持或修改上拥有主导地位。但是,国际机制的价值并不局限于大国的意图。[1] 国际社会日趋多极化,而大国制衡与协调必将是大势所趋,这将有利于国际机制的完善与良性发展,大国一致的原则也有望实现。而且,国际机制不仅被视为降低成本和不确定性的工具,也被视为创立责任的原则。违背机制规范不仅损害了各方获得利益的一系列安排,也将破坏违反者的名声,损害它未来制定协议的能力。[2] 一个明显的例证是,即使致力于建立单极霸权的美国也需要借助联合

---

[1] Robert Keohane, *After Hegemony: Cooperation and Discord in the World Political Economy*, Princeton: Princeton University Press, 1984, pp. 256 – 257.

[2] Robert Keohane, *After Hegemony: Cooperation and Discord in the World Political Economy*, Princeton: Princeton University Press, 1984, p. 126.

国谋得行动的"合法"之名。大国主导是国际社会的事实,但这并不表明国际机制无由完善。在可预见的将来,联合国维护和平与安全的形式必将是大国协调与集体安全兼而有之。

再次,我们必须对21世纪世界政治的根本问题做出明确判断。世纪之交,影响世界未来走向的机制之争趋于激烈。西方国家尤其是美国在全球扩张西方民主制度和文化价值观,以软实力塑造国际机制和国际体系,根据自己的战略安排继承或修改现有的国际机制、制定新的国际机制,使之成为全球共同遵守的国际规则,并诱迫他国接受自己的机制安排,从而确立西方尤其是美国的机制霸权;对不服从或意图挑战的国家则以硬实力进行无情打击,保证对整个国际事务的控制权。这种意图必然是影响联合国集体安全目标实现的最大因素。

最后,在维护世界和平与安全上,各国贡献出自己力量的同时,应注意自身利益的维护。在民族国家的时代,追求国家利益是任何国家的首要战略目标。期望联合国集体安全机制建立在道义基础上而不顾及各国自我利益的现实,不过是想象中的空中楼阁或建立在沙土地基上的大厦。[①] 摆脱联合国集体安全机制的困境,需要国际社会共同努力,更需要大国做出表率。

[①] Robert Keohane, *After Hegemony: Cooperation and Discord in the World Political Economy*, Princeton: Princeton University Press, 1984, pp. 256 – 257.

冷战后美国大战略的争鸣及其意义*

大战略（Grand Strategy）是综合运用国家总体战略资源实现其战略目标的艺术，即一个国家运用自身的各种手段和资源——政治、经济、军事、文化和意识形态等——保护并拓展本国整体安全、价值观和国家利益等。英国战略家哈特（Liddell Hart）将大战略定义为最高层次的战略，其功用在于调节和指导一个国家或连同其盟国的所有军事、政治、经济和精神资源，以达到由其基本政策所规定的政治目标。[①]

美国素以大战略谋划著称，其宏观战略安排之精当、谋划之深远，诸大国无出其右者。从历史上看，美国的大战略谋划有几个关键的历史阶段：从18世纪华盛顿的孤立主义战略定位到19世纪初确定其美洲霸主地位的"门罗主义"；从19世纪开始的逐步扩张战略到第一、第二次世界大战之间走向西方世界领导地位的渐进战略；从冷战期间的遏制战略到冷战结束之后接触加遏制（Con-gagement）的战略思考；从冷战结束以来单边主义与多边主义的战略摇摆到当前单边主义大战略的定位，美国塑造周边环境和确定世界大国关系的战略安排无不体现出一种深谋远虑的能力，而且不乏实用主义的灵活战术运用。

---

* 本文公开发表于《太平洋学报》2003年第2期，第18—26页。
① Liddell Hart, *Strategy*, New York: Frederick A. Praeger, 1967, pp. 335–336.

研究美国有多种视角、多种分析层次,而大战略分析层次是尤其值得我们关注的。研究冷战结束以来美国大战略的探讨、制定及其具体安排具有重要的借鉴意义。美国是世界上经济、科技、政治、军事、文化实力最强大的国家,不仅影响和决定了世界格局,也是对中国影响最大的资本主义国家;中国是世界上人口最多、发展速度最快、综合国力迅速崛起的、最大的发展中国家,不仅将影响和决定世界格局,也是对美国影响最大的社会主义国家。美国大战略的演变过程实际上就是从一个相对次要的国家成为世界第一大国以及如何确保其世界霸主地位的过程,是一个崛起大国及世界头号强国如何进行战略谋划的过程。因此,从大战略层次研究美国,必将对中国这样一个新崛起大国的战略谋划提供参照坐标,对中国大战略的思考、谋划具有多重借鉴价值。

一 关于美国世界地位的辩证思考

美国是当前世界上最强大的国家。这种强大不仅体现在军事、经济等硬实力方面,还体现在文化价值观、国际影响力等软实力方面,更进一步体现在美国运用其强大实力的意愿上。

从最为宏观的角度看,可以说,冷战结束以来,美国大战略的总体目标或基础就是如何实现确保"单极时刻"(The Unipolar Moment),并将"单极时刻"变为"单极时代"(The Unipolar Era)。迄今,这个战略目标已经成为现实,今后美国的大战略任务真正变成了如何防止和应对竞争对手崛起对其世界霸主地位的挑战。

从中观的角度看,世界并非美国的一言堂。尽管成就一言堂是美国孜孜以求的目标,但能否形成却是由其总体国家实力所决定的。曾主管国际安全的美国国防部助理部长约瑟夫·奈(Joseph Nye)认为,在全球信息时代,实力的分布就像一个三层棋盘。处于最高层的军事棋盘是单极的,美国远远胜过所有其他国家,但中间的经济棋盘是多极的,美国、欧洲和日本占去了世界产品的2/3,而底层的跨国关系棋盘则跨越边境脱离政府的控制,其实力分布结构极为分散。[1] 美国在军事上具有超强地位,其军事开支超过其他八个大国的总和,其军事技术远远领先于其他大国。在这两个方面,其他国家在可预见的将来难望其项背。因而,从军事方面上看,确实形成了美国的单极格局。但是,在经济上,世界却逐渐形成多极格局。美国保持着世界第一经济大国的地位,但它在世界经济中的绝对优势却下降了。欧盟和日本仍然是美国的强劲对手,中国作为后发大国,其经济形势喜人,并具有成为世界经济发动机的巨大潜力。而且,作为造就当前美国经济繁荣的经济全球化和信息技术革命具有天然的扩散优势,美国丧失其经济优势的可能性因此而增加。从跨国领域的角度看,国家的直接控制能力大大下降,越来越多的非国家行为体参与到具体事务的治理过程中,国际协调和合作因而变得至为关键。许多跨国问题——金融流通、艾滋病蔓延、环境恶化、恐怖主义等,没有其他行为体(不仅仅是国家,还有非国家行为体)的合作是难以解决的,美国注定要与人分担责任。当然,总体而言,美国对国际事务的影响力最为强大,但其他国家乃至非国家行为体的行为仍然对美国的战略目标有着重要的影响,而且这种影响可能会在不同的时间、地点发挥极其重要的作用。因此,从中观的角度看,美国并不具备控制世界事务的绝对能力,美国也受到国际事务运行中的自然和人为影响。

从微观的角度看,美国与诸大国的关系处于微妙状态。我们不能否认,美国是谋划战略联盟的高手。美国在美洲后院的战略控制、在欧洲和亚洲的战略联盟安排确保了美国全球利益的战略基础、战略支点和战略纵深。可以说,美国与欧洲诸大国如英国、德国、法国等国结成的西方联盟根基牢固,美国在欧洲安全和防卫战略上的领导地位

---

[1] Joseph Nye, *The Paradox of American Power: Why the World's Only Superpower Can't Go It Alone?* New York: Oxford University Press, 2002, pp. 137–171.

极少受到直接挑战；美国与日本的军事结盟是美国大战略中最为成功的布局，美国的战略意图在于稳定美日同盟，确保其在亚太地区的领导地位和战略纵深；日本的意图在于利用美国的军事优势，争取亚洲领导国地位，美日同盟相对稳定。俄罗斯仍然处于痛苦转型和缓慢发展的进程之中，俄罗斯总统普京采取了积极的亲美政策，与美国结成了稳定的外交关系，被美国视为半盟友。中国极其重视与美国的关系，在反恐战争中，中美逐渐找到了某些战略共识，确立了建设性的合作关系。美国改变了对印度的战略，与印度的关系正在加速改善之中。从这种角度看，美国与大国的关系处于相对稳定的状态中，美国的战略意志得到了相对有效的贯彻。然而，从另一个角度看，随着欧洲经济力量的进一步强大以及欧洲联合的进一步深入，欧洲外交越来越体现出独立性，德国明确而强烈地反对美国在伊拉克动武就是明证，欧洲诸大国（包括与美国最为亲密的英国）对美国单边主义政策的反应超出美国乃至世界其他国家的预料。这种非挑战性独立对美国战略意图的贯彻至为麻烦。由于日本经济的长期低迷，如何利用亚洲力量促进其经济利益成为一个核心问题，回归亚洲成为一个重要的选择，而日本今后是否继续雌伏于美国战略之下将成为一个需要思考和探讨的问题。法国、中国、俄罗斯继续倡议建立多极化的世界秩序，这种独立姿态将长期保持下去。俄罗斯目前的战略仍然受到美国的质疑和考验，美国继续扩大其在欧洲的战略纵深地带，俄罗斯的战略空间进一步受到挤压，俄罗斯国内政治的压力反弹不容忽视。就中美关系而言，两国结成了临时的反恐联盟，体现了双方政策的灵活性。但是，这种联盟的稳定性受到质疑，美国将中国视为未来战略竞争对手的战略安排难以更改，两国关系仍将是风雨兼程。从大国关系的角度着眼，短期内，不存在结成反美联盟的可能性，美国的战略意图仍然可以通过大国协调得到基本贯彻；但是，美国也难以一意孤行，其他国家仍然会进一步体现其外交独立性，各国在外交上合作与竞争并存，在经济上则竞争激烈，着眼于未来综合国力的较量和长远的战略谋划。

　　这种世界地位为美国的大战略谋划提供了机会，也显示了某种形式的尴尬和存在的挑战。美国决策者摇摆于单边主义和多边主义之间的时期之长久说明了这一点；美国在确定以单边主义为核心的大战略之后仍然在实际行动中频频与诸盟国乃至其他大国协调其战略步骤证明了这一点；诸如约瑟夫·奈等美国重要战略理论家对多边主义的坚持和呼吁也说明了这一点。但是，我们在看到这种战略尴尬的同时，我们也必须清醒地认识到，美国大战略框架已经确定，美国的战略意愿在"9·11"事件之后凸显出来，美国统治集团追求单极霸权体系的目标得到国内的有效支持，其具体战术运用可以灵活变更，但其核心战略目标将长期保持稳定，这必将对世界的未来产生重大影响。

二　冷战后美国大战略的争鸣

　　冷战的结束标志着一个新时代的到来，美国各界就美国未来的国家安全战略进行了深入的思考：美国的国家利益和战略目标是什么？这些利益和目标面临的威胁是什么？面对这些威胁，美国的应对战略是什么？美国的战略谋划应遵从什么原则？换言之，如何确定新时期的美国大战略成为各界关心和思考的重大问题。

　　在激烈的争论过程中，四种战略选择明显地凸显出来，这就是新孤立主义战略（Neo-isolationism）、选择性接触战略（Selective Engagement）、合作安全战略（Cooperative Security）和确保领导地位战略（Primacy）。随着美国实力的持续膨胀，美国决策者越来越认识到，没有哪个国家拥有结束美国"单极时刻"的物质实力和政治意愿，美国的大战略选择也迅速确定为确保其领导地位。

表1　　　　　　　　　　　争鸣中的美国大战略

	新孤立主义战略	选择性接触战略	合作安全战略	确保领导地位战略
理论支点	防御性现实主义	传统的均势现实主义	自由主义	最大限度的现实主义/单边主义
国际政治的主要问题	避免介入其他国家的事务	大国之间的和平	和平不可分割	匹敌对手的崛起
期望的世界秩序	远距离的均势	均势	相互依赖	霸权
国家利益的概念	狭隘的	受到限制的	跨国性的	宽泛的
区域重点	北美洲	工业化的亚欧地带	全球	工业化的亚欧地带以及潜在竞争对手
核扩散	与我们无关	有选择地防止扩散	不加选择地防止扩散	不加选择地防止扩散
北约	退出	维持	转型、扩大	扩大
区域冲突	不介入	遏制、有选择地进行干预	干预	遏制、有选择地进行干预
种族冲突	不介入	遏制	不加区分地进行干预	遏制
人道主义干预	不介入	有选择地进行干预	几乎不加选择地进行干预	有选择地进行干预
使用武力	自卫	区别对待	经常	根据意愿使用
武装力量	最低限度的自卫力量	打赢两场重大区域战争的力量	进行多边行动所需要的武力	两倍于其他大国的武力标准

资料来源：Barry Rosen and Andrew Ross, "Competing Visions for U. S. Grand Strategy", International Security, Vol. 21, No. 3, p. 6。

在以上四种战略选择中，新孤立主义野心最小，且最不为大众所接受。选择性接触战略力图确保大国之间的和平，美国首先要避免的是大国之间的战争，因此与俄罗斯、中国、欧洲诸大国和日本的关系最为重要。作为一种战略，它缺乏理想主义的色彩，完全以实力为界定标准，力图避免美国介入世界其他地区的纷争，从而实质性地限制了美国对全球利益的追求、对自身利益的维护。合作安全战略最具有协调意义，同时也强调了美国利益的扩张性。① 它建立在自由主义的理论基础之上，强调民主和平论的价值，认为可以通过"参与扩展战略"（Engagement and Enlargement）改变中国和俄罗斯的战略诉求，并促使其成为民主社会的成员。可以说，合作安全战略是为克服传统的集体安全缺陷而提出的，它与集体安全一样，建立在大国之间存在战略性相互依赖（Strategic Interdependence）的理念前提之上。然而，这一战略忽视了美国长期形成的战略思维逻辑，漠视美国在冷战中形成的战略合作框架、战略目标，忘记了国家利益至上这一基本的诉求。就大战略而言，追求领导地位的战略最符合美国的战略逻辑，也是美国长期孜孜以求的战略目标。它强调的是，美国的领导地位是维护世界和平、美国国家安全最为保险的途径。冷战时期的大国结盟并不足以保障冷战后的世界安全和美国安全。作为上述四种战略中最具进攻性的选择，追求美国领导地位的战略不仅仅重视大国关系（即确保大国之间的和平），其战略目标重心在于确保美国的政治、经济、军事实力远远超出任何挑战其领导地位的国家，从而确保其独立自主的战略能力。因此，找寻和确定政治、经济和军事竞争对手成为美国战略谋划的核心任务（这实际上是美国在冷战时期形成的战略思维逻辑的合理延伸）。为了达成该战略目标，美国必然在诸多方面采取进攻性的态势，如北约东扩就是美国确保欧洲优势、防止俄罗斯重新崛起为美国竞争对手的努力；对区域冲突进行遏制并有选择地进行干预就是要从全球角度防止任何敌对势力的崛起。从战略思考上讲，它对国际制度、大国合作持怀疑态度，但并不放弃它们作为利用工具的效用，因此其战略安排是实用主义的、现实主义的，兼具灵活性。当然，这一战略也不乏批评之声，因为要确保美国的领导地位，则必须采取各种措施遏制新大国的崛起，然而随着经济和技术能力的进步，

---

① Arnold Wolfers, *Discord and Collaboration: Essays on International Politics*, Baltimore: John Hopkins University Press, 1962, pp. 183 – 184.

新兴大国的崛起是必然的,而迄今为止,尚未有遏制新兴大国崛起并取代其领导地位的成功案例,由于美国的绝对实力下降,世界已经发生了如此重大的变化,美国是否有意愿和能力放手一搏,甚至不惜发动预防性战争呢?其次,美国并没有与其他大国取得共同遏制新兴大国崛起的共识,其他大国未必愿意接受美国的领导(leadership),甚至会公开反对美国的霸权领导诉求。再次,美国对领导地位的追求难以避免战线过长、扩张过度的战略弊端。尽管存在以上种种弊端,但相比较而言,确保美国领导地位是近一个世纪以来美国孜孜以求的战略目标。冷战结束以来,美国成为唯一的超级大国。进入20世纪90年代,美国经济一直保持增长速度和竞争力上升的趋势,并率先进入了知识经济的新时代。尽管最近美国经济增长速度放缓,但其国际竞争力一直保持领先地位。知识资本孕育着新的世界霸权。莫蒂默·朱克曼(Mortimer Zucherman)认为,"在21世纪即将来临的时候,美国正处在类似其进入20世纪时的地位。……美国拥有过20世纪,它也将拥有21世纪"。[1] 美国决策者认为,在近中期(即从现在到2015年前后),世界将是一超多强的格局:军事上,美国是唯一的超级大国,军事力量将遥遥领先;经济上,美国仍是世界上最强大的经济体,中国有可能成为新的、与美日欧并列的经济中心,但尚需时日;政治上,美国仍将发挥领导作用,但受到一定的抑制;文化上,美国的民主价值观得以认证,在世界上的影响越来越大。美国获得了建立单极霸权的最佳时机,追求领导地位成为最合乎战略逻辑的诉求。自冷战结束以来,美国政府——老布什、克林顿、小布什——都明确地寻求维持领导地位的战略目标。小布什执政以来,美国通过了一系列战略文件——如2001年《四年防务评估报告》《核态势评估报告》《美国国家安全战略》等,将确保美国单极霸权作为核心战略目标确

---

[1] Mortimer Zucherman, "A Second American Century", *Foreign Affairs*, Vol. 77, No. 3, May/June 1998, pp. 19 – 31.

定下来。可以说，美国最宏观层次的战略目标已经确定下来，剩下的问题是实现该战略目标的具体途径，即通过单边主义还是多边主义战略来实现该战略目标。

小布什上台伊始，就采取了与克林顿不同的、咄咄逼人的进攻战略，单边主义色彩彰显，这包括在对华战略上明确采取遏制和对抗策略，接二连三地拒绝履行和参与国际协议（包括《京都议定书》、设立国际刑事法庭的协议、《生物武器条约》等），擅自退出1972年的《反弹道导弹条约》等。自小布什上台以来，美国政府撕毁的国际条约和违背的联合国协议比世界上其他国家在过去20年的总和还多。[①]"9·11"事件之后，布什政府的反恐呼吁得到诸大国的积极支持，布什积极组建反恐联盟，并从大国合作中获得好处。然而，就在享受大国合作带来的红利过程中，布什政府加紧了确定单边主义作为核心战略原则的步伐。可以说，"9·11"事件结束了后冷战时代，开启了美国战略思维的新时代。[②] 2002年6月1日，布什在西点军校发表讲话，提出反恐战争需要先发制人，布什指出："在上个世纪的许多时间里，美国防务依靠冷战中的威慑和遏制理论。在一些情况下，这些战略仍然适用。但是，新的威胁需要新的思维。威慑对于对抗没有国家或公民可以保护的恐怖主义网络而言毫无用处。而一旦拥有大规模毁灭性武器的失去理性的独裁者能够用导弹来运载这些武器或者悄悄把这些武器提供给恐怖主义盟友，遏制也遏制不住。"因此，布什强调："我们的安全需要所有的美国人……做好必要时采取先发制人的行动捍卫我们的自由和保护我们生命的准备。"这一讲话被称为"布什主义"（Bush Doctrine），成为美国正式确定单边主义战略之核心地位的标志。布什主义用完全依赖于先发制人和积极防御的战略来取代冷战时期占主导地位的威慑战略，寻求以更加可靠的方式对付所面临的不确定的、

[①] 乔治·蒙比奥特：《帝国逻辑》，《卫报》2002年8月6日。
[②] 罗伯特·利伯：《美国战略思维的新时代》，《美国国务院电子期刊》（特刊）2002年第9期。

非常规的新危险，成为过去四五十年来战略思想的最大变化。

　　这一单边主义战略的核心内容包括：第一，它致力于维护一个单极世界，在这个单极世界里，美国根本没有实力相当的竞争对手；第二，对全球威胁以及如何应对这些威胁做出全新的分析，强调不能姑息迁就恐怖主义组织，对恐怖主义组织而言，威慑战略已经过时，唯有消灭恐怖主义组织一途；第三，威慑思想已经过时，因为恐怖主义的跨国网络并非仅仅威慑可以对付，唯一的选择就是进攻，即使用武力必须是先发制人的；第四，由于恐怖组织是跨越国界的，美国必须在任何时候、任何地方采取先发制人的行动。摧毁恐怖主义威胁，由于恐怖主义根本不会遵守边界的规定，美国也不能受到边界的制约，因此，必须重新确定主权的意义；第五，对国际准则、条约和安全合作关系普遍持有轻视的态度，这也为单边主义战略提供了理论依据；第六，美国在对恐怖威胁做出反应方面需要发挥直接的和不受约束的作用，认为任何国家和国家联盟——即使是欧盟都无力对世界上的恐怖组织和无赖国家做出有效的反应，因此，美国的盟友只有在特定情况下才具有意义；第七，单边主义战略并不特别重视国际稳定的价值，美国决策者认为，退出《反导条约》、抵制其他军备控制条约的目的在于摆脱陈旧的冷战思想，保持威慑作用和大国之间稳定关系的做法不能确保国家安全，保障国家安全唯有通过先发制人战略。概言之，单边主义战略强调维护单极世界，彻底消灭恐怖主义，实施先发制人，裁定他国主权，轻视国际条约、国际组织和国际准则。

　　布什政府的单边主义战略过于强调美国的单极实力，引起了世界的深深不安。但是，在具体的外交实践中，美国却并非完全遵从单边主义逻辑，而是强硬的单边主义和多边主义参与并存。例如，美国在反恐行动中组建的主要是临时联盟（Coalition）而非正式盟友（Alliance），结成临时联盟赋予了美国以无可比拟的灵活性，同时也表明了控制世界的美国信心在上升。但是，临时联盟最大的问题在于战略利益的不稳定，某些协议可能昙花一现。我们不否认临时联盟的战略意义，但它作为战术的有效和战略的短视同时存在。这种实用主义是美国天然的思想产物，也是单边主义与多边主义相互作用的产物。美国国防部防务政策委员会主任理查德·珀尔一语道破了天机："以联盟为基础的打击恐怖主义的办法实际上是有限度的。得到我们的朋友和盟国的支持是令人高兴的事，但是我们的首先考虑必须是保卫这个国家，而不是让其他国家就我们如何保卫我们的国家进行表决。"换言之，在美国的战略谋划中，单边主义战略是根深蒂固的，而多边主义至多是战术层次的安排或运用。

布什政府的单边主义战略源自美国外交的历史逻辑，也可以视为美国当前的必然选择。然而，就单边主义战略是否能确保美国战略利益和战略目标的实现，单边主义战略如何实施，美国国内仍然争论不休。我们相信，作为美国大战略的核心目标，确保美国领导地位这一诉求将持续存在、不会变更，但关于单边主义和多边主义战略的辩论也将持续下去，并在特定时间、特定地点有不同的侧重。回首美国外交的百年历程，单边主义战略的重要地位似乎更为牢固些，尽管在新的历史时代多边主义将越来越成为符合国家利益诉求的具体战略战术。

三 对中国战略谋划的启示

中美关系历经风风雨雨，迄今未走出时好时坏的怪圈。中国一贯重视与美国的战略关系，并将中美关系视为最重要的双边关系。在美国的战略谋划中，中国越来越占有重要的位置，而美国的战略谋划必将对中国、中美关系产生重要的影响。因此，关注美国大战略成为中国当然的重点。

冷战结束以来，中美关系起伏跌宕，双方曾一度致力于建设性的战略伙伴关系，美国领导人也曾公开宣称中国是美国的战略竞争对手。"9·11"事件以来，中美关系发展相对顺利，但两国之间的战略分歧仍然存在，从战略谋划上考虑，美国将中国视为潜在竞争对手和遏制对象的认识难以完全消失，甚或成为美国战略界的主导思想乃至共识。目前中美之间就反恐战争达成的共识能否持续下去？设若美国处理完伊拉克问题，谁将是下一个？这些仍然是中美战略界一致关心的问题。这些问题从一个层面反映了中美关系的不稳定状态，信任建设（confidence-building）仍将是一个需要双方付出重大努力的长久过程。

中美关系现状一方面反映了美国单边主义战略的尴尬；另一方面反映了中国实力上升引起的国际关注。特别是亚洲金融危机以来，如何应对一个崛起的中国成为国际社会特别是美国和中国周边国家认真思考的问题。而对中国而言，我们需要思考的问题是：中国的崛起对我们自己意味着什么？我们做好战略准备了吗？面对美国大战略的谋划，我们如何应对？

实际上，美国通过 2001 年《四年防务评估报告》《核态势评估报告》《美国国家安全战略报告》等已经确定了中国的战略竞争对手地位。该战略认识是经过长期思考和研究得出的结论，源于美国根深蒂固的现实主义思想和中国崛起的客观事实，是难以变更的。但是，美国政府对如何应对中国的崛起并没有做好充分的准备，对采取遏制战略还是接触战略尚未形成定论，在 21 世纪初期，美国不能做到为所欲为，国际协调成为普遍的外交实践之时，美国并不能确保一致的对华战略。换言之，中国仍然有充分的战略空间得以运用，中美关系保持稳定和建设性的发展并非没有可能。实际上，布什政府的政策被称为"多边参与的单边主义"，美国在之后的反恐战争及其他外交行动中，仍然需要世界诸国的支持，而在一定程度上，中国的外交参与和支持仍然是不可或缺的，因而中美关系继续存在发展和改善的空间。对我们而言，首要的任务在于辩证地看待中美关系，对中国的未来战略进行科学谋划。

其一，我们应该对美国实力有清醒而辩证的认识。中国学者似乎对探讨美国霸权的衰落特别感兴趣。实际上，美国学者沃勒斯坦早就预言美国霸权必将衰落，"一个国家一旦真正成为霸权国就开始衰落；

因为一国不再是霸权国,不是因为它丧失了力量,而是因为其他国家将取得胜利。达到巅峰就意味着未来肯定不属于你,不管现在多么显赫"。① 最近,沃勒斯坦又撰文宣称"老鹰坠地"。② 这些分析固然令人兴奋,但对我们今后几十年的战略谋划而言,其认识似乎缺乏现实应用价值。我们应该清醒地认识到,美国的实力来源于诸多方面,美国霸权是一种精致的霸权,其中包含着强大的"罗织能力"。如果没有战略上的失误,美国在可预见的将来仍将保持其唯一超级大国的地位,美国的单极时代仍将持续下去。当然,美国的实力强大并不意味着它可以或可能为所欲为。可以说,美国有战略上的极大优势,也存在战略上的劣势;美国战略谋划有其深远、精当之处,也存在战略上的盲点。对中国而言,认识其战略优势所在,对照其实力资源来源,找寻自身的发展机遇也许是最重要的战略谋划基点之一。

表2　　　　　　　　　　主要霸权国家及其实力资源

时期	支配国	主要权力资源
16 世纪	西班牙	黄金、殖民地、雇佣军、王朝纽带
17 世纪	荷兰	贸易、资本市场、海军
18 世纪	法国	人口、农业、公共管理、军队、文化(软实力)
19 世纪	英国	工业、政治凝聚力、金融和信贷、海军、自由准则(软实力)、岛屿位置(易于防守)
20 世纪	美国	经济规模、科技领先地位、地理位置、军事力量和盟国、普及的文化和自由的国际机制(软实力)
21 世纪	美国	技术领先地位、军事和经济规模、软实力、跨国通信的中心

资料来源:Joseph Nye, *Bound to Lead:The Changing Nature of American Power*, New York:Basic Books, 1990, p. 34; Joseph Nye, *The Paradox of American Power:Why the World's Only Superpower Can't Go It Alone?*, p. 13。

---

① I. Wallerstein, *The Modern World System* II:*Mercantilism and the Consolidation of the European World Economy*, 1600 – 1750, New York:Academic Press, 1980, p. 38.

② Immanuel Wallerstein, "The Eagle Has Crash Landed", *Foreign Affairs*, No. 131, July/August, 2002, pp. 60 – 68.

其二，我们应该对中国的实力有一个清醒的认识。自改革开放以来，中国经济高速增长，综合国力稳步提升，国际地位不断提高，国际声誉逐步改善，开始成为国际社会的全面参与者、积极建设者。按照购买力平价计算，中国经济资源占世界总量的比重迅速增加，与美国经济总量的相对差距在明显缩小。如果中国能保持社会相对稳定，实现经济持续增长，中国不仅能够成为世界上最大的新兴经济和市场，而且还有可能成为世界最大的经济实体。但是，中国的总体战略资源占世界比重极其不均衡，与美国相比只在人力资本方面具有单个优势，在众多战略资源——知识技术资源、利用国际资源能力、自然资源、资本资源、军事资源等存在明显的劣势。总体而言，中国的国际战略应充分认识到自身实力的增长和国际地位的提高，承担负责任大国的历史使命，认识到所谓的"中国威胁论""中国风险论"等均属于外来压力，尽管有空穴来风之嫌，但在一定程度也属于自然现象。同时，中国要认识到自身存在的问题及实力的局限性，避免打碎现有国际秩序的理想冲动，谨记"韬光养晦、决不当头"；避免国际孤立和被包围局面的出现，以建设性的心态和实际行动积极参与国际事务的处理，有所作为。

其三，在具体的战略谋划中，我们首先要强调以经济建设为中心，加强周边地区的经济一体化，建立经济纵深地带（不仅成为世界加工中心，还要成为世界制造中心之一），从而建立本国经济的战略缓冲区。应该说，中国积极参与"10+3"（东盟与中日韩）的合作，积极倡议中国—东盟自由贸易区的建设，加强大湄公河流域的合作等都反映了类似的战略考虑。我们强调，中国应该进一步加强周边地区的经贸交流和资源开发合作，形成自己的经济战略带，为中国经济的顺利发展创造良好的战略环境。

其四，为了实现"富国强民"的大战略目标，中国应该比以往任何时候更加开放，即全面建立开放型经济和开放型社会，更大范围、更加深入地融入全球经济与区域经济一体化之中；同时，更加充分地获取国际资源、吸引国际资本、引进国际技术、开拓国际市场、扩大国际空间，以便在区域乃至全球范围内实现中国国家利益的最大化。

其五，中国正在从具有全球影响力的区域性大国走向世界大国，并在全球和平、安全、发展中发挥越来越重要的作用，这就要求中国应该进一步塑造国际社会中负责任大国的形象，提供更多全球性和地区性的公共物品。我们认识到，美国大战略成功的一个基础条件是，美国向全球提供国际安全、开放的对外贸易体系等全球公共物品，换取全球对其霸权地位的默许；美国向欧亚伙伴提供安全保护和在开放的世界经济中进入美国市场、获得美国技术和供应品的机会。这些国家给美国提供了经济、外交和后勤支持。现在，美国越来越趋向于单边主义战略，变成了一个跋扈的霸权，甚至拒绝提供某些全球性公共物品。这为中国塑造国际形象提供了难得的机会，而且为中国完善其战略谋划、加强与世界诸大国的合作提供了实践机遇。中国在加强区域经济一体化的过程中，应该着眼于长远利益和战略谋划，积极提供区域共同安全、经济自由贸易区建设等地区性公共物品，为经济战略带的建立奠定坚实的合作基础。

其六，稳步增强军事实力。经过20多年的现代化军事建设，中国军队已经初步完成了向现代化军队的转型。但是，中国20年来持续的改革是不均衡的，中国的军事建设服从于经济建设的需要，中国军队要大规模缩小其作战能力与美国的差距还有很长的路要走。换言之，中国尚未获得与其大国身份相称的军事实力。实际上，从军事预算的角度讲，中国的军事预算不到国内生产总值的2%，而其他大国均在2%—3%，其中美国为3.4%，俄罗斯为4%，印度为2.4%。因此，中国应该稳步增强军事实力，将军事预算逐步提高到占国内生产总值的2%以上，这是进行大战略谋划的基础条件之一。

其七，特别注重中国软实力的提高。作为综合国力的组成部分，软实力得到更多的重视。但对中国而言，在综合国力得到大幅度提高的同时，其软实力却稳步下降，与其国际地位极其不相称，在一定程度上制约了中国综合国力的进一步提高。我们建议，中国应着重发展和利用软实力，强调国际制度、国际影响力、文化等软因素对维护国家利益、发展综合国力的重要意义，提高中国运用总体战略资源的战略能力；挖掘和弘扬中国传统的战略文化，培育和发展符合中国未来蓝图构想的战略文化，为中国的大战略培育坚实的文化基础。

我们必须十分清楚地意识到，中国是在西风压倒东风的基本格局下改革、开放与发展的，这就决定了我们一方面必须实行更加进取型的全球化战略，另一方面必须更加积极地捍卫和拓展中国的核心战略利益。中国与美国不仅要长期共存、长期相处，而且还要长期博弈、长期竞争。中国不主动挑战对方，但也不能被动应对对方的挑战，应对美国和而不同，斗而不破。在当前的世界基本格局之下，我们更需要高度的政治智慧，这就是我们研究美国大战略、筹划中国大战略的原因所在。

中国和平崛起的国际战略框架[*]

20世纪90年代早期至今，中国崛起在全球引发了激烈的探讨和争论，正面者如"中国机遇论""中国贡献论"，负面者如"中国威胁论""中国崩溃论""中国经济水分论"等，不一而足。一时间，中国的未来走向似乎变得扑朔迷离、波诡云谲。在相当长的时段里，中国回应乏力，凸显了中国国际战略的缺憾。

这种不足随着1998年亚洲金融危机和"9·11"事件之后中国国际战略的调整而大有改观，中国在国际事务上荷负责任、积极进取的作为赢得了国际社会尤其是周边国家的认可与赞许，负责任大国的国际形象进一步确立起来。与此同时，中国战略研究界对中国崛起进行了深入思考，于2003年前后提出了和平崛起的战略思想，即中国已经开创出一条"在同经济全球化相联系而不是相脱离的进程中独立自主地建设中国特色社会主义"的和平崛起新道路，以"中国机遇论""中国贡献论"对"中国威胁""中国崩溃"论调做出积极回应。近一年来，"中国和平崛起"已经成为党和国家领导人对外活动的常用语言。中国和平崛起论的提出具有重大的理论意义和实践价值，代表着中国国际战略思想的重大创新，成为中国国际战略由内向性转向外向性的标志。

---

[*] 本文公开发表于《世界经济与政治》2004年第6期，第14—19页。曾收录于中共中央办公厅秘书局综合调研室主办的《参阅资料》第388期（2004年6月27日），供决策参考，经修订后收入本书。

崛起是一种兴盛现象，但又不是一般的兴盛，而是一个大国从落后转向兴盛；崛起是一种发展，但又不是一般的发展，而是一个大国改变国际政治经济生态和国际格局的发展。概言之，崛起即一个大国成为国际社会举足轻重、受到普遍尊重的最重要国家（或之一）。崛起是古已有之的历史现象，通过和平方式实现崛起则未有先例。在这个意义上说，和平崛起是一个富含政治意义的理论命题。鉴于崛起"决不可能支持全部的国际现状",[1] 中国和平崛起战略思想并非单纯的政治性议题，也是严肃的国际关系课题，值得我们进行深入研究。

如何在中国和平崛起的战略思想基础之上构建中国新世纪的国际战略，并将之付诸实践检验？这是迫切需要战略研究界做出解答的重大问题，兼具现实意义和理论价值。

一　中国国际战略理念的变革

世事沧桑，源自观念之变。中国国际战略理念的变革源于对国内发展需求和国际环境变化趋势的认知与把握，也可视为中国实力上升的溢出效应。一个国家总是按照对自身和外部世界的认识来制定国际战略。改革开放以来尤其是近几年来，中国对自己和世界的认识发生了重大的变化。随着中国综合国力的巨大提升和改革开放的深化，中国不再自视为弱国，而世界越来越需要中国的大势所趋为中国国家战略利益的拓展提供了机遇和空间。[2] 在这样的认知之下，中国和平崛起思想应运而生。这一战略思想成为中国外交思想演进的驱动力、中国国际战略思想变革的基础、中国外交由内向性转向外向性的标志。

---

[1] Thomas Wilborn, *Security Cooperation with China: Analysis and Proposal*, Washington: US Army War College, 1994, p. 13.

[2] 门洪华：《中国国家战略利益的拓展》，《战略与管理》2003年第2期，第83—89页。

在这样的思想指导下,中国外交进一步体现出新气象,①其影响力的迅速提高引起国际社会的积极关注。

中国国际战略理念的变革,首先基于对自身国际地位的辩证认识。一个国家的世界定位往往源自其综合国力,与其所追求的国际目标以及国际社会的反应也有直接的关系。有史以来,中国就是东亚地区乃至亚洲的大国;随着中国国家实力的上升,中国已经成为亚太地区的大国之一,亚太地区的所有重大事务,没有中国的积极参与则难以获得满意的结果;中国具备了成为世界大国的某些基本条件——如战略资源占世界的比重和联合国安理会的常任理事国席位等,但尚缺乏足够的国外利益和被国际社会公认的世界性特权,因此我们将中国定位为具有世界性影响的亚太大国。②中国的国际地位以区域性为基点,兼具世界性的特征。以上认识摒弃了狭隘民族主义的冲动,具有客观性、前瞻性的特征,为中国新世纪国际战略奠定了国内认识基础。

中国国际战略理念的变革,也基于对世界大势,包括对时代主题、多极化、国际政治经济秩序、和平反霸等问题的认识和把握。一般而言,大国崛起必然伴随着该国在国际认同方面的努力。自20世纪80年代和平与发展主题被纳入中国的国际战略思想层面以来,党中央和战略研究界对两大问题进行了多层面的深入思考,对和平与发展两大问题一个都没有解决有了更为清醒的认识。自20世纪90年代提出多极化发展趋势并在国际战略层面予以推进以来,中国既看到多极化进程的局部演进,也意识到与霸权共处、协调乃至合作的必然性。在国际新秩序上,我们逐渐认识到,国际政治经济秩序处于转型时期,推进新秩序不仅是包括中国在内的第三世界国家的普遍愿望,也是美国单极霸权的战略目标所系、欧洲诸国的战略构想,不过各国

---

① Evan S. Medeiros and Taylor Fravel, "China's New Diplomacy", *Foreign Affairs*, Vol. 82, No. 6, November/December 2003, pp. 22 – 35.

② 胡鞍钢、门洪华:《中美日俄印有形战略资源比较——兼论旨在"富国强民"的中国大战略》,《战略与管理》2002年第2期,第26—42页。

对新秩序的设计不同，推进力度也有异，而最终形成的秩序更会是各方合力的结果。对这些问题的思考加上对世界文明多样性、国际政治民主化的观点构成了中国推进相应国际认同的基点，也成为展示中国战略思想之影响力的途径。

中国国际战略理念的变革，还基于对国家主权利益认识的深化。随着中国的崛起，中国与国际社会的接触和磨合日益增多，中国加入了越来越多的国际组织和国际公约，传统主权观念遭受挑战、既有主权相互让渡的问题时有出现，重新认识主权的界定及其范畴很有必要。主权是国际关系的"宪法性原则"（Constitutive Principle），[1] 是民族国家生存不可或缺的基石。然而，进入20世纪下半叶，随着复合相互依赖的增强和全球化的迅猛发展，绝对主权观受到了强有力的挑战。特别是国际制度的扩展对国家主权构成了制约和削弱。[2] 在当前的国际社会中，参与国际社会必然包含着主权受到限制的代价，这就是国际关系的辩证法。随着全球化和一体化的发展，超国家组织在许多领域涉入国家主权范围，许多原本完全一国独有的权力日益成为国际社会共有的权力。但是，让渡这些权力并不意味着当事国失去了这些权力，这里的主权让渡主要是管理权的让渡，以对等为原则。对于当事国来说，在出让部分权力的同时，实际上也得到可享有其他国家出让权力的报酬。从某种意义上讲，国家的权力向外延伸了。让渡与共享同在，共享是让渡的前提。让渡决不否认国家主权的自由行使，并不意味着可以任意侵犯他国主权。对人权的积极关注与维护、参与东帝汶等地的相关维和行动（尽管这些活动有违《联合国宪章》的某些过时规定），都体现了中国在主权观念上与时俱进的精神气质。

以上三者构成了中国国际战略理念变革的思想基础。在这些思想

---

[1] Robert Keohane, *After Hegemony: Cooperation and Discord in the World Political Economy*, Princeton: Princeton University Press, 1984, p. 63.

[2] Chris Brown, *Understanding International Relations*, Houndmills: Macmillan Press Ltd, 1997, p. 51.

观念的指导下，中国的国际战略理念出现了积极的变革。其一，中国的安全战略思想出现质性发展，中国领导人提出新安全观并将之付诸实践。随着全球化的不断发展，安全问题的跨国性和综合性日益突出，安全的范畴不再局限于传统的军事、政治、经济安全，日益涉及社会、环境、文化等非传统安全领域。鉴于此，合作安全成为维护国家安全的有效途径，共同安全是维护国际安全的最终目标。过去，中国最担心的是自身安全受到威胁；现在，周边国家以及世界主要大国对中国崛起是否会带来威胁充满疑虑。正是这种内外互动，促使中国提出了以互信、互利、平等、协作为核心的新安全观，通过上海合作组织付诸实践，并将之延伸到中国—东盟自由贸易区的构建中。新安全观是一种"立体安全观"，它不仅强调国家安全的外部性变革，也扩大到政治昌明、社会安定等国内安全，体现了将国际战略与国内战略综合考虑的高度。新安全观折射出防御性现实主义思想，代表着中国在安全问题与国际认同的深化、合作型战略文化的内化。

其二，中国外交由内向性转向外向性，强调有所作为，积极融入国际社会，拓展战略利益。自20世纪80年代末90年代初以来，"韬光养晦"和"有所作为"这对矛盾一直是构成中国外交理论与实践的主导性原则，孰重孰轻，莫衷一是，甚至一度束缚了中国国际战略目标的实现。在对参与国际事务的理论总结过程之中，我们逐渐认识到，"韬光养晦"是一种哲学原则，体现的是思想高度；而"有所作为"是一种实践原则，体现的是进取精神。当然，"有所作为"也有其哲学含义，即根据自己的战略判断，"有所为，有所不为"。

其三，立足临近区域，构建区域全面合作的制度框架，加强地缘政治经济的塑造能力。中国在处理周边国家关系上一贯有着良好的记录，这为中国发挥积极作用提供了历史基础。[①] 近年来，中国改变了

[①] Emma V. Broomfield, "Perception of Danger: The China Threat Theory", *Journal of Contemporary China*, Vol. 12, No. 35, 2003, pp. 265–284.

过去对区域合作的消极、被动姿态,在经济、安全、军事等方面与邻近国家展开了积极合作。在经济上,中国提议建立中国—东盟自由贸易区,促动建立区域经济、贸易、投资、安全的合作框架;在安全上,中国与俄罗斯、哈萨克斯坦等中亚国家创建上海合作组织,为中国参与亚洲地区主义提供了一种积极的范式,中国还加强了与东盟等国家在非传统安全领域的合作;军事上,中国积极拓宽与主要大国的合作,在反恐、防止武器扩散、联合军事演习等方面体现出前所未有的积极姿态。中国促动的东亚合作机制代表了中国外交的新思路,即在自己利益攸关的地区培育和建立共同利益基础之上的平等、合作、互利、互助的地区秩序,在建设性的互动过程中消除长期积累起来的隔阂和积怨,探索并逐步确立国际关系的新准则。中国在区域合作中的积极进取,既促进了区域内国家对中国发展经验和成果的分享,也提高了中国的议程设置（Agenda-setting）能力。

其四,承担大国责任,塑造大国形象。第一,自 1997 年起,中国将"负责任的大国"作为其国际地位的标示,积极提供全球性和区域性公共物品,逐步竖立起负责任、建设性、可预期的国际形象。在转折时期,基本道义原则的价值不是在泯灭,而是在提高。中国正在从具有全球影响力的区域性大国走向世界大国,这就要求中国应该进一步塑造负责任大国形象,提供更多的全球性和地区性公共物品。第二,中国将周边地区视为区域合作的重心,继续追求并适当扩大全球责任。应对 1997—1999 年亚洲金融危机的实践证明,中国付出一定代价承担国际义务是必要的,也是有长远回报的。中国应首先承担起亚太地区的国际义务,积极参与乃至主导建立亚太地区相关区域经济、安全机制,以此维护和扩展中国的国际利益,维护亚太地区的稳定与繁荣。在加强区域经济一体化的过程中,应该着眼于长远利益和战略谋划,积极提供区域共同安全、自由贸易区建设等地区性公共物品,为经济战略带的建立奠定坚实的基础。第三,加强软实力建设。冷战结束以来,文化、知识体系等的作用在上升,软实力正在变得比过去更为重要。① 然而，在中国经济实力、军事实力等硬实力迅速稳步上升的同时，其软实力却在下降。中国应有的大国形象除了有赖于中国大国实力和利益存在的明确表现之外，也有赖于中国在国际上应有的态势和行为特征。加强自身文化建设和国际社会的建设性参与，在国际事务的处理上强调分享、共荣、双赢，积极提供全球和区域性公共物品，向发展中国家特别是穷国提供力所能及的援助，增加对国际组织的物质投入，这些都是当前中国为增强软实力而采取的积极措施。

二 中国国际战略的谋划

改革开放以来，中国国家实力和国际地位的上升幅度为诸大国之最，成为世界大国的潜力充分体现出来，而且也表现出了成为世界大国的积极意愿。鉴于此，中国如何成功崛起，成为世界性、世纪性的重大问题。根据历史经验，大国崛起往往采取军事战略、搭便车战略、积极参与战略等几种模式。其中，15—19世纪的列强争霸基本上采取了军事对抗的铁血战略，20世纪的两次世界大战是德国、日本力图通过军事战略获得霸权地位的实例，该战略的代价和破坏性有目共睹；第二次世界大战结束后日本、德国采取搭便车战略得以在经济上重新崛起，但其负面影响（特别是日本）迄今仍在；19世纪末20世纪初美国采取了以经济利益优先的积极参与战略得以崛起，并获得世界霸权。当前，通过军事扩张战略崛起的手段早已被唾弃，而就目前国际环境和国际社会的发展趋势而言，中国采取挑战国的姿态也是不可取的。20世纪50—70年代中国充当挑战国的经历证明，采取只斗争而不合作的战略得不偿失。国际结构的现实、中国的国家实

---

① Joseph Nye, *The Paradox of American Power: Why the World's Only Superpower Can't Go It Alone*, New York: Oxford University Press, 2002, pp. 8–12.

力、中国以经济建设为中心、争取和平的国际环境的外交战略目标都决定中国没有理由成为挑战国。同样,对中国这样的大国来说,搭便车战略也是不可行的。对中国来说,选择消极参与的方式也是困难的。首先,现有国际游戏规则多反映了西方主导国家的利益需求,其本身就存在种种局限和缺陷,对中国这样后崛起大国的利益存在严重制约,中国可以正视这些制度性安排将长期存在的事实,但必然有意愿和实力要求这些安排趋向合理性和民主化;其次,国际规则的制定者多是既得利益者,不会让中国自动享有机制权益,必然力图将中国排除在利益安排之外,以遏制中国的迅速崛起,中国为复关、入世所做出的十多年努力均可佐证之;再次,冷战结束后,重新进行国际制度安排已是大势所趋,作为世界上举足轻重的大国之一,中国第一次赢得了平等参与国际决策的可能,选择消极参与的战略岂非错失良机。最后,中国在 20 世纪 70—80 年代的经历证明,消极参与并不真正符合维护中国国家利益的需要。① 中国只能采取积极参与战略,一方面充分认识到国家实力和国际地位的增长,承担负责任大国的历史使命;另一方面认识到自身存在的问题及实力的局限,避免国际孤立和被包围局面的出现,以建设性的心态和实际行动积极参与国际事务的处理,有所作为。

改革开放以来,中国经历了融入国际社会的"社会化"过程,即将国际社会的规则和价值观念内化。② 中国关于国际社会的观念发生了变化,把广泛参与国际社会作为现代化的前提和重要途径,正是在这个前提之下,改革开放才成为中国的基本国策。中国不再以意识形态和阶级划线,而是将国家视为国际关系的主要行为体,并从国家利益角度理解和认识国际社会,处理国家间关系,在此基础上,中国逐步但积极融入国际社会的历程,以中国近代史为参照,其参与国际社

---

① 门洪华:《国际机制与中国的战略选择》,《中国社会科学》2000 年第 2 期,第 178—187 页。

② David Armstrong, *Revolution and World Order*, Oxford University Press, 1993, p. 184.

会的速度、广度和深度无可比拟。

进入 21 世纪，中国国际战略开始由主要为自己的发展利益服务的和平环境战略转向与世界谋求共同发展与安全的战略，这一战略转变以经济主义和区域主义为基点，以积极参与国际事务、加强国际合作为途径，以拓展国家战略利益、发挥负责任大国作用为目标。概言之，中国积极参与的国际战略由如下几个重要方面组成。

经济上，积极参与经济全球化，争取成为东亚经济的主导性力量，成为世界经济的主要发动机，以中国经济的持续高速发展推动世界经济，大力拓展经济战略利益，确保经济发展作为中国和平崛起的核心。中国的经济战略目标不仅局限于为经济建设创造国际环境，拓展经济利益，还需要加强塑造能力，锤炼议程创设和实施能力，以经济战略的成就促进国际战略的整体成熟。为此，我们首先要牢牢树立经济安全的思想。建立实力雄厚的国内经济是保障经济安全的基本条件，进一步参与国际经济合作是保证经济安全的外在途径。其次，改革外贸体制，放弃不惜代价追求出口的政策趋向，以促进产业升级的产业政策为中心来构建中国对外贸易战略，使中国的对外贸易战略转到为产业结构技术密集化服务的轨道上。扩大海外市场，提高中国商品在国际市场的占有率，是增强中国经济实力和提高人民生活水平的重要途径。再次，确保并拓展中国获得国外技术和资金的渠道。复次，确保并拓宽从国际市场获得能源和战略资源的途径和能力。能否从国际市场顺利获得能源和原料，不仅关乎中国经济能否持续、快速发展，而且事关国家安全利益。最后，加强周边地区的经济一体化，建立经济纵深地带。应进一步加强周边地区的经贸交流和资源开发合作，形成自己的经济战略带，为中国经济的顺利发展创造良好的战略环境。经济战略事关中国崛起最重要的物质基础，而中国的经济脆弱性随着参与世界的深入而有所上升（尤以石油等战略性资源严重受制于西太平洋通道最为突出），因此解决中国经济发展的内部深层矛盾与建立经济纵深地带应被视为中国经济战略的重心。

安全上，以新安全观为战略基础，稳步推进国家安全，积极参与国际安全的维护，以维护并拓展中国的安全利益。其一，以陆地边界的和平与稳定作为战略依托，在海域疆界上与主要大国合作，确保东北亚的和平与稳定，稳定中日关系，加强与东南亚的战略性合作，以经济合作入手，积极促动中国—东盟自由贸易区的建设，改善中国的战略环境。其二，为国家安全计，中国必须积极准备打赢现代技术特别是高技术条件下的局部战争。同时，进一步加强对外军事合作与交流，既强调中国军队的和平使命，也要适当展示中国的军威。其三，反独促统，维护国土完整。促进两岸认同交流、维护和促进一个中国的共识，大力培育扶持岛内"统派"力量，堵塞台独的活动空间，为统一创造条件；同时整军经武，不放弃军事手段。提高警惕，采取一切必要手段打击"疆独""藏独"，防止新疆、西藏等地区任何形式的分裂。其四，推动多边安全合作，拓展中国的安全利益。国家安全利益的扩展是经济利益扩张的逻辑延伸。为建立更加稳定的亚太安全机制，中国应积极推动多边安全合作，参与并在一定情势下主导构建周边安全机制，参与营造国际安全体系。

文化上，在坚持文明多样性基础上，弘扬传统文化，加强对外文化交流，吸收人类文明的先进成果，增强中国文化的国际影响力，并将文化作为中国崛起的坚实基础。在文化战略层面，我们强调：第一，以弘扬传统文化的精髓为根本，加强对其他先进文化成果的吸收，在文化战略上积极迎接全球化的潮流，发展和塑造新世纪的中国文化；第二，加强对外文化传播，建构国家形象。文化被接受的程度是衡量国家兴衰的一个重要因素。[①] 文化力是综合国力中最具能动性

[①] 黄硕风：《综合国力新论：兼论新中国综合国力》，中国社会科学出版社1999年版，第12页。

的力量，随着知识经济的到来，文化力的能动力量将变得越来越重要。通过文化交流，展示中国文化的魅力，是建构和树立国家形象的重要途径，此外，大众传媒是塑造国家形象的重要载体，我们必须坚守并开拓大众传媒的阵地，加强对外宣传的力度；第三，加强战略文化的重塑，促进国际认同。我们应以新安全观的确立为机遇，重塑我们的战略文化，并通过各种途径加强交流，加强国际认同，巩固并提高中国的国际战略地位。

生态上，树立"绿色 GDP"的观念，实施绿色发展，切实关注环境污染和生态安全，承担起维护国际环境的大国责任。所谓"绿色 GDP"，指的是在名义 GDP 中扣除了各种自然资本消耗之后的、经过环境调整的国内生产净值。所谓绿色发展，就是强调经济发展与保护环境的统一与协调，即更加积极的、以人为本的可持续发展。绿色 GDP 是一种重要的国际竞争力，已经成为世界各国普遍追求的目标。21 世纪世界发展的核心是人类发展，人类发展的主题是绿色发展。中国经济发展模式的转变要从传统的黑色发展转向绿色发展，从一味生态开发到注重生态建设。鉴于中国环境污染的负面影响已经引起了国际社会的高度关注，加强生态和环境保护的国际合作更应成为中国国际战略的重要内容。

三　中国国际战略的实施

在实施中国和平崛起的国际战略过程中，我们首先要清楚的是，这一战略的设定是为更好地实现中华民族复兴的夙愿服务的，中国的和平崛起和负责任大国形象并不一定赢得国际喝彩，我们却不能因为国际疑惧而放慢崛起的步伐。只是我们不仅需要有所作为，也需要更有耐心。其次，"兵无常势，水无常形"，中国和平崛起的战略目标是确定的，但该战略的具体实施却需要与时俱进。我们应重点关注如下方面。

其一,强调以发展实力为核心。莫德尔斯基指出,世界大国首先是世界经济主导国,即经济规模大、富裕程度高,而且在技术革新条件下主导性产业部门旺盛,并能积极参与世界经济,成为世界经济的增长中心。① 中国已被视为继美、日、欧之后的第四大世界经济支柱。然而,中国虽是最具有潜力的世界市场,却尚未成为"世界工厂",人均 GDP 的低下、国内经济发展的严重不平衡等都表明,中国要成为世界经济的增长中心尚需时日。由于经济全球化自身的内在逻辑缺陷,我们正生活在一个人类从未经历过的发展与不稳定并存的时代。② 在这样的时代,人类发展逻辑的优先点应该是自我实力的增强。国家实力的增强,不仅源于国内市场的发展和培育,还源于全球化条件下战略资源的获得。我们必须立足国内、面向世界,在更大范围内获取更多的国际资源、国际资本、国际市场和国际技术,实现全球范围内的资源优化配置。③ 同样重要的是,国家实力的增强,不仅以硬实力的稳步上升为标示,也必须以软实力的增强为基础,我们必须将提高软实力作为增强国力的核心之一。

其二,根据崛起战略的目标,调整国家间关系。第一,强调大国关系的关键性,中国崛起首先冲击的必将是现有世界大国的权力和利益分配,而这些大国也会见微知著,对此更为敏感。因此,中国必须与世界主要大国特别是处于霸权地位的美国建立战略关系,促使大国之间的协调、合作关系的常规化、制度化,积极参与既有的大国战略协调机制(包括 G8),确立中国崛起与这些大国的战略利益之间的建设性关联。第二,加强与周边国家的合作协调关系为中国地缘战略之首要目标,中国应确立在周边经济合作中的主导定位,以经济合作带动东亚一体化,进一步强调与周边合作之战略利益的长期性、长远

---

① George Modelski, "The Long Cycle of Global Politics and the Nation-state", *Comparative Studies in Society and History*, 1998, pp. 214 – 235.
② 裘元伦:《经济全球化与国家利益》,《世界经济》1999 年第 12 期,第 3—13 页。
③ 胡鞍钢主编:《全球化挑战中国》,北京大学出版社 2002 年版,第 92—93 页。

性，将周边塑造为中国的经济战略带和战略纵深区域。第三，调整与发展中国家的关系，中国属于发展中国家的一员，与发展中国家的政治合作关系曾经也将继续是中国成为世界大国的重要保证。中国应继续采取"不当头"的战略，从国家战略利益的维护与拓展出发，采取积极措施加强南南合作，促进南北对话。同时，应进一步通过经济合作深化与发展中国家的关系，与发展中国家一道分享中国经济繁荣和改革开放的成果、经验，将共荣、共赢作为与发展中国家关系发展的重要目标。第四，为世界上最为贫穷、濒于失败或处于失败境地的国家（Failing or Failed States）等提供更多的经济、外交等援助，以此负担大国责任，并逐步实现国家战略利益拓展的目标。

其三，学会更好地利用国际机制。中国崛起的前提条件之一，必然是了解、遵守、利用、修改、完善和参与制定相关国际机制。中国崛起与融入、改造、完善国际机制的过程相辅相成。改革开放以来，中国逐步融入国际社会，对国际机制的作用及其局限性有了更为圆熟的认识，已经近乎是国际机制的全面参与者，并在某些区域性国际机制的建设中承担了主导者角色。中国应进一步学会更好地利用国际规则，积极参与国际机制的修改、完善、创新，且利用实力资源阻止不利于中国国家战略利益的国际机制生成。首先，必须保持清醒的头脑，意识到全球化不是我们主导的，其规则不是我们制定的。中国必须理解与国际接轨的完整含义，了解在什么程度上与国际接轨最符合国家利益、接轨过程中如何平衡发展与安全、主权的关系等，深化对国际机制的认识；其次，要充分利用国际机制中有利于中国的部分，以国际通行规范开展活动；最后，随着国家实力的提高和更大范围国际利益的需要，中国应根据客观需要，积极主动地倡议或主导国际机制的修改、完善和新机制的制定——即提高我们的议程创设能力，确保中国国家利益更具有国际合法性。

其四，强调国内战略与国际战略的相互协调。国内战略与国际战略相辅相成，而国际战略以国内战略的目标实现为依归。确保二者的相互协调,第一,应强调国家独立自主性的重要。经济和技术力量正在深刻地重构国际事务并影响国家行为,然而,即使在高度一体化的全球经济中,国家仍然在运用其自身权力,推行将经济力量纳入到对其自身的国家利益与国民利益有利轨道中去的政策。国家的经济利益,包括了从国际经济活动的所得中收获一份公平的甚至是略多的份额,也包括保持国家的独立自主性。① 第二,要强调将办好国内事情作为第一要务,中国的发展本质上是依靠本国力量,依靠自身改革来寻求和开发发展的动力。应该说,中国崛起的国内基础尚存在诸多薄弱环节,中国经济、政治、社会发展的不平衡到了不得不加以解决的地步,最终影响中国能否和平崛起的因素还在中国自身,我们必须强调将重心放在国内问题的解决上。第三,要强调国内政治昌明、社会进步对实现国际战略目标的重要性。鉴于改革开放以来的经历和全国性思想观念进步和机制机能改善,中国走向强大的历程也伴随着走向法治、民主和国际主流。中国的国内政治条件、社会条件在逐步增长和优化。进一步促进国内发展的良好态势是实现国家战略目标的重要保证。第四,要避免将国内政治与国际战略割裂开来的传统做法,强调国际化对国内政治的重要影响,以国际社会的积极动力特别是国际资源、国际市场、国际资本、国际技术等促进中国的全面协调发展。

其五,充分认识中国和平崛起的困难。我们的战略思维仍然停留在摸着石头过河的阶段,迷恋于中国继续崛起为世界大国的前景,但对中国崛起面临的困难重视不够。首先,中国的经济和社会发展决定了中国仍将长期处于社会主义的初级发展阶段。其次,在世界历史上,大国崛起几乎都引致战争,中国超越这一"大国崛起困境"面临的国际压力可想而知。此外,中国台湾问题事关中国能否和平崛起,也是考验中国国际战略实施能力的重要标尺。我们强调,中国顺

---

① [美]罗伯特·吉尔平:《国际治理的现实主义视角》,《马克思主义与现实》2003年第5期,第84—91页。

利崛起的关键在国内经济和社会发展、国家统一的逐步实现。在统一问题上,要进一步解放思想,完整界定"一个中国"的内涵,全面表述"一国两制"模式,系统考虑中国台湾的政治地位,同时研究准备各种预案,防止危机事件导致两岸关系的逆转。

回归国际关系研究的中国重心，架起理论与实践的桥梁[*]

伴随着世界的转型和中国的进步，在几代国际关系学者的共同努力下，国际关系研究在中国已经成为显学。随着学科建设的发展，昔日墙上芦苇、山间竹笋式的形象有所改进，[①] 中国国际关系研究变得规范和厚重起来。当然，进入快车道的中国国际关系研究正在迎来新的发展瓶颈，这就是如何回归到中国重心，将理论研究与中国活生生的实践相结合，突破对西方国际关系理论范式的模仿与追随，开创国际关系研究的新图景。

一 世界转型与中国崛起

进入现代社会，人类发展的基本特征就是全球化进程的进一步加深。伴随着这一进程，资本要素、知识要素、技术要素、人力要素等在市场法则的驱动下出现了全球性的流动和组合，以至于国别政治经济和区域政治经济越来越多地被纳入到全球政治经济体系之中，从而促进了互补性、关联性和依赖性的增强。当今世界关乎繁荣与增长的

---

[*] 本文公开发表于《教学与研究》2005 年第 11 期，第 28—31 页。
[①] 毛泽东同志对做研究工作的许多人只把兴趣放在脱离实际的空洞"理论"研究上和做实际工作的许多人单凭热情、把感情当政策的批评是："墙上芦苇，头重脚轻根底浅；山间竹笋，嘴尖皮厚腹中空。"参见毛泽东《改造我们的学习》，《毛泽东选集》第 3 卷，人民出版社 1991 年版，第 799—800 页。

诸领域在加速走向一体化，其集中表现是全球经济一体化与区域经济集团化相辅相成、并行不悖，汇成将各国纳入世界体系的洪流。在关乎生存与安全的传统关键领域也出现了巨大的变革，国际政治开始让位于世界政治，国际关系的内涵大大丰富，复合相互依赖日益加深，在一定程度上促成了世界各国共存共荣的全球意识，从而导致世界进入转型之中。

与全球化相始终的，就是世界进程的加速发展，这一特征在进入20世纪尤其是第二次世界大战结束以来表现得尤为明显，其中最为突出的体现就是，组成世界政治经济基础的权力形式均处于扩散之中，从而成为挑战各国尤其是主导国利益的主要因素，各种新问题——环境恶化、传染疾病、人口增长、武器扩散、民族国家遭受侵蚀、地区不稳定等——层出不穷。以上权力转移和问题转移的最终结果就是，我们依旧并将继续生活在一个存在巨大差距的世界上，而大国兴衰堪为最突出的表征。其中，美国是20世纪唯一保持恒态的国家，成为世界唯一超级大国并致力于建立全球霸权；中国则是变化最巨的大国，快速崛起并致力于实现中华民族的伟大复兴；中美之间同时出现巨大发展造成了特殊的碰撞，既给世界带来了严峻挑战，也带来了宏大机缘。

对中国而言，20世纪和21世纪注定是一个大时代。20世纪前半叶，中国尚处于不稳定的国际体系的底层，所求者首先是恢复19世纪失去的独立与主权；20世纪下半叶，中国迎来历史性的崛起，国富民强、中华民族的伟大复兴成为现实的期望；尤其是20世纪70年代末以来，以全面开放和战略崛起为标志，中国的国家实力实现了大幅度提升，开始全面融入国际社会，成为全球增长最快、最大的新兴市场，在世界政治经济中扮演着越来越重要的角色；1997年亚洲金融危机以后，中国抓住了新一轮地区主义的浪潮，开始了由地区主义的被动者、消极观望者到主动参与者、议程创设者的转变，中国逐渐成为东亚经济和贸易增长的发动机、宏观经济的稳定器、公共物品的提供者、地区矛盾的协调者,在东亚一体化中的导航地位逐渐凸显出来。

在过去一个半世纪里,西方国家已经习惯了一个实质性影响不大的中国,但现在却不得不面对一个待选的世界大国(A World Power Candidate);中国已经习惯了被一定程度的忽视和对合法权益的争取,现在却不得不应对世界的聚焦和要求其承担大国责任的迫切。

二 理论整合与范式转移

国际关系理论发端于西方,主要是对过去几个世纪西方历史经验的总结与升华,并随着西方资本主义的扩张而走向世界。其中堪为佐证的是,20世纪的历史进程表明,国际关系研究始终存在着、发挥着巨大影响的美国重心。[①] 这与美国在19世纪末成为实力最强大的国家、享有20世纪中后期的世界霸权有直接关联,在一定意义上也是美国的使命观和世界意识所造就的。

20世纪中后期国际关系理论的图景是,以美国国际关系理论为主导,其他地区国际关系理论为补充。可以说,各种国际关系理论或发端于美国,或与美国主流理论范式相互映照,或在美国找到发展路径,或因美国关注而勃兴。

国际关系理论三大主流范式——现实主义、自由主义和建构主义的交互发展历程,既表明了国际关系理论在应对世界转型中的进步,也在一定程度上体现着西方政治文化理念的主导性。其间值得注意的首先就是三大主流理论范式的相互借鉴与融合。20世纪80年代初,新自由主义接受了结构现实主义最根本的假定,融合现实主义和自由主义两家之长,建立了独立的国际制度理论体系,其后又借鉴和吸纳

---

① 王逸舟:《试析国际政治学的美国重心》,《美国研究》1998年第1期,第57—78页。

其他国际关系理论流派特别是建构主义的最新成果,力图及时保持学术前沿地位;新现实主义积极迎接新自由主义的挑战,适时提出霸权与大国政策协调并存的理论,并强调多边管理与政策协调的价值,体现出对新自由主义部分观点的接受,新现实主义和新自由制度主义之间从激烈论战到理论通约,最终达至"新新合成";进入20世纪90年代,随着建构主义的勃兴,以亚历山大·温特为代表的社会建构主义向结构主义的分析体系靠拢,力图使建构主义成为一种既考虑国际政治的社会建构又坚持科学实在论的理论体系,将建构主义推进到体系理论层次,使之成为广为认可的理论范式。[①] 三大理论范式之间的整合,在一定程度上是对世界转型的回应,容纳了对权力转移和问题转移的深入思考,体现了国际关系理论向进化发展的态势,[②] 并将开启国际关系理论范式转移的新时代。其中,英国的国际社会理论受到越来越多的重视,其重要观点开始为以上主流范式所感同身受,这进一步加强以西方政治文化为基底的国际关系理论之间的相互融合。可以说,西方主流理论范式的整合正在积极回应世界转型,代表着国际关系研究的重大进步。

但是,在中国崛起的问题上,既有国际关系理论的主流范式却又体现出解释的乏力。中国是一个正在融入国际社会的上升大国,突出强调的和平发展道路与西方社会既有的历史逻辑有着巨大差异,正如秦亚青教授指出的,现实主义对此基本持否定态度,而自由主义和建构主义都没有真正的经验研究,所以这方面的理论基本上是空白。[③] 应该说,我们能够理解既有国际关系理论主流范式面对这一重大议题

[①] 参见门洪华《国际关系理论范式的相互启示与融合之道》,《世界经济与政治》2003年第5期,第42—43页;门洪华:《罗伯特·基欧汉学术思想述评》,《美国研究》2004年第4期,第103—118页。

[②] 秦亚青指出,"国际关系发展的一个方向就是从强调循环向强调进化发展"。参见秦亚青《现代国际关系理论的沿革》,《教学与研究》2004年第7期,第56—63页。

[③] 秦亚青:《国际关系理论的核心问题与中国学派的生成》,《中国社会科学》2005年第3期,第165—176页。

的失语。从另一个方面讲，现有的国际关系理论，弘扬的是西方理念，展现的是西方理想，笔者不否认其中所蕴含的某些启示意义，但对将其移植到中国却深为怀疑。换言之，西方主流理论范式对中国问题解释的乏力并无不正常之处。

任何一个国家国际关系研究的重大发展，都必须建立在对世界发展趋势的把握和本国最重大议题的认识，前者是关键性的前提，而后者是不可或缺的重心。中国是一个由大一统的国家理想和大同社会的世界理想而生成的国家，与西方国家有着不同的文化逻辑和历史经验。纵观中国国际关系理论的发展历程，我们不无遗憾地看到，尽管有诸多清醒和冷静的学者在呼唤和探索中国的国际关系理论范式，但总体而言，中国的国际关系研究依旧处于模仿和追随西方（尤其是美国）的阶段，以西方重心为重心，如果说我们没有迷失大方向的话，那我们还没有深入挖掘和自发弘扬中国的文化理念，反而有丢失文化传统之虞。我们的国际关系研究被笼罩在西方理论范式之下，形成所谓的"灯下黑"。

三 回归中国重心，理论联结实践

中国国际关系理论研究的窘境与中国迅速崛起的现实形成鲜明对照，刺痛着我们的学术神经。作为源远流长的文明古国，中国久远的理想和理念曾经是世界的向往。它们将湮灭在西方主导的逻辑之中？还是将在崛起的进程中重现昔日荣光？我们当然期望后者的出现，而这样的前景需要学者更深邃的目光和更积极的努力。

这一前景的出现，以回归国际关系研究的中国重心为前提。一个大国的国际关系研究应该以本国为重心。国际关系研究的美国重心如此耀目，不仅是美国国家强盛的必然效应，也与美国学界的积极努力直接相关。中国的国际关系研究以西方重心为重心——主要是以西方的理论范式解诠释世界和中国的现实，与中国长达一个多世纪的积弱相辅相成，与我们对其理论范式的模仿与追随分不开，也是与我们对文化传统不够弘扬直接相关。1978年中国开启的崛起进程正在逐步扫除这些现实和心理的障碍，从而为中国国际关系研究提供了更为宏大的视野和更加宏远的目标，回归中国重心恰其时矣！当然，回归中国重心，并不是完全以自我为中心，重回闭关锁国或中体西用的老路，而是在继续确保开放、理性且不乏人文精神之心态的同时，将中国面临的重大问题作为国际关系研究的中心议题，弘扬传统哲学、理念和理想，走上本位性的学术创新之路，为国际关系研究贡献中国观点、中国理念、中国理论。

这一前景的出现，以理论连接实践为桥梁。"理论在一个国家的实现程度，取决于理论满足这个国家的需要的程度。[①]"国际关系研究需要理论升华和总结，也需要对理论的实践检验。只有二者的结合，才可能出真知卓识。我们在弘扬思想文化传统的同时，应继续对西方国际关系理论奉行"拿来主义"，兼收并蓄以形成综合性的解释模式，为创立中国的国际关系理论范式添砖加瓦。

笔者认为，回归国际关系研究的中国重心、架起理论和实践的桥梁是一个宏大的理想，绝非朝夕可至。为此，我们应在如下几个方面（但不限于此）做出更加积极的努力。

第一，加强对中国之世界理想的研究。大国需要世界理想的指引，崛起大国尤其如此。中国是有着世界理想的，这就是大同社会。《礼记》曰："大道之行也，天下为公，选贤与能，讲信修睦。故人不独亲其亲，不独子其子。……是为大同。"作为一种万物均等的世界秩序设计，大同理想自有其普遍性。当前的小康社会目标是"大道既隐，天下为家"的初级理想，是走向世界大同的必经阶段。一个崛起的大国不仅需要"以功为己"，更需要世界理想。所以，加强对中

[①] 中共中央马恩列斯著作编译局：《马克思恩格斯选集》第1卷，人民出版社1995年版，第11页。

国世界理想的研究,具有接续先贤、延续未来的重大意义。

第二,加强对中国崛起的战略研究。目前,如何实现崛起是中国最重大的议题,而处于中观层面的战略研究正方兴未艾。我们认为,关于中国崛起的战略研究将为中国国际关系研究的发展提供坚实的基础。我们强调,在中国继续面临大一统之国家理想目标尚未实现的情势下,应引入大战略的视角,强调国内战略与国际战略的协调与结合,从而确定国家理想和世界理想的对接点。我们建议,应特别加强对融入国际制度战略、地区一体化战略、重大并事关国计民生等问题领域之战略的研究。同时,我们还要致力于中长期战略预测研究,以达到见微知著、审时度势。

第三,加强对策研究的理论基础。中观层面的战略研究本身仍然具有强烈的理论含义和长周期意义,而作为中短期层面的对策研究对中国当前的态势而言更具应用价值。中国对策研究的现状表明,中国国际关系研究的进入门槛依旧过低。所以,加强对策研究的理论基础,以此提高中国国际关系研究的深度,更是一个必不可少的环节。

中国战略文化的重构：
一项研究议程[*]

作为战略的底蕴和根基，文化对战略的影响似乎无所不在。思想文化与战略的结合，构成战略文化的精髓。一个民族或国家在其生命历史展开中形成的战略思想，究其本质来说是战略文化。每个国家或民族的战略文化都必然打上其历史文化传统的烙印，而文化传统又潜移默化地制约和限定着战略思想。同时，战略文化还是一个动态的概念，不断受到新思想、新形势的冲击，并在其间发生着嬗变。从某种意义上讲，战略文化是一种限制行动选择的观念力量，决策者可从这些限制中找寻和确定具体的战略选择。换言之，战略文化是制定现实战略的潜在意识和历史文化情结，因为战略家只能在特定的历史文化环境和教养中进行认识和实践创造活动。[①] 故而，美国战略学者科林·格雷（Colin S. Gray）强调指出，不研究决策的文化情境，对战略行为的解释必是狭隘和无意义的。[②]

本文意在概述战略文化的研究议程，确立战略文化研究的意义与价值；概述中国传统战略文化，确定分析中国大战略的文化背景

---

[*] 本文公开发表于《教学与研究》2006年第1期，第57—63页，收入本书时有所修订。

[①] 李际均：《论战略》，解放军出版社2002年版，第19页。

[②] Stuart Poore, "What is the Context? A Reply to Gray-Johnston Debate on Strategic Culture", *Review of International Studies*, Vol. 29, No. 2, 12003, pp. 279–284.

(cultural context); 剖析中国战略文化的嬗变及其在当前国内外情势之下的重构,以标明中国战略观念优化的文化基础。[1]

一 战略文化的研究议程

一般而言,战略文化指的是一个国家的传统、价值、态度、行为方式、习惯、象征、适应环境变化和解决危机或使用武力的特殊方式。[2] 作为最基本的战略要素之一,战略文化反映着一个国家带有根本性的安全与利益需求,构成了一国安全观的底色,并以潜在的、复杂的方式决定着战略决策。战略文化随着历史发展而变化,且战略文化的变化对国家战略决策起着极其重要的影响。

战略文化的研究缘起于西方,尤以美国研究者为盛。1977年,杰克·斯奈德(Jack Snyder)提出了关于战略文化的最早定义:"战略文化是国家战略决策者对于核战略指令或模糊博弈所共有的整体概念、制约性情感反应和习惯行为模式的综合。"[3] 自此,战略文化成为战略研究的新热点,其在西方战略研究中的重要研究地位逐步确立。西方战略文化研究以微观视角为突出特色,即将战略文化基本认定为价值观、行为模式或符号系统。这一研究特色与西方思维特征有着本质的关联,也与将战略文化限定于政治文化的思想倾向有关。当

---

[1] 科林·格雷指出,关于战略文化的任何学术著作都因其稀有而显得弥足珍贵。参见 Colin S. Gray, "Strategic Culture as Context", *Review of International Studies*, Vol. 25, No. 1, 1999, pp. 49 – 69。近年来,中国战略文化成为战略研究的热点,但相关研究著述并不多,可参见 Zhang Shu Guang, *Deterrence and Strategic Culture: Chinese-America Confrontations*, 1949 – 1958, Ithaca: Cornell University Press, 1992; Alastair Jain Johnston, *Cultural Realism: Strategic Culture and Grand Strategy in Chinese History*, Princeton: Princeton University Press, 1995; Andrew Scobell, *China and Strategic Culture*, Washington: The Strategic Studies Institute, 2002; 李际均:《论战略》,解放军出版社 2002 年版等。

[2] Ken Booth and Russel Trood, eds., *Strategic Culture in the Asia-Pacific Region*, Houndsmills: MacMillan Press, 1999, pp. 363 – 371.

[3] Jack Snyder, *Soviet Strategic Culture: Implications for Limited Nuclear Operations*, Santa Monica: RAND, 1977, p. 9.

然，需要指出的是，西方战略学者并未将研究层次限定于微观，而是强调从宏观、中观、微观等多层面综合研究战略文化的必要性。[1]

根据哈佛大学江忆恩（Alastair Iain Johnston）教授的分析，西方战略文化研究经历了三个不同的发展阶段，关于战略文化的定义及其功能的认定也有着巨大的不同。[2] 20 世纪 70—80 年代以来，杰克·斯奈德、科林·格雷、卡恩斯·洛德（Carnes Lord）等战略研究者重点剖析美苏核战略不同的原因，普遍将战略文化视为国家战略行为的决定性因素，并倾向于认为战略文化是固定不变的。[3] 斯奈德提出的定义代表着这种倾向，格雷对美国历史经验奠定其武力运用的思维模式和信仰、从而构成其核战略选择的分析也集中反映了这种认识。[4] 第一阶段的西方战略文化研究太过强调历史经验和传统文化的决定性作用，有着机械决定论的倾向。20 世纪 80 年代中晚期的西方战略文化研究则反其道而行之，以布雷德恩·克莱恩（Bradley Klein）为代表的研究者普遍强调战略文化是战略决策领域政治主导者的战略工具。他指出，美国对外宣称的战略实质上是政治精英们为了使他们实际施行的战略被接受和消除潜在挑战力量的工具，[5] 其目的是赋予其战略选择以合法性、合理性。江忆恩就此指出，这一代战略文化研究者将战略视为政治精英为其战略而制造的可被接受的文化和语言上的

---

[1] 战略文化的宏观研究侧重于对地理、民族文化特点和历史的分析，中观研究侧重于分析社会、经济和政治结构，微观研究重点剖析军事组织和军政关系。参见 Carl G. Jacobsen, ed., *Strategic Power: USA/USSR*, London: St. Martin's Press, 1990, pp. 35 – 49。

[2] Alastair Iain Johnston, "Thinking about Strategic Culture", *International Security*, Vol. 19, No. 4, Spring 1995, pp. 32 – 64.

[3] Carles Lord, "American Strategic Culture", *Comparative Strategy*, Vol. 5, No. 3, 1985, pp. 263 – 293.

[4] 艾伦·惠廷关于战略文化的认识也有类似的倾向，他指出，战略文化"源于对另一个民族、国家或人民的历史、传统和自我形象的选择性理解，事先对它们的战略意向构成固定看法"。参见 Allen Whiting, *China Eyes Japan*, Los Angeles: University of California Press, 1989, quoted in Andrew Scobell, *China and Strategic Culture*, Washington: The Strategic Studies Institute, 2002, p. 2。

[5] Bradley Klein, "Hegemony and Strategic Culture: American Power Projection and Alliance Defense Politics", *Review of International Studies*, Vol. 14, 1988, pp. 133 – 148.

变化以及消除潜在政治对手的工具,大多认为战略文化对战略选择影响甚微。20世纪90年代以来,以江忆恩、杰弗里·勒格罗(Jeffrey Legro)、伊丽莎白·基尔(Elizabath Kier)为代表的新一代战略文化研究者就以上各走其极端的两种战略文化观点进行反思和调和,认为战略文化既不是战略决策中的决定因素也不是工具,而是一种干预性变量(intervening variable)。[1] 在这一代战略文化研究者看来,国家的决策是通过战略决策者的认知过程实现的,战略文化属于构成决策者认知能力的要素之一,因而在决策过程中发挥着干预性作用。在这一时期,战略文化研究侧重于"利益决定论"所无法解释的战略选择问题,主要表现在以下两方面:其一,避免了第一阶段的决定论观点,认为战略文化是可以变化的。如列格罗指出的,由于战略文化根植于最近的经验,而不是历史,因此战略文化不是固定不变的,而是可以变化的。其二,注重理论的检验以及与不同理论的对比。勒格罗检验了现实主义、制度主义与组织文化理论对战略的解释,基尔则将结构主义、官僚组织理论与战略文化论进行了对比,均试图验证战略文化对战略选择的影响幅度,并得出战略文化起到干预性作用的基本结论。

目前关于战略文化作用的争论,主要体现在江忆恩和科林·格雷之间。[2] 江忆恩认为,战略文化是一套宏观战略观念,其基本内容被国家决策者所认同,并据此建立起一个国家长期的战略趋向。[3] 他强调战略文化的干预性作用,认为战略文化部分地影响宏观战略选择和具体的战略行为。在他看来,战略文化是一种解释性的因果变量,通

---

[1] Alastair Iain Johnston, "Thinking about Strategic Culture", pp. 32 – 64; Jeffrey Legro, *Co-operation under Fired Anglo-German Restraint during World War II*, Ithaca: Cornell University Press, 1995; Elizabeth Kier, "Culture and Military Doctrine: France Between the Wars", *International Security*, Vol. 19, No. 4, Spring 1995, pp. 65 – 93; etc.

[2] 关于这一争论的详细分析,请参见 Stuart Poore, "What is the Context? A Reply to Gray-Johnston Debate on Strategic Culture", pp. 279 – 284。

[3] Alastair Iain Johnston, *Cultural Realism: Strategic Culture and Grand Strategy in Chinese History*, p. ix.

过战略文化分析可以把握国家战略选择的脉搏。他指出,战略文化是由两部分组成的"符号系统":第一部分是对战略环境性质的假定,即关于战争在人类生活中的地位(如是不可避免还是偶然因素)、关于对手的本性和威胁的判断(如是零合还是正合的)、关于武力运用的效用(如控制结果和削除威胁的能力及使武力得以成功运用的条件);第二部分由操作层面的假定组成,是关于在对付外来威胁方面何种战争思想更为有效的假定。这一层面的假定是前一部分的逻辑延伸,从而直接对行为选择产生影响。以上两部分内容相呼应,共同构成战略文化的逻辑。关于军事力量在国家间政治事务上功用的剖析主要由两部分组成:一是关于战略环境理性的基本假定,它包括三个问题,即战争在人类历史中的作用(是必然的还是不正常的)、对手的性质及其所施加的威胁(是零合的还是非零合的)、使用武力的功效(控制结果、消除威胁的能力及关于有效使用武力的环境);二是关于在行为层面上有效处理上述三个问题的战略选择的假定,后者是前者的逻辑延伸。按照这一定义,我们可以国家为单位对其战略文化进行梳理,并确定其战略偏好次序的方式,以此分析战略文化对其行为选择的影响,从而避免对战略文化做大而化之的定义。[1] 科林·格雷将战略文化定义为"基于社会意识所建构与传递的假设、思维习惯、传统、偏好的作战方法等"。[2] 他强调战略文化提供的是理解战略决策的情境(Context for Understanding),而非解释性因果关系(Explanatory Causality)。具体地说,战略文化是战略行为的作为区域,或赋予战略行为意义的情境。战略文化提供了理解战略选择而非解释因果关系的情景。[3]

---

[1] Alastair Iain Johnston, "Thinking about Strategic Culture", *International Security*, Vol. 19, No. 4, Spring 1995, pp. 32 – 64; Alastair Iain Johnston, *Cultural Realism: Strategic Culture and Grand Strategy in Chinese History*, pp. 36 – 37.

[2] Colin Gray, *Modern Strategy*, London: Oxford University Press, 1999, p. 28.

[3] Colin S. Gray, "Strategic Culture as Context", *Review of International Studies*, Vol. 25, No. 1, 1999, pp. 49 – 69.

中国的战略文化研究起步较晚，以宏观视角和传统思想剖析为其主要研究特色。中国学者强调文化概念宏观层面的含义，将文化界定为系统化的思想和理论，因而将战略文化研究等同于战略思想、战略理论研究，即战略文化是在一定的历史和民族文化传统基础上所形成的战略思维和战略理论，并以这种思想和理论指导战略行动，影响社会文化与思潮。中国学者普遍认为，传统思想是战略文化的根源，从传统思想的角度思考战略文化也是中国学者研究战略文化的主流。李际均认为，世界上每一种文化传统都包含有关于战争的思想，每一种战略思想又都与一定的思想文化相联系；广义的文化是一个国家或民族在自然环境、社会形态、经济水平等作用下长期形成的精神财富的总和；战略服从和服务于当时的国家政治，又深刻地反映一个国家和民族的历史文化和哲学传统；不同国家和民族的生存环境和历史发展的差异，决定其社会结构、文化心理结构的区别，从而也影响到战略文化的不同特点；每一个国家和民族的战略文化都有其固有的传统文化的烙印。综上所述，中国学者认为，战略的底蕴和根基是思想文化，而战略思想最终要汇入一个国家或民族思想文化的发展历史中去。从这个意义上讲，战略思想也是一种文化，战略思想的发展是一种文化现象，思想文化与战略相结合构成普遍意义上的战略文化。战略文化是在一定的历史和民族文化传统的基础上所形成的战略思想和战略理论，并以这种思想和理论指导战略行动和影响社会文化与思潮，具有观念形态、历史继承性、国体与区域特征等属性，是制定现实战略的潜在意识和历史文化情结。[①]

总体而言，中西方战略学者均认为，战略文化是关于一个民族独特的有关国家安全问题的战略思维，它缘起于国家的早期经历，并取决于国内精英的哲学、政治、文化和认知特性。对战略文化研究的重要性，中西方学者也均无异议。但源于不同的思维逻辑和历

---

① 李际均：《论战略》，解放军出版社2002年版，第18—22页。

史经验,中西方学者对战略文化的界定、研究层次、研究纲领又有着不同的理解,尤其在关于中国战略文化的剖析上,更是体现出深刻的不同。

二 中国的传统战略文化

传统思想文化是大战略的底蕴和根基。中国大战略的历史文化起源很早,从先秦到明代,出现了诸如《周易》《尚书》《左传》《孙子兵法》《三略》《六韬》《鬼谷子》等充满大战略思想的典籍,产生了诸如兵家、法家、纵横家等不同的流派,堪称大战略家的才俊之士不断涌现。中国历史上的大战略观念受中国传统文化"天人合一""贵和尚中""人伦为本""崇智重谋"等基本精神的影响,追求"不战而胜""以战止战""全胜不斗,大兵无创""上兵伐谋"的境界;战略取向着重于防御性质,万里长城从来都是防御的象征,而不是国界的标志;思想取向注重于大一统观念,即反对分裂、谋求统一,反对暴乱、谋求安定,反对战争、谋求和平,反对暴政、追求仁政。概言之,统一、安定、和平始终是中国传统文化的主旋律。

在对中国战略文化的认识上,外国学者有着自己的独特视角和观点。美国陆军军事学院安德鲁·斯科贝尔(Andrew Scobell)认为:"中国有双重的战略文化:一是孔孟之道,反对冲突、重视防御;二是现实主义政治,倾向于以军事方式解决问题,具有进攻精神。这两种思想都在发挥作用,都在产生影响,并辩证地结合起来。因此,中国的战略趋向不能确切地用反战或好战来描绘。"[1] 江忆恩则对中国明代的大战略进行个案剖析,认为中国传统战略文化体现出强

---

[1] Andrew Scobell, *China and Strategic Culture*, Washington: The Strategic Studies Institute, 2002, pp. v – vi.

现实主义（Hard Realipolitik）的特点，并称之为"备战范式"（Parabellum Paradigm）。[1] 江忆恩是谙熟中国传统文化的世界知名学者，他的这一结论无疑深具挑战性，中国学者的论辩神经也由此触发。

中国学者同样强调战略文化必然打上本国历史文化传统的烙印，文化传统亦潜移默化地制约和限定战略选择，可以说，在战略文化作用的认识上，中外学者堪称见仁见智，大多数中国战略学者也同意将战略文化视为战略决策过程中的干预性变量。但在中国传统战略文化的解读上，中外学者体现了深刻的区别。

中国学者认为，中国的战略文化建立在"仁""礼""德""和"等传统基础观念之上。"仁"是儒家思想的核心理念。孔子曰："为仁由己，而由乎人哉"；"己所不欲，勿施于人"，"克己复礼，天下归仁焉。""仁"不仅是个人修养的至高境界，同时也是对国家及天下秩序的设计，这就是所谓"家天下""修身、齐家、治国、平天下"的理想设计。"仁"不仅强调自己的修身养性，还强调其他国家的"自我教化"，认为将本国的意志强加给他国属于不仁之举，因此"学而不拒，不往教之"。仁的观念与中国对周边国家的战略有着直接的关联，所谓"亲仁善邻，国之宝也"。"礼"视天下为同心圆等级结构，以其辐射程度确定等级关系，形成朝贡体系，所谓"先王之制，邦内甸服，邦外侯服，侯、卫宾服，蛮夷要服，戎狄荒服，甸服者祭，侯服者祀，宾服者享，要服者贡，荒服者王。日祭，月祀，时享，岁贡，终王"。[2] 在这一等级体系之下，德化的重要性即凸显出来，这就是所谓王道。德化辅之"和"，以道德和文化魅力吸引而不是一个暴力征服的战略文化传统就此奠定，稳定的天下秩序也就随之建立，安全即得以保证。中国人强调"和为贵"，强调"己欲立而立人、己欲达而达人"的忠恕之道，强调"和而不同"，和谐以共生共长、不同以相辅相成，即"四

---

[1] Alastair Iain Johnston, *Cultural Realism: Strategic Culture and Grand Strategy in Chinese History*, Princeton: Princeton University Press 1995, p. ix.
[2] 《国语·周语上》。

海之内皆兄弟也"。鉴于此,崇尚和平是中国战略文化传统的重要体现,这一思想根植于中华五千年文明的土壤之中,并造就了中华民族反抗侵略、热爱和平的高贵品格。儒家强调"以和为贵"的思想,使得和平成为治国安邦、敦亲睦邻友好之道。鉴于此,中国对自己战略文化的认识没有所谓侵略性的使命。[①]

建立这种文化理念基础之上的战略文化强调文武兼备,但文高于武,中国最为知名的军事家孙子同样强调通过非暴力手段实现胜利的重要性,所以才有"上兵伐谋、其次伐交、其次伐兵、其下攻城,攻城之法为不得已"的战略判断,才有"兵者,凶器,圣人不得已而用之"的教诲。即使最急于事功、最不讳言暴力的法家学派也对发动战争持否定态度,如韩非子指出的,"主多怒而好用兵,简本教而轻攻战者,可亡也"。当然,中国的非战思想并非意味着不愿意或不情愿使用武力,如清康熙帝指出的,"欲安民生,必除寇虐,欲除寇虐,必事师旅"。它只是意味着,中国传统战略文化对军事胜利或军事价值并不完全认同,中国不会放弃军事手段,但在信念上确实与西方存在巨大差别,即中国使用武力更多地是为了达到政治目标,或者说其他战略目标与军事胜利同等重要。需要强调的是,中国古代就有一脉相承的反对盲目使用武力、以道德制约战争的战略哲学。老子曰,"以道德佐人主者,不以兵强于天下,其事好还;师之所处,荆棘生焉;大军之后,必有凶年";孟子曰,"善战者服上刑"。建立在这种传统思想基础之上的战略文化必然是内省的、非扩张性的。我们承认中国的战略文化没有放弃武力作为根基的思想——所谓文武兼备、文攻武备,但也不能否认中国战略文化所具有的理想主义、道德主义基底。概言之,如果将价值观念视为战略文化的核心,则道德主义、非战思想同现实主义一道构成了中国战略文化的思想基础。

---

① Mark Mancall, *China at the Center: 300 Years of Foreign Policy*, London: The Free Press, 1984, p. 11.

军事科学院李际均将军认为，中国战略文化的灵魂就是求和平、谋统一、重防御。特别是中国极其强调统一观念，反对分裂，谋求统一，促进中华民族的大团结与大融合，一直是中国几千年战争史的主流，无论一个时期内国家如何分裂、各派力量如何对立，最终的结局仍是在民族和解中产生出新的更大范围统一的中国；中国主张和平、有道德原则的传统，有着注重防御的战略传统。[1] 吴春秋指出，中国传统的中庸思想与西方尤其是克劳塞维茨的"绝对"战略观念截然相反，相映成趣。缘起于中国的传统战略文化，顺天应人、利民为本是中国大战略的目标，富国强兵、兵农结合、文武并重、不战而胜、刚柔并济、以弱胜强是保证大战略目标实现的手段。[2] 综上所述，中国学者的分析表明了这样的观点，即中国传统战略文化是内向的，注重追求和平、统一与防御，反对侵略、分裂与攻伐，这种战略思维模式源自中国几千年的传统文化，至今仍然影响乃至在一定条件下决定着中国的战略选择。

三 中国战略文化的重构

战略文化并非静态的概念，而是在历史进程中发生着嬗变。如江忆恩指出的，战略文化的演化与国家身份的变更有着逻辑的关联。[3] 19世纪中期以来，西方的坚船利炮摧毁了中国的天下秩序，中国落入"数千年未有之大变局"，逐步堕落为半殖民地半封建国家，国土分裂，主权被切割，令壮士扼腕，时有"国将不国"之叹。国家处于分裂的深渊，迫使中国的战略精英从现实出发反思中国的问题，并走上学习西方、谋求富强的道路，这是数千年中国战略传统的巨大转

---

[1] 李际均：《军事战略思维》，军事科学出版社1998年版，第237—238页。
[2] 吴春秋：《论大战略和世界战争史》，解放军出版社2002年版，第97、137—139页。
[3] Alastair Iain Johnston, "Thinking about Strategic Culture", *International Security*, Vol. 19, No. 4, Spring 1995, pp. 32–64.

折，也是中国战略文化嬗变的缘起。中国的战略文化从绵延数千年的"和为贵"传统文化趋向转变为冲突型文化趋向，仁人志士前赴后继，谋求通过武装斗争实现国家独立与统一的道路，这是当时的国际国内环境所决定的，也是中国战略文化追求国家统一、反对侵略与分裂的现实体现。不可否认地，"重力、尚武"成为近现代尤其是清朝末年以来战略文化的主要趋向。

但是，在战略文化的深层次上，以社会达尔文主义为实质的西方战略文化与中国的传统战略文化毕竟有着本质性的区别，中国不可能完全接受西方的战略文化。第一次世界大战、其后的局部战争乃至第二次世界大战均将西方战略文化的毁灭性倾向暴露在世人面前，中国对西方战略文化有了较为理性的判断。同时，中国对传统战略文化进行了深刻的反思，有幸的是，以天下情怀和道德理性为基底的中国战略文化深层结构并没有完全灭失，尽管道德主义从强传统退居为弱传统和潜在影响因子。在这样的情势之下，经过近现代战争的洗礼，现实主义逐步成为中国战略文化的主导，且明显表现出冲突型战略文化趋向。

中华人民共和国的成立，使得中国实现了国家独立，这是经过百年屈辱和无数仁人志士前赴后继浴血奋战获得的胜利，中国政府自然加倍珍惜。新中国刚刚成立，百废待兴，国际上出现了以两大阵营对垒为基本特征的冷战，国家间关系泛政治化、泛意识形态化，中国通过斗争维护国家独立、实现国家富强是当时中国迫在眉睫的战略任务。可以说，直到党的十一届三中全会之前，中国对战争和冲突的基本看法依旧是战争不可避免，冲突是人类事务中的普遍现象，对手本质以及战略意图是不可改变的，无论是国内的阶级斗争还是国际上对中国的威胁都具有零和性质，暴力也在冲突中得到了肯定，冲突型战略文化导向分外明显。[1]

---

[1] 秦亚青：《国家身份、战略文化和安全利益——关于中国与国际社会关系的三个假设》，《世界经济与政治》2003年第1期，第10—15页。

与此同时,中国战略文化的另一条主线即和平追求、道德主义、责任意识逐渐显露其价值,其主要标志就是和平共处五项基本原则的倡导和积极防御军事战略的制定。1954年,中国与印度、缅甸共同倡导了"互相尊重领土主权完整、互不侵犯、互不干涉内政、平等互利、和平共处"的五项基本原则,并将之视为中国处理对外关系的基本准则。和平共处五项基本原则体现了与西方战略文化的截然不同,既代表了中国传统战略文化的延伸,也凸显着中国战略文化的现代特质。与之相对应,以毛泽东同志为代表的中华人民共和国第一代领导人批判继承了中国的传统战略文化,总结了中国革命战争的实践经验,确立了积极防御的军事战略,主张和平解决国际争端;在对外斗争中,掌握有理、有利、有节的原则。[①] 中国军事战略的目标是保卫国家安全、维护国家利益、坚持后发制人、自卫和防御的立场,反对侵略、强权政治和霸权主义。当然,中国战略文化中的道德主义和理性道义原则的再次展现,强现实主义与道德主义之间出现强大的张力,辅之以意识形态时代的全面政治化趋向,中国的战略决策和战略行为中不时出现非理性失误。

这种情势因1978年党的十一届三中全会确定改革开放战略而改变。自此,邓小平同志把中国的战略思维从战争与革命的框架之中解放出来,纳入到和平与发展的新轨道之上,从而使得中国的战略思维进入了一个新境界,这一调整代表了中国战略文化的最新嬗变。

党的十一届三中全会确定了以经济发展为中心任务的基本路线,与此同时中国逐渐弱化了斗争的突出地位。到20世纪80年代中期,邓小平同志明确提出战争可以避免,国家安全观念开始逐渐发生重大变化,中国战略文化从以强调斗争为核心的战略观念转变为以趋于合作为核心的战略观念,斗争成为次要方面。战争的可避免性、对手的可合作性、暴力效用的降低都是中国战略文化变革的重要表现,并以

---

① 李际均:《军事战略思维》,军事科学出版社1998年版,第237—238页。

新安全观的提出为主要标志。① 新安全观的提出与中国综合国力骤升、国际地位提高分不开，也与中国领导人新的战略观念有着直接的关联。戴维·兰普顿（David Lampton）指出，"中国在地区和全球秩序中已经成为一个深谋远虑的参与者。中国实力的增强表现在各方面——经济实力、军事实力甚至是思想观念。中国的政策走向更倾向于使用感召、利诱手段而不是威逼"。② 可以说，中国当代战略文化的基本框架已经确立，现实主义、道德主义、合作主义共同构成当代中国战略文化的基底。具体地说，现实主义是任何成熟战略文化的基本品质，不可否认地，以国家利益的突出强调为标示，现实主义仍然是中国当代战略文化的重要组成部分。同时，中国的道德主义情怀依旧不减，并通过国际关系民主化、世界政治经济新秩序、新安全观等战略观念体现出来。以新安全观的倡导和付诸实践为标志，中国战略文化体现出合作型趋向，这也成为中国战略文化最为突出的变革。2003年前后，中国战略研究界所提出的和平崛起战略理念正是中国战略文化重构的集中体现。

一个国家能否保持国家安全与繁荣昌盛，很大程度上取决于其战略文化的先进性。有着巨大发展潜力的大国总是吸纳、融合其他国家、其他民族的先进文化，形成自己更有活力的战略文化。中国作为具有五千年历史的世界大国，有着与西方不同的独特价值观、传统、文化和民族理想，一成不变的地缘战略环境、民族愿望的一致性、一种连续不断又逐渐演化的战略文化是中国得以保持其统一、和平、防御战略思想的理想基础。③ 与此同时，中国必须清楚认识和牢牢把握

---

① 秦亚青：《国家身份、战略文化和安全利益——关于中国与国际社会关系的三个假设》，《世界经济与政治》2003年第1期，第10—15页。

② David M. Lampton, "China's Growing Power and Influence in Asia: Implications for U. S. Policy", http://www.nixoncenter.org/index.cfm?action=publications, March 28, 2004.

③ [美]迈克尔·奥克森博格：《中国：走上世界舞台的曲折道路》，罗伯特·帕斯特编《世纪之旅：七大国百年外交风云》，上海世纪出版集团2001年版，第324页。

自己的根本利益和力量，制定和实施符合本国原则和利益、符合国家力量条件、有助于实现国家战略目标的大战略。大战略的选择及其实施，既受到战略文化的制约，又需要战略文化的支撑。鉴于此，在当前的国际、国内情势之下，如何在道德主义与现实主义之间构建成熟的合作型战略文化，已经成为构建中国大战略的核心前提之一。

美国霸权与美欧关系[*]

美国霸权的形成与欧洲有着摆脱不开的渊源。实际上，美国立国就是挑战欧洲在美洲霸权的产物；至今对美国影响至深的孤立主义思想就是针对欧洲这一"旧世界"设计的，而作为美国主体思想的门罗主义也是阻遏欧洲霸权的工具；从步入世界舞台之日起，美国就确立了争夺美洲地区利益的目标，并以欧洲为防范、遏制和驱逐对象。从立国至1941年决定参加第二次世界大战，美国一直极力避免卷入西半球的事务，只有几次短暂的例外。然而，第二次世界大战赋予了美国直接介入欧洲事务的契机，而冷战的爆发赋予了美国确立资本主义国家盟主地位的机遇，由此引起的东西方对立首先导致了欧洲的分裂。此时，世界政治的决策中心已经从欧洲转移到美国和苏联，对欧洲和世界事态发展具有决定性影响的力量是美苏两个超级大国。基于同样意识形态、政治制度、安全目标的大西洋联盟得以形成，美国通过制度化介入成为欧亚大陆的新霸主，美国控制西欧并视之为遏制苏联的坚定盟友，进而作为向欧亚大陆腹地逐步扩展民主的桥头堡。大西洋联盟的成功，使得美欧关系被视为造就了"大西洋治下的和平"（Pax Atlantica）。[①]

历经战争磨难的欧洲各国痛定思痛，逐渐将一体化视为解决欧洲

---

[*] 本文公开发表于《南开学报》（哲学社会科学版）2007年第3期，第10—18页。

[①] Foot Rosemary et al, eds., *US Hegemony and International Organizations*, New York: Oxford University Press, 2003, p. 215.

安全困境的唯一路径。经过几十年的风雨历程，欧洲一体化进程开花结果，最终形成以经济货币联盟、共同外交与安全政策、共同防务政策为支柱的欧洲联盟，成为世界历史发展的一项盛举。美国对欧洲联合的态度显然是矛盾的，美国坚持认为大西洋联盟是美国最重要的全球关系，是美国参与全球事务的跳板，使美国能够在欧亚大陆扮演仲裁者的决定性角色，并由此创造了一个在世界所有关键的权力和影响领域中占据主导地位的联盟，[①] 但对欧洲的独立倾向不乏防范性的制度创新，尤以北约东扩为明确标示。近年来，尤其是"9·11"事件以来，美国减少了对国际制度的承诺，采取了更为直接的单边主义战略，美欧在关键性的政治理念尤其是对待国际制度的态度上出现战略分歧，二者工具性制度主义和原则性制度主义的分野愈加明显，美欧关系步入新的竞争时期。在一个大西洋变宽的时代，评价和重新评价美欧战略关系成为诸多学者关注的焦点。

本文以美国制度霸权的欧洲布局为经、以欧洲一体化进程为纬，以冷战及其结束为界剖析欧美关系的变化，并借此评估工具性制度主义、原则性制度主义和欧美关系的未来。

一　美国霸权的欧洲支柱

美国霸权是在欧洲霸权衰微之后得以确立的。第二次世界大战彻底削弱了欧洲的全球霸权，而此后的殖民地人民进行了卓有成效的革命。[②] 富兰克林·罗斯福关于战后世界安全的构想代表着对西欧传统霸权地位的否定，欧洲被迫退回到自己的大陆上，获胜的同盟军对整

---

　　① ［美］布热津斯基：《美国全球战略中的欧洲》，《战略与管理》2000 年第 5 期，第 36—43 页。
　　② ［美］斯塔夫里阿诺斯：《全球通史：从史前史到 21 世纪》，北京大学出版社 2005 年版，第 724 页。

个欧洲的占领具有决定意义,美国自此成为欧洲大陆的成功干预者。[①]

第二次世界大战结束前后的美国是以确立全球霸权为核心的,然而苏联的崛起及社会主义阵营的创立却使得美国这一目标的实现推迟了几十年,鉴于东西方冷战的爆发,美国早期建立自由多边体系的努力大多归于失败,而对欧洲事务的介入越来越具有根本性的战略意义。[②] 以此为基础,大西洋联盟得以形成。大西洋联盟以北约为政治和安全领域的制度安排,承担防止苏联扩张的军事职能;以"马歇尔计划"为经济领域的制度安排,力求全面复兴西欧的经济和社会生活;美国接过英国伸出的禅让橄榄枝,公布杜鲁门主义,通过对希腊、土耳其的援助阻止了苏联对东地中海的威胁;在1948年的柏林危机中,美国以空运方式显示出抵御苏联威胁的决心。[③] 苏联则通过与东欧各国、中国等签订友好合作互助条约、成立经济互助委员会、欧洲共产党和工人党情报局、华沙条约组织等构成了社会主义阵营。美苏两大制度体系的建立代表着欧洲的分裂和冷战的定格。

在美国霸权的欧洲布局中,杜鲁门主义具有里程碑的意义。它宣称美国有领导"自由世界"、援助西欧国家复兴、防止共产主义渗透的使命,代表着美国的战略趋向。杜鲁门主义的出台标志着美苏战时联盟的正式解体,也代表着美苏对抗的不可逆转。相比而言,"马歇尔计划"则是美国在经济上与欧洲形成联盟的重要步骤,也是催生欧洲联合和大西洋联盟的重要举措。"马歇尔计划"得到西欧国家的积极响应,美国以必须购买一定数量的美国商品、尽快撤除关税壁垒、为美国提供生产所需要的战略物资、允许美国对内部预算进行某种程度的控制、限制同苏东的贸易等为条件,在四年内向欧洲提供了131.5亿美元的援助。"马歇尔计划"帮助西欧渡过了战后的艰难岁

[①] [美]戈登·克雷格、亚历山大·乔治:《武力与治国方略——我们时代的外交问题》,时殷弘译,商务印书馆2004年版,第129页。

[②] G. John Ikenberry, "Rethinking the Origins of American Hegemony", *Political Science Quarterly*, Vol. 104, No. 2, Fall 1989, pp. 375–400.

[③] [美]亨利·基辛格:《大外交》,海南出版社1998年版,第426页。

月，巩固了西欧资本主义制度，促进了西欧的战后复兴，为大西洋政治军事联盟的建立提供了经济基础。

欧洲在经济上的分裂导致政治和安全关系的进一步紧张，并在1948年酿成了长达11个月的柏林危机。在此前后，在英国的倡议下，英、法、卢、比、荷五国就建立西欧防务联盟进行谈判，建立了西欧第一个多边军事同盟布鲁塞尔条约组织。在欧洲局势日趋紧张和分裂的情势下，美国加入欧洲军事和政治安全势在必行。1948年7月至1949年3月，美国与布鲁塞尔条约组织成员国、加拿大等就如何建立北大西洋防务联盟进行商讨。其间，1947年9月9日，通过供与会各国讨论的备忘录"华盛顿文件"，对即将成立的北大西洋公约组织的性质、范围、缔约国承担的义务及其与欧洲国家组织的关系做出了明确的规定。之后，经过数月的讨论，1949年4月4日，美国与英、法、卢、比、荷、加、丹、葡、挪、冰、意等国正式签署了《北大西洋公约》。1949年9月17日，由缔约国外长组成的北大西洋理事会成立，作为北约的最高权力机构。会议决定：设立由缔约国国防部长组成的防务委员会，负责制定统一的防务计划；设立由各缔约国参谋长组成的军事委员会，作为北约的最高军事权力机关，并在军事委员会内设立美英法常设小组；设立北大西洋地区、西欧地区、北欧地区、南欧—西地中海地区、加—美地区五个地区性计划小组，负责制定本地区内的防务计划，美国参加所有上述计划小组，并在此基础上成立了欧洲盟军总司令部、大西洋盟军司令部、海峡司令部等军事机构。之后，北约又陆续建立了咨询性的机构，构成迄今最为完备的军事同盟体系。在北约的制度安排中，美国占据着主导地位，北约盟军最高司令由美国人担任，北约核打击力量的使用权完全操纵在美国总统手中。美国通过北约的建立进入了欧陆腹地，并在欧洲大陆组成了遏制苏东、控制西欧的战略弧。北约的建立是美国外交史上最为重大的转折之一，美国第一次在和平时期同美洲之外的国家建立军事政治集团，成为战后美国在欧亚大陆布局的基础。北约的建立不仅意味着美国确立了西方霸主的地位，也标志着美国以欧洲为战略基点的全球部署基本完成。

二 欧洲一体化的进程

第二次世界大战和冷战是欧洲一体化的催化剂。欧洲各国大规模的相互杀戮导致欧洲全球霸权的衰落，自己的安全还需要他国的维护。各国痛定思痛，多年来通过欧洲联合保证欧洲安全的思想落地生根，使得欧洲联合运动走向实质性行动。约翰·米尔斯海默精辟地指出，"如果没有共同的苏联威胁或美国守夜人，西欧国家将做它们在冷战开始前几个世纪所做的一切——带着永久的怀疑彼此观望"。[①]基于此，西欧国家开启了迄今制度化程度最高的地区一体化进程。欧洲一体化进程为当代国际关系的发展带来了一种全新的整合理念和实践经验，它通过制度化、法律化的方式确立了具有超国家因素的组织结构，呈现出从经济一体化向政治、外交、防务一体化扩展的溢出效应。

美国对欧洲联合的促动是至关重要的因素。第二次世界大战后的美国领导人认识到一个统一、强大的欧洲比一个分裂、软弱的欧洲更符合美国的利益。因此，在杜鲁门主义通过的当天，美国国会通过了主张"在联合国范围内建立一个欧洲合众国"的提案，标志着美国公开介入和支持欧洲一体化的立场。1949年接受马歇尔计划的西欧国家成立了欧洲经济合作组织（OEEC），迈出了欧洲联合的第一步。1949年，英、法等10国建立了欧洲委员会，此后将所有西欧国家囊括其中，以部长理事会、欧洲议会等为主要常设机构。1950年5月9日，法国外长罗贝尔·舒曼公布了由让·莫内起草、最终导致欧洲煤钢共同体的舒曼计划，标志着欧洲联合从观念建构走向实体建设。

---

① John J. Mearsheimer, "Why We Will Soon Miss the Cold War", *Atlantic Monthly*, Vol. 266, No. 2, August 1990, pp. 35–50.

法、德、意、卢、比、荷六国于1951年签订了《欧洲煤钢共同体条约》，标志着欧洲一体化进程的正式启动。在此前后，西欧各国在防务合作方面也进行了一些探索。尤其是，1954年布鲁塞尔条约组织扩大为西欧联盟，完善了美国遏制苏东的军事集团，也将西欧的防务纳入到北约体系，确保了美国对欧洲防务的主导。1958年欧洲经济共同体成立之后，形成了欧洲联合只负责经济活动、防务与安全由北约和各成员国负责的局面。

西欧六国期望将煤钢联营扩展到其他经济部门。1957年3月25日，德、法、意、卢、比、荷签署《罗马条约》，随后成立欧洲经济共同体、欧洲原子能共同体，开始了欧洲一体化运动的新历程。1958年的《罗马条约》建立了三个超国家机构：欧洲委员会、欧洲议会和欧洲法院，三者代表共同体，不对成员国负责，使得成员国在这些问题上不可能采取自主的国家政策和行动，从而体现出超国家主义（supra-nationalism）的倾向。

1965年，西欧六国将欧洲煤钢共同体、欧洲经济共同体、欧洲原子能共同体三者合并为欧洲共同体（European Community），并建立了单一的共同体管理机构。欧共体既不是超国家的政治共同体，也不完全是政府间主义的松散联盟，而是二者的折中。欧共体成立标志着一体化进程不可逆转。在这一趋势的感召下，1973年1月1日，英国、丹麦、爱尔兰加入欧洲共同体。欧共体扩展为九国联合。

进入20世纪80年代，由于世界经济形势好转和地区经济发展的挑战，欧共体采取行动，加大改革力度，一体化进程取得飞跃式发展。1986年2月17日，欧共体通过了《单一欧洲法令》（The Single European Act），其首要目标是建立更加扩大和深化的欧共体合作，建立一个超越国界的欧洲统一大市场，该法令于1987年7月1日生效，它明确了单一欧洲的远大目标，为欧洲一体化提供了法律保证，在一定程度上为欧洲联合的发展提供了政治动力，该法令的签署也标志着欧洲政治合作的正式开始。

1991年，欧共体成员国签订了《欧洲联盟条约》（即《马斯特里赫特条约》），决定在经济上分阶段建立欧洲经济货币联盟，将成员国外交事务的政治合作机制提升为共同的外交与安全政策、建立成员国司法与民政事务的合作机制，并决定将欧共体改名为欧洲联盟。1993年11月1日，欧盟诞生。

1997年，欧盟各国首脑在阿姆斯特丹召开会议，通过了《阿姆斯特丹条约》，强调加强成员国之间的司法和警务合作；制定灵活性条款，强调除外交与安全政策等敏感领域的合作必须得到成员国一致同意外，其他领域的一体化行动均可使用多数表决制；在外交和安全政策方面加强合作的力度，加强决策机制，赋予欧盟理事会秘书长负责共同外交与安全责任，并确认西欧联盟的维和使命；健全欧盟的组织结构等。

1999年1月1日，欧元诞生。2002年1月1日，欧元成为欧元区唯一合法的货币，欧洲在经济领域的统一梦想成为现实。2000年，欧盟通过《尼斯条约》，对欧盟的机构改革提出了新目标，加强了欧盟委员会及其主席、欧洲议会的权限，强调了加强欧盟本身防御能力的重要性。

欧洲联合使得美欧双方在经济上平起平坐。伴随着一体化进程的加速，欧洲作为一个整体的力量的不断加强，欧盟不再满足于作为经济上的巨人、政治和军事上的侏儒，开始争取平等政治地位和独立防务的建设。尤其是《马斯特里赫特条约》签署以来，安全、外交、防务领域的一体化进程开始加速，并体现出政府间主义向超国家主义过渡的特征。

《马斯特里赫特条约》把共同的外交与安全政策视为欧盟的三大支柱之一，呼吁在国际舞台上通过实施最终导致共同防务政策在内的外交与安全政策来确立其共性。欧洲各国要求西欧联盟（WEU）负责处理防务事务。1992年，西欧联盟决定扩展职能，作为北约的欧洲支柱。1993年，法、德、西、比、卢组成欧洲军团并步入运作。1994年，在布鲁塞尔会议上,欧洲国家强调建立"欧洲安全与防务认同"(European Security and Defense Identity)。1995年,西欧联盟决定加强其军事行动能力,法、西、意、葡决定建立欧洲陆军和欧洲海军以加强南欧防务,英法则组成了欧洲空军大队。1997年《阿姆斯特丹条约》明确要求西欧联盟主持维和、人道主义援助和危机处理,在军事方面发挥更大的作用。1999年6月,欧盟通过《关于加强欧洲安全与防务政策的声明》,强调欧盟必须拥有共同的安全与防务政策,欧盟兼并西欧联盟的职能,并任命第一位"外交和安全政策高级顾问"成为欧洲共同安全与防务政策的第一块基石。1999年10月18日,哈维尔·索拉纳正式就任欧盟共同外交与安全政策高级代表。1999年11月,欧盟召开第一次外交部长与国防部长会议,确定了欧洲安全与防务政策文件的框架。1999年12月,欧洲理事会对欧盟加强共同防务做出了一系列制度安排,决定在布鲁塞尔设立欧盟最高防务安全机构,这是欧盟在政治一体化方面的重大步骤。此后,欧盟正式参加地区维和行动,并举行联合军事演习,2002年与北约达成军事资源共享的制度性战略安排。2003年3月,欧盟快速反应部队接管了北约在马其顿的维和使命,成为欧盟领导的首次对外军事行动。2003年的欧盟首脑会议通过了《更美好世界中的欧洲安全》的欧盟安全战略文件。2004年各国首脑会议通过《欧盟宪法条约》确立了向防务同盟进军的计划。伴随着共同外交与安全政策的实施,欧盟国家的独立意识进一步增强。

总体而言,欧盟建立自主防务力量、确立安全与防务特性的努力得到了美国的有限支持,但双方并非没有矛盾,美国对欧洲防务的独立必有防范。经过50多年的一体化进程,欧洲的制度布局呈现出多个组织并存、制度化程度或强或弱的各种合作形式并存的局面。① 欧洲各国克服重重困难,实现了欧洲的部分联合,并通过新世纪的欧盟

---

① [法]法布里斯·拉哈:《欧洲一体化史(1945—2004)》,中国社会科学出版社2005年版,第108页。

东扩进一步把欧洲一体的概念向东欧扩展，欧洲制度化程度在继续发展之中。

三 冷战、欧洲联合与美国霸权之欧洲布局的演化

在第二次世界大战结束相当长时期内，尤其是冷战高峰期，军事安全和政治安全事关美、苏、欧三方的生死存亡，美苏对决意味着，欧洲只能是美国的仆从，而美国始终是领导者。尤其是冷战初期的美国是世界经济的霸主，建立了制度化的经济霸权体系，欧洲依赖美援得以复兴。美国出于遏制和对抗苏联的需要，对欧洲联合采取了积极支持的态度，甚至不惜以合作深度为由加以推动。即使欧洲一体化进程在50年代末60年代初大见成效，美国也倾向于认为，欧洲一体化是大西洋联盟中某种程度的竞争者，而绝不是挑战者。

但是，欧洲主要大国却并不愿意雌伏于美国霸权的卵翼之下，通过联合加强自己的力量才是其目的之所在。随着欧洲力量的复兴及其独立意识的增强，美欧矛盾势在难免。在一定意义上，冷战固化了美欧特殊关系，但欧洲一体化也埋下了美欧关系必然演化的种子。

冷战期间的美欧关系以遏制苏联为首要目标，苏联是影响美欧关系的结构性因素、隐性因素。进入20世纪60年代，随着第三世界的初步兴起，国际关系进入大分化、大组合时代，在这个时期内，与国际社会的巨大变动相对照，欧洲经济共同体克服了初创时期的困难和内部危机，顺利建成了共同市场，确定了自己在国际社会中的重要地位。戴高乐领导下的法国与美国展开了尖锐的控制与反控制斗争，法国甚至退出了北约军事一体化组织，导致美国控制西欧的局面出现缺口。与此同时，美国陷入越南战争的泥潭，其经济实力也相对衰退，故而开始重新评估其支持一体化的政策，转而突出强调对欧洲一体化支持的条件性，即欧洲联合进程必须在大西

洋联盟中进行。

1969年是欧美关系的重要转折点。美国尼克松总统上台执政后，开始推行以伙伴关系为核心、以实力为后盾、以谈判为手段的尼克松主义，对苏推行缓和政策，对欧加强合作。德国勃兰总理上台执政并推行承认战后边界现状的新东方政策。自此至20世纪70年代末，欧洲对抗时代让位于谈判时代。

然而，由于美国霸权的暂时衰落和西欧联合导致的实力增强，美欧关系注定要在20世纪70年代发生变革。欧洲积极利用对自己有利的形势推行具有欧洲特性的对外政策，既对苏缓和，又对第三世界加强渗透，这被美国视为对其霸权的挑战；欧洲对美苏既争夺又勾结的动向充满怀疑，担心二者联合牺牲西欧的利益。鉴于此，美欧之间的信任感在减少，而不信任感却日渐加剧。尼克松强调美国担任保护者的时代已经结束，明确表示尊重欧洲的独立意志，宣布与西欧建立伙伴关系。但正是在尼克松任内，美国未经协商单方面宣布美元贬值，从而引发了布雷顿森林体系的崩溃；1974年开始实行的贸易保护主义代表着对欧日伙伴的不再宽容；美国要求欧洲分担防务费用，保持和发展美欧关系中的"大西洋成分"，与西欧加强欧洲特性的想法是背道而驰的。当然，尼克松承认欧洲的伙伴地位是一个实质性的变化，标志着欧美关系进入了真正的调整阶段。

鉴于冷战格局的存在和安全的至关重要性，欧美之间的矛盾仍然是次要的，而合作是主要的，七国集团的定期运作就是标志。作为一个新的协调机制，七国集团成为美欧协调经济政治关系的重要制度安排，它确保了实力对比变化之后的美日欧三边依旧可以通过政策协调保持必要的团结一致，并促使制度性多边主义成为西方集团进行内部协调的主流。

从安全与防务关系的角度看，冷战期间，欧洲依赖美国的核保护伞及其主导下的北约。斯时的北约具有三重作用：让美国进来，让苏联人出去，让德国人低头（To keep the Americans in, the Russians out, and the Germans down）。① 它不仅确保了欧洲战略格局的基本稳定，更确保了美国的主导地位。因此，任何在北约之外发展自己防务合作的举措都会受到美国的疏远，削弱美国对欧洲的承诺，进而削弱西欧的安全系数。所以，欧洲既无必要也不可能发展自己的防务合作。欧美关系以美国对欧洲的军事保护为标杆，美欧或有争吵，但在事关欧洲生死存亡的问题上，西欧各国无一例外地与美国保持高度一致，美欧在联盟作用、北约地位和西欧防务安排上基本不存在分歧。

四 后冷战时代的美欧战略格局

苏东集团的解体实际上撤除了美欧特殊关系的外在屏障，美欧之间的矛盾变得更加直接而富有战略性。尤其是冷战结束以来，美国经历了历史上最长时段的经济增长，随着国家实力的进一步增强，美国携唯一超级大国之优势，着手建立单极霸权；冷战结束以来，欧盟步入了一体化进程的快车道，其政治、外交和防务方面的一体化建设实现实质性的突破，对外关系也更加积极而多元，尤其是随着苏东地区的趋于稳定、前南热点的降温、以快速反应部队的建立为标志的欧洲自身处理地区冲突能力的增强，欧盟越来越不需要美国的保护，二者之间的矛盾进一步凸显。

在经济上，鉴于双边经济合作的深入，美国实行贸易保护主义和公平贸易政策，对欧洲的利益构成了威胁和损害；随着欧元的诞生，双方在货币和金融问题上的矛盾日渐尖锐。在美国看来，欧元的出现意味着欧盟向美国金融统治地位的挑战。欧元启动之后，欧盟成为与美国并驾齐驱的金融市场，欧元的流通导致了全球资金和投资的重新分配，从而改变美欧的实力对比。在安全防务问题上，争夺欧洲安全

---

① Michael Mastanduno, "Preserving the Unipolar Moment: Realist Theories and U. S. Grand Strategy after the Cold War", *International Security*, Vol. 21, No. 4, Spring 1997, pp. 49–88.

事务的主导权是美欧矛盾的焦点。随着欧洲安全环境和西欧防务性质的变化，欧洲增强自身防务能力和防务自主性的倾向进一步发展，美国控制欧洲防务的意图未减，双方在北约职能、欧洲地区维和、西欧防务安排等方面的矛盾不断凸显，以法国为首，欧盟国家要求对大西洋防务联盟进行改革，使美国的领导与其他国家参与之间更为平衡。①在地区安排上，20世纪90年代末以来，欧洲安全形势基本稳定，而亚洲尤其是东亚的不稳定因素和潜在冲突有所增加，追求全球霸权的美国自然而然地开始将其安全重心东移至亚洲。在对待苏联的问题上，美国的主要目标是转化俄罗斯，将其纳入自己主导的国际制度，如邀请俄罗斯领导人参与七国集团，并将之扩大为八国集团，使之融入西方社会，同时进一步削弱其实力，减少其影响。对欧盟来说，加强与亚洲的合作固然重要，但建设欧洲才是核心使命。因此，欧盟的战略重心在欧洲，在于协调和发展与苏东地区的战略关系，实现统一欧洲的梦想。美国的安全重心东移既给欧盟带来了机会，也导致了欧盟国家的不安和狐疑。在世界秩序和总体战略目标上，欧洲谋求与美国的平等伙伴关系，期望成为多极世界中的一极，这与美国的单极霸权谋划背道而驰。为追求全球霸权，美国力求防止任何挑战美国优势地位的竞争对手出现，自然其矛头也不会偏离未来堪与其分庭抗礼的欧洲，新老欧洲的说法、"任务决定联盟"的政策宣示都表明了美国阻挠一个强大欧洲出现的战略意图。

进入21世纪，美欧矛盾开始出现在全球层面、战略层面、非传统安全层面，特别是对国际制度的态度上。"9·11"事件加速了美欧矛盾的展现。伊拉克战争之后，美欧价值观对世界秩序设想的差异导致大西洋联盟的裂痕扩大了。美国国防部长拉姆斯菲尔德将反对动武的国家称为老欧洲、将支持动武的国家称为新欧洲的做法，

---

① [美] 兹比格纽·布热津斯基：《大棋局：美国的首要地位及其地缘战略》，上海人民出版社1998年版，第88页。

强调志愿者联盟和任务决定联盟的新思维,都体现出对欧洲分而治之的意图。在2003年的伊拉克战争问题上,美欧矛盾的激化终于爆发出来。

冷战的结束给予了美欧调整双边关系的机遇,欧洲的战略格局也因此出现变更。美国的主要战略目标是,改造北约以扩大其政治职能和军事干预范围,以渐进方式将北约扩展到东欧,确立以美国为主导、以北约为核心的新欧洲安全体系,确保对欧洲安全防务的主导权,同时要求欧盟在美国领导的北约组织中承担更多的防务责任;欧洲的主要战略目标是,进一步加强欧盟的共同外交与安全政策,突出欧洲的安全与防务特性,加强独立防务力量的建设步伐,力求在防务上与美国的平起平坐,同时扩大欧盟,将东欧纳入欧盟东扩的范围,同时与俄罗斯建立更加积极和建设性的关系,以最终实现建立从大西洋到乌拉尔山脉、从波罗的海到地中海的统一欧洲的梦想。美欧的战略目标不同、战略指向不同,但都期望主要通过向东欧和苏联的扩张实现自己的目标。

在美国的主导下,1999年3月12日,原华约成员国波兰、匈牙利和捷克加入北约,这是北约向东扩张的重要标示之一。3月24日,北约未经联合国授权轰炸南联盟,开新战略和进攻性之"先例"。4月23—24日,北约通过《北约战略新概念》,其核心内容是,联合国在维护世界和平上承担主要责任,但北约为维护成员国的共同安全利益,能够在防区之外,主要是"欧洲—大西洋地区"采取军事行动,必要时采取这种行动可不经联合国授权,北约"可能采取第五款以外的危机反应行动",即超越原先北大西洋公约第五条关于军事行动必须得到联合国或欧安组织严格授权的规定。

在美国单极化的国际体系下,作为次一级的权力中心,欧盟具有对美国进行牵制和制衡的内在要求,以维护自己在北约和世界事务中的地位和影响。制衡包括内部制衡和外部制衡,前者以加强各领域的一体化为表现形式,后者则表现为欧盟加强与其他国家的关系。欧盟期望运用多边主义建立自己的安全体系。① 这一目标的达成，不仅需要确保美欧安全联盟的稳固，更需要欧洲独立的防务力量和"安全与防务认同"。此外，东欧和俄罗斯的形势变化实际上赋予了统一欧洲梦想实现的可能性，欧盟一方面将东欧国家纳入其中；另一方面积极改善和发展与俄罗斯的关系。俄罗斯对西方的战略几经调整，通过战略收缩确立了比较符合其现实的欧洲目标，即改善同美国、北约的关系，加强与欧洲的关系，从形式上结束与西方的地缘对立。随着欧洲一体化进程的加速和俄罗斯民主化进程的加速，双方的需要在接近，欧盟认识到俄罗斯的参与是构筑欧洲整体安全的必要组成部分，而俄罗斯期望通过与欧盟联手来稳定本国发展的政治经济环境，遏制美国对其战略空间的压制，加深双方在经济合作方面的巨大空间。概言之，俄欧接近成为必然。

从未来的发展看，欧洲会坚持与美国的合作，但也会进一步强调平等的伙伴关系，要求发挥更加独立的作用，要求更加尊重国际制度和国际法，并对美国的单边主义构成制约。无论如何，欧美关系的基础在变化，重新定位恰逢其时。

当然，美欧之间不仅矛盾重重，而且相互需要。对美欧双方而言，相互补充、约束力渐强的双边伙伴关系均至关重要。可以说，没有欧洲的协助，美国仍将占据优势，但却不会在全球无所不能。就欧洲而言，军事上的弱势和政治上的不统一，意味着跨大西洋关系的真正破裂将是对欧洲的致命打击，它不仅会使欧洲在内部对手和外部危险面前再次变得脆弱不堪，而且还有可能危及整个欧洲的结构体系。基于此，如何确保真正平等的伙伴关系将是美欧政治家面临的最大考验。

五 工具性多边主义、原则性多边主义与欧洲的未来

美欧之间从美洲的争夺到亚洲的争夺，再到欧洲本土的争夺。目

---

① ［美］约翰·鲁杰主编：《多边主义》，浙江人民出版社2003年版，第409页。

前，欧洲在促进本土一体化的同时，将眼界重新放到了欧洲之外，不仅加深了与其传统核心地缘政治经济领域（非、加、太、中东等）的联系，与亚洲的经济和政治合作也在大规模展开。随着国家实力的全面膨胀，美国不仅决心确保在欧洲安全上的主导权，也不会放弃在亚洲、中东安全的主导权，甚至力图将其霸权触角延伸到地球的所有角落，以此建立起美国统治下的和平。美欧实力、对外影响力的同时扩张导致了双方重新审视对方在自己大战略中的定位，也有可能导致国际关系的巨大变革。

曾几何时，美欧最核心的战略目标有着清晰的指向，双方的战略观念长期保持一致。然而，随着冷战结束尤其是进入 21 世纪以来，美欧之间的战略观念出现了实质性的分歧，尤其是在对待国际制度的态度上明显出现了工具性制度主义和原则性制度主义的分野。

立国至今，美国一直是全球性国际制度的积极促动者和主要的控制者，在促进各地区国际制度的建立上不遗余力。但美国还同时是单边主义的忠实信徒，在具体问题的处理上，美国的立场往往是混和性的，既支持多边主义的原则，也不放弃单边行动的自由。美国人从未放弃过对国际制度的怀疑，在他们的心目中，国际法与国际规则是不可靠的，实现安全和促进自由的秩序取决于拥有和运用军事力量。鉴于此，美国的多边主义持续体现出选择性或工具性的特征，即将国际制度视为美国利益得以实现的工具。表现在对联合国的认识上，美国人并不把联合国安理会视为最后的权威，他们倾向于将安理会的决议视为最高荣誉奖，而不是最终决策。表现在对世界发展趋势的认识上，就是美国要凭借自己的超强实力和绝佳优势建立美国之下的和平，将美国的民主模式渗透、推广到全世界。鉴于国际制度的滞后性特征，美国无意维持既有的国际制度的权威性，而是力图凭借一己之力加以改造和完善，使之成为约束他国而非约束美国的战略工具。

欧洲一体化进程与国际制度建设密不可分。欧洲一体化的成效显著，是由于建立健全了正常运作、旨在处理好成员国之间以及地区一体化与成员国之间协调平衡利益的制度框架,并根据形势发展的需要和可能对这一制度框架进行修补和完善,以及时发现并适时缓解各种矛盾,绝不使矛盾趋于恶化而不可收拾。在这一发展进程中,欧洲各国超越权力进入了一个强调法律、规则、跨国谈判与合作的自制的世界。基于此,原则性制度主义的观念成为欧洲处理对外事务的核心原则,欧洲珍视国际制度的作用,对国际法情有独钟,倾向于通过和解、协商、外交方式处理问题而不是以武力解决问题,坚信可以通过国际法和国际制度维护世界的和平与稳定。表现在对联合国的认识上,欧洲人认为获得安理会的授权不仅仅是达到目的的手段,而且本身就是目的,是建立国际法治秩序的必要条件。鉴于这种观念的秉持,冷战结束之后,德国、法国等所谓的老欧洲国家坚持应建立一个以多边主义理念为核心的多极世界,强调国际社会必须以法律手段来对付大规模武器的扩散、恐怖主义和全球气候变暖等问题,建立一个以法律为基础的国际秩序。

美欧之间对国际制度的不同战略导致了对世界局势截然不同的判断,并集中体现在对世界走向的解读上。美国坚信凭借单边主义和"菜单式联盟"可以建立一个单极秩序,欧洲则强调建立一个基于国际法和国际制度的全球秩序。基于此,美国认为欧盟对多边主义制度和国际法治的承诺过于天真,是军事软弱的产物;而欧洲则认为美国对使用武力的依赖过于简单化,是实力过剩的产物。[1] 随着观念差异的加深,美欧之间更加相互怀疑:欧洲反对美国越来越严重的单边行动、无视国际法和国际制度的倾向;美国则怀疑欧洲的战略重要性和欧洲能否在维护国际安全方面助美国一臂之力。

当然,过分夸大美欧之间的矛盾可能是误导的,因为数十年来的争吵并没有导致双边关系的不稳定,欧洲自第二次世界大战以来的困

---

[1] Charles Kupchan, *The End of American Era: U. S. Foreign Policy and the Geopolitics of the Twenty-First Century*, New York: Knopf, 2002, p. 157.

境并没有改变：既想独立，又缺乏独立的资本和谋求独立的强烈意愿；既反对美国对欧洲的控制，又担心美国完全弃欧洲于不顾。美国对欧洲的矛盾心理也没有改变：既想控制欧洲，又感觉负担过重；既反对欧洲过分独立于美国，又对欧洲强大后的支持充满期待。基于美欧之间形成的高度制度化的联系网络，双方不会摆脱几十年间形成的制度约束，而更可能会形成密切合作之下的激烈竞争关系，双方将在大规模杀伤性武器、失败国家、恐怖主义等问题上继续联手合作，也会在欧洲本土、东亚等重要地域出现竞争性冲突。无论如何，在欧洲本土上，欧盟将逐渐获得与美国平起平坐的国际地位；而在相当长的一段时间内，欧美关系的变化将主要取决于欧美双方与俄罗斯的关系和欧盟的自身发展。

中国崛起与东亚安全秩序的变革[*]

中国崛起成为牵动世界命脉的重大议题。中国通过改革开放实现迅速和平发展；与此同时，从"中国崩溃论""中国威胁论"到"中国机遇论""中国责任论"，国际社会对中国的看法也在发生巨大变化。鉴于中国为具有重大国际影响力的地区性大国，在中国与世界的互动过程中，尤其是随着进一步融入地区一体化，中国成为东亚变革的核心推动力。如何理解中国崛起与东亚秩序变革逐渐被视为核心议题，受到国际社会的普遍关注。

一 引言

中国崛起必然冲击既有的国际秩序，而最为敏感的莫过于中国对东亚安全秩序的影响。从地区意义上讲，"中国威胁论"滥觞于东亚国家有其必然性。冷战结束以降，曾有许多学者对亚洲的未来抱有悲观心态，认为亚洲必成争夺之所。其主要原因在于对中国成为修正主义国家的预测。[①] 然而，亚洲尽管冲突不少，但并未爆发大规模冲突，

---

[*] 本文公开发表于《国际观察》2008年第2期，第16—26页。

[①] Aaron L. Friedberg, "Ripe for Rivalry: Prospects for Peace in a Multipolar Asia", *International Security*, Vol. 18, No. 3, Winter 1993/94, pp. 5 – 33; Gerald Segal, "East Asia and the Containment of China", *International Security*, Vol. 20, No. 4, Spring 1996, pp. 107 – 135; Alastair Iain Johnston, "Is China a Status Quo Power?", *International Security*, Vol. 27, No. 4, Spring 2003, pp. 5 – 56.

而且其前景也在趋向光明。中国的强大和富庶自然会引起疑虑、猜测和某种期待。国际关注的是一个更加强大和自信的中国如何对待邻国、其邻国对中国东亚影响的扩大做出何种反应。①

关于中国崛起对东亚安全秩序的影响不乏悲观认识，但总体而言，越来越多的国家领导人和学者对东亚前景持有乐观看法。在一定意义上，这是中国崛起进程中的正向变革所导致的。中国崛起是东亚秩序变动的一部分，进而成为东亚秩序变动的主要推力，成为引领东亚秩序变革的核心要素。中国长期以来不是从地区（Region）角度出发处理与亚洲国家的关系，而是在双边层次上处理与各相关国家的关系。20世纪90年代中期以来，中国积极接受地区的概念，并将其国际战略重点放在促进东亚一体化进程上，立足临近地区，加强地缘政治经济的塑造能力。中国促动的东亚合作机制代表了中国外交的新思路，即在自己利益攸关的地区培育和建立共同利益基础之上的平等、合作、互利、互助的地区秩序，在建设性的互动过程中消除长期积累起来的隔阂和积怨，探索并逐步确立国家间关系和国际关系的新准则。中国在地区合作中的积极进取，既促进了地区内国家对中国发展经验和成果的分享，也提高了中国的议程创设（Agenda-Setting）能力。中国在地区秩序建设中的努力实际上为国际秩序变革提供了一种可堪借鉴的范式。②

无疑，中国崛起对东亚安全秩序的影响，在日本和美国引致了更多讨论。鉴于对中日之间历史宿怨、现实冲突和未来竞争的判断，日本在经济上加强与中国合作、在安全和战略上制衡中国的目标短期内不会改变。当然，随着东亚合作进程的加速进行，中日问题走向缓和、稳定和逐步解决是可能的，也符合东亚所有国家的利益。近年

---

① David Shambaugh, "China Engages Asia: Reshaping the Regional Order", *International Security*, Vol. 29, No. 3, Winter 2004/2005, pp. 64 – 99.
② 门洪华：《国家主义、地区主义与全球主义——兼论中国大战略的谋划》，《开放导报》2005年第3期，第23—30页。

来，美国对中国的战略体现在如下两个方面的结合：将中国网入一系列国际组织的多边战略，与中国政府在一系列功能性领域进行综合性双边接触的战术。[1] 在这个过程中，尤其是随着非传统安全重要性的上升，中美安全关系出现了深具建设性的变化。尽管美国对中国能否约束其增强的实力、信守承诺存在疑虑；[2] 但越来越多的美国人士支持对华接触政策。戴维·兰普顿强调，由于中国日益成为地区和全球经济发展的引擎，美中保持稳定的战略关系超越了狭隘的安全利益。[3]

以上看法表明，对中国崛起与东亚安全秩序变革的认识正在变得理性和客观，某些理解颇具启发意义，但总体而言，它们并未站在中国角度看待中国崛起，对中国变革的正向性缺乏全面的认识，甚至缺乏对中国自身安全困境的基本关注。基于此，笔者拟从国际秩序的建构逻辑为起点，论述中国崛起对东亚安全秩序变革的促动作用，剖析中国的安全困境、安全观念创新、安全实践，从而对中国崛起与东亚安全秩序的关系做出较为全面的评述。

二 中国与东亚安全秩序的演变

从结构（structure）上讲，东亚安全困境俯拾皆是，既有大国如中美、中日、日俄之间的安全困境，也有中等力量国家之间如朝鲜半岛南北双方之间的安全困境；既有大国与小国之间如中国与东盟国家之间存在的低烈度的安全困境，也有小国之间如东盟成员之间存在的某种程度上的安全困境。东亚各国奉行不同的安全政策，或牵制、或防范、或联盟，致使东亚众多的安全之间形成某种连动的复杂关系。

---

[1] David Shambaugh, "China or America: Which is the Revisionist Power", *Survival*, Vol. 43, No. 3, Autumn 2001, pp. 25–30.

[2] G. John Ikenberry, "American Hegemony and East Asian Order", *Australian Journal of International Affairs*, Vol. 58, No. 3, September 2004, pp. 353–367.

[3] David M. Lampton, "China's Growing Power and Influence in Asia: Implications for U. S. Policy", http://www.nixoncenter.org/index.cfm?action=publications.

东亚地区至今没有形成为各方广泛接受和认同的安全制度或体制，缺乏制度约束的众多行为体之间难以形成相对稳定的安全关系，地区热点问题始终没能得到根本解决，热点升温甚至失控的可能性依然存在。从进程（process）的角度看，东亚安全秩序一直处于变动过程中，并逐步奠定了东亚稳定的基础。其中，中国从东亚安全秩序的被防范者到积极参与者，中国的角色发生了变化，中国的安全观念和安全行为也发生了重大变化，从而为中国与东亚安全秩序的良性互动提供了基本条件，也为东亚安全秩序建设提供了新的动力。

第二次世界大战结束之后，东亚地区秩序的建构一直被冷战的阴影所遮盖，并为东亚民族主义浪潮所淹没。美国主导建立的双边安全同盟成为东亚安全秩序的主体，也成为中国安全困境的主要来源。当时，东南亚地区与朝鲜半岛忙于非殖民化与国家重建，1967年成立的东盟因外部牵制和内部聚合力不足难以在东亚秩序建构上发挥作用，20世纪60—80年代日本和东亚四小龙的崛起并没有立即从根本上撼动既有的东亚安全秩序。中国忙于国内革命建设、突破西方的封锁和应对苏联威胁，截至1982年中国国际战略调整，中国长期关注的是政治安全和军事安全，尽管其后中国经济安全的重要性开始明显上升，政治安全和军事安全的地位开始下降，中国的安全观念仍然集中于核心安全领域。[①] 彼时，霸权与均势并存仍是东亚安全秩序的基本特征。

东亚安全秩序的变动始于冷战的结束，尤其是为1997年亚洲金融危机和中国安全思想的创新及其付诸实践所激发。冷战结束之后，东亚多边安全机制开始萌芽，其根本动因是美国从东南亚撤军。冷战结束后，随着两极对峙局面的结束，社会主义阵营的瓦解，东亚安全形势发生了重大的变化，美国也相应地调整自己的战略，减少了在东

---

① 秦亚青：《国家身份、战略文化和安全利益——关于中国与国际社会关系的三个假设》，《世界经济与政治》2003年第1期，第10—15页。

亚的军事存在，甚至在1992年撤出了东南亚。由于美军撤出东南亚，在东南亚留下巨大的权力真空，原来被冷战所掩盖的矛盾以及历史上遗留的领海和领土纠纷纷纷浮现，加上该地区国家在经济发展水平以及文化、民族、宗教等方面存在的差异，使该地区内部出现了不稳定因素。为填补美国撤退后留下的权力真空，保持本地区的安全稳定，东盟进行了积极探讨。由于东盟地区各国中没有一个国家能够独自主宰本地区的安全事务，东盟引入了多边主义，并在1994年创立了东亚迄今唯一的多边安全机制——东盟地区论坛（ARF），从而引入了合作安全的理念和实践。① 与此同时，中国面对安全环境的巨大变化，积极寻求与周边国家的安全协调与合作。1996年4月上海五国机制创立，中国领导人将非核心安全领域纳入安全战略思考的重心，开始构筑以合作安全、相互安全为核心的新安全思维。1997年3月，中国在东盟地区论坛会议上，正式提出了"新安全观"。1997年4月，在中俄签署的《中俄关于世界多极化和建立国际新秩序的联合声明》中，双方主张确立新的具有普遍意义的安全观，呼吁通过双边、多边协调合作寻求和平与安全。1999年3月26日江泽民同志在联合国裁军谈判会议上第一次全面阐述了中国的新安全观，强调新安全观的核心是"互信、互利、平等、合作"。中国的新安全观不仅在随后成立的上海合作组织中得到积极体现，也逐步引入到中国—东盟自由贸易区的建设中，引申到关乎朝鲜半岛稳定的六方会谈之中，并在其中寻求和扩大与各国的共同利益。② 此同时，中国积极参与东亚一体化的进程，促使东亚进入全面接触的时代，并促进了东亚政治对话和安全

---

① 吴金平：《东亚多边安全合作机制建设与美国因素》，《东南亚研究》2004年第4期，第15—18页。

② Benjamin Self, "China and Japan: A Façade of Friendship", *The Washington Quarterly*, Vol. 26, No. 1, 2003, pp. 77 – 88; G. John Ikenberry, "American hegemony and East Asian order", *Australian Journal of International Affairs*, Vol. 58, No. 3, September 2004, pp. 353 – 367; 王毅：《全球化进程中的亚洲地区合作》，《外交学院学报》2004年第2期，第19—21页；芮效俭：《中国和平崛起和东亚合作：中国和美国的视角》，《外交评论》2005年第6期，第26—27页。

协调的显著进展。

　　中国认识到亚太地区是强国最密集的地区，中国地区安全战略的首要目标是与地区内的主要强国均维持一种至少可以正常运转的关系，从而使中国不会再次在大国中陷入孤立。中国地区安全战略的第二个目标是尽可能维持与地区内国家间的友好关系，以防止一个针对自己、得到其他大国支持的遏制联盟形成。中国越来越接受这样一种观点，即经济的相互依赖能创造共同利益，有利于防止冲突，最好的战略就是通过成为地区内国家的市场和投资、技术提供者，使中国逐渐成为地区经济增长的火车头。[①] 随着中国的崛起，中国与周边国家之间的关系发生深刻转变，一个紧密型的环中国经济带正在形成。与之并行的是，中国崛起带来的地区震动表明，中国有必要以东亚地区发展为核心，大力促进东亚一体化，创立有助于地区经济和进一步经济开放的地区性国际制度，为其他国家搭中国发展之便车的提供机会。中国对地区合作的参与是一个逐步演变的过程。冷战结束后，中国与周边国家特别是东南亚国家关系陆续正常化、经济全球化迅猛发展，构成了这一转变的历史背景。中国周边安全面临的挑战和隐患，中国与世界，尤其是与周边关系的日趋紧密，东亚金融危机的爆发，则提供了启动地区合作的契机和动力。中共中央十六大报告中明确提出加强睦邻友好与地区合作，地区合作首次出现在党的代表大会政治报告中，首次与双边关系并列。此后，中国将加强地区合作与交流作为实现亚洲共赢的有效途径，积极探索新的合作新方式。中国积极参与了上海合作组织的活动及"10+3"的进程，逐步加大对这两大地区合作的投入。在北面，上海合作组织已完成机制化建设，逐步从安全合作向经济政治合作扩展。在南面，中国率先与东盟确定建立自由贸易区，带动其他域外国家对自由贸易安排采取更为积极的态度。中

　　[①] 唐世平、张蕴岭：《中国的地区战略》，《世界经济与政治》2004 年第 6 期，第 8—13 页。

国率先加入《东南亚友好合作条约》,巩固与东盟关系的政治法律基础。中国率先提出开展非传统安全合作,拓展了东亚合作的范围和内涵。中国率先与东盟建立战略伙伴关系,提升本地区各国合作的水平。中国支持"东盟方式"所体现的合作原则和规范,认为这种合作模式是"行之有效的模式和原则",中国注意维护东盟在东亚合作中的主导地位,认为东盟地区论坛应该坚持求同存异、协商一致、循序渐进、照顾各方舒适度等基本原则。中国积极与日、韩协商发表了中、日、韩三方合作联合宣言。这些积极主动的举措,增进了中国与域内各国的相互信任,缓解了周边邻国对中国的疑虑,取得了良好的政治和经济效果。

  东亚主要采用双边安全体制(尤其是双边军事同盟)和多边安全体制来维护和确保整个地区的安全。[1] 东亚国家有不同的安全追求,美国追求单边霸权,中国、俄罗斯乃至日本都在或明或暗地追求多极化,其他国家则期望建立多边安全协调机制,导致存在名目繁多的安全安排,从而构成了霸权、均势、合作安全等看起来相互冲突的安全选择都不同程度地存在着,[2] 东亚安全秩序被视为各种相关安全模式的叠合。[3] 随着中国崛起正向性作用的发挥,东亚安全秩序呈现出与冷战结束之前截然不同的特征。双边同盟、多边对话和特殊外交的混合,既没有出现军事竞争对抗,也没有发展成为多边合作体系,而是处于均势与共同体秩序之间。[4] 在一定意义上,东亚安全正在经历着美国同盟秩序构想和东亚合作安全构想的博弈。

---

[1] 王良:《东亚安全与复合安全体制》,《国际观察》1999 年第 5 期,第 28—32 页。

[2] 沈大伟认为,东亚存在着霸权体系、大国竞争体系、轮辐模式、大国协调、大国共治、规范性共同体、复合相互依赖等几种形式。David Shambaugh, ed., *Power Shift: China and Asia's New Dynamics*, London: university of California Press, 2005, pp. 12 – 16.

[3] Michael Yahuda, "The Evolving Asian Order: The Accommodation of Rising Chinese Power", in David Shambaugh, ed., *Power Shift: China and Asia's New Dynamics*, p. 348.

[4] G. John Ikenberry and Jitsuo Tsuchiyama, "Between Balance of Power and Community: the Future of Multilateral Security Co-operation in the Asia-Pacific", *International Relations of the Asia-Pacific*, Vol. 2, No. 1, 2002, pp. 69 – 94.

当前，传统军事同盟无法完全应对非传统安全威胁，随着合作安全观念的深入人心，随着共同利益和共同威胁的扩大，以合作安全为主体建立东亚安全体系开始被视为合理的选择。① 东亚总体上体现出从安全困境到安全合作、从传统安全困境到非传统安全合作的发展路径，并促使传统安全走向可管理性。中国的新安全观与合作安全的理念契合，中国近年来的安全实践体现了合作安全的战略价值，并成为东亚安全秩序变革的核心推动力。

三 中国崛起与东亚秩序变革的驱动力

东亚经济一体化及其溢出效应、中国全面崛起、美国的战略调整、日本加速迈向政治大国的步伐、东盟的规范性效应等是东亚安全秩序变革的主要驱动力。其中，中国崛起是安全秩序变革的核心驱动力，也是其他要素发挥战略效应的牵动力。

1. 东亚经济一体化及其溢出效应

东亚经济一体化迄今经历了三个主要发展阶段。20 世纪 60—90 年代中期，东亚经济一体化处于市场或投资驱动阶段，日本经济复兴、"四小龙"经济奇迹和中国经济崛起成为东亚发展的助推力量，但东亚经济增长主要依靠各自的经济和贸易政策，而非多边框架下的经济合作。日本在东亚经济合作和产业转移中发挥了关键性的作用，其投资政策主导推动雁行经济秩序，东亚国家和地区之间形成依照劳动分工和动态比较优势的垂直分工格局。东亚地区内贸易比重逐渐上升，贸易和对外直投资成为东亚经济增长的发动机。

1997 年的亚洲金融危机触发了东亚的紧密合作，地区内各国积

---

① 牛军、王东：《中美日安全关系与东亚安全环境》，《国际经济评论》2005 年第 11—12 期，第 55—57 页。

极采取合作措施应对危机,并为未来挑战未雨绸缪。自此,地区主义成为东亚秩序变动的明确指向标,东亚经济一体化进入经济、政治双轮驱动阶段。金融危机使东亚各国认识到更紧密合作的重要性,随着相互依赖的加深,各经济体有必要采取各种措施实现相互依赖的制度化。各国在贸易、投资、金融等领域的合作取得重大进展,共享增长成为东亚一体化的主要推动力。[1]

2001年中国加入WTO并倡议建立中国—东盟自由贸易区,为深化东亚经济一体化注入了新的动力,东亚经济一体化进入经济、政治、制度、战略四轮驱动阶段。中国—东盟自由贸易区建设触发了地区自由贸易区热潮,东亚已经成为FTA区,尽管全地区性的FTA协议难以在近期内签署。1997年迄今,中国进行了大规模的战略调整,并迅速确立了富有建设性的地区战略,开始在东亚一体化进程中发挥关键性作用。

地区经济一体化是东亚稳定和繁荣的基础,其溢出效应反过来加强了政治、安全、社会、文化等领域的地区合作,一些制度框架开始建立起来,东亚共同体理念被接受为地区合作的愿景。经济相互依赖、既有的规范和制度起到了缓解地区内权力失衡的冲击,防止安全困境泛化的效用。[2] 与此同时,一系列双边同盟、安全对话、多边论坛、部长级会议、第二轨道接触及其他特定机制逐步建立起来,并发挥着越来越重要的作用。[3] 各国意识到,未来东亚秩序建构并不通过霸权战争实现,而是基于共同利益、以国际制度为主要

---

[1] 陈虹:《共享增长:东亚区域经济合作的现实与思考》,《国际经济评论》2003年第9—10期,第51—55页。

[2] Amitav Acharya, "Will Asia's Past Be Its Future", *International Security*, Vol. 28, No. 3 Winter 2003/2004, pp. 149 – 164.

[3] G. John Ikenberry and Jitsuo Tsuchiyama, "Between Balance of Power and Community: the Future of Multilateral Security Co-operation in the Asia-Pacific", *International Relations of the Asia-Pacific*, Vol. 2, No. 1, 2002, pp. 69 – 94.

方式的国际协调。① 共同利益的汇聚和制度化逐步成为东亚合作的主导要素。

2. 美国的战略调整

美国的重要利益遍布东亚每一个角落，并为此建立了维护其战略利益的正式或非正式制度安排。② 在安全领域，美国与日本、韩国、菲律宾、泰国等建立了正式军事联盟，与中国台湾保持着实质性的准同盟关系。20世纪90年代中期以来，美国采取了一系列战略举措，调整并重新确立了以美国为轴心、由五对正式的双边同盟和若干非正式的安全关系构成的、涉及军事合作各个领域、辐射整个东亚的轮辐体系（Hub-Spoke System）。该体系可以分为三个层次：第一层次是与日本、韩国和澳大利亚的双边同盟，其中与日本和澳大利亚的同盟分别被美国视为其亚太安全战略的北锚和南锚，尤其是与日本的同盟更是被美国当作其东亚战略基石；第二个层次是与菲律宾和泰国的双边同盟；第三个层次是与马来西亚、新加坡和印尼等东盟核心国家日益密切的安全合作关系。③ 这一调整的另一个方面就是，冷战结束不久，美国减少了在东亚的军事存在，甚至在1992年撤出了东南亚。美国撤军导致东南亚出现巨大的权力真空，原来被冷战所掩盖的矛盾以及历史上遗留的领海和领土纠纷纷纷浮现，激发了东亚多边安全合作机制的萌芽。2001年"9·11"事件之后，美国重返东南亚，积极参与东盟地区论坛的活动，凭借其强大的力量持续影响东亚安全。

在经济领域，美国是东亚所有经济体的重要伙伴，东亚在美国贸

---

① 代帆、周聿峨：《走向统一的东亚秩序？》，《太平洋学报》2005年第12期，第20—27页。

② Dennis C. Blair and John T. Hanley, Jr., "From Wheels to Webs: Reconstructing Asia-Pacific Security Arrangements", *The Washington Quarterly*, Vol. 24, No. 1, Winter 2001, pp. 7 – 17.

③ 杨光海：《美国的东亚同盟体系：态势、趋向及意图》，《国际论坛》2004年第4期，第29—34页。

易中的比重长期稳定在37%—38%，美国在东亚的对外直接投资占其总量的比重近年来有所增长，从15%上升到18%左右。美中、美日经济关系往往吸引着全球的目光，并在一定程度上被视为衡量双边关系的标尺。自20世纪90年代早期，美国就在亚太经合组织（APEC）中发挥领导作用，并且成功地把非经济议题纳入非正式领导人会议的议程。美国还致力于加强与中日之外其他经济体的合作，寻求与某些东亚国家建立双边自由贸易协定。

总体而言，美国在东亚的安全制度安排得以持续，其战略利益得以维护和拓展，美国将继续在东亚秩序建构中扮演关键角色。但美国不是东亚霸主，它与东亚其他大国形成均势格局，将均势视为东亚和平的主要标杆;[1] 并寻求与东亚国家关系的重新定位。美国在东亚战略调整最剧者莫过于中美关系。冷战结束以来，美国对华战略一直在遏制和接触之间摇摆。美国一直对华实施两边下注战略。其间，双方通过"接触"发展出包括高层战略对话在内的一整套沟通交流机制以及政治、经济、文化乃至军事安全等全方位的协商合作机制，实现了世界最大生产者和消费者之间的相互依存、共同发展，互利双赢，形成了利益共同体。[2] 经过十数年的犹豫，美国终于开始以较为平衡客观的眼光看待中国的崛起。2005年9月，副国务卿佐立克（Robert Zoellick）用"负责任的利益攸关方"表达对中国的预期，[3] 此后美国呼吁中国承担起世界经济领袖的必要责任，在一定意义上锁定了美国对华奉行接触政策的战略趋向。中美通过制度化渠道稳定了双边关系，为战略互动和多边领域的对话奠定了坚实的基础。

---

[1] 阎学通：《东亚和平的基础》，《世界经济与政治》2004年第3期，第8—14页。

[2] 俞正梁、阙天舒：《体系转型和中国的战略空间》，《世界经济与政治》2006年第10期，第29—35页。

[3] Robert B. Zoellick, "Whether China From Membership to Responsibility", speech at National Committee on U. S.-China Relations, September 21, 2005. see http://www.state.gov/former/zoellick/tem/53682.htm.

3. 日本加速迈向政治大国的步伐

日本在20世纪60年代末成为世界第二大经济强国,逐步建立了资本密集型、技术密集型、知识密集型经济,[1] 实现了以往用武力没有实现的目标。与其国际地位相适应,日本开始在认同上出现变化。自20世纪80年代以来,日本把成为"普通国家"(Normal Nation)视为战略目标,追求与其经济实力相符合的政治大国地位。日本渴望在全球和地区事务中扮演更为显著的角色。在全球舞台上,日本寻求更大的国际认可、成为世界秩序的主导者之一,将联合国安理会常任理事国席位作为孜孜以求的目标,并为此不遗余力近20年;在地区舞台上,日本寻求界定未来东亚共同体的理念、框架和主要特征的领导权。

战后《美日安保条约》是日本的"生命线",而美国主导的自由贸易体制则是其"利益线"。[2] 日本受益于第二次世界大战后美国在东亚主导建立的安全体系,并以此为依靠建立了日本主导的雁行经济秩序,从而确立了日本在东亚的优势地位。日本以"普通国家"为主要动力和旗帜,以美日同盟为依托,不断强化军事力量,争取在东亚安全事务中的发言权,加强对东亚的影响力。[3] 冷战结束以来,东亚国家尤其是中国的经济崛起改变了东亚的权力关系,也使得东亚安全情势处于演变之中。日本是中国的近邻,面对中国在东亚地区呈现出的越来越强大的地区力量,日本比美国更深切感受到巨大的压力。对日本而言,最为关键的步骤莫过于重新定义和确认美日安全同盟,因为后者是两国在东亚利益的柱石。东南亚对日本经济繁荣至关重

---

[1] 周茂清:《不同类型国家对外开放政策的比较》,《中国工业经济》2003年第10期,第29—34页。

[2] 冯昭奎:《日美关系:从战后到冷战后》,《美国研究》1996年第3期,第7—20页。

[3] 牛军、王东:《中美日安全关系与东亚安全环境》,《国际经济评论》2005年第11—12期,第55—57页。

要，日本与东盟国家签署双边或多边经济伙伴协定（Economic Partnership Agreement），以进一步巩固合作关系。其次，自由贸易区在东亚经济一体化中发挥着富有成效的作用，不仅促进经济增长，而且有助于政治和社会稳定，也会给日本带来积极的影响。[1] 当然，这些调整必然影响中日经济关系。作为东亚秩序的首倡者，日本不会甘心在自由贸易区建设、地区秩序建构上落于中国之后。2002年，日本首相小泉纯一郎提出超越"10+3"框架的"扩大的东亚共同体"构想，其基本内涵是日本主导、日本和东盟为核心、将澳大利亚等非东亚国家吸收为共同体核心成员，制衡中国在东亚影响力扩大的意图不言自明。2006年下半年以来，中日两国在确立战略互惠关系上做出了积极的努力，但日本从安全和战略上制衡中国的意图却愈发明显。

塞缪尔·亨廷顿（Samuel Huntington）分析指出，日本未来有四个选择：第一，与美国维持和加强盟友关系，扮演英美关系中的英国角色，这一关系在亚洲情势之下不可避免被视为本质上是反华的，可能陷日本于某些冲突情境；第二，如果中国实力继续增强，日本可以中国结盟，扮演法德关系中的法国角色，但与中国结盟意味着大幅削减日本与美国的联系；第三，日本竭力避免卷入东亚的敌对和竞争，不与强国结盟，而是发展自己的军事力量以求必要的自卫，其角色如在欧洲保持中立的瑞士；第四，与所有其他大国和次要大国发展合作关系，积极参与亚洲外交活动，并缓和彼此的矛盾，如同欧洲的德国，但是德国是欧洲最强大的国家，而中国是亚洲最强大的国家，日本很难这样做而不针对中国。[2] 从当前的情势看，日本选择了一条混合路线，即在经济上加深中日相互依赖的同时，继续加强在安全和战

---

[1] Shujiro Urata, "Japan's FTA Strategy and a Free Trade Area of Asia Pacific", in Takatoshi Ito, Hugh Patrick and D. E. Weinstein, eds., *Reviving Japan's Economy*, Cambridge: the MIT Press, 2005, pp. 71 – 86.

[2] Samuel Huntington, "Japan's Role in Global Politics", *International Relations of the Asia-Pacific*, Vol. 1, No. 1, 2001, pp. 131 – 142.

略上对中国的制衡,这在一定程度上决定了东亚安全秩序建设的渐进性和变革性。

4. 东盟方式的规范性效应

东盟逐渐形成了富有次地区特色的决策模式。阿查亚将东盟处理成员国之间关系的一系列基本原则和规范概括为"东盟模式"(ASEAN Way),其中最主要的两个原则是非正式性原则和协商一致原则。在非正式性原则下,地区合作保持较低的制度化程度。在协商一致原则下,地区合作的决策机制回避了多数表决和强制执行,而是满足地区合作参与者的舒适感。① 东盟所有成员国,不论大小和国力强弱,在东盟事务的决策、执行过程中绝对平等。东盟最高一级的决策机构由各成员国轮流主办,最高一级的执行机构常务委员会也实行轮换制,各国通过轮流执掌常务委员会均衡地取得对下属执行机构的领导权。东盟采取协商一致的决策方式,即通过全体成员国的反复磋商和妥协,最后达成一致共识,任何议案只有在全体成员没有反对意见时才能通过。在对外事务上,东盟合作以各国政策的独立为前提,允许单边主义在多边主义的框架内发展,允许国家决定与地区追求并存。② 这种最大限度兼顾国家利益和地区利益的做法,保证了利益各异的成员国之间进行有效合作,也导致较低的制度化合作水平。以东盟方式为准绳,东南亚各国有效地和平解决了一系列双边和多边争端,并逐步建立了稳定的次地区秩序。

在对外安全关系上,东盟一方面确立了"东盟主导、大国均衡"的战略,积极发展与东盟外国家的关系,逐步建立起多层次的论坛式协商制度(东盟地区论坛);另一方面仍然支持与地区外大国尤其是美国的双边安全合作,并将双边防务合作视为最有效、最现实的安全

---

① Amitav Acharya, "Ideas, Identity, and Institution-Building: From the 'ASEAN Way' to the 'Asia-Pacific Way'?" *The Pacific Review*, Vol. 10, No. 3, 1997, pp. 328–333.

② Masahide Shibusawa, *Pacific Asia in the 1990s*, London: Routeledge, 1991, p. 101.

模式。① 东盟的地区安全战略可以概括为：通过东盟合作增强集体安全保障能力；通过磋商与对话，与地区大国建立互信关系，解除外来威胁；积极倡导东盟地区论坛，开展"第二轨道"安全对话，建构地区多边安全机制；调整军事战略，独立发展军事力量，积极开展军事领域内的合作。

亚洲金融危机表明，东盟自身不能解决危机，国际货币基金组织等国际制度不可倚靠，东亚国家之间的紧密合作成为唯一可行的选择。自此，东盟成为东亚地区主义的主要组织者，"东盟方式"也逐渐扩展到东亚一体化进程中。尤其是东盟各国对中国采取接触战略，寻求将中国纳入地区制度和地区对话；中国则支持东盟提出的东亚峰会模式和东盟在共同体建设中的领导地位，东盟与中国关系的健康发展是东盟在东亚秩序建构中发挥重要作用的基本条件。② 迄今，东盟在东亚合作进程中的作用堪称富有成效，东盟在经济一体化进程中的领导地位得到了地区内外国家的认可和尊重，在东亚合作的制度化以及东亚秩序建构中发挥关键性作用，并寻求在所有地区合作倡议中扮演中心角色。然而，东盟方式所秉持的低制度化、避免承诺和义务的做法不仅导致东盟内部整合缓慢，也在一定程度上放缓了东亚安全秩序建构的进程。

综上所述，中国崛起是引领东亚安全秩序变革的核心力量。随着中国的全面崛起、日本加紧迈向政治大国的步伐、东盟规范性影响的扩大和美国的战略调整，东亚权力关系进一步趋于平衡。东亚的权力结构决定了东亚秩序的开放性，而美国等外部力量的强大决定了共同利益的汇聚和制度化是东亚安全秩序建构的唯一可行路径。

---

① Amitav Acharya and Richard Stubbs, eds., *New Challenge for ASEAN-Emerging Policy Issues*, Vancouver: UBC Press, 1995, p. 195.
② Nikolas Busse, "Constructivism and South East Asia Security", *Pacific Review*, Vol. 12, No. 1, 1999, pp. 39 – 60; Gerald Segal, "Tying China into the International System", *Survival*, Vol. 37, No. 1, 1995, pp. 60 – 73.

四　中国崛起与东亚安全秩序的未来

随着东亚合作进程的积极推进，中国与东亚安全秩序建构开始呈现出良性互动的特征。从未来前景看，二者相互影响、相互制约、相互促进，不仅中国崛起是引领东亚安全秩序变革的核心力量，后者也是考验中国能否实现和平崛起的重要标尺。

1. 东亚安全秩序的前景

尽管东亚安全设计和冲突解决上少有多边主义的传统，[①] 东亚地区合作依旧保持了低制度化（Under-institutionalized）的特征，[②] 但应对安全困境的需要催生了东亚地区安全认同的形成，广义的合作机制正在发展，有助于促进相互信任的基本框架正在确立。在目前的东亚安全秩序建构中，处理某些冷战遗留问题仍是应对重点，但积极因素已经在发挥作用，追求合作安全已经成为是本地区国家的基本目标。总体而言，冷战之后的东亚各国没有根本性的敌友之分，竞争与合作并存成为国家间安全关系的主流，东亚多边合作进程既维持着地区稳定、促进地区合作、塑造地区规范，也建构地区认同，从而促使军事同盟框架和多边安全对话框架并存于东亚，形成二元安全结构。两种安全框架既是目标和手段，也代表了不同的战略思路。

展望未来的东亚安全秩序，传统的零和博弈难以在东亚再现，在多边合作安全框架之中，平衡中国日益增长的地区影响、平衡美国在

[①] Desmond Ball, "Strategic Culture in the Asia-Pacific Region", *Security Studies*, Vol. 3, No. 1, Autumn 1993, pp. 44–74.

[②] Amitav Acharya, "How Ideas Spread: Whose Norms Matter? Norm Localization and Institutional Change in Asian Regionalism", *International Organization*, Vol. 58, No. 2, Spring 2004, pp. 239–275.

东亚的作用将合力催生新的安全制度安排,[①] 战略约束——特别是自我战略约束——成为中美等大国必须认真思考的议题。总体而言,东亚安全秩序开始从实质上的美日主导向共同主导发展,作为东亚安全秩序建构的重要层面,推进经济相互依赖、推进六方会谈等应对传统安全困境的制度安排、促进在应对非传统安全上的制度建设、促进大国之间的战略互动机制建设都将持续下去,传统的轮毂体系、新生的共同体趋向并非非此即彼,而是在寻求和平共处之道。

在这样的情势下,东亚多边合作安全制度建设必然也必须是共同利益发展的产物。只有确立、巩固和发展共同利益,多边安全制度的相关成员才能取得共识,多边制度才能有效实施。因此,东亚地区的多边合作安全制度应从各方具有共同利益的领域先行,逐渐扩大到更多的领域。以共同利益为基础,才能防止或制止大国将其个别利益置于多数国家之上。

2. 中国东亚安全秩序战略的基本趋向

中国崛起被逐步承认和接受,与中国在东亚秩序建构中发挥越来越积极、建设性的作用密切相关。从某种意义上,"过去20多年中国的所作所为是对现实主义理论的挑战"。[②] 东亚(乃至全世界)对中国崛起、对中国与东亚秩序互动的认识正在发生变化,其基本趋向是,从"中国崩溃论""中国威胁论"到"中国机遇论""中国责任论",从中国崛起不可避免引发冲突到包容中国在内的东亚秩序可以达成,从反对、抵制中国发挥作用到认可并希望中国发挥更大、更具有建设性意义的作用。

中国明确意识到东亚是中国崛起的战略依托地带,中国必须先积

---

① 芮效俭:《中国和平崛起和东亚合作:中国和美国的视角》,《外交评论》2005年第6期,第26—27页。

② David Kang, "Getting Asia Wrong: The Need for New Analytical Frameworks", International Security, Vol. 27, No. 4, 2003, pp. 57 – 85.

极参与东亚新秩序的建构,才可能具备引导世界秩序演变的条件。[①]目前,中国积极参与到东亚合作进程中,对东亚共同体建设持有开放性的态度,着力促进与东亚各国进一步的经济合作,稳妥开展政治安全对话与合作,并避免被视为寻求东亚合作的主导权。

在东亚安全秩序的建构上,中国将体现出如下基本战略趋向。

第一,秉持新安全观,寻求共同利益,促进合作安全。

中国将继续秉持新安全观,并寻求共同利益、合作安全与新安全观的结合,从而积极促进东亚的合作安全。黄仁伟指出,共同利益是新安全观的核心。中国倡导的新安全观主要包括以下几个层次的含义:在共同利益的基础上,各国建立互信机制,通过战略合作机制以争取共同安全,通过友好协商和平解决争端;在共同利益的基础上,承认并尊重世界的多样性,不同文明、不同文化背景的国家和民族之间保持和睦相处的关系;在共同利益的基础上,大小国家一律平等,求同存异,通过国际政治民主化的途径,解决事关世界与地区和平的重大问题。中国新安全观的实质就是寻求合作安全。合作安全议题广泛,既包括传统安全领域的合作,也包括政治、经济、环境等非传统安全领域的合作,追求合作安全的前提条件是,参与各方拥有避免对抗、维护地区稳定与和平的政治意愿。合作安全为符合各国的愿望和东亚的现实,也符合中国的战略利益。中国在东亚安全上的实践,包括加深中国—东盟关系、积极参与东盟地区论坛活动、支持"10 + 3"作为东亚合作的主体框架、主持六方会谈等均体现了通过合作安全缓解东亚困境、促进东亚安全秩序良性变革的战略思路。

第二,构建基于共同利益的东亚战略框架。

当前,东亚迄今已经在次地区、地区和超地区(Super-Regional)层面建立起东盟、"10 + 1"、"10 + 3"、东盟地区论坛、东亚峰会等

---

① 朱云汉:《中国人与21世纪世界秩序》,《世界经济与政治》2001年第10期,第54—59页。

颇具效用的制度框架,它们均是共同利益汇聚和制度化(或处于制度化进程中)的结果。东亚各国将继续秉持开放精神促进合作,追求共同获益的双赢结果。随着东亚进入制度建设和寻求认同的时代,共同利益成为地区各国思考问题的基础和出发点。只有以共同利益为基础,才能防止或制止大国将其个别利益置于多数国家之上。在一定意义上,东亚秩序的核心发展动力来自本地区面临的共同利益、共同威胁和挑战,它基于各国的战略利益考虑,又超越狭隘的国家利益,并以追求共同利益、应对共同挑战和威胁为路径。我们认为,应确立东亚各国基于共同利益的基本战略框架,并逐步丰富之,以奠定东亚秩序建构的基石。

如何通过共同利益汇聚及其制度化建构一个稳定而富有建设性的地区秩序,实现地区安全秩序的良性变革,是摆在东亚诸国面前的重大战略议题。中国的建设性崛起、东亚各国的战略优化为此提供了基础条件,各国合作确立了未来合作的总体目标和基本框架,展望未来,中国将继续作为引领东亚安全秩序变革的力量,东亚安全秩序建构将进一步稳定对中国崛起的预期,二者互动将成为影响东亚秩序建设的核心要素。

关于德国政党政治变迁的调研与思考[*]

2009年是德国大选之年，联邦总统选举（5月31日）欧洲议会选举（6月4—7日）、州和地方议会选举（8月29日）、联邦议院选举（9月27日）接踵而至，德国政党政治正在围绕选举展开。

现代性对人类社会产生冲击，个人、群体乃至国家被现代化裹挟前行，个性化张扬、消费主义等潮流导致社会变迁进而影响政党政治，引致政党危机。政党危机集中体现在进入后工业社会的西欧各国。目前，德国政党体制正在陷入困境，意识形态混乱的信仰危机、党员人数日益减少且异质化严重的组织危机、着眼于具体问题的应对而陷入功能危机、民众支持度持续下降的信任危机并发。各政党为了克服危机而进行变革，逐渐以中间化为长期趋向，但这一趋势弱化了政党作为不同阶层代表的存在意义，使得政党的先进性正在失去。

我们将在下文探讨这些问题：德国政党危机如何形成？其主要政党是否找到了摆脱和超越危机的路径？2009年德国大选的前景如何？德国政党变化趋势对我们有什么启示？

---

[*] 2008年11月23—29日和2009年5月4—11日，应德国弗里德里希·艾伯特基金会和汉斯·赛德尔基金会的邀请，作者作为中共中央党校（国家行政院）代表团成员两次访问德国，就德国政党政治进行国际调研。本文系两次调研的成果，公开发表于《国际观察》2009年第5期，第37—44页。

一 德国政党政治的法律保障机制

德国素有政党国家（Parteienstaat）之称。德国通过法律体系的完善来确保政党在国家政治生活中的地位，同时也对其政治活动进行规范。为了避免法西斯独裁的前车之鉴，使政党建立在民主和法治的基础上，德国用心堪称良苦：通过其国家根本大法《基本法》对政党的地位、任务、政党内部制度、财务、违宪及其处理等做了明确的规定；通过《政党法》明确规定了政党的法律地位、组织方法、活动方式、权利义务、对政党的制约等，具体落实《基本法》的相关规定；通过《基本法》和《选举法》对政党制度进行有效规范，限制小党进入议会，以确保国家政治稳定。[1] 德国独具特色的政党政治模式就是在以上法律体系框架内形成的。

《基本法》把德国政党置于国家民主政体运行的中心地位。[2]《基本法》第20条规定了通过大选体现民众意志的社会民主体制，从而将政党的存在作为民主政治的先决条件。第21条规定政党参与人民政治意志决策的形成，从而确立了政党在国家政治生活中的中枢地位。"参与人民政治意志决策的形成"的基本含义是：政党通过制定党的纲领将民众个别而分散的意见整合为统一的政治意志；参与选举并保证其顺利举行；参与国家意志的形成。[3] 这种规定意味着，参与选举并获得执政机会是政党政治的运转核心，人民借由选举和投票行为以行使政权并由此参与国家政治事务，选民通过选票托付政党成立议会、组织政府，同时赋予政党制定政策的权利和义务，以政党表达政见，反应民

---

[1] 张文红：《德国政党制度的发展与宪政建设》，《当代世界与社会主义》2007年第4期，第76—81页。

[2] 连玉如：《新世界政治与德国外交政策——"新德国问题"探索》，北京大学出版社2003年版，第62页。

[3] 崔英楠：《德国政党依法执政的理论与实践》，中国社会科学出版社2009年版，第98—101页。

意；以政党（执政党）治理国政；以政党（反对党）监督政府。可以说，德国政治没有一个环节不是由政党起着主导作用。①《基本法》把国家权力的实现局限于选举中的公民投票，而又规定政党作为人民政治意志形成者，赋予政党极其重要的政治使命，同时明确规定政党的活动和制裁触犯"自由民主基本秩序"的政党的规则和程序。

在《基本法》的指导下，德国于1967年制定了世界上最早专门规定政党制度的单项法典《联邦德国政党法》。《政党法》的核心内容是，政党在公共生活所有方面参与形成国民政治意愿，特别体现在：对形成公共意见施加影响；激发并加强政治教育；促进国民积极的参与政治生活；培养有能力的人担任公共责任；通过提名候选人参加联邦、州和当地政府选举；在议会和政府对政治施加影响；将他们确定的政治目标与国家决策过程相结合；并且保证人民与国家机器之间持续、重要的联系。

《基本法》规定，德国联邦议院需经选举产生，实行多数选举制与比例选举制的混合选举制度。为落实和确保政党的宪法地位，德国于1956年颁布了《联邦德国选举法》，进一步明确规定了混合选举制度，即将联邦议院的全部议席一分为二，其中一半议席按照单名选区制分配，另一半议席按照比例代表制分配。每名选民在选举中要对这两部分分别投票，即直接投给所在选区候选人的第一张票和投给政党的第二张票。选举结束后，根据第二张票的得票率决定各个政党可以获得的总议席数，即联邦议院中的力量分配。② 同时，为了限制小党进入议会，避免选票过于分散，该法规定了5%的限制性条款，即一

---

① 崔英楠：《德国政党依法执政的理论与实践》，中国社会科学出版社2009年版，第39页。

② 在分配各党按照第二张票比例所获得的席位时，要先减去该党在第一张票中已经获得的席位。如果某个政党在第一张票中获得的直选议席超过了按第二张票比例所应分得的议席，它可以保留这些席位，称作超额议席。由于有超额议席的存在，德国议会的实际议员总数一般都比法定人数要高。参见张文红《德国政党制度的发展与宪政建设》，《当代世界与社会主义》2007年第4期，第76—81页；刘杰、甫玉龙：《混合选举制评析》，《历史教学》2009年第6期，第17—21页。

个政党只有在全国范围内获得5%的选票或3个直接议席的情况下，方可进入联邦议院组成议会党团，否则将丧失进入联邦议院及参与比例分配议席的资格。混合选举制使得一个政党难以仅靠自己赢得大选，不可避免地组成联合政府，5%的门槛条款也使得各政党在大选之前就优先考虑联合的问题，一党专政几乎不存在可能。

以上法律规定保证了德国政党的法律地位。德国理论上实行三权分立，但政党在三权领域内均发挥作用，实际上政党竞争取代了三权分立，"政党国家"之称概源于此。法律规定使得政党运作成为德国经济、社会生活的核心，政党势力渗透到社会生活各个层面，推动政党作为公共意愿发言人、承载者和形成者等角色的集中，[①] 成为国家与社会之间最有权势的中介。尽管法律上政党属于公民组织，但相对于其他社团组织而言，政党享有《基本法》所赋予的独特地位，也在长期运作中形成了巨大的权力资源。另外，这些法律规定也对政党的行为和发展路径构成了实质性的约束。德国各政党都有可能通过选举成为执政党，而执政党必须依法运作国家制度，政党活动必须遵守《基本法》和《政党法》，在议会内必须通过立法程序才能使其政策主张成为国家法律，然后通过国家政权机关加以贯彻。政党必须接受社会、个人尤其是其他政党等的监督。此外，政党在形成和影响人民意志方面没有垄断权，宗教团体、社团、协会和其他团体以及大众传播媒体皆可参与国家意志的形成，充当沟通国家与社会的的桥梁。[②] 正是在这个意义上，德国政党是强大的，其政治活动渗透到经济、社会生活等各个领域，互动的深入而密切意味着，政党并不仅仅具有引导作用，也深受经济社会生活变迁的影响，这正是导致德国政党体制变迁乃至政党危机的深层原因之所在。

---

① 崔英楠：《德国政党依法执政的理论与实践》，中国社会科学出版社2009年版，第107页。

② 吴志成：《当代各国政治体制：德国和瑞士》，兰州大学出版社1998年版，第158页。

二 德国社会结构与政党政治变迁的历史考察（1949—2005年）

政治意志形成中的国民不是一个统一的整体，而是由不同阶层组成的各类群体，由于利益相互冲突、愿望各有不同，国民意志常常处于分散甚至对立的状态。政党的功能之一就是通过纲领将分散的相互冲突的国民意志聚合起来形成一种统一的政治意志。政党要吸纳尽可能多的社会力量在自己的周围，就必须将各利益主体不同的利益聚合到一个更高的层次，以缓和乃至消除利益主体间的冲突，政党的先进性体现于此。政党为获得执政权，尽可能地向选民表示自己的亲合力，接近选民，听取选民的意见，接受选民各种要求，反映公民的政策选择和政治意愿，也需要吸纳公众意愿，适时调整政策，也有失落理想的现实风险。因此，政党基本纲领和竞选纲领之间存在着巨大的关联性，也不可避免地存在冲突性的张力。德国关于政党政治的法律规定意味着，政党必须通过选举寻求和调整定位，而政党之外存在着以各种方式彰显其利益要求的强大利益集团，其政党政治必然与社会经济发展尤其是社会结构变化密切相关。政党政治与社会结构之间存在张力，在社会结构、选民心态与行为、政党纲领之间存在着联动性，促使政党基本纲领与时俱进，趋于中间路线成为政党竞选的必然结果，而四年一度（有时因提前大选而更为短暂）的竞选纲领更显灵活。实际上，中间位置是最决定选举结果之处，各政党在悄悄地和现实妥协，逐步向中间路线偏移，而不介意与其他政党的政治主张出现交叉乃至趋同，致使各政党之间的竞争更似一种"技巧"之争，而非一场"主义"的较量。[①] 如果说20年前德国存在特色鲜明的两大集团阵营的话，

---

① 连玉如：《新世界政治与德国外交政策——"新德国问题"探索》，北京大学出版社2003年版，第84页。

现在它们的政治主张更多的是围绕具体政策领域而非本党纲领而展开。① 与此同时，随着后工业化社会的来临，政党传统的群众基础遭到削弱，民众对政党的忠诚度发生变化，归属感下降，党纲调整并不足以反映、更难以调控社会潮流，反而在社会变迁中出现自我流失，政党的信仰危机、信任危机、功能危机和组织危机不时交替乃至同时出现，政党危机逐渐成型，政党政治变迁亦不可避免。

德国关于政党的法律规定首先导致了联盟党、社民党两大人民党的形成和进入联邦议院政党数量的下降，从而促成了20世纪50—70年代初稳定的"两个半"政党体制，德国政党政治在此期间走向成熟，政党危机也在此期间酝酿。

联邦德国在战后的政党重建过程中，建立了150多个政党。德国既不愿放弃通过不同政党表达各自愿望的目标，又想避免出现魏玛议会制软弱无能的弱点，进而创立了混合选举制，确定5%的刚性门槛条款。1961—1983年进入联邦议院的政党长期保持3个：联盟党（CDU/CSU）、社民党（SPD）和自民党（FDP），从而形成了两个半政党格局。这一格局的形成与当时德国经济长期增长的趋向相关，也与联盟党、社民党成为人民党的取向直接相关。人民党是相对于以阶级、利益集团或特定社会身份为基础的政党而言的政党类型，它面向社会所有阶层，党员构成多样，群众基础广泛。这一概念的出现代表着纲领性政党向全方位政党的转化。

1945年成立的基民盟是联邦德国第一个人民党，其思想和政治来源是基督教社会伦理观、启蒙运动的自由主义传统、保守的价值观、限制国家权力万能的观点。1953年，基民盟通过的《汉堡纲领》确立了社会市场经济的原则。联盟党在第二次世界大战后初期长期执政，意识形态的色彩逐渐淡薄，在延续其拥护资本主义立场的同时，其政党纲领中也包括了重要的社会福利部分，以吸引信教的工人阶层

---

① 吴慧萍：《德国政治体制的变迁》，《德国研究》2008年第1期，第12—19页。

中的拥护者。联盟党执政与联邦德国战后经济繁荣相关联，在选举中得到不同利益集团的广泛支持。联邦德国迅速实现了经济增长、货币稳定、生活水平提高、失业率大幅下降的成绩，联盟党赢得了越来越多选民支持和拥护，甚至在1957年以绝对优势实现单独执政的目标。但是，在1961年的"柏林墙事件"中，联盟党奉行的实力政策遭到失败，德国经济出现危机，阿登纳执政后期党内冲突等因素导致联盟党支持率下降，遂于1969年丧失执政地位。1978年基民盟通过《路德维希港纲领》重新认可市场经济，强调应当坚持基督教的世界观，但不妨碍党内基督教和非基督教的真诚合作。这一纲领使得基民盟完全摈弃了"名流党"的特征。与基民盟组成联盟党的基社盟成立之初保持着"名流党"的形象，但1955年之后迅速改变纲领，不再仅仅是农业企业家或小手工业企业家的政党，也不仅仅扎根农业区，而是在巴伐利亚州经济和社会发展过程中实现了州人民党的转型。

  联盟党的变化及其长期执政情势直接对社民党构成了严峻挑战。1875年成立的社民党是19世纪中期德国加速工业化、工业无产阶级觉悟并成立组织的产物，以社会公正为基本诉求。1949年德国联邦议院第一次大选后，社民党作为"建设性反对党"几乎在一切方面与执政联盟作对，然而联盟党的执政成就使社民党处于绝对不利地位。社民党不得不对原有政策做出调整和改变。1959年社民党通过《哥德斯堡纲领》与德国主流政治文化和解，放弃阶级斗争思想，将建立强调个人自由、经济安全和社会公正的政治新秩序作为党的目标，实现了从无产阶级工人政党向人民党的转变。由此，社民党成为大选中各阶层都可能支持的党派，1966年在野17年之后参与执政。然而，社民党由此也丧失了作为各种基于求变的政治团体"聚集盆"的吸引力。可以说，随着第二次世界大战后德国经济社会的变化，联盟党和社民党分别进行调整，在选民社会结构和社会背景上日趋接近。

  1948年成立的自民党一贯标榜和推行中间路线，强调市场经济和经济保守主义，成为高级职员、公务员和独立职业者的代言人，在德国政治舞台上扮演着关键性中间人的角色,在联盟党和社民党之间充当着"平衡器"的作用,德国政党政治保持着稳定和活跃的姿态。

与此同时,德国经济发展的溢出效应开始发酵,伴随着中产阶级的勃兴,社会结构开始出现分化,民众对政党认同出现削弱,对政党的意见与日俱增。经济结构和社会结构变化是政党体制变迁的前兆。战后联邦德国的经济奇迹导致其经济结构发生变化,农业生产比重大幅度下降,传统工业部门大为缩减,现代工业部门迅猛发展,贸易、交通和服务业等第三产业急剧膨胀。与此相关,农业就业比例从24%下降到3%,制造业就业比例从43%下降到34%,服务业就业比例从7%上升到24%。[1] 这些变化促进了职业结构的变化,工人和农场主、中等企业主、商人等老中间阶层比重下降;工程师、技师、经理、官员等新中间阶层比重上升,后物质主义价值观应运而生。这些社会、经济、意识形态的变化推动了德国社会运动的深入,对政党产生了重大影响。

进入20世纪70年代,德国进入后工业化社会,随着中产阶层的迅速壮大,人们的世界观和价值观发生了变化,自发组织起反核运动、生态运动、和平运动、妇女运动等新社会运动,对价值观念、生活方式、政治经济秩序提出冲击和挑战。这一时代精神催生了80年代初绿党(GRÜNE)的崛起。绿党标榜生态原则、社会原则、根本民主原则和非暴力原则,主张实行必要的环境保护政策,废除核能,恢复生态平衡,建立社会公正,实施基本的社会保障,实现男女平等。1983年,绿党进入联邦议院,直接冲击了德国政党体制,促使德国进入小党逐渐得势、大党逐渐衰微的时代。[2] 进入80年代,德国政治领域出现了越来越多关于"政党衰落综合症"的讨论。有识之士指出,政党过分扩张它们的权力,而不参加投票的选民和中间选民

---

[1] 布里吉特·舒尔茨:《全球化、统一与德国福利国家》,《国外社会科学杂志》2001年第1期,第43—54页。

[2] 连玉如:《新世界政治与德国外交政策——"新德国问题"探索》,北京大学出版社2003年版,第74—75页。

的比例在上升,其结果是政党不断失去党员,日益变得僵化,政党体制在整体上无力承担起应有的职责和功能,[①] 政党危机已经成型。

从政党体制变革的角度看,1989年德国统一具有标志性意义。1990年德国统一以来举行了五次大选(1990年、1994年、1998年、2002年、2005年),其基本态势是两大党继续占据主导地位,但和平衰落的态势不可避免,绿党的兴盛和自民党的衰势形成鲜明对比,左翼党(PDS/Die Linke)的势力所及从东部扩展到全德国,成为第三大政党,德国政党体制形成五党竞争态势,两个半体制为三足鼎立所取代,即联盟党、社民党各1/3,自民党、左翼党、绿党三党占1/3,三小党为跨国联邦议院5%门槛苦苦斗争的时代结束。与此相对应,德国传统政党的危机有所加深。

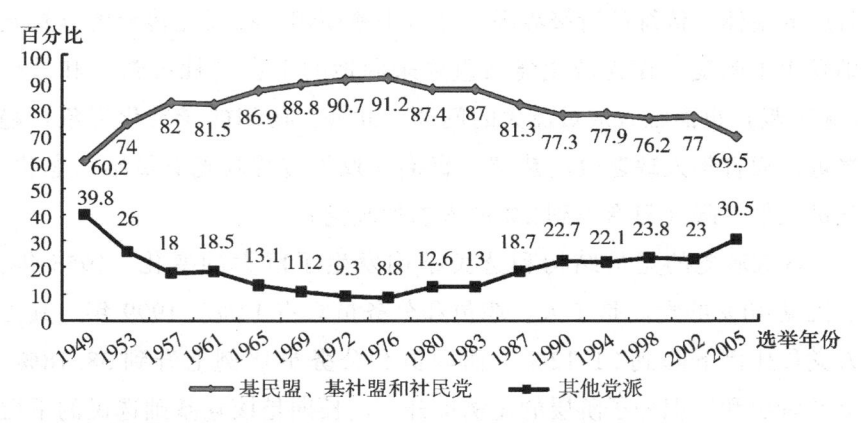

图1 德国政党体制从"两个半"到"三足鼎立"的变迁(1949—2005年)

资料来源:http://www.wahlrecht.de/ergebnisse/bundestag.htm,2009年5月28日。

这种危机首先体现在社会运动与公民社会的深入发展上。愈来愈多的公民把社会运动视为政治参与的最佳途经之一,对政党的认同感、归属感、参与意识下降。科技发展和信息化时代的到来,为社会

[①] 彼德·罗歇尔:《前进还是停止——2002年联邦议院大选以来德国政党的走向》,《上海行政学院学报》2005年第2期,第86—94页。

运动提供了更广阔的活动空间,吸引了更多的民众参与其中。[1] 其结果是,非政府组织数量激增,每年新增协会15000个,新增基金会超过1000个,目前德国有60万协会,15000个基金会,平均每10000人就有700个协会。这些公民社会组织相当程度上突破了党派、阶级和左右划分的束缚,对层出不穷的各种新问题作出直接反应,实现了议题多元化、组织类别多元化、参与人员多元化。公民社会组织成为比政党更贴近民众的意见表达渠道,获得了同政党对垒、竞争、互补和合作的资本、动力与空间,对政党构成了鲜明的冲击和挑战。[2]

这种危机更直接体现在政党自身变化上。进入20世纪90年代,传统产业工人队伍逐渐萎缩,相当多的工人子弟获得接受高等教育的机会,社会地位得以提升,进而脱离了工人阶级的环境,成为新中间阶层的主体。传统的阶级界限变得愈来愈模糊,社民党传统的群众基础发生了改变。作为政党党员重要来源地的工会(社民党)和教会(基民盟)也面临着成员流失的问题。此外,德国的老龄化现象日趋严重,而青年人缺乏政治热情,直接导致了传统政党党员结构老化、党员人数下降(只有不到2%的人参加政党)。

两大政党的党员结构和选民结构发生了巨大的变化。1956年,社民党40%的党员是工人,职员和公务员只占14%;1999年,其工人党员比例下降到21.12%,而职员和公务员比例上升到38.18%;上升阶层和知识分子阶层的比例提升,而长期是该党基础选民的下层民众却纷纷转向联盟党或左翼党。具有标志性意义的是,1998年社民党成功实现与绿党组阁,党内却出现了持久的争吵,基层党员坚持传统价值观,要求维护历经长期奋斗才获得的基本权利,同以施罗德为首的改革派所推行的福利改革路线发生严重冲突。2005年联邦议

---

[1] 张文红:《谁是人民党?——德国两个主流政党的定位问题》,《当代世界与社会主义》2008年第2期,第75—80页。
[2] 罗云力:《当代公民社会对西欧主流政党的冲击与后果》,《中央社会主义学院学报》2009年第1期,第90—94页。

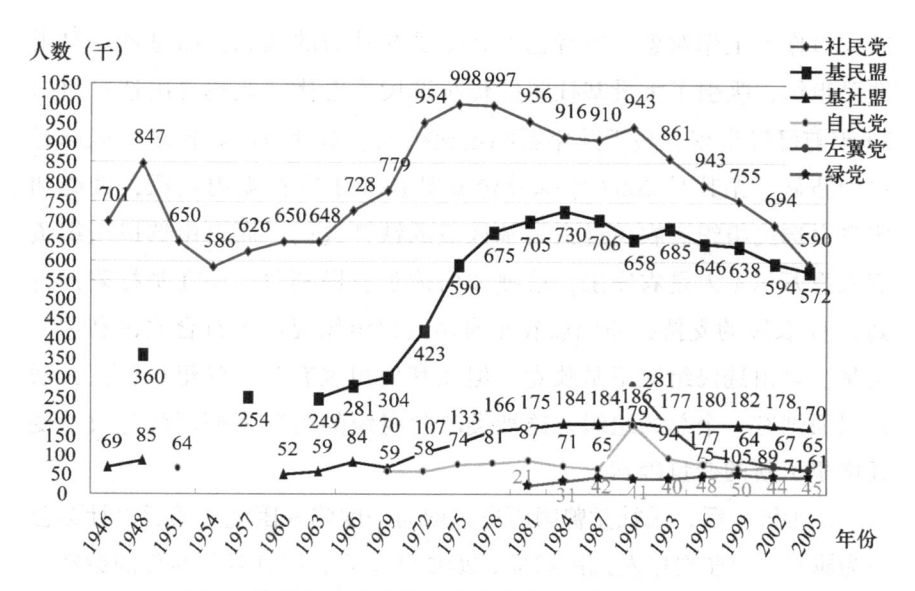

图2 德国主要政党党员人数变化（1946—2005年）

院选举结果是，社民党支持率为34.2%，其中18—25岁女性选民的支持率最高，为38.15%；25—35岁的男性选民的支持率最低，为30.17%。45—60岁的选民支持率较高，60岁以上的老人构成社民党最主要的支持者。长期以来，基民盟与天主教徒、个体从业人员和农村人口等社会阶层联系紧密，在有工会组织的工人中最缺乏影响力。然而，愈来愈多的工人（特别是年轻人）开始支持基民盟。60岁以上的党员在基民盟中所占比例达到46.12%，基民盟68%的选民超过50岁，1/3以上的人超过70岁。可以说，60岁以上的选民也是基民盟最重要的支持群体。随着党派的增加和竞争的集中，两大人民党的选民在流失，党员数量明显出现下降趋势，① 而小党的支持率在上升。

基社盟面临的问题也具有典型意义。基社盟在巴伐利亚长期一党独大。工业发展导致巴伐利亚外来人口大量涌入，基社盟也没有将外

---

① 最近20年来，社民党失去了将近一半的党员数量，从1989年的893451人降至2009年的565456人；基民盟的党员数量也从658411人下降到559043人。

来人口作为工作对象，后者也不太接受基社盟的理念，而是创立自由选民组织，吸引了大批基社盟的传统选民。巴伐利亚州自由选民组织20年前已经出现，最近几年影响迅速扩大。基社盟内讧使之发展态势更为凸显，尤其是2007年基社盟女县长菲尔特在党内造反，最终加盟自由选民组织。农民过去是基社盟的铁杆选民，而自由选民组织负责人恩万尔本人是农庄主，谙熟如何体现农民利益，现在基社盟只得到50%农民的支持，原因就在于自由选民组织提出了符合农民利益的主张。自由选民组织不是政党，但在其他州也有类似的组织，且在联邦层面则有一个总的组织。这种类政党组织的出现为德国政党政治变迁增添了新的变量因素。

德国统一后，民社党曾因历史包袱而一度陷入困境，随后以社会公正为旗号，逐步向中左选民靠拢。2005年7月，民社党与西部的劳动与社会公正党联合成立左翼党，在当年的联邦议院选举中跨过5%的门槛，成为联邦德国第三大党，并在随后不来梅等数个西部州的选举中进入议会。社民党的高层危机给本党带来负面影响，而左翼党从社民党的低迷中直接受益，其支持者中有许多是失业者和低收入者等以往社民党的铁杆选民，左翼党的发展导致社民党进一步陷入自我认同危机。

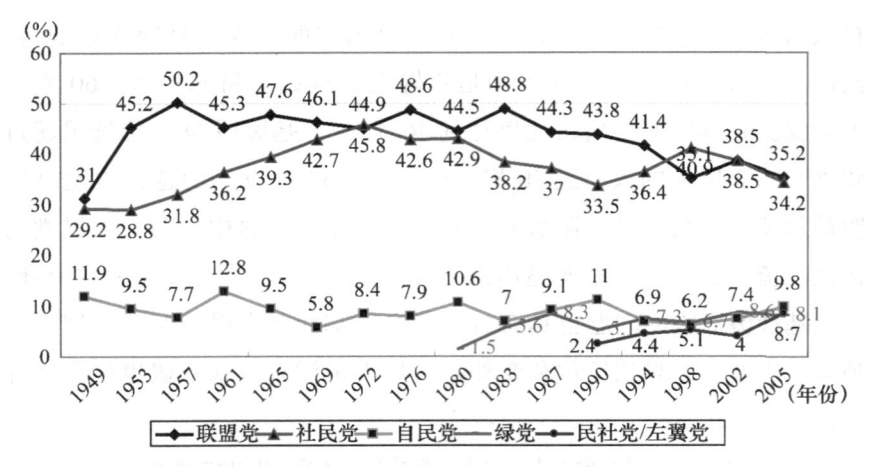

图3 德国联邦议院选举结果（1949—2005年）

绿党关于生态环境、核能、战争与和平以及人权等政策主张，对当今国际政治的深远影响令人瞩目，① 成为一种新型意识形态的代表。绿党成立之初党员来源颇为博杂，在相对保守的团体背离绿党之后，绿党开始定位为以后物质时代价值观为导向的新型左倾政党。1993年，绿党与前东德地区的"联盟90"合并，进入联邦议院并在15个州议会及其中三个州政府获得议员席位。绿党的纲领主要以生态环保为重点，力图接纳和平运动、环保运动、女权主义者及其他社会边缘人群，成功地在左翼自由主义者、知识分子和后物质主义者中立足，对自民党构成了有力的挑战。实际上，自1998年绿党首次成为联合政府的执政党后，自民党长期作为两大党唯一筹码的地位逐渐没落，其选票被绿党蚕食，自身也面临生存危机。②

德国政党政治的发展表明，社会变革与政党调整之间存在着关联性，随着多元化的深入，社会体制处于分化、分解之中，选民结构发生巨大变化，固有的归属感不复存在，选民对政党的忠诚度发生变化，越来越多的铁杆选民开始远离传统政治束缚，选民的倾向更难以预测。与之相关，纲领、目标、形象不再鲜明的人民党陷入困境之中。

三　2009年德国大选的前景

2005年大联合政府组建以来，德国主要政党均开始对其定位进行反思和调整，为2009年大选而准备，某些调整明显体现出摆脱和超越既有政党危机的意图。

在人民党陷入政党危机之际，左翼党的发展自然引人注目。左翼

---

① 周弘主编：《1998—1999年欧洲发展报告》，社会科学文献出版社1999年版，第115页。
② 马敏：《德国选举制度对政党政治的影响分析》，《德国研究》2002年第1期，第32—36页。

党高举民主社会主义和社会公正的旗号,成功赢得了社会底层的选票,得到新的支持最多、扩大最快,迅速成为德国第三大政党。左翼党得到支持的原因在于,成功以新政党的形象出现,尤其是在德国失业救济时期延长等问题上做了大量工作。民调显示,德国大部分人不相信左翼党具有解决问题的执政能力,但出于抗议和反对执政党的心态支持它。

面对左翼党带来的巨大压力和挑战,德国两大执政党都采取相应的策略,争取扭转党员人数下降、基础选民流失的态势。两党开始修正自己的纲领、政策,以期重新凸现各自的特色,2007年通过新纲领分别确立了未来发展方向。其中,社民党力图扭转"虚弱、老化、疲倦、沉默、消极、麻痹、迟钝和无聊"的衰退形象,[①] 其调整也最为引人注目。2005年以来,社民党有意淡化党内外界限,推荐党外人士出任社会公职,引进项目党员、客座党员制度,以增强党的吸引力。2007年10月,社民党通过《汉堡纲领》再次确认回归传统价值和最初的理念,推崇以社会福利和社会公正为基础的传统社会民主主义基本纲领,其定位可概称左翼人民党(Linke Volkspartei)。舆论认为这是社民党重新向左倾斜的信号,工会组织对此表示了积极的欢迎,但实际上社民党新纲领向左回归的主要目标是夺回社民党失去的地盘,是反击左右势力拿社会公正话题挤占社民党领地的策略之举。[②] 与此同时,社民党也不希望拱手出让政治中间阵地,希望以一个左中多数派阵营涵盖中间位置。2007年12月,基民盟通过《哈瑙纲领》,试图强化中间人民党(Volkspartei der Mitte)的性质,进一步淡化传统右翼政党的形象,笼络中间选民,大会打出的标语口号就是"中

[①] 彼德·罗歇尔:《前进还是停止——2002年联邦议会大选以来德国政党的走向》,第86—94页。

[②] 社民党过去被视为纲领党,强调纲领的指导意义;而基民盟则是实用主义政党,两党对纲领的重视程度不同。《汉堡纲领》表明社民党实用主义滋长,去纲领化引起的关注程度不亚于其方向调整。参见罗云力:《德国社民党新基本纲领——《汉堡纲领》评析》,《国外理论动态》2008年第3期,第22—26页。

间",默克尔表示要占领"社民党自动让出的"中间阵地。在这样的考虑之下,基民盟包罗万象的目标更为明显,它提出的家庭政策带有社民党的特色,① 气候政策则有绿党的特色。基民盟的姊妹党基社盟也进行了策略调整。2008 年,基社盟失去在巴伐利亚州的绝对优势,被迫与社民党联合组阁,自此一直处于反思之中。目前,基社盟制定了独立的欧洲议会选举纲领,在联邦层面则强调与基民盟的不同定位,即基民盟定位为中间的,而基社盟则定位为保守的、集体的,力争在德国联邦议院和欧洲议会施展影响力。

自民党和绿党分别是右翼自由主义和左翼自由主义的代表。目前看来,自民党已经失去左倾自由主义思想,将捍卫自由公民权这一宝贵遗产拱手出让给了绿党,其生存空间日益狭小,处于不利的竞争态势。绿党代表一种视野开阔、具有市民权利倾向及社会生态特征的左翼自由主义,目前发展态势不错,且与基民盟在经济、社会和财政上的交叉点不断扩大,在北莱茵—威斯特法伦州、下萨克森州的州议会成功实现了合作,此前难以想象的黑绿联盟在州一级层面得以实现。这在一定意义上预示着,德国政治组合将出现色彩纷呈的局面。

以上调整表明,社民党意识到了危机之所在,力图向左回归,但在选举压力(和动力)之下,其纲领调整的实质意义可能是有限的。基民盟处在执政的优势地位,默克尔政府的社会信任度趋于稳固,因而继续秉持实用主义的传统秘诀,向社民党和绿党的传统议题发力,同时却不急于出台选举纲领,以静制动的意图明显。在这样的态势之下,各党关注的核心议题必然不是价值层面的,而是实务层面的。2008 年下半年以来国际金融危机对德国经济社会影响巨大,2009 年德国经济增长率为 -6%,失业率也将上升一倍(达到 600 万人左右),这是第二次世界大战后德国经济形势最严峻的时刻。为应对经

---

① 例如,《哈瑙纲领》提出坚持家庭、婚姻的传统,但也尊重传统婚姻之外的生活方式。这一变化得罪了保守人士,科隆一位大主教建议联盟党(CDU/CSU)取消基督教之称,改称民盟和社盟(DU/SU)。

济危机、避免内耗，德国内部达成协议，大选从 6 月开始。基于此，应对金融危机必然被各党视为关注的主题，金融危机赋予民众更多的表达机会，对民众而言，哪个政党更有能力将德国带出金融危机、实现经济目标和就业目标是投票的关键考虑，联盟党在这一方面有传统优势，其他政党也以此为由进行纲领和策略调整，视之为争取选民、获得权力的机遇。各政党在经济、劳动力市场、税务、能源、教育等各领域始终存在着显著的分歧，这次大选必然继续在这些议题上展开激烈的竞争，舆论认为，2009 年德国大选的三个看点是核能、烟煤和经济：绿党强调不能上核电，不能开采烟煤，关掉既有的核电厂；社民党认为核电可以不上，但可以继续开采煤矿，电厂应采用本国煤炭，少进口；自民党认为烟煤成本太高，应关掉国内煤矿，转而进口煤炭，核电不能继续发展，应关掉既有的核电厂；联盟党认为马上关掉或停止核电厂会导致能源缺口，应继续使用核电，原则上不反对本国煤矿开采，但因开采价格太搞，应进口煤；左翼党的政策则处于摇摆之中。这样的竞选主题从一个侧面表明，政党从神圣化走向世俗化，其理想、功能变得越来越狭窄，德国政党政治已经锐减为挑选和替换精英的机器。

最近民调表明，联盟党可能获得35%左右的选票，社民党获得25%左右的选票，左翼党、绿党和自民党各获得8%—12%的选票，其中存在正负2%的误差。民调显示，秉持实用主义的联盟党将延续其优势，在财政、教育、经济、日常生活安全、就业等主要议题上都领先于社民党，而力促纲领转型的社民党恐怕还是难以摆脱内在的危机。然而，随着德国选民的流动性和摇摆性增强，大选最后结果往往取决于选举前几天的动态，30%的选民是在选举前一刻决定其选择的。因此，大选结果现在难以预料。[①]

[①] 2005 年 5 月，施罗德解散联邦议院进行选举，当时民调表明联盟党可获得48%的选票，实际上联盟党只得到35.2%的选票，而自民党得票率仅为9.8%，最终联盟党与自民党联合组阁的目标没有实现，而最终与社民党组建了大联合政府。

对人民党而言，每次大选实际上就是一次危机。政府组阁越来越困难，各种模式都有了可能。尤其是，基民盟和绿党在州一级议会、政府的成功合作表明，纲领对立已不再是阻碍政党合作的理由。当前，强调经济、社会与生态的结合与均衡发展已成为多数政党的倾向，各政党之间纵横捭阖，有可能成立超越意识形态的政党联盟，开启政党合作的新时代。

当然，在讨论政府组成时，有些既有因素也必须考虑在内。社民党明确宣布不与左翼党在联邦层面进行合作，这就基本排除了社民党、绿党、左翼党三个左派政党联合组阁的可能性；目前社民党尚未摆脱内外危机的阴影，其得票率超过30%的可能性不大，因此与其中一个小党联合组阁的机会甚微；社民党存在继续与基民盟联合组阁的可能性，大联合政府也可能是比较有能力应对当前世界性金融危机的组合；从意识形态的角度讲，社民党也存在与绿党、自民党联合组阁的可能性（因其颜色为红绿黄，被称为信号灯模式），但民调显示其得票率不甚乐观；联盟党最希望与自民党联合执政，目前的民调表明这种可能性也是存在的；另外，鉴于基民盟与绿党在州一级层面的合作，联盟党、自民党、绿党的合作（因其颜色为黑绿黄，被称为"牙买加模式"）也存在可能性。

综上所述，对处于优势的联盟党而言，与自民党合作是最佳选择；鉴于自由、平等、公平是联盟党和社民党的趋同价值，两党有了一定的合作经验，继续联合执政可能性也较大，是次优选择；"牙买加模式"有一定的吸引力，但三党联合的历史经验不多，可列为第三选择。设若联盟党未能成功实现与其他政党的联合，社民党与绿党、自民党得票率超过50%，则信号灯模式也许是第四种选择。我们通过考察认为，联盟党与自民党或联盟党与社民党的两党合作可能是最现实的两个选择，而哪一个方案人选最终取决于自民党的得票率。

四 简单的结论

德国政党政治面临挑战。在多党制选举制度之下，人民党的纲领选择是现实性的，从神圣化走向世俗化似乎是必然的趋势，政党危机的出现固然与政党组织架构和主要领导人的思想有着必然的联系，但随着现代化深入而出现的社会结构、选民结构和选民心态变化更具有引领意义。现代化的作用首先体现在经济发展和民众生活的日益富足上，而影响最大的莫过于社会生活，影响最深远的则是人的心灵。经常到国外考察的人士都意识到这样一个悖论：一眼望去是十数年不变的外景，而深处的变革尤其是人心变化却是仔细品味才能确知。特色是我们所处时代的品位，然而对主要政党而言，面临的挑战不仅有理想的堕落，还有品位的丧失。当前，德国各政党继续调整传统的政治理念，政党竞争继续围绕具体的政策而不是基本纲领展开，争取政治中间位置成为一种稳定的趋势，政党完全充当了行政管理制度和社会的中介，各主要政党在寻求政治权力的不同之处越来越模糊，政党不仅缺乏细致入微的洞察力和全面的表达能力，在政党的平台上区别于其他政党的特定支撑也在丧失。这种趋同意味着，政党越来越世俗化而陷入信仰危机，党内争议越来越大而陷入组织危机，越来越着眼于具体问题的应对而陷入功能危机，越来越失去民众的认同而陷入信任危机。

德国政党领导层认识到政党危机的严重性，力图通过纲领调整实现价值观回归，但又不得不顺应社会结构变迁，顺从选民的意志，满足选举的需要。政党被现代化所裹胁前行，而不再是社会思潮引领者，这是人类社会发展的必然趋势，还是政党理想失落的后果？这不是一个容易给出答案的问题。笔者只能审慎地认为，把当前德国政党政治归结为危机太过悲观，视之为变革则显得乐观，我们需要对德国政党政治变迁做进一步的审视和思考。

东亚秩序视角下的中日关系[*]

中日有着悠久的友好交往史，也有着难以化解的战略心结，从而构成了世界上最复杂的双边关系。近年来，随着国家实力的变动，中日两国历经战略博弈，逐渐认识到必须在更广远的范畴思考双边问题。自2006年10月安倍晋三访华以来，两国开始寻求稳定和改善双边关系的战略框架。中日领导人通过"破冰""融冰""迎春""暖春"之旅达成重要共识，双边战略互惠关系的核心内容逐步明确，中日关系迎来新阶段。

冰冻三尺，非一日之寒。中日之间历史问题复杂、现实问题交织，未来前景相互影响巨大，当前中日关系的调整只是消除或缓和长期政治冲突的部分后果，如何避免两虎相争的困境依然是摆在两国决策者面前的重大议题。如何从战略层面思考和加深中日关系，依旧是摆在我们面前的重大问题。

一 分析中日关系的东亚秩序视角

中日均处于东亚。东亚地区是人类文明发源地之一，长期在全球经济上占据优势地位。中华文明源远流长，中国长期在东亚拥有主导地位。近代以降，中国衰落，西方列强入侵，日本崛起并成为侵略中

---

[*] 本文公开发表于《攀登》2010年第3期，第2—9页。

国的先锋。第二次世界大战结束以来,美国成为东亚安全的主导者,而日本经济迅速成长为世界第二大经济强国,似乎美国在安全上的主导与日本在经济上的主导决定了东亚秩序。然而,另一种趋势也在加强,即随着地区一体化与经济全球化成为两大并行不悖的潮流,东亚内部的合作加强。中国抓住新一轮经济全球化潮流实现经济崛起并融入东亚合作,东南亚的政治合作开花结果,中国与美、日、东盟一道成为推动东亚秩序变革的力量,且逐渐成为主导推动力。

在东亚秩序变迁的历程中,中日关系始终是一个主导因素,东亚主导权始终是两国竞争的焦点。中日任何一国获得东亚的主导地位,就意味着具备了成为世界大国的基础条件。由于双方实力对比和国际局势的变化,日本已经不具备主导东亚的可能性,但日本并不甘心落于下风,仍然想在中国未获得绝对主导地位之前放手一搏,小泉纯一郎担任日本首相期间的中日关系恶化就是一个明证。对中国而言,从东亚秩序的角度思考地区关系,处理中日关系是必要的,它会使得中国具有更为广远的视野,其战略设计更具大国风度。

秩序形成经历了从强制确立到协调建立的历程。历史上,强权主导确立秩序比比皆是,但强权主导实际上也需要得到其他国家,尤其是大国的赞同、默许和参与,否则所建秩序必然制度化程度不高,也会是短命的。[①] 第二次世界大战结束以来,随着地区一体化潮流的深化,地区秩序建构的强制因素在逐步减少,共同利益的汇聚和制度化成为建构地区秩序的主导方向,而大国承担主要责任,各国共同责任的制度化也越来越成为重要趋势。[②] 对中日双方而言,这一趋势既是机遇也是挑战,双方第一次迎来了第二次世界大战结束以来超越既有思维框架来处理双边关系的契机。

---

① 门洪华:《权力转移、问题转移与范式转移——关于霸权解释模式的探索》,《美国研究》2005 年第 3 期,第 7—31 页。

② 门洪华:《东亚秩序建构:一项研究议程》,《当代亚太》2008 年第 5 期,第 70—86 页。

东亚一体化带动东亚秩序的变革,加上全球化浪潮的冲击,为中日关系的积极发展提供了必要的外在条件。在东亚秩序建构中达成共同利益的汇聚和制度化,以此为基础搭建双边战略框架,不失为中日有效化解矛盾冲突、稳定和改善双边关系、合作推进东亚一体化的可行途径。

二 1949年之前的东亚秩序变迁与中日关系

东亚秩序追求有着久远的历史,也有着丰富而沉重的历史包袱。正确认识东亚秩序的历史遗产,是处理中日关系的基础条件。

东亚有三个传统的地区秩序,即中国主导的朝贡体系、美国寻求的门户开放体系和日本主导的大东亚共荣圈。[1] 中国是古代东亚政治、文化、经济乃至安全秩序的主导者。从历史上看,东亚经济高度相互依赖,政治文化联系非常密切,中国无疑对此做出了最大贡献。中国拥有自成体系的悠久文明,在东亚地区确立了朝贡体系。周边邻国定期派遣朝贡使向中国皇帝称臣纳贡,成为天朝藩属;中国授予朝贡国金银印章,提供政治承认、优惠贸易、安全保证等公共物品。[2] 正是在古代中国的引领下,东亚共同迈进了人类历史的文明时代。尤其是明朝建立之后,朝贡体系成为包容东北亚和东南亚的国际体系。

中国的兴盛为日本走向文明化提供了重要的历史渊源。日本在汉

---

[1] Norman Palmer, *The New Regionalism in Asia and the Pacific*, Lexington: Lexington Books, 1991, p. 45. 日本学者马场公彦把前近代以中华帝国为中心而包括其周边地区的华夷秩序、近代由殖民帝国日本发动的殖民主义、第二次世界大战后在美国霸权下的冷战格局视为历史性霸权结构。这一看法与笔者的剖析相映成趣,颇具启示意义。参见马场公彦《后冷战时期"东亚"论述的视域——走向开放性区域主义的几个尝试》,《开放时代》2004年第3期,第72—88页。

[2] 何芳川:《华夷秩序论》,《北京大学学报》(哲学社会科学版)1998年第6期,第30—45页。

代最早进入处于雏形的朝贡秩序,自此至唐末,日本不断派人来华学习制度和文化,从而促进了本国的发展。唐末到明初,中日之间一直没有官方往来。明成祖时期,日本幕府将军足利义满称臣入贡,以属国自居。然而,长期以来,日本养成了时近时出朝贡体系的习性,是东亚朝贡体系中离心力最强的国家,其目标也逐步确立为挑战和取代中国的东亚领导地位。

19世纪中期开始,西方列强发动一系列对华战争,将中国强行纳入其主导的国际体系。历经近两千年的朝贡秩序寿终正寝,昔日的朝贡国沦为外国的殖民地。自此,中国长期受到列强的欺凌,领土被肆意瓜分。面对两千年来之大变局,中日选择了不同的道路。中国一步步陷入半殖民地半封建的泥潭,日本则通过明治维新走上资本主义道路,并成为侵略中国的先锋。

19世纪末到20世纪初,东亚秩序经历了从英俄主宰到英、俄、美、日四强并立的结构转变,到19世纪末,在东亚扩张已经成为美日两国外交的主旋律。1999年,美国提出"门户开放政策",它所追求的门户开放体系是一种均势性的殖民秩序,地区外大国在秩序建构和维持上扮演主导角色。自此,美国在东亚秩序中一直扮演着外来强权角色,也开始将遏制日本作为其东亚战略的主要目标。[1] 具有标志性意义是,1921—1922年的华盛顿会议拆散了英日同盟,重申了保持中国领土与主权完整的目标。

东亚传统秩序的最终崩溃,与日本崛起并追求侵略性的"大东亚共荣圈"直接相关,中日困境就此种下根苗。第二次世界大战和冷战使中日的敌对状态久拖不决。1945年日本的投降并未带来地区和解、东亚融合,也没有带来日本国内对所犯罪行普遍而深刻的认识。

---

[1] Akira Iriye, *Pacific Estrangement: Japanese and American Expansion*, 1897-1911, Cambridge: Harvard University Press, 1972; Akira Iriye, *Power and Culture: The Japanese-American War*, 1941-1945, Cambridge: Harvard University Press, 1972.

三 1949—1992年的东亚秩序变迁与中日关系

第二次世界大战结束以来，东亚出现了三个部分性地区秩序安排，即美国主导的安全体系、日本主导的雁行经济秩序、东盟主导的次地区政治秩序。美国领导的东亚安全体系具有霸权稳定的性质，依旧被某些成员国视为东亚稳定的柱石；日本主导的雁行秩序则体现了日本的经济强势和谋划能力。在一定意义上，雁行经济秩序和东盟次地区共同体秩序在新一波全球化、地区化浪潮中确立，并成长为与美国安全体系并行的秩序形态。1949—1992年，东亚的秩序是由美国在安全上的主导和日本在经济贸易上的主导确定的，东南亚的次地区秩序开始形成，但其作用尚未得到发挥。其间，中国走上改革开放之路，其崛起态势处于酝酿之中，其崛起效应初步在地区绽放。

第二次世界大战结束后，美国独自占领日本，谋划主导东亚格局。美国等主要西方国家拒绝承认中华人民共和国，中国大陆被排除在国际政治秩序之外。1950年6月25日，朝鲜战争爆发，美国政府酝酿已久的东亚政策转变终于完成。美国与日本、韩国、菲律宾、泰国、澳大利亚、新西兰、盘踞台湾的蒋介石国民党集团建立军事盟友关系，由此确立了控制东亚安全局势的轮辐体系。

这一格局的突破是在经济和政治两个层面展开的。在经济上，日本首先崛起，日本在东亚的投资促进了地区繁荣，并成为东亚一波波经济崛起的重要推动力。东亚经济发展呈现明显的梯级序列，产业转移经历了几次大的高潮，从而构成了日本孜孜以求的雁行经济秩序：以日本为雁头、亚洲新兴工业化经济体为雁身，东盟及中国为雁尾。

经济优势也促使日本开始谋求政治主导地位。1972年，在美国政府"越顶外交"的冲击下，日本迅速采取行动与中国接近，中日两国发表《中日联合声明》，恢复邦交正常化。1978年，两国签署

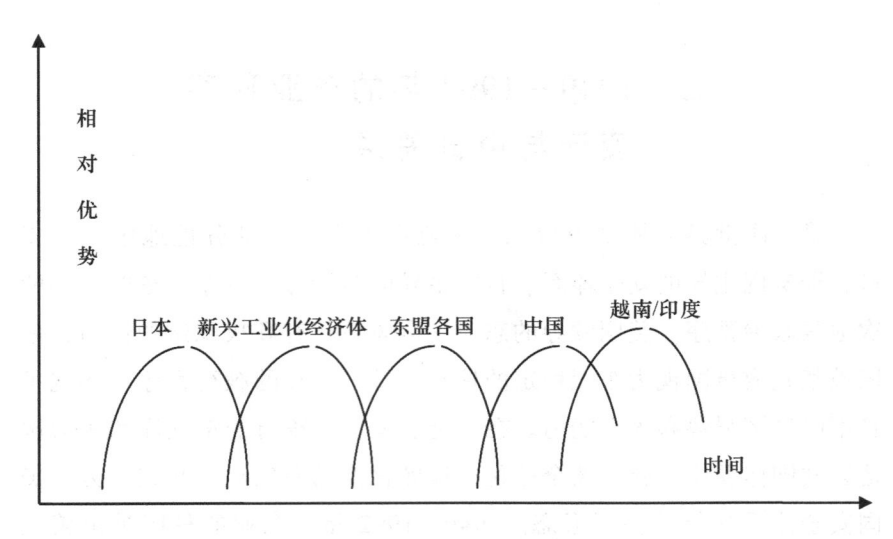

图 1　日本主导的雁行经济秩序

《中日和平友好条约》。这两个文件成为中日奠定双边关系基础的根本性文件。同年，中国实行改革开放政策，日本进入中国这一庞大的待开发市场，中日关系迎来蜜月期。此后一段时间，中日政府首脑经常互访，经济合作逐步深入，日本长期成为中国最大的贸易伙伴，日本雁行经济秩序也延伸到中国。尽管中日之间出现了教科书、靖国神社参拜等问题，但两国往往以大局为重，共同致力于防止某一方面的冲突导致双边关系的全面滑坡。尤其是1989年之后，日本率先打破西方对中国的制裁，促成两国元首1992年互访。

进入20世纪80年代，日本开始致力于追求政治大国地位，把成为"正常国家"视为战略目标，并把主要精力放在构筑各种以日本为中心的经济圈上，如东亚经济圈、环日本海经济圈、东北亚经济圈、环黄海经济圈等。在实现经济目标之后，日本的政治动作变得频繁。

其间，东盟在1967年成立，东盟方式（ASEAN Way）逐步形成。东盟方式最主要的两个原则是非正式性和协商一致。东盟所有成员国在东盟事务的决策、执行过程中绝对平等，任何议案只有在全体成员没有反对意见时才能通过。在对外事务上，东盟合作以各国政策的独立为前提，允许国家的决定与地区的追求并存。以东盟方式为准绳，东南亚各国和平解决双边和多边争端，逐步建立了稳定的次地区秩序。但受外部力量牵制和内部聚合力不足的影响，东盟在促进东亚合作上的能力有限。

四 1992—2001 年的东亚秩序变动与中日关系

1992 年是中国进一步改革开放的一年，是日本经济泡沫崩溃的起始之年，也是美国撤军东南亚的一年。在世界格局发生大变革的时候，东亚格局也在悄然变革，从这一年开始，中国开始谋势。1992—2001 年是日本"失去的 10 年"，是中国卧薪尝胆，酝酿和调整地区战略的 10 年，也是东亚其他国家和美国观察并调整对华战略的 10 年。这 10 年，注定在东亚历史上留下关键性的一笔。

其间，美军撤出东南亚，留下了巨大的权力真空，原来被冷战所掩盖的矛盾以及历史上遗留的领海和领土纠纷纷纷浮现。以此为机遇，东盟方式延伸到东亚，1994 年东盟发起东盟地区论坛（ARF），建立了亚太地区第一个、也是唯一的政府间多边安全对话机制，积极促进以建立信任措施为主要内容的多边安全合作。

1997 年的亚洲金融危机是东亚秩序变动的重要标志性事件，它表明东盟自身不能解决危机，国际货币基金组织等国际组织不可倚靠，东亚国家之间的紧密合作成为唯一可行的选择。

自此，东盟一直是东亚地区合作的主要组织者，并于 1999 年发起建立了"10＋3"（东盟 10 国加上中日韩）合作框架。金融危机使东亚各国认识到更紧密合作的重要性，东亚贸易、投资、金融等领域的合作取得重大进展，尤其是 2000 年的清迈协议被视为东亚制度化合作的里程碑，随后各国共同推进亚洲债券市场的建立，促使东亚金融合作进入实质性阶段。

中国加入东盟地区论坛，并开始全面加强与东南亚关系的尝试。1997年中国宣布人民币不贬值，宣布"做国际社会负责任的大国"。这是中国地区战略调整的起点，中国还是改变了过去消极、被动的姿态，以积极、开放的心态融入地区一体化，并逐步成为东亚合作的主要推动力。

中国崛起效应的展现与日本雁行秩序的衰落是相对应的。进入90年代之后，雁行模式的内在缺陷开始显现。日本始终把东亚作为加工和组装产品、调配原材料的供应基地，这也同时导致日本国内产业调整滞后，国内传统产业与东亚之间的竞争加剧。日本不仅无法挽救东亚经济的衰退，对东亚的投资明显下降，自身也陷入低迷，无法组织东亚经济圈。

其间，日本把战略重心放到美日关系的再确认上。这与美国的意图不谋而合。美国采取一系列举措转变同盟职能，扩大同盟范围，扩展合作领域及合作方式，初步完成对其东亚同盟体系从冷战型到后冷战型的改造。与此同时，美国还力图通过亚太经合组织（APEC）主导东亚政治经济秩序。

由于日本外交战略的转型和国内政治右倾化，从1993年开始，中日关系进入摩擦期，出现政冷经热的态势。1992年，日本最早提出"中国威胁论"。此后，日本在历史问题上一再出现翻案风，并提升与台湾地区的关系，在对华经济援助中加重政治色彩，通过经援牌向中国施压，甚至在1995年对中国核试验进行制裁。为了抑制中日关系下滑的势头，两国政府首脑在邦交正常化25周年之际进行了互访；1998年年底中国国家主席江泽民访日，双方发表了第三个政治文件《中日联合宣言》，宣布建立"致力于和平与发展的友好合作伙伴关系"。此后，中日关系出现暂时稳定。2001年小泉纯一郎担任日本首相之后，中日关系进入更激烈的摩擦期，日本在靖国神社参拜、教科书、台湾地区、钓鱼岛、东海划界等问题上采取了一系列不友好和侵犯中国主权的做法。中日冲突是两国实力对比发生历史性变化引起的反应性动荡，日本对中国崛起的不适应进入深化期。

五 2001年至今的东亚秩序变动与中日关系

2001年是中日转势之年,是东亚秩序变动基本格局确定的一年,也是中国开始把握东亚主导权的一年。2001年5月,日本内阁通过了《通商白皮书》,第一次明确指出,以日本为领头雁的东亚经济雁行模式时代业已结束,东亚经济进入了"群马奔腾"的新竞争时代。同年,中国加入WTO,进一步确定了改革开放的和平发展战略,中国提出了建立中国—东盟自由贸易区的倡议,中国与东盟合作确定了东亚格局的总体战略部署。"9·11"事件使中美关系逐步走向成熟,日本再无强硬外援可用。经过几年的博弈,日本终于在稳定发展与中国关系上迈出了关键性一步,中国在东亚秩序建设上的主导态势也由此确定。

第一,中国崛起的效应在东亚全面展开。近年来,中国将加强地区合作与交流作为实现本国战略目标的有效途径。在经济上,中国进一步落实建立中国—东盟自由贸易区的倡议,强调"10+3机制"是东亚地区合作的主渠道;在安全上,上海合作组织提供了积极的范式,中国加强了与东盟等国家在非传统安全领域的合作;在军事上,中国积极拓宽与大国的合作,在反恐、防扩散、联合军事演习等方面体现出前所未有的积极姿态。中国在地区合作中的积极进取,既促进了地区内国家对中国发展经验和成果的分享,也提高了中国在东亚的战略地位。[1]

中国与东亚诸国全面展开合作,经济紧密度稳步加深。中国为东亚地区提供了巨大市场,使邻国成为最大的受益者。中国的迅速发展带动了周边国家的繁荣,它们对中国的认同度越来越高,中国在本地区扮演越来着积极而负责任的地区大国角色。周边经济体对中国的贸易依赖程度大大增加,对日本和美国的贸易依赖程度有不同程度的下

---

[1] Men Honghua, "East Asian Order Formation and Sino-Japanese Relations", *Indiana Journal of Global Legal Studies*, Vol. 17, No. 1, Winter 2010, pp. 47–82.

降，中国在东亚经济贸易地上的主导地位初步确立。

第二，东亚地区合作进一步深化。中国地区战略的调整为深化东亚一体化注入新动力，东亚一体化进入经济、政治、制度、战略四轮驱动阶段。地区经济一体化是东亚稳定和繁荣的基础，其溢出效应反过来加强了政治、安全、社会、文化等领域的地区合作，一些制度框架开始建立，东亚共同体理念被接受为地区合作的愿景。东亚大国之间不乏竞争，但大国竞争并不必然带来紧张与危机。与地区内国家加强合作、提供更多的地区性公共物品和优惠条件成为大国竞争的新趋向，各国之间合作与竞争并存，竞争深化了合作。共同利益的汇聚和制度化逐步成为东亚合作的主导要素。

第三，东盟的消极层面在体现。东盟在经济一体化进程中的领导地位得到了地区内外国家的认可和尊重，在东亚合作和东亚秩序建构中发挥关键性作用，并寻求在所有地区合作倡议中扮演中心角色。但东盟方式所秉持的低制度化、避免承诺和义务的做法不仅导致东盟内部整合缓慢，也在一定程度上放缓了东亚一体化的进程。显然，东亚秩序建构不仅需要东盟的规范性效应，也需要新的整合发动机。

第四，美国战略发生重大调整。"9·11"事件之后，美国重返东南亚，积极参与东盟地区论坛的活动。美国在东亚的安全制度安排得以持续，其战略利益得以维护和拓展，继续在东亚秩序建构中扮演关键角色。但美国不是东亚霸主，它寻求与东亚国家关系的重新定位。美国在东亚战略调整最剧者莫过于中美关系，冷战结束以来，美国对华战略一直在遏制和接触之间摇摆。经过十数年的犹豫，美国终于以较为平衡客观的眼光看待中国的崛起。2005年9月，常务副国务卿佐立克用"负责任的利益攸关方"表达对中国的预期，代表了美国对华战略的新设计。[①] 2008年下半年国际金融危机爆发至今，美国呼

---

① Robert B. Zoellick, "Whether China from Membership to Responsibility", speech at National Committee on U. S. -China Relations, September 21, 2005.

吁中国承担起世界经济领袖的必要责任,在一定意义上锁定了美国对华政策的战略趋向。

第五,日本与中国既竞争又合作。2002—2008年,日本经济复兴强劲,迈向政治大国的国内运作频繁。东南亚对日本经济繁荣至关重要,日本与东盟国家签署经济伙伴协定(EPA),以进一步巩固合作关系。作为东亚秩序的首倡者,日本不会甘心在自由贸易区建设、地区秩序建构上落于中国之后。2002年日本就提出超越"10+3"框架的"扩大的东亚共同体"构想,此后日本提出"10+6"(东盟10国、中、日、韩、澳大利亚、新西兰、印度)的构想,力图以此取代"10+3",以制衡中国在东亚影响力的扩大。

中日竞争已经成为决定未来东亚秩序的核心要素。中日之间客观存在着地区主导权的竞争,两国都积极参与地区多边合作框架,各自的地区合作方案都不同程度上被接受并付诸实施。两国在博弈过程中也明确认识到,激烈竞争妨害了彼此战略利益的实现,也阻碍了地区秩序建构的进程,两国关系已经走到十字路口,彼此都在寻求战略解困之道。

2006年10月,安倍晋三上台伊始就提出与中国建立"战略互惠关系",使得东亚各国都舒了一口气。通过"破冰""融冰""迎春""暖春"之旅,中日关系终于迈入稳定。2008年5月,胡锦涛主席访日,双方通过了具有长远战略意义的第四个战略文件《中日关于全面推进战略互惠关系的联合声明》,体现了"增加互信、加强友谊、深化合作、规划未来"的战略高度。这是中日两国基于共同利益形成的指导性文件,是中日关系新发展的重要标志。

六 对中日关系的总体评价

中日关系堪称世界上最具复合性的双边关系。从双边关系的角度看,双方在经济上已形成密不可分的互利共赢关系,经济相互依赖在不断加深。① 2008 年中日贸易总额为 2667.8 亿美元，受金融危机影响 2009 年双边贸易额为 2321.8 亿美元，日本是中国第三大贸易伙伴，中国为日本第一大贸易伙伴，日本对华贸易首次超过 20%。迄今，日本累计对华投资超过 3.6 万个项目，累计实际到位投资超过 600 亿美元，是中国第二大外资来源地。来自日本的资本、技术和贸易对中国而言不可或缺，而中国经济崛起为日本复兴提供了"特需"。

中国加入 WTO 以后，双边经济相互依赖程度加深，中国对日贸易依赖度下降，而日本对华贸易依赖度上升。相互依赖已经成为防止两国恶性冲突的重要杠杆。这具体表现在，中日贸易额占中国对外贸易总额的比率不断下降，1985 年曾高达 23.6%，1995 年仍达 20.5%，2000 年降至 17.5%，2003 年降至 15.7%，2004 年降至 14.5%，2005 年为 13.0%，2006 年为 11.8%，2007 年为 10.9%，2008 年下降为 10.4%。据日本经济研究中心预测，2020 年日本对中国的出口占其总出口的比重将达到 27%，而对美国出口的比重降至 17%，从美国市场依赖型变为中国市场依赖型。从进口角度看，中国已经位居日本市场的首位，占 1/4，到 2020 年将上升至 1/3 以上，"中国制造"已经是日本国民不可或缺的生活必需品。这在很大程度上制约了日本对中国的战略制衡能力。从日本制造业的海外分支机构分布来看，中国成为日本海外最大的生产基地和销售基地，在中国建立的研发机构也在增加。中日之间缔结了 236 对友好城市，两国人员往来超过 550 万人次，各层次往来频繁有加。可以说，中日经济相互依赖，一荣俱荣已经实现，未来处理不好可能导致一损俱损。

然而，在政治和安全领域，中日彼此存在根深蒂固的不信任乃至

---

① 柯庆生指出，尽管中日关系迷雾重重（Frosty），但经济相互依赖的深化和增强却依旧异常迅速。参见 Thomas J. Christensen, "Fostering Stability or Creating a Monster? The Rise of China and U. S. Policy toward East Asia", *International Security*, Vol. 31, No. 1, Summer 2006, pp. 81 – 126。

敌意。鉴于中国持续崛起在日本引起的忧虑，日本并非简单地追随美国，主动利用和借助美国的一面在加强，中日战略竞争加深。当然，将中日关系视为零和博弈是误导的，某些看起来竞争的层面实际上是相互调适的反映。

从地区关系上看，中日两国都期望在地区秩序塑造和建构中发挥更大的作用。日本担心出现中国主导东亚的情势，而中国对排他性的美日同盟也充满忧虑。日本认识到难以遏止中国崛起，一方面希望加强双边合作；另一方面又对中国心怀戒备，刻意阻止中国影响力的扩大。

可以说，中日关系进入心理较力的阶段。日本追求政治大国的决心，促使其将制衡中国作为首要的战略选择。中日之间不仅存在战略利益冲突，历史认识和观念冲突也交织在一起，很多问题难以妥善解决。日本期望在中国尚未羽翼丰满之际寻求更大的战略利益、更具弹性的战略空间，但中国不会允许日本挤占未来的战略空间，或挑战自己的核心战略利益。这种心理较力将是一个长期持续的过程，其最终结果取决于中国发展目标的实现。

当然，心理较力并未妨碍双方合作，两国关系开始走向战略理性。中日关系从强调日本对中国的援助到强调分歧，从强调自身利益到开始强调共同利益，积极色彩在逐步加强，双边关系开始走向稳定。

七 进一步稳定和发展中日关系的建议

当前中日关系的调整只是消除或缓和长期政治冲突的部分后果，如何稳定中日关系依然是摆在决策者面前的重大议题。结合中国国家战略利益的维护和拓展，我们应着重抓住如下方面。

第一，以更加长远的眼光和更具战略性的大国风度处理中日关系。首先，我们应更加理性地应对日本的调整和挑战，这包括：坚信中日关系的未来走向基本上取决于中国的发展前景;进一步了解日本的历史进程和未来目标,从而做到知己知彼;既强化中日之间解决历史问题的机制,更要促进面向未来的机制建设;下大力气加强与日本的非官方交流,以加强中日关系稳定的民间基础;加强与美欧的技术合作,视之为制衡日本、促使日本对华合作的重要手段等。同时,我们还要向日本学习成功的经验,吸取其发展里程中的教训,包括如何处理对美贸易摩擦、如何处理本币升值、如何拓展海外事业、如何促进国内和谐、建立循环经济社会等。要建立与日本的基于共同利益的全面战略框架,促使双边关系进一步深入、相互交织,以防止某方面的摩擦导致中日关系的全面倒退。

第二,思考如何构建中、美、日三边关系的稳定框架。中日关系的模糊性在很大程度上是美国因素导致的,我们可以适当考虑中、美、日三方在某个层面的协商。对中国而言,建立稳定的中、美、日三边框架利大于弊,应从长远角度加以考虑。

第三,区分轻重缓急,妥善处理中日关系与东亚未来的关系。必须确保东亚地区成为中国未来发展的战略依托,中国与东盟的关系是基础性关系,不能动摇;中国与美国的关系是全球性合作关系,存在长远性的竞争因素,但更需要进一步加强相互依赖;中国与日本的关系则是地区性竞争关系,难以完全通过寻求共同利益达到稳定,我们对此应有清醒认识。在东亚合作上,要把"10+1"做深,把"10+3"做实,把亚洲做宽,确保"10+6"的论坛地位。

第四,把共同利益追求提升到战略层次,将互利共赢作为中国国际战略的核心目标加以推行。1997年9月"共同利益"一词第一次出现在党的政治报告中。党的十五大政治报告提出与发达国家"寻求共同利益汇合点",党的十六大政治报告提出"扩大与发达国家的共同利益"。新的中央领导集体执政以来发展了这一战略思想,强调维护与发展中国家的共同利益的主张。随着中国进一步融入东亚地区合作,扩大与周边国家的共同利益成为中国的战略趋向。日本既是发达国家，又是中国的近邻，中日之间能否通过共同利益的汇聚与制度化稳定双边关系，是对中国近年来战略创新的重大考验。进一步说，中国应以强化和扩大共同利益为国际战略的基点，而不是把缩小分歧作为处理大国关系的基点，一味避让毕竟不是大国崛起之道。随着中国全面参与国际事务，相关议程在迅速扩展，与其他国家寻求共同利益的巩固和扩大是可能的，也是必要的。鉴于中国已经成为世界和东亚地区的利益攸关方，以强化和扩大共同利益作为国际战略指导原则有其可行性，符合中国长远战略利益。

关于中国大战略的理性思考[*]

中国大战略之谋划，应从基本国情和国家战略资源出发，结合其所面临的国际局势，明确本国的基本世界定位及其基本战略选择；在此基础上，确立大战略的基本趋向，并以此为核心确定大战略的基本内容及其实施原则，构建大战略的基本框架。

一　中国的世界定位

一个国家的世界定位往往源自其国家总体实力，与其所追求的国际目标以及国际社会的反应也有直接的关系。自1978年改革开放以来，中国的国家实力及其国际影响力一直处于上升态势，尽管不时出现"中国风险论"、"中国崩溃论"、"中国分裂论"的悲观论调和"中国威胁论"的危言耸听，但大多数战略分析家所持的预测是中国正在迅速崛起，成为世界强国只是时间问题。1997年亚洲金融危机爆发以来，中国领导人在诸多场合宣布中国要成为国际社会中负责任的大国，并采取具体措施进一步承担国际义务和责任，中国的大国地位和大国作用受到国际社会的更多关注。2006年以来，自美国开始，世界热炒"中美两国论"（G-2），中国开始被视为世界大国，尤其是2010年中国GDP规模超过日本位居世界第二经济强国，使得这一

---

[*] 本文公开发表于《战略与管理》2012年第2期，第10—18页，收入本书时有所修订。

话题持续发酵。关于中国世界定位的争论，主要集中于中国属于何种程度的大国上，目前主要有地区大国、具有世界影响力的亚太地区大国、具有世界性影响力的大国、世界性大国、准超级大国等几种判断。

关于大国的基本标准，中国古人曾有探讨和判定。例如，战国纵横家张仪指出，"秦地半天下，兵敌四国，被山带河，四塞以为固。虎贲之士百余万，车千乘，骑万匹，粟如山积。法令既明，士卒安难乐死。主严以明，将知以武。虽无出兵甲，席卷常山之险，折天下之脊，天下后服者先亡。"① 以上剖析实际上指出了作为大国的基本标准：幅员辽阔（地半天下）、具有抗衡其它国家联合起来的实力（兵敌四国）、地势稳固（四塞以为固）、军事力量强大、经济实力雄厚、国内政治清明、制度先进（法令既明，主严以明，将知以武）、具有巨大的威慑力（天下后服者先亡）等。关于世界大国的衡量标准，国际关系学者、历史学家多有涉及。例如，德国历史学家兰克指出，一个世界大国"必须能够抗击所有其他大国而不败亡，即使在后者联合起来的情况下。"② 时殷弘认为，大国在某区域内或世界范围内有较广泛的国外政治、经济和战略利益，拥有足够的综合国力，平时能够有效地维护这些利益，战时则能够或通常能够抵御至少其他两个区域性或世界性大国的联合力量，一般来说被别国认为有权利处理本区域或世界范围内所有重大国际问题和足以影响其他多国安全的国内问题，通常与本区域内和世界上其他大国有起码的共同利益、共同国际价值观念、共同规范和共同国际运作机制，从而被视为大国共同体的一员。大国具有参与处理本区域内所有重大国际问题的公认权利，拥有实力、广泛参与区域或世界范围内的国际事务并在这些事务上同其

---

① 《战国策·楚策一》。
② Leopold von Ranke, *The Theory and Practice of History*, Indianapolis: Bobbs-Merrill, 1973, p. 86.

他大国有足够的协调与协作。① 中国财政部副部长王军指出,世界强国应具备以下特征:(1)国家实力强,与同一历史阶段的其它国家相比,经济更为发达、军事力量更为强大、文化更为昌明、疆域更为广阔;(2)对外辐射广,其经济、政治、军事、文化等方面对外扩张和辐射,能够深刻改变时代面貌,强有力地影响乃至左右世界文明的进程;(3)历史影响远,其影响并不局限于某时某地,而是跨越时空、源远流长。②

对照这些参照条件,我们认为,有史以来,中国就是东亚地区乃至亚洲的大国。当然,中国从来未成为世界大国,因为19世纪之前并不存在世界大国,只有区域性大国,真正的世界大国是在19世纪后的群雄逐鹿中造就的,而欧洲大国的崛起与中国的衰落恰成鲜明的对照。直到第二次世界大战结束之际,中国才再度以大国的面目在国际体系中现身。中华人民共和国的成立制止了中国国际地位下降的百余年趋势,迅速确立了政治大国、军事大国的地位。1978年改革开放以来,中国的经济地位迅速攀升,国家总体实力不断增强。随着中国国家实力的上升,中国已经成为亚太地区的大国之一,亚太地区的所有重大事务,没有中国的积极参与则难以获得满意的结果;中国具备成为世界大国的一些基本条件——如国家战略资源占世界的比重和联合国安理会的常任理事国席位等,但尚缺乏足够的海外利益和被国际社会所公认的世界性特权,尽管中国被视为G-2之列,因此我将中国定位为具有世界性影响的亚太大国。③ 中国的世界定位以地区性为基点,兼具世界性的特征。

对于中国的大国地位,目前有异义者甚少,但关于中国成为世界

---

① 时殷弘:《关于中国的大国地位及其形象的思考》,《国际经济评论》1999年第9—10期,第43—44页。
② 王军:《江山代有强国出——世界强国兴盛之路探析及其对中国发展的启示》,《经济研究参考》2003年第49期,第2—16页。
③ 门洪华、钟飞腾:《中国海外利益研究的历程、现状与前瞻》,《外交评论》2009年第5期,第56—71页。

大国的前景，却历来争论不休。迈克尔·奥克森博格（Michael Oksenberg）等指出，世界大国的基本条件是：经济发展处于世界前列，军事实力处于领先地位，文化宣传影响全球，具有世界性的政治影响力；从以上标准条件看，中国具有成为全面强国的潜力。① 布热津斯基指出，"全球性强国意味着真正在全球军事能力方面占有绝对优势、重大的国际金融和经济影响力、明显的技术领先地位和有吸引力的社会生活方式——所有这些必须结合在一起，才有可能形成世界范围的政治影响力。"② 对照这些条件，中国目前不是世界大国，但具备了成为世界大国的基础条件，中国的经济实力、文化影响力、军事实力、科技能力、国际影响力均处于稳步上升态势，对照美国之外的其他国家，中国成为世界大国的潜力最为巨大、前景亦最为明朗。

二　中国的战略机遇期

所谓战略机遇期，即在国内外环境得到正确把握的情况下，能够为一个国家的长远经济社会发展提供良好的条件，对其历史命运产生全局性、长远性、决定性的特定历史时期。从全球角度看，战略机遇期是世界范围内各种矛盾运动变化的结果，是人类社会发展规律在当代的体现，是国际国内各种因素综合作用形成的机遇；从一国角度看，战略机遇期则是该国在具备迅速发展条件基础上迈向腾飞的中间阶段，是从量变到质变的重要关口。概言之，战略机遇期对一国国家实力及其世界地位的提升具有重大意义。

20世纪末21世纪初，中国国内外局势同时出现重大转折，这是中国战略机遇期到来的重要标志。从国际环境角度看，自20世纪70年代以来，随着世界进入全球化时代、信息革命时代、知识经济时

---

① Yoichi Funabashi, Michael Oksenberg, Heinrich Weiss, *An Emerging China in a World of Interdependence*, New York: The Trilateral Commission, 1994, p. 2.
② 布热津斯基：《如何与中国共处》，《战略与管理》2000年第3期，第12—13页。

代，国际关系发生了重大变革，主要表现在：国际关系日益多极化，经济全球化塑造着国际权力和影响力的分散化和均等化；国际关系的整体性加强，在新科技革命的推动下，国际分工的深度、广度和水平不断加强，世界贸易自由化、金融国际化和生产一体化速度加快，总体上把各国联成一个相互依赖的整体，世界越来越进入一个复合相互依赖的时代；国际关系日趋制度化和有序化，国际制度开始并将继续发挥越来越重要的作用；国际关系民主化动因增多，国际组织特别是政府间国际组织得到空前发展，全球市民社会亦在兴起。以上特征表明，世界处于和平、发展局、合作的时代，世界总体上和平、稳定，在可预见的将来不会发生世界大战，中国的总体安全基本可以得到保证；同时，世界主要国家间关系呈现良性互动，主要采取经济、外交、政治、文化等手段解决彼此之间的问题，大国之间的协调和对话有所增强，这使得中国有可能争取到相对长时期的和平环境；国际秩序处于转型时期，各国着眼于未来的国家实力之争更加激烈，但竞争主要体现在经济、科技方面，双赢特征进一步突出。

从中国角度看，1978年以来中国的改革开放过程，就是一个冲破自我封闭走向世界的过程，也就是一个积极参与全球化的过程。把国内改革与对外开放有机地结合在一起，反映出邓小平对时代的一种深刻把握：在经济全球化的背景下，国内事务与国际事务已经不可分割地联系在一起，对内改革和对外开放其实已经是一个硬币的两面。[1]到20世纪90年代末，中国实现了分三步走实现国家现代化战略的第二步，人民生活总体上达到小康水平，但是，中国现有的小康仍然是低水平的、不全面的、发展不平衡的。中国是世界第二大经济强国、第二大贸易国，是亚洲乃至世界经济的主要发动机之一，总体而言中国崛起的经济基础已经具备。在21世纪头20年是实现现代化建设第三步战略目标、完善市场经济体制和扩大对外开放的关键

---

[1] 俞可平：《全球化与全球治理》，社会科学文献出版社2003年版，第26页。

阶段，集中精力于全面小康社会的建设是中国的总体战略目标，这将是促成中国社会经济发展全面跨越的重大战略谋划。同时，随着中国国家实力的提高和全面融入国际社会，中国的参与意识和参与能力空前强化，中国以积极、建设性的姿态，成为国际体系的重要塑造者。

正是基于以上国内外情势的变革，中国领导人得出了具有指导性战略意义的结论："21世纪头一、二十年，对于我国来说，是必须紧紧抓住并且可以大有作为的重要战略机遇期。"中国大战略谋划是连接世界和中国局势重大转折的关键桥梁，中国对战略机遇期来临的主观认识和战略把握是一个至关重要的条件。

一个国家的战略机遇期历来由主客观两方面的条件共同促成的，战略机遇期要求在客观上等待时机，而主观上要争取创造条件。中国曾经与两次重要的战略机遇期失之交臂。1820年之后，西方资本主义国家开始启动工业化进程，经济迅速增长，中国则困于内忧外患，与工业化浪潮错步。第二次世界大战之后，世界经济进入黄金时期中国再次与之错失，总体发展速度远远落后于其他大国。[①] 往者不可谏，来者犹可追。1978年，邓小平以其敏锐意识，引领中国抓住了新一轮的全球化浪潮，使改革开放政策制定与全球化的浪潮汹涌相唱和，革故鼎新，开拓进取，为21世纪初中国新战略机遇期的来临创造了基础条件。历史一再表明，机遇极为宝贵，稍纵即逝。在历史发展的关键时期，把握住了机遇，落后的国家和民族就有可能实现跨越式发展，成为时代发展的弄潮儿；而丧失了机遇，原本强盛的国家和民族也会不进则退，成为时代发展的落伍者。过去30多年，中国把握住了机遇，奠定了中国崛起的物质和观念基础。未来10年将是决定中国能否顺利实现全面崛起的关键时期。

[①] 中国教育与人力资源问题报告课题组：《从人口大国迈向人力资源强国》，高等教育出版社2003年版，第10页。

战略机遇期的认识、把握和运用，是一个创造性的实践过程，其间挑战与机遇并存且相互转化。从中国的基本情况看，机遇总体而言大于挑战，但在一定条件下则挑战大于机遇，中国需要更加积极进取的精神，革故鼎新、有所作为。

三 中国大战略的基本选择

中国崛起是改变世界形态或格局的重大事件。新兴大国崛起必然带来世界的震撼。鉴于全球化和复合相互依赖的深化，新兴大国必然与原有大国展开竞争与冲突，也必然进行合作与协调，如何寻求共赢是大国崛起成为可能的必要条件。

1978年迄今，中国国家实力和国际地位的上升幅度为诸大国之最，成为世界大国的潜力充分体现出来，且表现出成为世界大国的积极意愿。鉴于此，中国如何成功崛起，成为世界性、世纪性的重大问题。

自20世纪80年代以来，中国强大起来之后的战略选择就是国际社会关注的焦点问题之一。进入90年代，"中国威胁论"不胫而走，国际社会对中国的未来走向争论不休。中国一直坚持独立自主的和平外交政策，在许多国家看来，中国强大起来后必然挑战现行国际秩序。1997年东南亚金融危机爆发后，中国坚持人民币不贬值，筹资援助受损国家，成为抗击金融风暴的中流砥柱，在国际社会中的份量剧增。国际社会高度评价中国的作为，认为中国表现出了负责任大国的应有姿态。此后，中国领导人江泽民、朱镕基等多次在国际场合宣讲中国要"做国际社会负责任的大国"，表明中国外交战略调整的方向。学术界认为，这标志着中国确立了谋求世界大国地位的战略。进入21世纪以来，中国强调坚持韬光养晦、争取有所作为的战略思路，确立了和平发展的战略道路，以积极的、建设性、可预期的国际形象屹立于世界强国之林。

根据历史经验，大国崛起往往采取军事战略、搭便车战略、积极参与战略等几种模式。其中，15—19世纪的列强争霸基本上采取了军事对抗的铁血战略，20世纪的两次世界大战是德国、日本力图通过军事战略获得霸权地位的实例，该战略的代价和破坏性有目共睹；二战结束后日本、德国采取搭便车战略得以在经济上重新崛起，但其负面影响迄今仍在；19世纪末20世纪初美国采取了以经济利益优先的积极参与战略得以崛起，并获得世界霸权。当前，通过军事扩张战略崛起的手段早已被唾弃，国际结构的现实、中国的国家实力、中国以经济建设为中心、争取和平的国际环境的外交战略目标都决定了，中国没有理由成为挑战国。同样，对中国这样的大国来说，搭便车战略也是不可行的：中国的现实和未来目标都决定了中国绝对不会选择单方面让渡国家主权的战略；也没有国家能够为中国这样的大国提供"便车"。对中国来说，选择消极参与的方式也是困难的。首先，现有国际规范和原则多反映了西方主导国家的利益需求，其本身就存在种种局限和缺陷，对中国这样的后来者（Newcomer）的利益存在严重制约，中国可以正视这些制度性安排仍将长期存在的事实，但必然有意愿和实力要求这些安排趋向合理性和民主化；其次，国际制度的制定者多是既得利益者，不会让中国自动享有制度权益，必然力图将中国排除在利益安排之外，以遏制中国的迅速崛起，中国为复关、入世所做出的10多年努力均可佐证之；再次，冷战结束后，重新进行国际制度安排已是大势所趋，作为世界上举足轻重的大国之一，中国第一次赢得了平等参与国际决策的可能，选择消极参与的战略岂非错失良机？最后，中国在20世纪70—80年代的经历证明，消极参与并不真正符合维护中国国家利益的需要。实践证明，中国只能采取积极参与的综合战略，即：经济方面，积极融入世界经济并参与竞争；政治方面，坚守立场而策略不失灵活；军事方面，不挑战但必须稳步加强军事实力，加速军事现代化的步伐；文化方面，在弘扬民族文化的基础上，加强对其他文明精髓的吸收。中国一方面应充分认识到国家实力和国际地位的增长,承担负责任大国的历史使命;另一方面要认识到自身存在的问题及实力的局限,避免国际孤立和被包围局面的出现,以建设性的心态和实际行动积极参与国际事务的处理,有所作为。①

随着中国重返国际社会,中国逐渐开始了"社会化"的过程,即新加入者将国际社会的规则和价值观念内在化的过程。② 这意味着中国关于国际社会的观念发生了变化,中国开始遵循国际社会的规则,参与主要的全球性国际制度,不再把革命当作变革国际社会的途径,中国开始把广泛参与国际社会作为现代化的前提和重要途径,正是在这个前提之下,改革开放才成为中国的基本国策。中国不再以意识形态和阶级划线,而是将国家视为国际关系的主要行为体,并从国家利益角度理解和认识国际社会,处理国家间关系,在此基础上,中国作出了世界大战可以避免的判断,开始了逐步但积极融入国际社会的历程,以中国近代以来的历史为参照,其参与国际社会的速度、广度和深度无可比拟。

进入 21 世纪,中国总体外交战略开始由主要为自己的发展利益服务的和平环境战略转向与世界谋求共同发展与安全的战略,这一战略转变以经济主义和区域主义为基点,以积极参与国际事务、加强国际合作为途径,以拓展国家战略利益、发挥负责任大国作用为目标。中国国际战略的中短期目标主要是:

第一,维护和营造有利于国内现代化建设的国际环境。避免与西方国家特别是美国陷入对抗、遏制和冷战的循环圈;避免周边结成旨在对付中国的同盟;避免中国周边的热点问题如朝鲜半岛核问题等失控。为此,中国应进一步发展与俄罗斯、欧洲、发展中国家的关系,

---

① 门洪华:《国际机制与中国的战略选择》,《中国社会科学》2001 年第 2 期,第 178—187 页。

② David Armstrong, *Revolution and World Order: The Revolutionary State in International Society*, Oxford: Oxford University Press, 1993, p. 18.

避免国际孤立或陷入美国包围圈；加强与周边国家的交往，深化经济战略空间；确保正常的中美关系，巩固和拓展双边共同利益的范围与空间，理智应对美国的经济接触与战略遏制并行的战略。

第二，维护和扩展国家战略利益的范围和空间。维护和扩展国家的经济利益，大力开拓国际市场，扩大国际份额，获得技术、管理经验、资本和资源，推动本国经济的发展；维护和促进国家安全利益；维护国家政治利益；拓展国家文化利益。

第三，扩大国际影响力。树立和平、开放、负责任的大国形象，积极参与全球性国际制度并适时促进其完善；积极参与主导或（和）主导创建区域性国际制度，通过亚太地区的主导大国地位影响全球并获得全球影响力。

中国大战略谋划应过分认识到自身实力的增长和国际地位，承担负责任大国的历史使命，认识到所谓的"中国威胁论"、"中国责任论"等属于外来压力，在一定程度属于自然现象。同时，中国要认识到自身存在的问题及实力的局限性，避免打碎现有国际秩序的理想冲动，谨记"韬光养晦、决不当头"；避免国际孤立和被包围局面的出现，以建设性的心态和实际行动积极参与国际事务的处理，有所作为。

四 中国大战略的主导理念

中国大战略的主导理念，以防御性现实主义（Defensive Realism）为核心。对任何国家而言，现实主义均是构建大战略的基本思考点，尽管自由主义的理念不时成为重要的插入性变量（Intervening Variable）。防御性现实主义强调安全合作和自我约束，且不排除新自由制度主义所极力倡导的国际制度的重要作用，同时也强调了国家自卫的基本原则。鉴于此，以防御性现实主义为主导的大战略，强调了国家间合作的重要意义，同时强调了自我约束的基本趋向，为中国全面融入国际社会并发挥积极的建设性作用提供了理性指导。

中国大战略的主导理念，当以经济主义（Economism）为首务。所谓经济主义，既包含以经济建设为中心的国内战略安排，亦表明以经济为主要对外手段拓展国家战略利益的国际战略设计。进一步说，中国应积极参与经济全球化，争取成为东亚经济的主导性力量，成为世界经济的主要发动机，以中国的经济持续高速发展推动世界经济，大力拓展经济战略利益，确保经济发展作为中国崛起的核心。经济手段可能是通过与国际社会交往获得双赢局面最重要的手段，中国的经济繁荣将使各国特别是亚洲邻国受益。

中国大战略的主导理念，当以区域优先（Regional Primacy）为重点。作为兼具区域性和世界性特征的大国，中国应以东亚作为其崛起基准地带。随着中国的崛起，中国与周边国家之间的关系发生深刻转变，一个紧密型的环中国经济带正在形成。与之并行的是，中国崛起带来的区域震动——即以"中国威胁论"为主要表现形式的"中国困境"（Chinese Dilemma）——表明，中国有必要以东亚地区发展为核心，大力促进东亚一体化，创立有助于区域经济和进一步经济开放的地区性国际制度，为其他国家搭中国发展之便车的提供机会。[1] 中国促动的东亚合作机制代表了中国大战略的新思路，即在自己利益攸关的地区培育和建立共同利益基础之上的平等、合作、互利、互助的地区秩序，在建设性的互动过程中消除长期积累起来的隔阂和积怨，探索并逐步确立国家间关系和国际关系的新准则。[2]

中国大战略的主导理念，当以制度主义（Institutionalism）为主要手段。将国际制度视为实现国家战略目标的手段，通过国际制度的参与、创设乃至主导实现融入国际社会和拓展国家战略利益，是中国既定的战略选择。在中国崛起的过程中，世界逐步建立起接纳新崛起大

---

[1] David Kang, "Getting Asia Wrong: The Need for New Analytical Frameworks", *International Security*, Vol. 27, No. 4, Spring 2003, pp. 57 – 85.

[2] Men Honghua, "East Asian Order Formation and Sino-Japanese Relations", *Indiana Journal of Global Legal Studies*, Vol. 17, No. 1, Winter 2010, pp. 47 – 82.

国的国际制度框架,这是中国得以全面融入国际社会的基础条件之一。国际关系的多元化并非没有秩序或杂乱无章,与向纵深发展的多元化进程相伴随的是制度一体化进程,① 在这个进程中,中国经历了从身处边缘、被动、消极参与到积极参与、主动建构,中国与国际制度的互动构成了一幅纵横交织、由淡至浓的画卷,而中国积极参与者、主动建构者的角色日渐突出,这既是中国积极融入国际社会的表现形式,也是中国崛起被国际社会接受的重要标志。

中国大战略的主导理念,当以政策协调(Policy Coordination)为主要途径。冷战结束以来,国际社会进入转型时期,各大国均抓住有利机遇为实现自身战略目标而竞争,其突出特点是大国之间的合作与政策协调不断加强。② 中国大战略的谋划,应强调大国政策协调的重要意义,避免非核心战略利益上的冲突,以合作的、建设性的姿态追求战略目标的实现。

中国大战略的主导理念,当以国际形象建构(Image Buildup)为主要目标。塑造一个负责任、建设性、可预期的国际形象对中国大战略目标的实现至关重要。1997年亚洲金融危机爆发之后,中国将"负责任大国"作为其国际地位的标示,积极提供全球性和区域性公共物品,逐步竖立起负责任的国际形象。加强国家间合作与协调,维护国际道义,维护国际法的基本原则,是树立大国道义形象的重要途径,也是中国国家利益扩展到全球的前提条件。进一步关注和塑造国际形象,将是中国大战略的以实现的基本目标。

以上中国大战略的主导理念,既代表着对中国传统战略观念的继承,也体现了21世纪的战略观念创新,是中国大战略得以实现的精神武器。

---

① 喻希来:《界文明中的中国文化》,《战略与管理》2001年第1期,第61—76页。
② 罗伯特·吉尔平:《国际关系政治经济学》,经济科学出版社1989年版,第405—411页。

五　中国大战略的核心内容

中国积极参与的大战略应由如下几个重要方面组成：

经济战略上，积极参与经济全球化，争取成为东亚经济的主导性力量，成为世界经济的主要发动机，以中国的经济持续高速发展推动世界经济，大力拓展经济战略利益，确保经济发展作为中国顺利崛起的核心。中国的经济战略目标不仅局限于为经济建设创造国际环境，拓展经济利益，还需要加强塑造能力，锤炼议程创设和实施能力，以经济战略的成就促进国际战略的整体成熟。为此，首先要牢牢树立经济安全的思想。经济全球化的深化和区域集团化的发展，使国家经济发展越来越容易受到外来因素的影响和冲击，经济安全成为国家安全的核心内容之一。建立实力雄厚的国内经济是保障经济安全的基本条件，进一步参与国际经济合作是保证经济安全的外在途径。[①] 其次，改革外贸体制，以促进产业升级的产业政策为中心来构建中国对外贸易战略，使中国的对外贸易战略转到为产业结构技术密集化服务的轨道上。扩大海外市场，提高中国商品在国际市场的占有率，是增强中国经济实力和提高人民生活水平的重要途径。其三，确保并拓展中国获得国外技术和资金的渠道。其四，确保并拓宽从国际市场获得能源和战略资源的途径和能力。能否从国际市场顺利获得能源和原料，不仅关乎中国经济能否持续、快速发展，而且事关国家安全利益。其五，加强周边地区的经济一体化，建立经济纵深地带。应进一步加强周边地区的经贸交流和资源开发合作，形成自己的经济战略带，为中国经济的顺利发展创造良好的战略环境。

安全战略上，以新安全观为战略基础，稳步推进国家安全，积极

[①] 裘元伦：《经济全球化与中国国家利益》，《世界经济》1999 年第 12 期，第 3—13 页。

参与国际安全的维护，以维护并拓展中国的安全利益。首先，以陆地边界的和平与稳定（包括与俄罗斯、中亚诸国、阿富汗、印度、巴基斯坦等）为战略依托，在海域疆界上与主要大国合作，确保东北亚的和平与稳定，发展中日战略互惠关系，加强与东南亚的战略性合作，以经济合作入手，积极促动中国—东盟自由贸易区的建设，改善中国的战略环境。其次，军事手段仍然是保障国家安全的最后堡垒，为国家安全计，中国必须积极参与到军事革命的行列之中，推行积极防御的军事战略，坚持质量建军，准备打赢现代技术特别是高技术条件下的局部战争。为此，必须逐步稳定地增加军费开支，将经济实力有效地转化为军事能力，建立可靠的核威慑力量，加速常规武装力量的现代化，从数量规模型向质量效益型转化。同时，进一步加强对外军事合作与交流，既强调中国军队的和平使命，也要适当展示中国的军威。其三，反独促统，维护国土完整。中国应坚持以政治经济、文化手段促共识，以军事手段反台独，促进两岸认同交流、维护和促进一个中国的共识，为统一创造条件；同时整军经武，不放弃军事手段。提高警惕，采取一切必要手段打击"疆独"、"藏独"，特别是对其暴乱行为应坚决镇压，防止新疆、西藏等地区任何形式的分裂。其四，推动多边安全合作，拓展中国的安全利益。一个国家的安全利益取决于该国的实力及其与外部世界交往的密度，而国家安全利益的扩展必然是经济利益扩张的逻辑延伸。随着中国对外交往的扩大，中国的安全利益必然扩展。为建立更加稳定的亚太安全制度，中国应积极推动多边安全合作，参与并在一定情势下主导构建周边安全制度，参与营造国际安全体系。

文化战略上，在坚持文明多样性基础上，弘扬传统文化，加强对外文化交流，吸收人类文明的先进成果，促进普世性文化的认同，增强中国文化的国际影响力，并将文化作为中国崛起的坚实基础。文化是行动者对自己、行动者之间以及所处环境或世界所持有的共同知识，即共有观念，共有观念形成之后，将反过来塑造行动者的身份，并通过身份政治影响其利益和行为。① 在一定程度上，文化等同于一个国家的软实力。大国崛起，经济、军事实力是重要指标，但文化的国际影响力同样不可或缺。在文化战略层面，第一，要以弘扬传统文化的精髓为根本，同时加强对其他先进文化成果的吸收，全球化正在改变传统的思维方式，应在文化战略上积极迎接全球化的潮流，发展和塑造21世纪的中国文化；第二，加强对外文化传播，建构国家形象。一个国家的文化被接受的程度，是表示国家兴衰的一个重要因素。② 文化力是综合国力中最具能动性的力量，具体表现在它的凝聚力量、动员力量、鼓舞力量和推动力量。随着知识经济的到来，文化力的能动力量将变得越来越重要。通过文化交流，展示中国文化的魅力，是建构和树立国家形象的重要途径；此外，大众传媒是塑造国家形象的重要载体，必须坚守并开拓大众传媒的阵地，加强对外宣传的力度；第三，加强战略文化的重塑，促进国际认同。战略文化指的是被国家决策者所认同一套宏观战略观念及据此确立的国家长期战略趋向。③ 中国将重塑其战略文化，并通过各种途径加强交流，使之为国际社会所理解、接受，以巩固并提高中国的国际战略地位。

六 中国大战略的实施原则

孙子曰：兵无常势，水无常形。中国大战略目标是既定的，其具体实施则需要与时俱进。中国将重点关注如下方面：

第一，加强对战略态势的跟踪评估，构建国家大战略目标的评估和调节体系。评估战略态势的指标，包括战略能力、战略意愿、战略目标等几个主要部分，其中战略能力是由国家实力、国家战略观念和

---

① 亚历山大·温特：《国际政治的社会理论》，上海人民出版社2000年版，第四章。
② 黄朔风：《综合国力新论》，中国社会科学出版社1999年版，第12页。
③ Alastair Iain Johnston, "Thinking about Strategic Culture", *International Security*, Vol. 19, No. 4, Spring 1995, pp. 32–64.

国际制度的参与等因素整合而成的,而战略意愿既反映了一个国家的战略谋划水平,也代表着该国所持有的战略姿态。战略态势反映了一个国家大战略的基本表现及其引致的战略效应,是衡量战略谋划精当与否的基本条件,国家应根据战略态势变化调整其战略布局及战略实施。构筑良好的战略态势,要强调在既有国家战略资源的基础之上,加强国家的基本战略能力;要加强国家的战略意愿,体现更加积极、稳健和建设性的战略姿态;鉴于国家战略目标是多元的,应集中于核心目标的实现,同时强调忧患意识、居安思危的必要性。

其次,强调以发展实力为核心。中国崛起的基础是实力崛起,即必须首先增强国家实力,成为更强盛的大国。乔治·莫德尔斯基(George Modelski)指出,世界大国首先是世界经济主导国,即经济规模大、富裕程度高,而且在技术革新条件下主导性产业部门旺盛,积极参与世界经济,是世界经济的增长中心。[1] 当前,国是最具有潜力的世界市场,却尚未成为"世界工厂",人均 GDP 低、国内经济发展严重不平衡等表明,中国要成为世界经济的增长中心尚需时日。由于经济全球化自身的内在逻辑缺陷,中国正生活在一个人类从未经历过的发展与不稳定并存的时代。在这样的时代,人类发展逻辑的优先点应该是自我实力的增强。国家实力的增强,不仅源于国内市场的发展和培育,还源于全球化条件下战略资源的获得。中国不可能完全依赖国内资源支撑巨大经济规模并实现持续高速增长,满足 10 多亿人口日益增长的物质文化需求。这就决定中国必须立足国内、面向世界,在更大范围内获取更多的国际资源、国际资本、国际市场和国际技术,实现全球范围内的资源优化配置。[2] 同样重要的是,国家实力的增强,不仅以硬实力的稳步上升为标示,也必须以软实力的增强为基础,中国需将提高软实力特别是民族文化的国际影响力作为增强国

---

[1] George Modelski, "The Long Cycle of Global Politics and the Nation-state", *Comparative Studies in Society and History*, 1998, pp. 214 – 235.

[2] 胡鞍钢主编:《全球和挑战中国》,北京大学出版社 2002 年版,第 92—93 页。

力的核心之一。

其三，根据大战略目标调整国家间关系。第一，强调大国关系的关键性，中国崛起首先冲击的必将是现有世界大国的权力和利益分配，而这些大国也会见微知著，对此更为敏感。因此，中国必须与世界主要大国特别是处于霸权地位的美国建立战略关系，促使大国之间的协调、合作关系的常规化、制度化，积极参与既有的大国战略协调机制（包括 G-20），确立中国与这些大国的战略利益之间的建设性关联。在大国关系中间，中国应加强纵横捭阖的外交能力，不仅要加强中美战略合作关系、中俄战略伙伴关系、中日和解的实现，也要进一步加强与欧盟（以及法国、德国等欧洲大国）的战略合作关系，同时要在大国之间确立战略平衡态势，以更好地服务于国际战略利益。[1] 第二，加强与周边国家的合作协调关系为中国地缘战略之首要目标，中国应确立在周边经济合作中的主导定位，以经济合作带动东亚一体化，进一步强调与周边合作之战略利益的长期性、长远性，将周边塑造为中国的经济战略带和战略纵深区域。第三，调整与发展中国家的关系，中国属于发展中国家的一员，与发展中国家的政治合作关系曾经也将继续是中国成为世界大国的重要保证。中国应采取积极措施加强南南合作，促进南北对话。同时，应进一步通过经济合作深化与发展中国家的关系，与发展中国家一道分享中国经济繁荣和改革开放的成果、经验，将共荣、共赢作为与发展中国家关系发展的重要目标。发展中国家仍然有其战略重要性，但是其重要性的内涵发生了变化，如果说历史上中国与发展中国家的关系更多地集中在获得政治支持方面，那么今天则具有更为广泛的意义，且经济合作的价值更加突出。鉴于发展中国家已经分化，不再是一个整体，今后应以具体性代替整体性。第四，对世界上最为贫穷、濒于失败或处于失败境地的

---

[1] 门洪华：《中国大国关系的历史演进（1949—2009）》，《江苏社会科学》2009 年第 6 期，第 11—17 页。

国家（Failing or Failed States）等提供更多的经济、外交或其他形式的援助，以此负担大国责任，并逐步实现国家战略利益拓展的目标，将利益触角延至全球。[1]

其四，更好地利用国际制度，使之成为拓展中国国家利益的重要渠道。中国崛起的前提条件之一是，了解、遵守、利用、修改、完善和参与制定相关国际制度。中国崛起与融入、改造、完善国际制度的过程相辅相成。改革开放以来，中国逐步融入国际社会，对国际制度的作用及其局限性有了更为圆熟的认识，[2] 已经近乎是国际制度的全面参与者，主动促成地区性国际制度的建设，在亚洲区域国际制度的建设中承担了主导者的角色。中国应进一步学会更好地利用国际规则，积极参与国际制度的修改、完善、创新，且利用实力资源阻止不利于中国国家战略利益的国际制度生成。首先，必须保持清醒的头脑，意识到全球化不是中国主导的，其规则不是中国制定的。中国必须理解与国际接轨的完整含义，了解在什么程度上与国际接轨最符合国家利益、接轨过程中如何平衡发展与安全、主权的关系等，深化对国际制度的认识；其次，要充分利用国际制度中有利于中国的部分，以国际通行规范开展活动；第三，随着国家实力的提高和更大范围国际利益的需要，中国应根据客观需要，积极主动地倡议或主导国际制度的修改、完善和新国际制度的制定——即提高中国的议程创设能力，确保中国国家利益更具有国际合法性。

其五，强调国内战略与国际战略的相互协调。国内战略与国际战略相辅相成，而国际战略以国内战略的目标实现为依归。确保二者的相互协调，首先强调国家独立自主性的重要。经济和技术力量正在深刻地重构国际事务并影响国家行为，然而，即使在高度一体化的全球

---

[1] 门洪华：《应对国家失败的补救措施——兼论中美安全合作的战略性》，《美国研究》2004 年第 1 期，第 7—32 页。

[2] 门洪华：《中国国家战略体系的建构》，《教学与研究》2008 年第 5 期，第 13—20 页。

经济中，国家仍然在运用其自身权力，推行将经济力量纳入到对其自身的国家利益与国民利益有利的轨道中去的政策。国家的经济利益，包括了从国际经济活动的所得中收获一份公平的甚至是略多的份额，也包括保持国家的独立自主性。第二，要强调将办好国内事情作为第一要务，中国的发展本质上是依靠本国力量，依靠自身改革来寻求和开发发展的动力，正确选择政治战略和发展战略，建立实力雄厚的经济，与以增强实力为核心的战略一脉相承。第三，强调国内政治昌明、社会进步对实现国际战略目标的重要性。鉴于改革开放以来的经历和全国性思想观念进步和制度机能改善，中国走向强大的历程也伴随着走向法治、民主和国际主流。中国的国内政治条件、社会条件在逐步增长和优化。进一步促进国内发展的良好态势是实现国家战略目标的重要保证。第四，避免将国内政治与国际战略割裂开来的传统做法，以国际社会的积极动力特别是国际资源、国际市场、国际资本、国际技术等促进中国的全面协调发展。

两个大局视角下的中国国家认同变迁（1982—2012年）*

国家认同问题古已有之，全球化使之成为全球性现象。全球化既是削弱国家认同的力量，也是增强国家认同的动力；全球化给国家带来认同危机，也为国家认同重塑提供了新的可能。[①] 在全球化时代，建构国民及世界各国对本国的国家认同，利用国家认同促进国家整合、并在国际社会中以一个完整而确定的身份参与世界事务，成为一个国家维护尊严、完成历史使命的核心议题。

中国崛起与其全面参与全球化进程息息相关，国家认同自然是一个必须高度重视的现实问题。对中国而言，国家认同与民族认同、文化认同密切互动，面临着挑战与重塑的双重压力。本文选择1982年作为分析中国国家认同演变的起点。20世纪上半叶，中国国家认同处于剧变之中，历史包袱与时代嬗变时常缠斗不休。中华人民共和国成立伊始，中国就以社会主义建设为主线，积极进行国家认同探索，[②] 其间历经坎坷波折，而最具有创见的，就是中国特色社会主义现代化的探索与和平发展道路的确立。具有里程碑意义的是，1982年9月1日邓小平同志在十二大开幕致辞，强调"把马克思主义的普遍真理同

---

* 本文公开发表于《中国社会科学》2013年第9期，第54—66页。
  ① [美]塞缪尔·亨廷顿：《我们是谁：美国国家特性面临的挑战》，程克雄译，新华出版社2005年版，第12页。
  ② [美]塞缪尔·亨廷顿：《我们是谁：美国国家特性面临的挑战》，程克雄译，新华出版社2005年版，第11—12页。

我国的具体实际结合起来，走自己的道路，建设有中国特色的社会主义"。① 以此为开端，中国密切结合国内国际两个大局，渐进而坚定地融入国际社会，济30余年改革开放之功，积极回答"建设中国特色的社会主义"这一重大命题，逐步形成了中国特色社会主义的新理念、新思想、新论断，提出了和平与发展的世界主题、社会主义初级阶段理论、社会主义市场经济理论、和平发展道路、全面小康社会、和谐社会、和谐世界等理论，确立了比较稳定的道路形态，同步发展市场经济和社会主义民主政治，逐步造就了经济建设、政治建设、社会建设、文化建设、生态建设五位一体的全面发展格局，成功开辟了和平发展的社会主义新道路，② 推动着中国国家认同的实质性重塑。

一　两个大局视角下的国家认同探索

认同（identity）是哲学、社会学和心理学等领域的概念，指的是某行为体所具有和表现出来的个性和区别性形象。③ 亚历山大·温特（Alexander Wendt）指出，认同是自我在与他者的比较中形成的一种自我认知和自我界定，是自我持有观念和他者持有观念的互动建构，"两种观念可以进入认同，一种是自我持有的观念；另一种是他者持有的观念。认同是由内在和外在结构建构而成的。"④〔美〕爱德华·萨义德（Edward W. Said）认为，自我认同的建构牵涉到与自己相反的"他者"认同的建构，而且总是牵涉到对与"我们"不同的特质

---

① 《邓小平文选》第3卷，人民出版社1993年版，第3页。
② 包心鉴：《论中国特色社会主义的当代价值——纪念邓小平提出"建设有中国的特色社会主义"30周年》，《中国延安干部学院学报》2012年第4期，第291—292页；胡鞍钢：《中国：创新绿色发展》，中国人民大学出版社2012年版，第8章。
③ Alexander Wendt, "Constructing International Politics", *International Security*, Vol. 20, No. 1, Summer 1995, pp. 71–81.
④ 〔美〕亚历山大·温特：《国际政治的社会理论》，秦亚青译，上海人民出版社2001年版，第282页。

的不断解释和再解释。每一个时代和社会都重新创造自己的"他者"。① 法国学者阿贝莱斯（Marc Abeles）指出，越来越陷入全球化的人都感到，实际上的认同是多层面的。②

国家认同是一国对自我身份的明确认识，③ 体现一国之所以区别于另一国的特征，其他国家能够据此做出合理的评价。与此同时，国家认同是一个国家相对于国际社会的角色，是基于国际社会承认之上的国家形象与特征的自我设定。④ 故此，国家认同体现出个体与集体、国内与国际的双重维度。意大利学者安娜·特里安达菲利多（Anna Triandafyllidou）就此指出，国家认同的存在预设了"他者"（the others），国家意识（national consciousness）既涉及对团体的自我感知，也涉及对国家寻求与其相区别的他者的感知，国家认同本身是无意义的，只有在与其他国家的对比中才有意义。⑤ 就国内维度而言，国家认同是国民归属感及为国奉献的心理和行为，是国家凝聚力、向心力的重要表现，是国家治理合法性的重要来源。从国际维度看，国家认同关乎一个国家相对于国际社会的定位与角色，"是一个现代意义上的主权国家与主导国际社会的认同程度"。⑥

国家往往通过内政来界定其国家认同，而在全球化时代，国家认同的国际维度显得愈加重要，国家认同重塑必然涉及密切结合国内国际两个大局的问题。可以说，国家认同是国内维度与国际维度的统

---

① ［美］爱德华·萨义德：《东方学》，生活·读书·新知三联书店1999年版，第426页。
② 马胜利、邝扬主编：《欧洲认同研究》，社会科学文献出版社2008年版，第248页。
③ 白鲁恂（Lucian Pye）指出，国家认同被视为处于国家决策范围内的人们的态度取向。参见 Lowell Dittmer and Samuel S. Kim, *China's Quest For National Identity*, Ithaca: Cornell University Press, 1993, p. 6。
④ 孙溯源：《集体认同与国际政治——一种文化视角》，《现代国际关系》2003年第3期，第38—44页。
⑤ Anna Triandafyllidou, "National Identity and the Other", *Ethnic and Racial Studies*, Vol. 21, No. 4, 1998, p. 599.
⑥ 秦亚青：《国家身份、战略文化和安全利益——关于中国与国际社会关系的三个假设》，《世界经济与政治》2003年第1期，第10—15页。

一，是国家独特性和普遍性的整合，是国家意志、国民意愿和国际期待的统合。国家认同是国家对自身国家特性以及在国际体系中的地位和角色的自我认知，是一个国家在国际体系整体结构的制约之中与其他国家的互动过程中形成的主体间社会认同，在一定程度上是一个国家与世界关系的集中写照。就像亚历山大·温特指出的，国家认同在国际体系环境中形成并置身于体系环境之中，国家认同和国家利益由国际体系建构而成。[1]

全球化深入发展导致世界转型，带来国家理论的重建和国家认同的重塑。[2] 伴随着全球化进程的加深，资本要素、知识要素、技术要素、人力要素等在市场法则的驱动下出现了全球性的流动和组合，促进了互补性、关联性和依赖性的增强。当今世界关乎繁荣与增长的诸领域在加速走向一体化，[3] 其集中表现是全球一体化与区域集团化相辅相成、并行不悖，汇成将各国纳入世界体系的洪流。在关乎生存与安全的传统关键性领域出现了巨大的变革，国际政治开始让位于世界政治，国际关系内涵愈加丰富，复合相互依赖（Complex Interdependence）日益加深，在一定程度上促成了世界各国共存共荣的全球意识，从而导致世界进入转型之中。大规模的权力转移导致世界实力分配和实力本质的重大变化，[4] 不仅带来了国家兴衰，也造就了国家行为体实力相对下降、非国家行为体实力上升的趋势，从而为全球治理开辟出宽阔的路径。从地区层面看，国家集团化既是权力转移的来源，也是权力转移的结果，地区一体化逐步成为国家集团发展的依托，地区经济的集团化及其溢出效应导致大规模的地区性权力转移，

---

[1] [美] 亚历山大·温特：《国际政治的社会理论》，秦亚青译，上海人民出版社 2001 年版，第 24 页。

[2] [英] 马丁·阿尔布劳：《全球时代：超越现代性之外的国家与社会》，商务印书馆 2001 年版，第 272 页。

[3] Stanley Hoffmann, "World Governance", *Daedalus*, Winter 2003, pp. 27–35.

[4] [美] 约瑟夫·奈：《硬权力与软权力》，门洪华译，北京大学出版社 2005 年版，第 181 页。

已经并将继续成为影响国际关系发展的重大因素。在国际层面上，权力转移最为突出的表现就是国际制度的发展及其刚性的展现，以及与此相关的多边主义受到更多重视。① 国际制度所代表的原则、程序和规范越来越成为大国拓展战略利益和小国维持基本利益的工具，冷战后出现的巨大权力转移并没有导致大国关系的不稳定，这在一定程度上可归功于国际制度的战略约束。② 权力转移越来越导致了国家、市场和市民社会之间的实力再分配，这些变革昭示着全球治理的前景，也在一定意义上为社会主义模式在全球的再次崛起提供了思想基础和物质基础。与此同时，稠密的跨国和国际社会关系网络重塑着国家对世界的认识及其在世界上的地位。③ 随着全球性问题的全面突显，国际社会关注的核心议题在发生变化，而处理公共议题的模式也在发生变化，大国合作与协调成为处理国际事务的常有路径。概言之，世界转型突出表现为权力转移、问题转移和范式转移的相辅相成，导致认同危机成为各国普遍凸显的现象，"这一危机同时出现在美国和如此之多的国家和地区，这也表明很可能有共同的因素在起作用。……现代化、经济发展和全球化使得人们重新思考自己的认同"。④

亨廷顿指出，国民身份、国家认同问题上的辩论是我们时代的常有特点。几乎每一个地方的人们都在询问、重新考虑和重新界定他们自己有何共性及他们与别人的区别所在。日本人在痛苦地思索，他们的地理位置、历史和文化是否是他们成为亚洲人，而他们的财富、民

---

① 门洪华：《国际机制与中国的战略选择》，《中国社会科学》2001 年第 2 期，第 178—187 页。

② G. John Ikenberry, "American Power and the Empire of Capitalist Democracy", *Review of International Studies*, Vol. 27, No. 1, 2001, pp. 191–212; G. John Ikenberry, *After Victory: Institutions, Strategic Restraint and the Rebuilding of Order after Major War*, Princeton: Princeton University Press, 2001, Chapter 1.

③ [美] 亚历山大·温特：《国际政治的社会理论》，秦亚青译，上海人民出版社 2001 年版，第 282 页。

④ [美] 塞缪尔·亨廷顿：《我们是谁：美国国家特性面临的挑战》，程克雄译，新华出版社 2005 年版，第 12 页。

主制度和现代生活是否是他们成为西方人,①日本以"脱亚"为核心国家认同遭受内外挑战,所谓"正常国家"(normal country)的诉求代表着日本国家认同的困境。美国国家认同中的人种和民族属性已经消除,它的文化和信念因素又受到挑战,这就给美国国民身份和国家认同的前景提出了问题。②面对波涛汹涌的全球化时代,美国国家认同中的独特性、普遍性均面临前所未有的压力,"单极时刻"的销蚀预示着美国国家认同的困境。欧洲认同面临着严峻而颇具启示意义的认同挑战。欧洲认同是一种超国家的认同形式,包含对内对外两个方面:对内,欧洲认同将发展出一种新的归属形式,欧洲人凭借这种归属结成一个想象的共同体;对外,欧洲进一步通过与他者的比较来认识自己的特性。欧洲认同面临的挑战是多方面的,国家中心主义者对欧洲认同的发展持悲观态度,对超国家认同取代民族认同的观点深表怀疑;而超国家主义者认为民族认同已属过去,欧洲认同属于未来;多元主义者则反对欧洲认同与民族认同相互竞争、相互冲突乃至相互替代的观点,声称二者是多元共存关系。③可见,欧洲认同的内在困境更为凸显。相比而言,发展中国家、转型国家面对的国家认挑战更为复杂多元,如何既符合世界发展潮流又彰显本国特性是这些国家面临的巨大难题,它们深刻地意识到,国家认同不仅决定着其内政走向,也决定着其国际目标、国际角色和国际地位。

中国兴衰与国家认同演变密切相关,在很大程度上是中国与世界关系的写照。中国是农耕时代最发达的国家之一,以儒家价值观为核心的中华文明是世界上唯一用同一种文字记载历史且持续时间达五千

---

① [美]塞缪尔·亨廷顿:《我们是谁:美国国家特性面临的挑战》,程克雄译,新华出版社 2005 年版,第 11—12 页。
② [美]塞缪尔·亨廷顿:《我们是谁:美国国家特性面临的挑战》,程克雄译,新华出版社 2005 年版,第 17 页。
③ 于文杰、成伯清主编:《欧洲社会的整合与欧洲认同》,中国大百科全书出版社 2010 年版,第 172—175 页;洪霞:《欧洲的灵魂:欧洲认同与民族国家的重新整合》,中国大百科全书出版社 2010 年版,第 26—28 页。

年之久的文明，中国因此长期居于文化中心地位。进入 19 世纪中期，中国成为国际权力转移的受害者，列强以坚船利炮为代表的先进技术、以基督教文明为代表的西方思想通过强制性手段进入中国，导致中国成为半殖民地。进入 20 世纪，绵延数千年的封建帝制土崩瓦解，为中国国家转型开辟了道路。中国经历了资产阶级立宪制、资产阶级民主制的不成功试验，最终选择了社会主义制度。对中国而言，20 世纪是中国一个真正的大时代：20 世纪前半叶，中国尚处于不稳定的国际体系的底层，所求者首先是恢复 19 世纪失去的独立与主权；20 世纪下半叶，中国迎来历史性的崛起，国富民强、中华民族的伟大复兴成为现实的期望；尤其是 20 世纪的最后 20 年，中国抓住新一波全球化浪潮，主动开启了融入国际体系的进程，重塑国家认同，逐步成为国际体系一个负责任的、建设性的、可预期的塑造者，在国际社会中建设性作为的意愿逐步展现，中国开始成为国际权力转移的受益者。[1] 进入 21 世纪，尤其是 2008 年国际金融危机和欧美债务危机爆发以来，中国崛起步伐加速，带来了积极的全球效应，也引发了全球的热议和极大关注。

当代中国的国家认同建立在对五千年文明史、百年屈辱史和中国崛起的认知基础上的，体现出鲜明的大国地位追求。随着国家实力的增长，中国确立了和平发展道路，其国家认同日趋清晰明确。

二 中国国家认同变迁（1982—2012 年）

从密切结合国内国际两个大局的维度看，中国的国家认同变迁与确定集中体现在大国地位的诉求上。1982 年以来，中国的国家认同处于变迁之中，从传统大国到现代大国、从封闭大国到开放大国、从

---

[1] 门洪华：《构建中国大战略的框架：国家实力、战略观念与国际制度》，北京大学出版社 2005 年版，第 2 页。

一般大国到重要大国,渐进定型。

1. 制度属性:新型社会主义大国

中国是现有大国中唯一的社会主义国家,这种制度认同彰显出中国的特性。与此同时,中国又不是传统意义上的社会主义大国,而是通过对中国传统的继承、世界潮流的把握、社会主义国家发展史的反思、国家发展目标的诉求等,逐步丰富了中国特色社会主义的基本内涵,"中国特色社会主义道路是实现途径,中国特色社会主义理论体系是行动指南,中国特色社会主义制度是根本保障",[①] 从而确立起鲜明的新型社会主义大国的特征:

第一,和平的社会主义大国。和平共处五项原则、独立自主的和平外交政策代表了中国定位的和平性。党的十一届三中全会以来,邓小平同志毅然改变了过时的战略判断和陈旧的战略观念,把中国的战略思维从战争与革命的框架之中解放出来,纳入到和平与发展的新轨道之上,中国战略文化从以强调斗争为核心的战略观念转变为以趋于合作为核心的战略观念,中国完成了从革命性国家向现状性国家、从国际体系的反对者到改革者乃至维护者的转变。[②] 邓小平同志指出,我们"主张和平的社会主义",对反社会主义的势力,除进行有理有利有节的必要斗争外,"唯一的办法就是用不断加强友好、发展合作来回答他们"。[③] 中国以苏联的教训为鉴,致力于自身的和平发展,恪守和平外交的理念,以自身发展促进世界的和平、合作、和谐,和平发展道路的确立就是这一思想的集中表达。

[①] 胡锦涛:《坚定不移沿着中国特色社会主义道路前进 为全面建成小康社会而奋斗——在中国共产党第十八次全国代表大会上的报告》(2012年11月8日),人民出版社2012年版,第13页。

[②] 江忆恩:《美国学者关于中国与国际组织关系研究概述》,《世界经济与政治》2001年第8期,第48—53页;门洪华:《中国战略文化的重构:一项研究议程》,《教学与研究》2006年第1期,第57—63页。

[③] 《邓小平文选》第3卷,人民出版社1993年版,第328、349页。

第二,发展中的社会主义大国。中国决策者清醒地认识到中国"将长期处于社会主义初级阶段","我国是世界最大发展中国家的国际地位没有变,在任何情况下都要牢牢把握社会主义初级阶段这个最大国情",[1] 强调集中精力于国家建设的必要性,认为社会主义国家对世界最重要、最美好的贡献,莫过于把本国建设好,在政治、经济、文化、社会、生态等领域全面展现制度优势。集中力量建设好自己的国家,同所有国家包括资本主义国家和平共处、共同致力于世界和平与发展,具有基础性战略意义。

第三,全面开放的社会主义大国。中国从突破观念障碍和体制约束起步,从一个近于封闭的国家转变为全球市场的积极参与者,确立了全方位、多层次、宽领域的开放格局。随着中国迅速成长为世界开放性大国,中国与国际社会的复合相互依赖程度也在加深,对国际体系的塑造能力不断增强。在一定意义上,中国的和平发展是从国内经济改革起步的,中国推行的改革精神和相关措施的影响力外溢到国际层面,而中国的开放主义已经从对外开放为主走向对内对外全面开放。可以说,中国正在巩固对外开放在中国和平发展道路上的基础战略地位,开拓全面开放的时代。

第四,致力于市场经济的社会主义大国。从计划经济到商品经济到市场经济,是中国经济体制改革的基本路径,对市场经济的认识和把握成为真正全面融入国际社会的关键步骤,而融入国际体系才是中国发展之道。1992年邓小平南方谈话着重指出,"计划多一点还是市场多一点,不是社会主义与资本主义的本质区别"。[2] 以此为基础,中国形成了社会主义市场经济理论,开始了波澜壮阔的社会主义市场经济建设,从而实现了社会主义理论的升华,推动社会主义进入新的发展阶段。

---

[1] 胡锦涛:《坚定不移沿着中国特色社会主义道路前进 为全面建成小康社会而奋斗——在中国共产党第十八次全国代表大会上的报告》(2012年11月8日),第16页。
[2] 《邓小平文选》第3卷,人民出版社1993年版,第373页。

第五，致力于共同富裕的社会主义大国。中国改革开放，以"先富论"为开局。邓小平同志认识到，中国落后且长期受到"左"倾思想的影响，开放不可能全面铺开，经济振兴必须寻找到突破口，由此形成了由"先富论"到"共同富裕论"的主旨思想。邓小平同志强调，"在本世纪末达到小康水平的时候，就要突出地提出和解决这个问题"。[①] 进入21世纪，中央领导人清晰判断中国正处在发展的战略机遇期与各类矛盾凸显期并存的基本特点，明确提出"不断促进社会和谐"的战略思路，强调深入贯彻落实科学发展观，构建社会主义和谐社会，全面建设小康社会，中国扬弃了"先富论"，迈向共同富裕之路。

"中国特色社会主义"与全球化的时代特征和中国现实语境密不可分的。中国坚持社会主义的基本原则，但不同于马克思恩格斯当年所设想的社会主义和苏联的社会主义模式；中国借鉴资本主义文明成果和市场经济模式，但未被资本主义同化；中国特色社会主义是一种新型社会主义大国的追求，调整与完善并行，是融合社会主义和资本主义优势共享的制度模式，和平、发展、合作、共赢的追求代表了中国对未来发展的把握和自信。

中国新型社会主义大国的定位面临国内国际的挑战：国内挑战体现在对社会主义本质的认识和共同富裕的制度化安排上；国际挑战则主要体现在西方国家刻意突出制度认同差异，倡导意识形态上的"中国威胁论"。中国在强化推进国内五位一体发展格局的同时，强调以"和而不同"理念为基点发展与西方国家的互动关系，追求和谐而不千篇一律、不同又不冲突、和谐以共生共长、不同以相辅相成的境界。

2. 经济社会属性：发展中大国

一般而言，发展中国家指的是那些经济社会发展和人民生活水平

---

① 《邓小平文选》第3卷，人民出版社1993年版，第374页。

相对较低、尚处于从传统农业社会向现代工业社会转变过程中的国家。[1] 随着研究的深入，分析发展水平的指标不再限于传统的人均GDP和GDP指标，而增加了国际竞争力，人类发展指数（HDI）、发展平衡性等新指标。其中，人均GDP和GDP指标偏重经济因素与整体经济规模，国际竞争力指数注重考察一个国家的效率、耐力和发展态势而非固定的发展水平；发展的平衡性注重可持续发展；人类发展指数由预期寿命、成人识字率和人均GDP三个指标构成，侧重社会发展的综合因素。

早在20世纪80年代初，中国与西方国家围绕中国到底应该以发展中国家身份还是发达国家身份加入关贸总协定产生过尖锐矛盾，艰难谈判长达十数年之久。2001年中国加入世界贸易组织，从《中国加入工作组报告书》中看出，中国并没有获得完全的发展中国家地位，中国的受惠范围受到了限制。[2] 进入21世纪，随着中国成为经济实力最强的新兴国家，发达国家明确要求中国放弃发展中国家的身份。堪为例证的是，2008年国际金融危机爆发以来，国际社会普遍对中国有溢美之词与强烈要求，强调中国已经成为世界大国、准超级大国，提出两国论（G2），要求中国放弃发展中国家的呼声不绝于耳。

世界贸易组织的常规界定是，人均GDP低于3000美元的国家才可称为发展中国家。2008年中国人均GDP达到3315美元，位居世界第106位；2009年人均GDP达到3678美元，位居世界第97位；2010年中国人均GDP达到4520美元，位居世界第90位；2011年，中国人均GDP达到5414美元，位居世界第89位。[3] 中国人均GDP数额增长之快与排位之靠后同样醒目。我们一方面必须看到世界人均GDP平均线

---

[1] 刘世锦等：《如何正确认识在中国发展中国家身份上的争议》，《中国发展观察》2011年第7期，第6—10页。

[2] 徐崇利：《新兴国家崛起与构建国际经济新秩序——以中国的路径选择为视角》，《中国社会科学》2012年第10期，第186—204页。

[3] 参见 http://wenku.baidu.com/view/d0bd643531126edb6f1a10b9.html，2012年12月22日。

的总体提升（如2010年世界人均GDP平均线为8985美元，中国堪及一半）；另一方面还要意识到中国发展失衡的严重性，例如，按照联合国1天1美元的贫困线标准，中国尚有1.5亿人口需要脱贫。

有鉴于此，在经济社会属性上，中国清醒地将自己定位为发展中大国。党的十八大报告重申"我国是世界上最大的发展中国家的国际地位没有变"。无疑，中国始终追求并在走向发达之路，但其进程并非一马平川，而是呈现出复杂的进程性特征。一个发展中国家的工业化和现代化过程，就是消除贫困、摆脱落后进而提高发展水平、实现发达化的过程。中国现代化、工业化是一个不断加速的进程，也是非欠发达化与发达化并存的过程，它包括两个相互平行的进程：一是迅速地减少欠发达现象，进而迅速地脱离欠发达特征；二是迅速地扩大发达现象，明显地增强发达特征。这是一个不断量变、实现质的提高的动态过程，代表着中国从发展中国家成为中等发达国家进而进入发达国家行列的奋斗历程。

中国GDP规模自2010年以来位居世界第二位，中国的国际竞争力排名2008年为世界第30位、2009年为第29位、2010—2011年为第27位、2011—2012年为第26位，是金砖国家唯一进入前30位的。[1] 这两项指标意味着中国经济地位处于世界前列，确实难以定位为一般意义上的发展中国家。另外的指标则标明中国处于世界发展后列。比如，从在经济社会发展平衡性的角度看，发达国家内部发展较为平衡，城乡之间、区域之间差距较小；而中国仍处在发展失衡突出的阶段，城乡之间、区域之间、社会阶层之间的差距较大，有些方面的差距甚至还在扩大，具有发展中国家的典型特征。中国农村和许多地区还存在着大量的欠发达特征，而城市和沿海地区越来越呈现发达国家的某些特征，在愈来愈大的范围内与发达国家形成竞争关系。从

---

[1] 参见http：//wenku.baidu.com/view/b84a9e1f6bd97f192279e94d.html，2013年1月2日。

人类发展指数的角度看，中国不仅处于世界后列，且有下降之虞。2008年，中国人类发展指数位居世界第81位，2009年位居世界第92位，2010年位居世界第89位，2011年则下降为世界第101位，属于中下等人类发展水平。

概言之，中国经济、社会、政治、文化发展的诸多方面都体现着初级阶段的显著特点。上述分析表明，初级阶段的特征也并不是一成不变的，当前的中国不再是典型意义的发展中国家，当然也不是发达国家或中等发达国家，欠发达与发达特征并存，欠发达的范围在缩小，发达的范围在扩大。中国是一个发展中国家但也正在变成一个中心国家，所以用一般的发展中国家的眼光看待中国的问题会有很多不足，并可能影响中国重大经济金融政策的制定和实施。进入21世纪，各类现代化的因素越来越多，人民生活和社会发展的现代气息越来越浓，我们正试图以稳妥的步伐快速走过初级阶段的"中间点"。当前，中国集中出现了经济、政治、社会、文化等全面转型。中国转型的明确指向就是现代国家体制的建立和现代化进程的完成，国情特征决定了实现以上目标困难重重，完善发展理念、优化发展模式、调整发展战略变得愈加紧迫，尤其是中国必须实现不可持续到可持续发展、从不公平发展到公平发展、从不平衡发展到均衡发展的路径转变。

3. 文化属性：传统资源丰富的文化大国

文化是国家和民族的血脉、灵魂和品格，文化认同是民族凝聚力和国家向心力的动力之源，是国家认同最深厚的基础。一般而言，国家现代化是经济现代化、制度现代化和文化现代化的结合，而后者是中国面临的"攻坚战"。杜维明指出，"中国真正要崛起必须是文化的崛起"。[①]

[①] 杜维明：《中国的崛起需要文化的支撑》，《中国特色社会主义研究》2011年第6期，第35—39页。

全球化既带来了世界文化交融,更带来了文化裂变和矛盾冲突,传统文化、文化传统由此常常被视为确认国家认同的核心标志。对中国而言,文化更具有重要意义。30多年的改革开放,中国文化现代化滞后于经济现代化,文化体制尚处于改革的初级阶段,而文化安全是我们面临的最深层的安全威胁。

中国文化的历史演进及其国际影响力的演变表明,中国在文化软实力上具有先天优势,这不仅体现在古代中国以儒家文明为核心的文化先进性及其对周边地区的巨大辐射力上,而且体现在东亚一波波崛起浪潮(日本、东亚四小龙、东盟四国、中国等)中儒家文化的促进作用上。最近百余年来,西方文明对东方文明发起并构成了巨大的挑战,但以中国改革开放取得重大成就和国际实力向亚太地区转移为标志,中华文明传统正在积极弘扬之中,而西方文明则进入反思和调整阶段,东西方文明的交融将展开崭新的一页,而中国正在成为东西方文化的交汇中心。如王蒙指出的,中华传统文化回应了严峻的挑战,走出了落后于世界潮流的阴影,日益呈现出勃勃生机,它更是一个能够与世界主流文化、现代文化、先进文化相交流、相对话、互补互通、与时俱进的活的文化。①

但中国文化的问题是天然存在的。中国与近代工业化失之交臂,中国传统文化的物质支撑也逐渐遭受销蚀,尤其是19世纪中期以后遭受的一系列惨败,促使中国文化走向反思和重构历程。泱泱上邦为什么坠落得如此体无完肤?中国仁人志士从模仿西方的坚船利炮开始,逐渐发展到对中国传统文化的反思,自此,这种反思就没有停止过,关于中、西、体、用四个字的排列组合一直是人们所讨论的最热门话题。进入20世纪,以"辛亥革命"和"五四运动"为标志,中国开始了现代化进程,如何对待传统文化就成为分野,"新文化运

---

① 王蒙:《中华传统文化与软实力》,《人民日报》(海外版)2011年11月2日第6版。

动"对传统文化进行了淋漓尽致的批判,提出了全盘西化的基本主张。另一条主线就是以梁漱溟为代表的传统文化派,强调"世界文化的未来就是中国文化的复兴",① 这种观点一直持续不断,在纯粹的、非政治性的学术研讨中长生不衰。1978年改革开放以来,中国开始大规模向西方物质文明开放,而在精神文明上也进行了积极的引进。在西方看来,中国改革开放就是西化的进程;而在中国看来,这一进程是中华文明与西方文明交汇融合的过程,和而不同依旧是世界的未来面貌。

中国通过改革开放抓住了新一波的全球化浪潮,革故鼎新成为中国突出的文化特征。中国实现了物质崛起,这种崛起与亚洲经济的迅速发展相唱和,导致世人重新审视以儒家文化为主体的中国传统文化的巨大能量。"沉舟侧畔千帆过,病树前头万木春。"② 在重塑国际政治经济秩序、化解不断升级的国际冲突、摆脱物质万能的文化束缚、应对日渐突出的人类精神信仰危机等当代世界性问题的解决路径上,中国传统文化开始显现出积极的整合价值。中国决策者明确意识到了文化在国家认同上的核心价值,强调发挥文化引领风尚、教育人民、服务社会、推动发展的作用。

另外,中国在文化上仍然是一个"大而不强"的国家,传统文化现代化的问题依旧存在,如何继承和发展丰富的传统文化资源是我们面临的重大战略性议题。中国文化的内在风险主要体现在,社会价值观消失殆尽,传统社会伦理(social ethics)的丧失殆尽带来了严峻的社会问题,传统文化的精髓弘扬不够,优良传统有待于进一步挖掘,中国面临着传统文化现代化的紧迫任务。我们在热切吸纳外来文明的同时,往往忽视弘扬民族文化特色,甚至继续保持着批判民族文化的传统。然而,一个民族失去了文化特性,民族独立性也就失去了依

---

① 梁漱溟:《梁漱溟全集》第1卷,山东人民出版社1989年版,第543—546页。
② 《刘禹锡·酬乐天扬州初逢席上见赠》。

托。古今中外没有一个国家的现代化是依靠全部引进换来的。在融入世界的同时，保存和发展中国自身的文化力量与增强经济军事实力同等重要。中国目前已经基本否定了全盘西化的可能性，而主要体现为两种主要观点的较量：一种是儒学复兴论，强调中国传统文化尤其是儒学的根本价值，是所谓"中体西用"的进一步延续；另一种观点强调中国传统文化与西方文化的相互辉映，相互借鉴和相互吸收，即所谓中西互为体。然而，古今中外没有一个大国是以外国文化为本位的。对中国传统文化进行科学分析、批判继承、发扬光大是必要的，但中国文化是中国国土的独有奇葩，其现代化不可能离开传统文化而生存。我们需要强调中体西用，扬弃其中贬抑西方文化的成分，以更加开放的心态对待西方文化，吸收有益的成分，也要防止西方文化的泥沙俱下，抛弃其糟粕。中国文化的外在风险则主要体现在，西方文化有着渗透和改造"他者"的冲动，通过文化渗透推广价值观念是西方国家的主导性目标之一。中国处于向现代工业社会转变的过程中，在自觉或不自觉地接受西方文化及其价值观念，尤其是西方文化的负面——如极端利己主义和拜金主义的观念等对中国传统道德的吸引力和民族文化的凝聚力形成强大的冲击，文化安全面临严重威胁。

近年来，中国决策者深刻地认识到文化建设的滞后性、紧迫性和战略意义，在促进文化发展上着力甚多。党的十八大报告强调开创全民族文化创造力持续迸发、人民基本文化权益得到更好保障、中华文化国际影响力不断增强的新局面。中国开始确立文化立国战略，恪守文化传统，弘扬传统文化，推动文化产业改革，推进文化强国建设，倡导文化对话，中国文化现代化和文化建设迎来了大发展的时代。

4. 政治属性：负责任大国

承担国际责任是全球化时代对各国的根本要求，全球性问题的激增及其解决要求国家无论大小强弱都要承担责任，承担而不限于对内提供国内公共物品、对外遵守国际规范、维护国际准则、履行国际义务的责任。作为世界第二大经济强国、综合国力居于前列的大国、东方大国，中国对维护全人类共同利益负有重要责任。"负责任大国"是顺应潮流、主动承担责任的国家诉求与建构。承担更重要的国际责任是中国实现自身国家利益的需要，是中国在国际社会中发挥更大作用的切入点，是中国国家利益走向全球化的重要路径。负责任大国的强调，表明了中国对国际社会的新认同。

孙中山指出，"中国如果强盛起来，我们不但是要恢复民族的地位，还要对于世界负一个大责任"。[1] 中国负责任大国的建构与改革开放进程相关，与中国融入国际社会的深度相应，与中国参与国际制度的进程相辅，与国家实力提升和国际影响力的扩大相成。进入20世纪80年代，中国改变"战争与革命"的世界主题判断，开启与国际接轨的进程，其角色定位从国际体系的反对者、游离者向积极参与者、建设者转变。[2] 中国发挥积极参与建设公正合理的国际新秩序的合作角色，持续融入国际体系，并致力于与世界各主要国家建立务实的伙伴关系。

对外开放与深化参与国际制度的步伐相辅相成，中国经历了一个随着国内发展及需要而逐渐适应、逐步深化的过程。自20世纪80年代初开始，中国积极参与国际经济组织的活动并产生了积极的溢出效应，它不仅引进了新的观念，影响了中国的外交决策模式，还促进了中国对其他国际制度的参与。[3] 1992年邓小平同志的南方谈话昭示着中国全面参与国际制度时代的到来。自此，中国参与国际制度体现出全面性、战略性、长远性的基本特征，已经基本认可了当今国际体系

---

[1] 《孙中山选集》，人民出版社1981年版，第691页。
[2] 江忆恩：《美国学者关于中国与国际组织关系研究概述》，《世界经济与政治》2001年第8期，第52页；秦亚青：《国家身份、战略文化和安全利益——关于中国与国际社会关系的三个假设》，第10—15页。
[3] 门洪华：《压力、认知与国际形象——关于中国参与国际制度战略的历史解释》，《世界经济与政治》2005年第4期，第17—22页。

中几乎所有重要的国际制度。

冷战结束以来，中国经济发展继续驶入快车道，政治民主化的进程有所加快，并承担越来越重要的国际角色。随着中国的发展，中国承担国际责任的欲望和能力在增加。1997年11月，江泽民同志在哈佛大学发表演讲，强调在事关人类生存和发展的许多重大问题上中国与美国"有着广泛的共同利益，肩负着共同责任"。① 此后，中国领导人时常提及负责任大国的定位。例如，2006年3月4日，温家宝总理向世界宣布，"中国已经成为一个负责任的国家"。② 2010年4月29日，温家宝与欧盟委员会主席巴罗佐共同会见记者时表示，"中国一定会承担更多的国际责任，这不仅是国际社会的期待，也符合中国的利益"。③ 党的十八大报告强调，"以更加积极的姿态参与国际事务，发挥负责任大国作用，共同应对全球性挑战"。

负责任大国的定位意味着，中国的国家认同发生了巨大的变化，以主权为中心的、独立自主大国的传统认同与负责任大国的新认同相连，而国家行为越来越受到国际制度的调节，中国自视为国际制度的积极而负责任的参与者，进一步塑造负责任大国形象，积极提供全球性和地区性公共物品（public goods）。

其间，国际社会尤其是西方国家要求中国承担更大责任的呼声成为一种国际压力。"中国责任论"成为美国等西方国家要求中国角色转变的战略话语。华裔学者黄靖认为，西方国家要求中国承担的国际责任主要体现在三个层面：一是经济和物质上的责任，要求中国在国际事务上更多地出钱出力；二是开放金融市场方面的责任，要求中国政府必须放弃对金融市场的控制，让外国企业进入中国金融市场；三是道义上的责任，要求中国逐步按照西方的价值理念

---

① 《江泽民文选》第2卷，人民出版社2006年版，第64页。
② 《温家宝总理在十届全国人大四次会议记者招待会上答记者问》，《光明日报》2006年3月15日第1版。
③ 参见 http://news.sina.com.cn/c/2010-04-30/0102174443735.html，2012年12月22日。

和博弈规则来出牌。① 有学者认为,中国责任论是软遏制的新方式,既给中国提供了国际合作的机遇,也有更大的迷惑性和应对困难。② 中国是一个正在崛起的大国,又是唯一的社会主义大国,这两点又决定中国在承担国际责任时需要格外谨慎。正在崛起的大国在承担国际责任时,很容易被其他大国作负面的解读,"责任论"与"威胁论"往往相伴而生。社会主义大国的身份更容易遭到西方大国的敌视。与此同时,国内对中国"负责任大国"的定位也有着不少的误读,提出了认知上的阴谋论、能力上的不足论、国内问题中心论等。

当代中国的前途命运日益紧密地同世界前途命运联系在一起,中国的发展离不开世界,世界的发展也需要中国,中国对国际社会自有担当。主动承担适度的国际责任,对于中国这样一个成长中大国而言具有积极意义。这不仅是因为中国有条件、有责任对人类做更多更大的贡献,不仅仅因为全球治理时代要求所有大国共克时艰、应对各种全球性危机,更是因为负责任态度有助于提升国际形象。中国坚持追求"负责任大国"的国家认同,其理念建构具体体现在新安全观、互利共赢、国际关系民主化、和谐世界、和平发展道路的提出上;在实践上,中国加强国际社会的建设性参与,在国际事务的处理上强调分享、共荣、双赢,避免零和,积极提供全球和地区性公共物品,向发展中国家提供力所能及的援助,增加对国际组织的物质投入,从受援国转变为积极的对外援助国,积极参与国际安全维护。与大国责任意识相联系的是,是中国积极参与意识的进一步展现。可以说,在中国,国家理性已经生根,而开放主义和参与意识不可阻遏。

面向未来,中国将冷静判断自己的国际地位,积极承担国际责

---

① 黄靖:《西方热炒中国模式疑为捧杀中国》,《广州日报》2010年1月24日第10版。
② 郭树勇:《论西方对华"软遏制"战略及其对策思考》,《毛泽东邓小平理论研究》2008年第12期,第71—75页。

任，理性扩大国际责任，推进与各国共同利益，在国际事务中把握好能力与责任的平衡，并积极要求增加相对应的国际权利。在与其他国家共同促进国际合作的同时，中国还要继续强调以确认国内建设为核心的战略布局，促进国家的平衡性发展。

5. 战略属性：具有重大世界影响的亚太大国

亨利·基辛格（Henry S. Kissinger）认为，每一个世纪都会出现拥有实力、意志、智慧和道德原动力，希图按照自己的价值观重塑整个国际体系的国家，这几乎是一个自然定律。[1] 很多精英都倾向于认为，21世纪的中国当如此，美国战略界提出的"中美两国论"（G2）堪为表征。

中国历史上从来就是一个大国，即使在衰败的清季，中国也未曾丧失大国地位。就像拿破仑所言，中国是一头睡狮，"一旦中国醒来，她将使整个世界为之震撼。"[2] 1978年改革开放以来，中国的国家实力及其国际影响力一直处于上升态势，中国崛起成为国际社会公认的现实，中国的世界定位成为国际社会判断中国战略走向的重要因素。多数战略分析家认为中国成为世界大国只是时间问题。1997年亚洲金融危机爆发以来，中国积极承担国际责任，中国的大国作用受到国际社会更多关注。2006年以来，世界热炒"中美两国论"，中国开始被视为世界大国，尤其是2010年中国GDP规模超过日本位居世界第二，使得这一话题持续发酵。关于中国世界定位的争论，主要集中于中国属于何等大国上，目前主要有东亚大国、具有世界影响力的亚太大国、世界大国等几种判断。

关于世界大国的衡量标准，学术界多有涉及。德国历史学家兰克（Leopold von Ranke）指出，一个世界大国"必须能够抗击所有其他

---

[1] Henry Kissinger, *Diplomacy*, New York: Simon & Schuster, 1994, p. 17.
[2] R. P. Khanua, "Impact of China's Ambition to be a Regional Power", *Asian Defense Journal*, Vol. 6, No. 9, August 1999, p. 9.

大国而不败亡，即使在后者联合起来的情况下"①。中国财政部王军指出，世界大国的特征是：国家实力强，与同一历史阶段的其他国家相比，经济更为发达、军事力量更为强大、文化更为昌明、疆域更为广阔；对外辐射广，能够深刻改变时代面貌，强有力地影响乃至左右世界文明的进程；历史影响远，其影响跨越时空、源远流长。② 迈克尔·奥克森博格（Michael Oksenberg）等指出，世界大国的基本条件是经济发展处于世界前列，军事实力处于领先地位，文化宣传影响全球，具有世界性的政治影响力。③ 布热津斯基指出，世界大国"意味着真正在全球军事能力方面占有绝对优势、重大的国际金融和经济影响力、明显的技术领先地位和有吸引力的社会生活方式——所有这些必须结合在一起，才有可能形成世界范围的政治影响力"。④

对照这些参照条件，可以说有史以来中国就是东亚地区乃至亚洲的大国，天下思想、朝贡体系代表着中国曾有的历史辉煌。当然，中国从来未成为世界大国，因为19世纪之前并不存在世界大国，只有地区大国，真正的世界大国是在19世纪后的群雄逐鹿中造就的，而欧洲大国的崛起与中国的衰落恰成鲜明的对照。中华人民共和国的成立制止了中国国际地位下降的百余年趋势，迅速确立了政治大国、军事大国的地位。1978年改革开放以来，中国的经济地位迅速攀升，国家总体实力不断增强。随着中国国家实力的上升，中国更加关注海洋利益，国际影响力延伸至整个亚太地区，全球影响力迅速上升。当前，亚太地区的所有重大事务，没有中国的积极参与则难以获得满意的结果。中国具备成为世界大国的诸多条件：从资源角度看，中国国

---

① Leopold von Ranke, *The Theory and Practice of History*, Indianapolis: Bobbs-Merrill, 1973, p. 86.
② 王军：《江山代有强国出——世界强国兴盛之路探析及其对中国发展的启示》，《经济研究参考》2003年第49期，第2—16页。
③ Yoichi Funabashi, Michael Oksenberg, Heinrich Weiss, *An Emerging China in a World of Interdependence*, New York: The Trilateral Commission, 1994, p. 2.
④ ［美］布热津斯基：《如何与中国共处》，《战略与管理》2000年第3期，第12—13页。

土面积居世界第三位,人口居世界第一位,中国是名副其实的资源大国;从政治影响力看,中国是联合国安理会常任理事国,在国际货币基金组织、二十国集团等影响力巨大,是名副其实的政治大国;从经济、贸易、对外投资等角度看,中国是名副其实的世界强国;从军事力量上看,中国堪称大国,军事现代化举世瞩目。但是,中国人均资源短缺、经济发展不平衡、文化价值观影响力有限、是典型的军事防御型国家,尚缺乏足够的海外利益和被国际社会所公认的世界性特权。因此,中国的战略定位是具有世界性影响的亚太大国,这一定位以地区性为基点,兼具世界性的特征。

中国地处传统地缘政治意义上的亚洲的中心位置,是东方国家的代表。随着同周边国家经济相互依存度的日益加深,中国已成为亚太地区的地缘经济中心,在本地区经济发展中的领袖作用超过美国和日本。近年来,中国根据自己的国家实力和战略安排,将地区亚洲腹地的东亚视为承担大国责任的首要地区,并随着其利益边疆的延伸,将战略触角扩展至全球。和平稳定的地区环境是中国现代化建设的首要前提条件,中国将东亚及周边视为合作的重心,继续追求并适当扩大全球责任。

这一定位受到国际国内的挑战。其国内挑战主要体现在民族主义冲动和成熟大国心态的缺乏。成熟大国心态的基本标志是:清晰界定国家利益边界;冷静对待批评,对所涉问题能够展开坦率的讨论;关注其他国家对核心利益的关切,从长远角度看待国家利益。坦率地讲,这样的成熟大国心态在中国尚未形成,这将在总体上影响中国的国家认同。其国际挑战主要体现在对既有大国对亚太利益的争夺及对中国世界大国走向的担忧与遏制,尤其是美国重返东亚和日本等国家加强与美国战略协同的趋向。此外,中国周边从西北部中亚经由南亚、东南亚、南中国海到朝鲜半岛,呈现出一个"U"字形的环状动荡带,这是当前中国面临的主要安全难题。中国将周边地区视为区域合作的重心,其战略作为主要体现在稳定周边的努力上,即重新确认东亚在中国战略中的核心地位,致力于将东亚打造成中国的战略依托地带,将中国界定为亚洲大国和海洋国家,从海陆两条战线扩展中国的海外利益。

三 加强中国国家认同的未来战略取向

中国国家认同以新型社会主义大国为核心,追求全面开放、全面转型、全面发展。可以说,中国致力于创新一种新的制度模式、发展模式,致力于在中华传统文化复兴和西方文化反思的基础条件下造就一种新的世界文化。上述理想目标和现实存在着巨大的差距,而中国国家认同尚未提升到国家核心价值的层面,在国家认同建设问题上没有形成统摄性的国家战略,[①]但一个长期秉持务实精神的国家彰显其既有的世界理想、国家理想和社会理想,其意义值得深入关注,而如何促成这些认同维度的实现(Identification)已经是摆在中国面前的核心议题。

稳定中国国家认同的重要性不言而喻。唯此,中国的基本制度、核心价值观和国家形象才能保持良好的连续性、创新能力和自我修复能力,有效地凝聚民心、统合社会、扩大国际影响力。上述对中国国家认同变迁的梳理表明,中国的整体战略将是高举和平、发展、合作、共赢的旗帜,对内走科学发展之路,对外走和平发展之路,国内国际联动追求和谐发展,致力于实现中华民族的伟大复兴,成长为中国所期许、国际社会所认可的世界大国。以此为基础,加强中国国家认同的重塑,其战略取向体现在:

第一,强化公民意识。对所有国家而言,战略重心都应该放在加强国家认同教育上。[②] 强化国家认同,必须把国民公民意识的培养放

[①] 周平:《论中国的国家认同建设》,《学术探索》2009 年第 6 期,第 35—40 页。
[②] 欧洲委员会前秘书长丹尼尔·塔西斯(Daniel Tarschys)面对欧洲认同出现的挑战,更加明确地意识到欧洲教育的重要性,并呼吁将之明确列为政治教育的重要内容。参见马胜利、邝扬主编《欧洲认同研究》,社会科学文献出版社 2008 年版,第 246 页。

在首位。① 公民意识是国家认同的思想基础，它主要体现为国家归属感、荣誉感、责任感。强化公民意识要求我们努力培养各民族公民的国家观念，以价值共识——尤其是社会主义核心价值体系教育——来引导各民族公民在文化差异基础上的国家认同，同时进行历史教育、国情教育和世情教育，培育公民的国家归属感、责任感。当然，全球化时代的公民意识不是封闭的，应将国家认同与全球认同联系在一起，培育具有世界意识的国家公民。

第二，加强国家软实力建设。国家实力是巩固国家认同的物质基础，而提升软实力在一定意义上决定着国家认同的稳固程度。中国多年来专注硬实力的增长，部分忽视软实力的提升，二者之间的不匹配已经在相当大程度上损伤了中国潜力的发挥。在国际层面上看，中国在吸引他国追随、改变对方立场，以及在国际事务中提出议题、设置议程、引导舆论等方面总体上处于弱势，尚未掌握国际话语权。软实力建设事关中国如何统筹国内国际两个大局，在国际、国内两个舞台上塑造、展示自己魅力，它不仅要求中国把自己的优秀文化、发展模式和外交理念传播到世界上，争取他国理解和接受，而且更强调中国如何在社会主流价值观的塑造、政府治理能力的提高、公民社会的培育等领域进行富有吸引力的建设与创新，而后者更是基础性的关键议题。

第三，强化国家认同、地区认同与全球认同的关联。中国国家认同不仅需要凝聚国内共识，还需要把握国际治理的趋向，积极争取国际理解与认可，换言之，中国必须关注他国对国家认同的影响，促成国家认同之内生因素与外生因素的良性互动。② 在全球化和地区一体

---

① 韩震：《论国家认同、民族认同及文化认同——一种基于历史哲学的分析与思考》，《北京师范大学学报》（社会科学版）2010 年第 1 期，第 106—113 页。
② ［美］亚历山大·温特指出，国家的相互认同使得自我的认知界限延伸开来，包含了他者；自我和他者形成了一个单一的"认知领域"（Cognitive Region），休戚与共等指向一种共有的超越认同，超出了单个的实体认同，并对单个实体提出合法要求。参见［美］亚历山大·温特《国际政治的社会理论》，上海人民出版社 2001 年版，第 379 页。

化并行不悖的时代，国家认同必须关注国际认同变迁，强化与地区认同、全球认同的关联。当然，国际社会对中国国家认同的认知，既有偏重对中国现实因素的肯定，也有侧重对中国未来预期的考量；既有对中国承担更多国际责任的希冀，也有对中国国家实力增强的疑虑，求同存异方为大道。随着中国全面参与国际事务，中国应进一步参与到国际治理之中，强调扩大同各方利益的汇合点，加强所在地区议程和全球议程的倡议能力，促进中国国家认同与地区认同、全球认同的良性互动，以此为基础同各国发展不同领域、不同层次的利益共同体，推动共同利益的实现，从而提升中国国家认同的国际认可度。

第四，积极担当发展中国家和发达国家的桥梁。了解世界发展趋势，既有大国和新兴大国的互动，是强化国家认同的必由路径。鬼谷子曰："古之善用天下者，必量天下之权，而揣诸侯之情。"[1] 当今世界格局的主要矛盾和特征是发达国家和发展中国家的互动，中国处于二者之间的结合部，堪称发达国家和发展中世界的桥梁。[2] 以此为条件，中国的国际角色和国际行为将有更积极的担当，这在另一种意义上也表明了中国国家认同的进程性。

---

[1] 《鬼谷子·量权》。
[2] 李稻葵：《富国、穷国和中国——全球治理与中国的责任》，《国际经济评论》2011年第4期，第10—16页。

中国对美国的主流战略认知*

纵观国际关系史，新兴大国的实力加速接近守成大国之际，往往是两者关系最动荡、最不稳定的时期。对这一安全困境的经典论述来自修昔底德，即"雅典实力的增长和这种增长在斯巴达引起的恐惧，使得战争不可避免"，这就是所谓的"修昔底德陷阱"。

当前的中美关系正在"修昔底德陷阱"的边缘徘徊。一方面，中美两国的国家实力在加速接近。根据胡鞍钢教授的计算，中美GDP相对差距从2000年的8.25倍缩小至2012年的1.90倍，货物贸易相对差距从2000年的4.30倍缩小至2012年的1.03倍；两个国家正在成为世界上综合国力最强的两个国家，2012年中美GDP占世界总量比重33.6%，进出口额占世界总量比重21.3%，初级能源消费量占世界总量比重的39.8%，二氧化碳排放量占世界总量比重的44.0%，科技实力占世界总量比重的38.8%。① 另一方面，纵观当今世界与大国力量的消长，中国最有资格作为美国的假想敌。曾几何时，美国担心的是中国并非和平崛起，而如今面对和平崛起的中国亦顾虑重重；最有能力、也最有可能给中国造成巨大伤害的唯有美国。两个国家均有针对实力持平期（Power Parity）的考虑，其设计与部署体现出丰富的战略意涵。有鉴于此，双方都深刻

---

* 本文公开发表于《国际观察》2014年第1期，第69—82页。
① 参见胡鞍钢《构建中美新型大国关系：背景与建议》，《国情报告》（清华大学国情研究院主办）2013年第19期（2013年5月9日），第1—14页。

感受到了来自对方的战略压力,战略信任的匮乏颇为抢眼,"一山二虎论"逐渐发酵,中美关系越来越被视为左右国际关系大势、决定人类走向和平与否的核心要素。① 中美关系牵动着世界的神经,处理得好是世界之福,反之则是世界之祸。当前,世界关注的核心是:中美之间能否、如何避免热战、冷战、冷和,建立新型大国关系?

美国及中美关系素来在中国国家战略体系中占有极其重要的位置,客观冷静地判断美国战略趋向是中国国家战略体系建构最优先虑及的国际议题之一。当前,中美关系既重要又复杂,其基础既牢固又脆弱。基于此,双方主流社会对彼此的战略认知至关重要,是决定中美两国战略走向和中美关系前景的核心要素。本文意在概括中国主流社会对美国的战略认知,或中国对美国的主流看法,以客观而理性地认识美国具象,以战略耐心塑造中美关系的未来。

一 中国对美国国家实力的认知

自20世纪60年代,美国的衰落就类似于一个"狼来了"的故事,每每为人所提及,却每每为现实所证伪。然而,近年来,随着世界转型和大国兴衰的加速,尤其是2008年以来的国际金融危机冲击,发展中大国群体崛起带动发展中世界的加速发展,发达国家的总体实力相对下降已成定局,美国的相对衰落已经势在必行,或许在今后几十年其仍然比其他任何国家都强大,但美国不再风光如昔,也难以在全球为所欲为。

然而,如何评估国家实力原本就是一个见仁见智的问题,正如弗朗西斯·培根指出的,"在所有公共事务中,没有比准确评估一个国

---

① 门洪华:《关键时刻:美国精英眼中的中国、美国与世界》,《中国社会科学》2012年第7期,第182—202页。

家的实力更容易犯错误的事情了"。① 而有关美国衰落的分析,如果仅仅和中国崛起对照,则是不完整的,也容易得出错误的结论。

从综合国力的角度来看,美国无疑依旧是世界上最强大的国家,中国经济规模在未来一二十年有超过美国的现实可能,但综合国力与美国的差距依旧长期存在。尽管一些乐观者认为,中美国家实力的鲜明对照是疲惫不堪的超级大国美国面对扶摇直上的中国,② 但大多数学者对中美实力差距保持着清醒的认识,尽管美国面临着霸权衰退,但仍拥有相对于中国的重大、众多优势。

美国仍然是世界上唯一的综合性超级大国,其强大不仅体现在军事、经济等硬实力方面,体现在文化价值观、国际影响力等软实力方面,亦进一步体现在美国运用其强大实力的意愿上。相对其他大国而言,美国依旧拥有巨大的人口、经济、军事、科技、教育、创新、国际制度等几乎普遍性的优势,其文化影响力之强大亦非其他国家所能望其项背(全世界56%的广播和有线电视收入、85%的收费电视收入、55%的电影票房来自美国),美国当前存在的困难和问题是局部性的,有些可能是短期的,美国实力地位尚没有出现全局性的、明显的、根本性的衰退,没有出现明确的长期衰退趋势。进入2013年,美国经济已经提前走出泥潭而实现了强劲恢复。可以说,美国自立国以来综合国力的绝对值一直处于上升态势,③ 苏联解体以来一直保持着相对于其他大国的总体领先地位,尤其在科技和军事领域尚无国家对其构成严重挑战,当前美国综合国力绝对值(尤其是经济总量)还在走高,而在相对值(速度、比重等)方面也是有的在提高、有

---

① William C. Wohlforth, *The Elusive Balance: Power and Perceptions during the Cold War*, Ithaca: Cornell University Press, 1993, p. 9.
② 例如:胡鞍钢、高宇宁:《中美关系实力基础的根本变化:对中美综合国力的评估(1990—2010年)》,《国情报告》(清华大学国情研究院主办)2013年第24期(2013年5月24日),第1—28页;高程:《认同危机、社会裂痕与美国对外战略的困境》,《开放时代》2012年第7期,第87—98页。
③ 高程:《认同危机、社会裂痕与美国对外战略的困境》,《开放时代》2012年第7期,第87—98页。

的在降低或减弱,尽管美国经济在世界经济中的比重降低比较明显。[①]
另外,美国依然拥有一系列帮助其摆脱衰退的机制,如科技创新机制、自我调节修复机制、危机转嫁机制、人才吸引机制等,它们是帮助其走出危机的重要保障,因此美国能够长期保持世界主导地位。[②]

当然,世界正在进入全面转型的时代,其基础条件之一就是大国兴衰的加速。从相对意义上讲,美国不仅出现了经济份额的相对下降,长期看其政治、文化乃至军事实力的下降恐怕也势在难免。尽管我们并非生活在"后美国时代",但已经不再处于"美国世纪"。进入21世纪的一系列事件昭示了美国相对衰落的前景:伊拉克战争和阿富汗战争揭示了美国军事能力的局限,国际金融危机揭示了美国经济基础的动摇,新兴大国崛起揭示了美国相对衰落的必然,衰落论者认为,当前国际关系最核心的事实就是美国正在走向衰落。就像著名评论家扎卡利亚(Fareed Zakaria)指出的,美国统治的时代正在终结。

美国实力的内在困境在于,即使美国是世界上最强大的国家,没有其他国家的帮助也无法实现它想要的结局,在处理任何一个全球性问题上,美国都无法单独解决,可以说,大国合作并非万能,但没有大国合作却万万不能。在应对地区性问题,美国也需要其他大国的实质性合作,实际上美国不再有能力单方面为地区做出安排,而是越来越多地参与到地区安排之中。在某种程度上,这也是美国实力相对衰退的一种标志。如果说过去中国崛起是世界的忧虑的话,现在美国衰落也是世界的忧虑,因为这不仅意味着世界格局更具有不确定性,也

---

① 美国 GDP 总量从 1990 年 5.7508 万亿美元(现价美元)增至 2012 年的 15.6848 万亿美元,增长了近 1.63 倍。除 2009 年受国际金融危机影响 GDP 总量明显下降外,其他年份都保持着稳步增长。与中国之外的其他主要大国相比,美国 GDP 实际增量最大,俄罗斯、加拿大、德国、日本、法国、英国、意大利、印度等与美国之间的 GDP 绝对差距都呈扩大之势。参见黄平《美国的力量变化:十年来的一些轨迹》,《中国党政干部论坛》2012 年第 5 期,第 52—55 页。

② 朱成虎、孟凡礼:《简论美国实力地位的变化》,《美国研究》2012 年第 2 期,第 29—42 页。

意味着美国战略动向的不稳定性增加，它如何进行战略抉择成为关涉各国高度关注的问题。

二　中国对美国战略意愿的认知

对大国尤其是霸权国而言，政治意愿至为关键。[1] 护持霸权、确保世界领导权是美国第二次世界大战结束迄今的大战略目标，根据情势变化大幅调整战略部署亦其常规作为。美国密切关注世界趋势、大国动向与本国情势，长于、勤于战略谋划，致力于维护其世界领导地位。

近年来，美国大战略目标逐步明确为护持全球领导地位，确保东亚主导地位，维系东亚均势格局。护持全球领导地位，美国采取的途径是构建由盟国和伙伴网络、地区组织和全球性制度等组成的全球体系，调控国际关系尤其是大国关系。确保东亚主导地位，维持有利于美国的地区均势不被蚕食，防止因退出东亚、丢失亚洲主导地位而退守为地区国家，是美国的战略底线。然而，美国不是东亚霸主，其目标并非无限，而是聚焦于维持有利于美国的地区均势不被打破。

冷战结束以来，美国的全球领导地位为欧亚大陆悄然出现的多极格局所侵蚀，为非洲、拉丁美洲的新发展所冲击，持续进行地缘战略再平衡成为美国调整的主线，而调整最剧者莫过于奥巴马政府积极推行的从欧洲到亚太的战略转移。美国战略东移以抓住亚太世纪的机遇和应对中国崛起的挑战为核心议题，以巩固和发展美国在亚太的领导地位为目标，其核心要素是平衡中国日益增长的全球和地区影响力。美国最为担心的是中国在东亚乃至亚太的影响力超过自己，进而导致

---

[1] Robert O. Keohane, *International Institutions and State Power: Essays in International Relations Theory*, Boulder: Westview Press, 1989, p. 234.

美国失去东亚乃至亚太主导地位。美国认识到与中国合作的收益，但更忧虑中国崛起带来的严峻挑战，把维系其主导的地区均势不被打破视为东亚战略底线。因此，美国极力充当"离岸平衡手"，有意在东亚保持适度的紧张关系，利用中国和邻国的嫌隙，特别是周边国家对中国崛起的担心，推动这些国家加强与美国的政治、经济、安全合作，进而扰乱东亚地区内部整合的步伐。有鉴于此，美国对中国崛起的战略认知整体上开始偏向消极，视中国为竞争者和挑战者，既担心中国走非和平崛起之路，又对中国的和平发展忧心忡忡。防止和打破亚洲国家对中国在经济、安全等方面的战略依赖成为美国对华关系的一条主轴，其主要做法是大肆渲染"中国崛起威胁论"，巩固和发展盟友关系，尤其是加强与中国有争端的周边国家关系，挑拨中国周边国家惹是生非，从东北亚、东南亚、南亚等各战略方向加强对中国的战略遏制。[1]

如何确保战略意愿与国家实力的平衡，一直是进入 21 世纪以来美国最为焦虑的战略议题，基于美国战略能力下降和战略雄心不变的情势，如何确保二者之间的平衡确实令美国头疼不已。面对中国的加速发展，美国既不能用简单直接的施压策略迫使中国让步，又不能将中国排斥在解决全球或地区问题的多边进程之外，既离不开中国合作，又担心中国不予合作，既认识到适应中国的必要，又放不下防范中国的必然，其战略处于漂流状态。而现在世界上主要国家都在推行全方位外交和无敌国外交，美国难以像过去一样一呼百应。就像迈克·伊格蒂夫指出的，"问题不在于美国太强大了，而在于美国是否足够强大"。[2] 因此，继续奉行两面下注的做法是美国不得不为之的战略取向。当然，美国对华政策的战略漂流导致诸多内在矛盾和风

---

[1] Wu Xinbo, "The End of the Silver Lining: A Chinese View of the U. S. -Japan Alliance", *The Washington Quarterly*, Vol. 29, No, 1, Winter 2005 – 2006, pp. 119 – 130；仇华飞：《美国学者研究视角下的中美战略困境》，《当代亚太》2012 年第 1 期，第 83—97 页。

[2] Michael Ignatieff, "The American Empire: The Burden", *New York Times*, Jan. 5, 2003.

险,如不善加管理和调整,中美滑向非蓄意对抗的风险并非没有可能。①

三 中国对美国战略部署的认知

源于对国内、国际形势的冷静判断和主动把握,美国大幅度调整其战略部署。美国战略调整的重点是,优先促进国内稳定发展,同时确保亚太主导地位。为此,在战略部署上,美国重点思考如何处理中国、印度等崛起大国与现行国际秩序关系的问题,如何在即将到来的多极时代确保领导地位,并大幅度调整其国际战略,主要是改变长期以来奉行的先欧后亚战略,力争从中东、阿富汗等挑战中脱身,转向重点应对长期而影响深远的亚洲问题。美国将亚太主导权视为美国世界领导地位的核心保障,全面加大对亚太地区外交、经济和军事投入,加紧价值观渗透,将其战略重心从欧洲大西洋向亚洲太平洋转移,并将亚太战略的针对者锁定为中国。与此同时,美国明确意识到自身实力的相对下降,难以仅仅依靠经济手段、军事威慑维系主导权,更需要外交等软实力手段弥补其硬实力的不足,综合运用经济、安全、外交乃至意识形态手段,谋求强化整体实力。在维护亚太主导地位上,美国利用亚洲国家对中国意图与战略走向的忧虑,通过加强军事同盟、深化安全合作、扩大经贸合作的制度化等途径进一步介入亚太事务,与这些国家密切捆绑在一起,打造对华柔性包围圈。概言之,调整全球布局、强化制度霸权、锁定中国目标是其战略部署的集中体现。具体地说:

第一,调整全球布局,实现战略重心东移。自1898年美西战争以来,美国就一直没有离开过亚洲事务;第二次世界大战使得美国成

---

① 樊吉社:《美国对华战略的漂流:适应抑或防范?》,《外交评论》2013年第1期,第65—78页。

为东亚安全秩序的主导塑造者;冷战以来,随着亚洲大国的一波波崛起,美国始终把亚洲视为重点关注对象;冷战结束以来,随着亚太重要性的增强,美国把亚洲事务的处理视为优先议题;进入 21 世纪以来,美国持续进行着战略东移的各种准备。近年来,美国全球战略重心转移至亚太,在全球进行收缩,而在亚太进行扩张,以打造美国主导的所谓跨太平洋构架。2010 年 1 月,美国国务卿希拉里·克林顿在夏威夷发表美国与亚太地区关系的演说,拉开了美国战略东移的序幕。① 2011 年 11 月 19 日,美国首次以正式成员国身份参加东亚峰会,是美国战略东移的重要标志。与此同时,希拉里发表题为《美国的太平洋世纪》的专文,提出美国战略东移的六大目标:加强双边安全联盟;深化美国与新兴大国(包括中国在内)的合作;参与地区性多边制度;扩大贸易和投资;打造有广泛基础的军事存在;促进民主与人权。② 美国近年来动作频频,表明其战略重心东移是全面的,在安全、经济、价值观等方面同时出击:通过巩固和扩大盟友加强军事存在,以"跨太平洋伙伴关系协定"(TPP)为抓手介入和主导亚太经济一体化;在印尼和缅甸加强价值观外交,鼓励印度等其他新兴大国与中国竞争,力图从中国与周边国家的领土争端中渔利。正如黄仁伟教授指出的,美国的战略东移以军事力量前沿部署调整为核心,其亚太军事部署有四个重大因素:防止传统盟国脱离美国的基地体系;确保美国在亚洲的战略通道可以随时准入;以空海一体战来压制中国的"反介入";形成美国领导的、包括中国的亚洲安全机制。美国的亚太军事战略重点已经调整到第二岛链,在美国战略后撤过程中,从第二岛链到中国大陆之间可能出现一大块权力真空。美国的亚洲战略调整就是防止这一空白区域出现多米诺骨牌效应,故而挑动亚

---

① Hillary R. Clinton, "Remarks on Regional Architecture in Asia: Principles and Priorities", January 12, 2010, http://www.state.gov/sectuary/rm/2010/01/135090.htm.

② Hillary R. Clinton, "America's Pacific Century", *Foreign Policy*, Issue 189, November 2011, pp. 56 – 73.

洲其他国家与中国之间的麻烦，尤其是在海上迫使中国卷入一系列冲突，使这些亚洲国家在安全上更加依赖美国。①

第二，重塑制度霸权，确保地区主导地位。美国的战略东移以制度化途径为主要抓手。美国积极推动传统同盟关系的深化，同时扩大与新兴国家的制度化合作，致力于构筑新型多边军事合作体系。其主要做法是：强化与澳大利亚的同盟关系，驻军达尔文空军基地，加强美军在太平洋、印度洋的存在；借朝韩冲突之机，深化与韩国的军事同盟关系，伺机推动美日韩安全协调的制度化，并积极推动同盟体系的网络化，在加强美日韩、美日澳三边安全合作的同时，启动美日印三边对话；② 借南海争端之际加强与菲律宾、越南等国的安全合作，试图把军事合作体系扩展到与东盟国家的双边和多边军事合作上；引导海上安全问题的讨论，以此介入南海争端，并伺机进驻曾经撤出的军事基地。与此同时，美国对亚太地区经济合作进程的主导权被提升到前所未有的战略高度。美国大力推进TPP，着力打造美国主导的亚太自由贸易圈（FTAAP），介入东亚一体化，阻碍中国掌握地区经贸主导权。可以说，摆脱金融危机、推动经济复苏是美国高调参与TPP的直接诱因，遏制东亚地区合作和中国崛起及推广意识形态则是内含于TPP战略并服务于美国霸权维持的战略手段，而维护在亚太地区体系中的霸权地位则是美国推进TPP战略的根本动力。③

第三，锁定中国目标，防止中国掌控东亚。中国崛起无疑加重了美国衰落的忧虑，美国各界精英普遍将中国视为锁定的对手。当然，这里所谓的"对手"，其含义是最重视的竞争对象，而不是注定的敌手（Adversary）。在美国精英看来，中国作为一个大国重新崛起势不

---

① 黄仁伟：《美国亚洲战略的再平衡与中国战略优势再评估》，《现代国际关系》2012年第8期，第35—36页。
② 孙茹：《美国亚太同盟体系的网络化及前景》，《国际问题研究》2012年第4期，第39—50页。
③ 刘昌明、孙云飞：《美国推进"跨太平洋经济伙伴关系协定"的动因新论》，《山东大学学报》（哲学社会科学版）2013年第5期，第1—8页。

可当，中美之间已经出现了经济影响力的转移，中国大战略有可能借此调整，并对中国的走向异常担忧。在维护亚太主导地位上，美国利用亚洲国家对中国意图与战略走向的忧虑，通过加强军事同盟、深化安全合作、扩大经贸合作的制度化等途径进一步介入亚太事务，与这些国家密切捆绑在一起，打造对华柔性、开放性的包围圈。在推进军事同盟扩大和大力推进TPP的同时，美国深化与日本的安全同盟关系，视之为遏制中国的战略支撑；大幅度提升与印度的战略合作关系，视之为制衡中国影响力扩大的亚洲柱石；或明或暗地支持菲律宾、越南等与中国的领海争端，视之为给中国制造麻烦的战术支点。美国借助部分亚洲国家寻求利用美国平衡中国地区影响力的意图，加大对亚洲尤其是东亚事务的介入力度，强化对中国的围堵施压，挤压中国的发展空间。当然，遏制中国的目标过于宏大，难以达其所愿。与此同时，在越来越多的全球性问题应对上，美国又迫切需要中国的鼎力支持。因此，美国必有借重和接触中国之意图，促使中国全面融入国际体系，接受既有国际规则的框束，塑造中国的国际作为，亦是美国对华战略的重要目标。随着美国重返亚太战略的推进，美国对华两手政策愈加明显，中美之间的博弈明显加剧。中国感知到周边环境变化带来的压力，美方在中国周边地区的所作所为加剧了中方的忧虑。

美国战略调整引发了亚太地区的权力重新组合，使得亚太地区安全形势更趋复杂，传统的领土争端与愈演愈烈的海权竞争相互交织，中美安全冲突成为世界各国关注的焦点。美国战略调整的矛头直指中国，在热点问题上采取明显偏袒中国邻国的干预立场，强化与相关国家的同盟、准同盟关系，推行海空一体化，着力前沿部署，对中国进行战略试探，对地区争端升温起到了火上浇油的作用，使得中国感受到了军事遏制态势和强大的战略压力，并造成了两国地缘战略竞争的深化。与此同时，美国不仅维护了既有盟友和潜在盟友的利益，实际上也将它们置于两难境地。多数亚洲国家把美国看成是消除焦虑的工具,但并不完全将中国崛起视为自己的威胁,而是期望美国在既有的领土领海争端中发挥制衡中国的作用。各国并不愿意在中美之间做出选择,或为美国火中取栗。迄至今日,美国对实现抢占亚太战略制高点的目标并无根本信心,其建立在传统同盟基础上的威慑体系能否持续奏效值得深入观察。

四 中国对中美关系的战略认知

中国对美国及中美关系的认知,实际上建立在对自身认知与中美比较的基础上。1978年改革开放以来,中国的经济地位迅速攀升,国家总体实力不断增强。随着中国国家实力的上升,中国更加关注海洋利益,国际影响力延伸至整个亚太地区,全球影响力迅速上升。当前,亚太地区的所有重大事务,没有中国的积极参与难以获得满意的结果。中国具备成为世界大国的诸多条件,但人均资源短缺、经济发展不平衡、文化价值观影响力有限、是典型的军事防御型国家,尚缺乏足够的海外利益和被国际社会所公认的世界性特权。因此,中国的战略定位是具有世界性影响的亚太地区大国。[1]

中国深刻认识到崛起大国的最大风险在于高估自己,盲目扩张,民族主义激进,走偏方向,因此中国申明坚定走和平发展道路,聚焦自身发展,积极承担国际责任,理性扩大国际责任,推进与各国共同利益,在国际事务中把握好能力与责任的平衡,并积极要求增加相对应的国际权利。在与其他国家共同促进国际合作的同时,中国还要继续强调以确认国内建设为核心的战略布局,促进国家的平衡性发展。

近年来,中国实力的增长引起了世界的关注,中美之间经济的不平衡增长缩小了双方的实力差距,金融危机使中国的国际地位更加凸

---

[1] 门洪华:《两个大局视角下的中国国家认同变迁(1982—2012年)》,《中国社会科学》2013年第9期,第54—66页。

显。中美综合实力的一升一降，国际影响力的一增一减，必然给两国关系增添新的含义。[①] 然而，从综合国力的角度看，乃至从军事、科技、地缘战略纵深支撑等单一指标看，中国与美国的差距依旧有数十年之大。正如约瑟夫·奈指出的，实力增长会使中国在力量资源方面日益接近美国，但未必意味着中国超越美国成为世界上最强大的国家。当前，中美之间的权力转移并不意味着世界主导权的转移，中国成为世界大国的进程刚刚开始，我们应有足够的战略耐心。

1972年迄今，中美关系历经风雨，和斗相兼，走到今天实属不易。当前，中美关系是世界上最重要、最具复合性（Most Complex）和挑战性的双边关系，并位移至世界变革的重心，其前景不仅决定着两国的当前福祉，也深刻影响并塑造着世界的未来图景。中美关系亦堪称不同社会制度、不同文明形态、不同发展阶段的大国和平共处、共存共荣的典范。进入21世纪以来，尤其是"9·11"事件以来，中美以共同利益为诉求，致力于塑造21世纪的新型大国关系，积极推进互利共赢的合作关系，两国之间建立的双边机制90多个（包括具有标志性意义的中美战略与经济对话、中美战略安全对话），每年定期举行会议，两国领导人形成较为明确的择期互访机制，达成了一系列战略共识。

当前，中美之间既存在结构性、战略性、利益性的矛盾与冲突，也正在进行双边的、地区性和全球性的战略合作，这一态势既反映了全球化条件下大国关系的普遍复杂性，也预示着中美应对当前、谋划未来的不同战略思路所导致的特殊碰撞。总体而言，中美接触与合作日益紧密，但双边关系的稳定性明显下降。中美互不信任的状况突出，双方均对对方的能力和意图备感疑虑，对对方的一举一动高度关注。以往中美之间的冲突摩擦领域相对单一、内容较为集中，而此番博弈则几乎牵扯两国关系的方方面面，且时间密集，频度很高，各种

[①] 马振岗：《中美关系的现在与未来》，《国际问题研究》2012年第4期，第12—20页。

问题环环相扣，具体表现为：在政治和安全领域交往密切，但互信度有限；经贸金融领域广泛合作但纷争不已，冲突不断；人文社会领域交流丰富，相互影响巨大但相互设防；国际事务上责任相近，但常常立场相左，主张各异，利益趋异。① 近年来，中美关系良性互动的民意基础已经动摇，两国学界研究和媒体评论对未来中美关系发展前景的悲观论调不是在降低而是在上升。②

两国关系近年来的发展证明，大国竞争并不必然带来危机与战争。中美关系开始体现出互补性（Complementary）、合作性（Cooperative）、建设性（Constructive）、竞争性（Competitive）、创新性（Creative）的特征，一种复合相互依赖（Complex Interdependence）的双边关系正在形成，这是我们乐观其成的。③ 当然，我们应清醒地认识到，美国对华政策是两面的，一方面推进两国双边关系发展，对扩大中美合作抱有期待；另一方面在安全战略上对华防范心理明显，对中国政策走向不断提出要求甚至施压，力促中国朝着美方所期望的方向演变。

五　中国对发展中美关系的战略思考

对中国而言，稳定和发展中美关系至关重要。正如戴维·兰普顿（David Lampton）指出的："未来 20 年，预计仍是美国居于支配地位的时代，因而北京的首要任务便是处理好与华盛顿的关系，同时坚持不懈地建设国家的军事实力、经济实力和观念实力。"④ 对美国而言，处理好与中国的关系，也是其战略谋划和实施能力面临的核心考验。

---

① 于洪君：《关于中美新型大国关系的回顾与思考》，《国际安全研究》2013 年第 2 期，第 3—12 页。

② 樊吉社：《美国对华战略的漂流：适应抑或防范？》，《外交评论》2013 年第 1 期，第 65—77 页。

③ 门洪华：《聚焦东亚：中美的冲突与合作》，《毛泽东邓小平理论研究》2005 年第 6 期，第 84—89 页。

④ David Lampton, *The Three Faces of Chinese Power: Might, Money and Mind*, Berkeley: University of California Press, 2008, p. 2.

可以说，打破大国争霸宿命，开创新型大国关系时代，是中美两国的共同目标。

1972年迄今，每当面临关键时刻，中美两国总能找到超越差异的解决路径，在新型大国关系的打造上屡有创新。1972年尼克松访华和《中美上海公报》的发表是冷战时期中美建立新型大国关系的重要尝试；2005年美国常务副国务卿佐利克关于期待中国成为负责任利益攸关方的讲话是冷战后美国政府对中美新型大国关系的一个经典表述。2012年以来，中国领导人提出并集中阐述了建立新型大国关系的命题。2012年5月3日，胡锦涛同志在第四轮中美战略与经济对话开幕式上致辞，呼吁打破历史上大国对抗冲突的传统逻辑，探索经济全球化时代发展大国关系的新路径，首次提出努力"发展让两国人民放心、让各国人民安心的新型大国关系"。2012年7月19日，习近平在"世界和平论坛"开幕式上致辞指出："中美正在积极探索构建相互尊重、合作共赢的新型大国关系。"2013年4月13日，习近平会见美国国务卿约翰·克里时指出，中美应"走出一条平等互信、包容互鉴、合作共赢的新型大国关系之路"。2013年6月7—8日，习近平在美国加州安纳伯格庄园同美国时任总统奥巴马举行会晤，双方同意共同努力构建新型大国关系，相互尊重，合作共赢，造福两国人民和世界人民。2013年12月4日，习近平同美国时任副总统约瑟夫·拜登会谈指出，"加强对话与合作是两国唯一正确选择。双方要牢牢把握两国关系正确方向不动摇，尊重彼此核心利益和重大关切，积极拓展务实合作，妥善处理敏感问题和分歧，确保中美关系持续健康稳定向前发展。"12月5日，拜登在北京美国商会和美中贸易全国委员会举办的早餐会上发表演讲，对中美新型大国关系做出了积极的回应："我们正在努力打造大国之间的一种新型关系，这种关系与以往的关系不同，其特征是建设性合作、健康竞争以及共同尊重各方一致同意的新的行路规则和21世纪的国际规范"。

中国强调新型大国关系始于但并不限于中美关系，其目标是维护国际体系的和平转型，超越新兴大国和守成大国必定冲突的历史宿命，避免并克服旧有大国关系中互不信任、相互敌视、相互排斥、相互为敌的消极因素，增强相互信任、相互尊重，追求合作共赢，建立合作共赢的新模式，健全风险管理机制，为国际关系发展输入正能量。

中国驻美大使崔天凯指出，中美新型大国关系的探索之路需要破解五大难题："战略互信缺失""核心利益瓶颈""真正践行平等相待""贸易结构重组"和"在亚太地区真正实现良性互动"。① 中美两国构建新型大国关系是国际政治理论与实践的崭新议题，需要双方不断培育共同认知，精心维护大局，努力实现创新。中国应在如下方面做出努力。

第一，客观判断国家实力，坚持和平发展道路。中国必须客观冷静地评估中国的国家实力和国际影响力，认识到经济总量位居全球第二并不等同于第二大世界经济强国，经济强国并不等同于世界大国，不要低估美国的战略优势，切忌高估中国自己的战略地位。中国唯有坚持和平发展道路，向美国表明中国不是霸权的挑战者，向世界表明中国不是国际体系的破坏者，摒弃以大欺小、以强凌弱的旧大国行为模式。② 遵循"坚持韬光养晦、争取更大作为"的建设性原则，以和平方式投射其影响力，积极承担国际责任，才能成长为国际社会认可、尊重的世界大国。

第二，加强战略信任建设，努力消除误解误判。中美关系的问题，首在战略信任的缺失。中国决策者深刻认识到培育战略信任对中美关系的重要性，在诸多重要场合都强调培育和深化战略信任是中美关系顺利发展的重要前提。例如，习近平同志 2012 年 2 月 15 日在华

---

① 崔天凯、庞含兆：《新时期中国外交全局中的中美关系——兼论中美共建新型大国关系》，王缉思主编《中国国际战略评论 2012》，世界知识出版社 2012 年版，第 4 页。

② 黄仁伟：《中国道路的历史超越和国际解读》，《求是杂志》2012 年第 21 期，第 47—49 页。

盛顿发表演讲指出,"战略互信是互利合作的基础,两国信任程度越深,合作空间越大"。[①] 互信是一条双行道,双方应持续增进相互理解和战略信任,保持高层密切往来,充分利用战略与经济对话、人文交流、两军交往等各种渠道,多对话、多交流、多沟通,加强对彼此战略意图和发展走向的了解和认知,努力避免误读、防止误判,以相互理解和战略信任进一步挖掘中美互利合作的巨大潜力。中美要加强交流,加深相互理解,减少误解,协调减少相关风险。

第三,坚决维护核心利益,积极扩大共同利益。共同利益是中美关系发展的内生动力。当前世界重大问题的处理,离不开中美两国的参与和贡献,如果中美携手合作,就会出现共同的解决方案;如果两国发生分歧,全世界将被迫在相互冲突的做法之间做出选择。中美双方在应对全球经济危机、塑造国际金融秩序、相互投资、新能源开发、维护亚太稳定等诸多领域拥有越来越多的共同利益,双方拥有广阔的合作空间。在强化和扩大共同利益基础的同时,我们还要清醒地认识到中美之间存在的深刻分歧和对抗性因素,必须在事关国家主权和领土完整等核心战略问题上清晰划定中国的战略底线,坚决维护核心国家利益。

第四,加强亚太良性互动,申明共同发展意愿。亚太是中美利益重叠最多、共同利益体现最充分的地区,也是两国最容易产生冲突的地区。中美构建新型大国关系之路始自亚太,成败也很可能取决于亚太,双方应共同努力探索在亚太和平相处、良性竞争、合作共赢的互动模式。在重塑亚太战略格局上,中美两国均具有较强的主动性。中国应明确表明无意采取排挤美国的亚洲版门罗主义,而是致力于建立地区所涉各国和谐共处的亚太共同体,欢迎美国作为亚太国家为地区和平发展做出努力,同时督促美方采取客观公允的态度推动有关国家

[①] 习近平:《共创中美合作伙伴关系的美好明天——在美国友好团体午宴上的演讲》,《人民日报》2012年2月16日第1版。

采取实际行动，为维护亚太和平、稳定、繁荣发挥积极作用。

第五，强化战略管理意识，妥善应对重大分歧。中美关系体现出既有全面接触与合作、亦有深刻分歧与矛盾的基本特征。鉴于两国战略竞争态势已然形成，如何妥善处理分歧、加强危机管控、防止某一方面的风险蔓延至整体关系就变得至关重要。中美双方在许多问题上存在着严重的分歧。中美关系的关键就在于加强战略管理意识，在宏观层面的高层往来、中观层面的功能领域合作和微观层面的危机管理上善加统筹；同时要加强对重大分歧的管控，防止冲突调门升级导致安全困境式的情势。妥善处理两国分歧，其基础在于相互信任，加强相互理解，坚持求同存异的原则，坚信宽阔的太平洋、蓬勃的全球化足可容纳中美两国合理的利益诉求。

开启中国全面深化改革开放的新时代[*]

党的十八大以来，以习近平为总书记的新一届中共中央领导集体大力推进中国国家治理体系和治理能力现代化建设，引领中国全面融入国际社会并力争发挥更大的国际影响力，开启了中国改革开放和现代化建设的新征程，标志着中国进入全面深化改革开放的新时代。2014年12月，习近平在江苏调研时明确提出"全面建成小康社会、全面深化改革、全面依法治国、全面从严治党"的整体战略思路，标志着新时代大战略框架的初步形成。

未来十年，是中国走向更强大国家的关键阶段。进入到21世纪的第二个十年，中国国家实力规模有了更大提升，其经济实力和综合国力位居世界第二位，工业增加值和对外贸易额位居世界之首。"功崇惟志，业广惟勤。"[①] 党的十八大报告提出了2020年全面建成小康社会的宏伟目标，国家主席习近平提出了"中国梦"和"两个一百年"的战略构想。气势恢宏之中，必然伴随着艰难的探索。展望未来，中国面对着一个形势更加复杂、变化更加深刻、机遇与挑战并存的世界，世界面对着一个快速崛起和更加自信、开放的中国。[②]

未来十年，是中国全面建成小康社会，为实现中华民族伟大复兴

---

[*] 本文公开发表于《学习与探索》2015年第8期，第60—65页。

[①]《尚书·周书》。

[②] 胡鞍钢：《民主决策：中国集体领导体制》，中国人民大学出版社2014年版，第184页。

的"中国梦"奠定坚实基础的重要时期,是中国经济上进一步发展、经济规模有望梅开二度的重要时期,是中国综合国力进一步增强、国际影响力迅速扩大的关键时期,是中国为从地区大国迈向世界大国做出全面准备的重要时期。国内国际两个大局密切关联,这必将意味着世界格局的巨大变动。与之相伴随的是,国际社会越来越多地聚焦中国。中国将发生什么变化,发展的中国将给世界带来什么影响,成为国际社会广泛关注的问题。

一 中国全面深化改革开放时代的机遇与挑战

中国正处于从地区大国（Regional Power）迈向全球大国（Global Power）,进而从全球大国迈向世界大国（World Power）的征程之中,国家战略利益在迅速向全球拓展。[①] 中国崛起与世界转型并行,中国成为推动世界变革的核心力量之一和世界关注的重心。中国正在从一超多强的格局中脱颖而出,国际影响力开始出超,成长为世界强国的战略谋划已是国际社会尤其是主要大国的关注重心,引动着世界主要大国的战略调整。中国面对的国际环境日趋复杂,机遇与挑战并存。

与此同时,中国经过30多年的高速发展,既积累了丰厚的物质财富,也积淀了各类艰巨难题。从积极方面看,中国面临着进一步发展的重大机遇。经过改革开放30多年的快速发展,中国在各领域发展都取得了显著成就,经济总量位居世界第二,人民生活不断改善。中国确定了未来发展目标,这就是到2020年国内生产总值和城乡居民人均收入比2010年翻一番、全面建成小康社会,到本世纪中叶建成富强民主文明和谐的社会主义现代化国家,这一中华民族复兴的

[①] 门洪华:《两个大局视角下的中国国家认同变迁（1982—2012年）》,《中国社会科学》2013年第9期,第54—66页。

"中国梦"构想凝聚着中国人民的最大共识,为中国未来30多年的发展规划了方向。与此同时,中国在和平发展战略的指导下,与主要大国、周边国家、发展中国家的关系均取得重大进展,与世界的相互依赖加深。中国在世界上的影响力不断提高,中国是全球近130个国家的最大贸易伙伴,中国的发展为世界提供了难得机遇,世界大多数国家期待着从中国发展中受益,与中国共享发展与繁荣。当前,全球经济治理的变革为中国参与国际规则的制定提供了难得机遇,全球经济低迷、发达经济体饱受金融危机冲击,为中国海外利益的拓展(包括低成本并购、获取先进技术、国际渠道和国际空间)等提供了机会,世界各国对基础设施建设的需要,带来全球基建热潮,有利于中国海外工程承包和机械设备等高附加值制造业产品的出口。概言之,中国迎来与世界共同发展的新契机。

从消极方面看,中国可持续发展面临的形势颇为严峻,破冰前行实在不易。多年积蓄的经济、社会矛盾深刻,"中国发展面临一系列突出矛盾和挑战,前进道路上还有不少困难和问题。比如,发展中不平衡、不协调、不可持续问题依旧突出,科技创新能力不强,产业机构不合理,发展方式依然粗放,城乡区域发展差距和居民收入分配差距依然较大,社会矛盾明显增多,……解决这些问题,关键在于深化改革"。[①] 党的十八大以来,中国终于启动了经济结构再平衡进程,新常态的中国经济如何实现可持续发展,是当前中国发展面临的核心难题。与此同时,中国面临的国际战略环境更加复杂。"中国威胁论"和"中国责任论"相互交织,中国承担国际责任的意愿、能力与国际社会的期望存在着落差,国际社会对中国崛起的疑虑增加。发达国家加紧制定新的国际规则,围堵中国的意图明显。中国周边环境趋于复杂化,部分周边国家处于对中国崛起的疑虑与恐惧,加紧与美国的联合。可以说,随着中国快速发展,我们面临的疑虑、担心、困

---

① 《习近平谈治国理政》,外文出版社2014年版,第71—72页。

难和挑战也在增多。

中国面临的国际国内环境变化表明，机遇挑战并存，机遇大于挑战。苏轼曰："来而不可失者，时也；蹈而不可失者，机也。"（苏轼：《代侯公说项羽辞》）在这样的情势下，中国唯有抓住有利机遇，迎接艰难挑战，着力顶层设计，奉行底线思维，才可推进中国全面深化改革开放时代的到来。正如习近平主席2013年3月23日在莫斯科国际关系学院的演讲中指出的："要跟上时代前进步伐，就不能身体已进入21世纪，而脑袋还停留在过去，停留在殖民扩张的旧时代里，停留在冷战思维、零和博弈老框框内。"[①]

二　中国全面深化改革开放时代的战略设计

"凡益之道，与时偕行。"（《易经·象辞》）为全面深化改革开放而进行的中国战略设计必然顺应时代潮流，基于中国国情，着力顶层设计，奉行底线思维，推动思想创新。

2012年11月29日，新一届中共中央政治局常委参观《复兴之路》展览，习近平同志首次提出实现中华民族伟大复兴的中国梦："实现中华民族的伟大复兴，就是中华民族近代最伟大的中国梦。"他强调，"到中国共产党成立一百年时全面建成小康社会的目标一定能实现，到新中国成立一百年时建成富强民主文明和谐的社会主义现代化国家的梦想一定能实现，中华民族伟大复兴的梦想一定能实现"。[②]中国在确定改革战略时，兼顾远近目标，但主要按近期目标来确定，正如习近平在关于《中共中央关于全面深化改革若干重大问题的决定》的说明中讲到的，改革方案的"时间设计到2020年，按这个时间段提出改革任务"。因此，中国改革战略明确表达为实现

---

① 《习近平谈治国理政》，外文出版社2014年版，第273页。
② 习近平：《在参观〈复兴之路〉展览时的讲话》（2012年11月29日），《人民日报》2012年11月30日第1版。

2020年全面建成小康社会目标的全局性方案。为此，习近平在推进中国理论自信、道路自信、制度自信的基础上，特别强调文化自信的重要性，认为应努力展示中华文化独特魅力，借此表明中国共产党既是马克思主义的坚定传承者，也是中华优秀传统文化的坚定传承者。

以上述重大战略思想为指导，中国决策者积极推动体制改革的深化，致力于国家治理体系建设和治理能力的提升。2013年11月党的十八届三中全会召开，通过了《中共中央关于全面深化改革若干重大问题的决定》，其最大的亮点和最重要的创新所在，就是超越了以往的以经济改革为主题，根据中共十八大对21世纪上半叶特别是未来十年社会主义现代化总体布局的需求，进行政治、经济、社会、文化、生态"五位一体"体制改革的系统设计、顶层设计和总体设计，标志着中国进入了全面深化改革阶段。《中共中央关于全面深化改革若干重大问题的决定》指出，坚持以经济建设为中心，全面推进社会主义经济建设、政治建设、文化建设、社会建设、生态文明建设，深化改革开放，推动科学发展，不断夯实实现中国梦的物质文化基础。习近平总书记就此指出，"党的十八届三中全会提出的全面深化改革的总目标，就是完善和发展中国特色社会主义制度、推进国家治理体系和治理能力现代化"。[1] 基于此，中国致力于加强改革的顶层设计和总体规划，协调推进经济、政治、文化、社会、生态等各方面体制改革，坚决破除一切妨碍科学发展的体制机制弊端。2014年10月，党的十八大四中全会深入研究全面推进依法治国的若干重大问题，提出依法治国的总目标是"建设中国特色社会主义法治体系，建设社会主义法治国家"，为全面建设法治中国制定了行动纲领。全面深化改革，形成建设法治中国的改革行动方案，对于实现国家的长治久安，对于经济社会发展再续"辉煌30年"具有决定性影响。[2]

---

[1] 《习近平谈治国理政》，外文出版社2014年版，第104页。
[2] 迟福林：《建设法治中国的改革路线》，门洪华主编《中国国情演讲录》，中国经济出版社2015年版，第169页。

中国决策者积极参与国际事务，在全球经济治理和世界秩序建设上体现出建设性参与者和一定意义上走向主导者的姿态，中国的大国作用凸显。国决策者提出一系列外交新理念，丰富了中国的外交思想体系。

中国决策者强调和平发展，同时坚定维护领土主权完整。2013年1月28日，习近平总书记在主持十八届中央政治局第三次集体学习时指出，"我们坚持走和平发展道路，但决不能放弃我们的正当权益，决不能牺牲国家核心利益。任何外国不要指望中国会拿自己的核心利益做交易，不要指望我们会吞下损害我国主权、安全和发展利益的苦果"。[①] 与此同时，中国决策者深刻认识到中国崛起给世界带来的震撼，秉承"达则兼善天下"的胸怀，坚持互利共赢的战略思路，强调与各国在利益汇合点的基础上开展合作，积极在力所能及范围内承担更多国际责任，与各国建立和发展利益共同体、责任共同体、命运共同体。中国倡导"命运共同体"的理念，提出构建新型大国关系、共建"丝绸之路经济带"和"海上丝绸之路"等一系列新倡议，大力弘扬新型"义利观"，主张对发展中国家义利并举、义重于利，把本国发展战略与周边国家、发展中国家相对接，深化各国之间的互信合作。

面对深化改革开放的艰难险阻，中国决策者必然强调底线思维的重要性。所谓底线思维，就是凡事从坏处准备，努力争取最好的结果，做到有备无患，牢牢把握主动权。未来十年，中国改革开放面临的风险和挑战繁钜，必须科学研判，守住底线，及时防范化解各种风险，把握改革方向和主动权。

三 开启中国全面深化改革开放时代的战略举措

在制度建设上，中国在大力推进国家治理体系建设的同时，致力

[①] 《习近平谈治国理政》，外文出版社2014年版，第249页。

于铁腕反腐,为国家长治久安奠定基础。党的十八大报告提出了全面深化改革开放的战略任务,党的十八届三中全会以突出全面深化改革新举措为主线,为中国未来改革规划蓝图,从经济、政治、文化、社会、生态、国防六个方面具体部署全面深化改革的主要任务和重大举措。在此基础上,中共中央成立国家安全委员会,以完善国家安全体制和国家安全战略,确保国家安全;成立全面深化改革领导小组,负责改革总体设计、统筹协调、整体推进、督促落实。党的十八届四中全会以全面依法治国为总目标,加快建立和完善"依宪治国、依宪执政"的制度安排,致力于推进司法体制改革的实质性突破。与此同时,按照党的十八大"建设廉洁政治"的目标要求,中国正在开展历史上最大规模、层次最高的反腐运动,致力于通过荡涤大面积的深度腐败局面,造就一种较好的政治生态。

在经济社会战略上,中国提出"经济新常态"判断,大力推进经济体制改革,积极保障和改善民生,确保社会健康稳定。中国开启经济结构再平衡进程,未来十年潜在经济增长率将在 6.9%—7.6% 波动。一方面,"中国在今后一段时间内仍处于上升时期,……经过我们努力,经济增速完全有可能继续保持较高水平"。[1]"中国经济增速有所趋缓是中国主动调控的结果。因为,实现我们确定的到 2020 年国内生产总值和城乡居民人均收入比 2010 年翻一番的目标,只要 7% 的增速就够了。我们在提出中长期发展目标时就充分进行了测算。同时,我们认识到,为了从根本上解决中国经济长远发展问题,必须坚定推动结构改革,宁可将增长速度降下来一些。任何一项事业,都需要远近兼顾、深谋远虑,杀鸡取卵、竭泽而渔式的发展是不会长久的。"[2] 中央决策者将当前中国经济发展的阶段性特征概称为"新常态"。中国经济新常态以中高速、优结构、新动力和多挑战为基本特

---

[1] 《习近平谈治国理政》,外文出版社 2014 年版,第 113—114 页。
[2] 习近平:《深化改革开放 共创美好亚太——在亚太经合组织工商领导人峰会上的演讲》(2013 年 10 月 7 日),《人民日报》2013 年 10 月 8 日第 3 版。

征，意味着中国必须改变简单地以 GDP 增长率论英雄的思维，强调以提高经济增长质量和效益为立足点，致力于经济体制改革，并以处理好政府与市场的关系为核心，使市场在资源配置中起决定性作用，更好发挥政府作用。① 与此同时，要坚持法治国家、法治政府、法治社会一体建设，把维护社会大局稳定作为基本任务，把促进社会公平正义作为核心价值追求，把保障人民安居乐业作为根本目标，推进社会事业和社会管理改革发展。

在文化建设上，坚持社会主义核心价值观，同时强调传统文化复兴的重要性。中国决策者深刻认识到提高国家文化软实力的重要性，以及传统文化与社会主义核心价值观的内在关系。习近平总书记在主持 2013 年 12 月 30 日中共中央政治局第十二次集体学习时强调，提高国家文化软实力，关系"两个一百年"奋斗目标和中华民族伟大复兴中国梦的实现，提高国家文化软实力，要努力展示中华文化独特魅力。② 习近平总书记指出，核心价值观是文化软实力的灵魂，培育和弘扬社会主义核心价值观必须立足中华优秀传统文化。中华优秀传统文化是中华民族的基因，根植在中国人内心，潜移默化地影响着中国人的思想方式和行为方式。提倡和弘扬社会主义核心价值观，必须从中汲取丰富营养，否则就不会有生命力和影响力，不忘本来才能开辟未来，善于继承才能更好创新。

在安全战略上，提出"总体国家安全观"，致力于国家安全机制的完善。伴随着中国的全面崛起，中国国家安全方面的任务和挑战更加多样化与复杂化，需要国家安全委员会来协调和统一，以完善全球化条件下实现长治久安与持续成长的国家战略体系，强化国家全局谋划和战略决策的能力。2013 年 11 月召开的党的十八届三中全会决定设立国家安全委员会，以完善国家安全体制与国家安全战略，确保国

---

① 《习近平谈治国理政》，外文出版社 2014 年版，第 116 页。
② 习近平：《建设社会主义文化强国　着力提高国家文化软实力》，《人民日报》2014 年 1 月 1 日第 1 版。

家安全。国家安全委员会聚焦研究事关国家安全的领土、领海、外交、军事、资源、经济、民生等重大战略议题,制定相关重大战略决策,监督国家安全战略的实施,并对国内外突发事件做出高效、有力的反应。2014年4月15日,习近平总书记在中央国家安全委员会第一次会议发表讲话指出,要准确把握国家安全形势变化新特点新趋势,坚持总体国家安全观,以人民安全为宗旨,以政治安全为根本,以经济安全为基础,以军事、文化、社会安全为保障,以促进国际安全为依托,走出一条中国特色国家安全道路。[①] 2014年5月21日,习近平主席在亚信会议上海峰会上发表讲话,倡导共同、综合、合作、可持续的亚洲安全观,集中体现了中国总体国家安全观的国际运用。[②] 中国国家安全战略的核心目标是,面向世界大国的前景,稳步推进国家安全,积极参与国际安全的维护,维护并拓展中国的安全利益。未来10年,是中国成长为世界大国的关键时期,也是中国国家安全最受考验的时期,中国国家安全目标主要是:捍卫国家领土领海权益;反独促统,维护国土完整;维护和塑造有利于中国和平发展的国际环境;维护和扩展国家战略利益的范围和空间;发展军事力量,保障国家安全。

在外交战略上,拓展中国国家战略利益,致力于开启以"共同利益""互利共赢""中国责任"为核心的新外交时代。面对国际风云变幻,中国外交变得更加主动。在2013年和2014年短短两年间,习近平主席出访亚洲、非洲、欧洲、北美洲、拉美和大洋洲的32个国家,向世界传递中国寻求合作与共赢的强烈意愿,表达更加积极地参与国际秩序和全球治理的立场,提出一系列重要倡议,达成诸多重要共识,直接影响地区利益格局,进而触动世界格局演变,有效增强了中国在国际事务尤其是地区事务上的发言权。

---

① 《习近平谈治国理政》,外文出版社2014年版,第200—201页。
② 《习近平谈治国理政》,外文出版社2014年版,第354页。

中国提出并积极落实与美国的"新型大国关系",通过双边和多边场合促进中美关系的健康发展。2013年6月7—8日,中美元首的庄园会晤具有里程碑意义,习近平总书记提出不冲突、不对抗、相互尊重、互利共赢的倡议,双方就构建中美新型大国关系达成重要共识,为两国关系发展确定了方向,有效地稳定了徘徊在"修昔底德陷阱"的边缘的中美关系。中美之间既存在结构性、战略性、利益性的矛盾与冲突,也正在进行双边的、地区性和全球性的战略合作,这一态势既反映了全球化条件下大国关系的复杂性,也预示着中美应对当前、谋划未来的不同战略思路所导致的特殊碰撞。有鉴于此,中国致力于建立地区所涉各国和谐共处的亚太共同体,欢迎美国作为亚太国家为地区和平发展做出努力。这一开放包容的立场有助于稳定和发展中美关系。[1]

中国深刻认识到中国崛起的全球震动,申明走和平发展道路的强烈意愿,提出欢迎其他国家搭乘中国发展列车的倡议,致力于发展与世界各国发展友好合作关系,分享发展红利。以此为基础,中国大力提升与欧洲国家的关系水平,加强与欧洲发达国家的合作,中欧关系跃上新台阶。中国与俄罗斯深化全面战略协作伙伴关系,推动金砖国家峰会及合作架构的发展完善,以深化与发展中大国的合作。

中国深刻认识到发展同周边国家的关系的重要意义,中共中央于2013年10月24日召开周边外交工作座谈会,习近平主席提出中国周边外交的基本方针是,坚持与邻为善、以邻为伴,坚持睦邻、安邻、富邻,突出体现亲、诚、惠、容的理念。[2] 中国决策者为进一步拓展周边外交制定了宏伟蓝图,提出打造中国—东盟自贸区升级版、建立亚洲基础设施投资银行、建设"丝绸之路经济带"和21世纪"海上丝绸之路"等重大倡议,呼吁各国打造互利共赢的"利益共同体"和共同发

---

[1] 门洪华:《中国对美国的主流战略认知》,《国际观察》2014年第1期,第11—24页。

[2] 《习近平谈治国理政》,外文出版社2014年版,第297页。

展繁荣的"命运共同体",大力提升与周边国家的战略合作关系。

作为正在地区大国向全球大国迈进,东亚作为其大战略的地区重心显得尤为重要。中国致力于其东亚战略的升级,积极促进东亚合作的制度化,这包括:与东盟携手建设中国—东盟命运共同体,设立中国—东盟海上合作基金,发展海洋合作关系,与东盟国家共同建设21世纪"海上丝绸之路",提出打造中国—东盟自由贸易区的升级版,主导设立亚洲基础设施投资银行,支持东亚国家开展基础设施互联互通建设,提出建设孟中印缅经济走廊等构想,通过引导地区安排的方向、促进东亚国家对中国崛起的适应,发展开放性全地区合作,缓解东亚疑虑,凝聚共同利益,深化地区认同,力争在新一轮东亚乃至亚太秩序的构建中发挥强有力的塑造和引导作用。[1]

综上所述,党的十八大以来,以习近平为总书记的新一届中共中央领导集体致力于开启全面深化改革开放的新时代,在政治、经济、社会、文化、生态、安全、外交、国防等各领域进行深刻战略调整,逐步形成关乎中国未来中长期的大战略布局。"明者因时而变,知者随世而制。"[2] 这一战略布局的开启,与中国面临的国内外情势变化密切相关,与中国决策者的战略认知与未来构想更是密不可分。未来十年,是中国成长为世界大国的关键时期,中国大战略走向的明晰化至关重要,中国责任与中国贡献至关重要,温和而坚定的中国形象塑造至关重要。

---

[1] 门洪华:《论东亚秩序建构的前景》,《教学与研究》2015年第2期,第56—62页。
[2] (汉)桓宽:《盐铁论》。

中国公共外交与对日方略[*]

党的十八大以来，面对国际风云变幻，中国外交变得更加主动，这既是中国外交战略发展的重大历史机遇，也为中国外交战略完善提出了新的要求。随着大外交时代的来临，以政治和外交途径为核心的中国外交战略框架面临新的挑战，公共外交的战略价值更加凸显。

发展公共外交是完善中国外交战略重要而富有创造力的一环。当今世界正在步入全球公共外交的时代，随着中国参与世界程度的不断加深，各国以中国战略走向为轴调整对华战略，在加强对华合作的同时，疑虑、误解、防范乃至遏制中国的倾向均不同程度存在。表现在国际舆论环境上，某些西方大国利用资金和技术优势持续垄断着世界舆论阵地，从政治体制、国际参与、意识形态等方面继续向中国发动舆论战，唱衰中国与肆意散布"中国威胁论"并行。这固然是中国综合国力和国际地位的提升引起某些西方大国的担心所致，也与中国自身应对国际变局的战略部署不够完整纯熟相关。我们必须深刻认识到，在全球化时代，随着全球治理的深入和各国国家治理体系内在调整的发展，智库、利益集团、社会舆论等对国家政策形成的影响越来越大，议会、政党、非政府组织、智库、媒体乃至个体精英等深入到政策制定和实施之中。对中国而言，外交早就不是仅仅与政府和官方打交道，而是必须主动或被动地全面布展。尤其是，近年来随着全球

---

* 本文公开发表于《日本学刊》2016年第6期，第1—15页，收入本书时有所修订。

化的深入发展，各国民众的个人意识均趋强烈，自媒体时代导致影响外交的因素更趋个性化，中国以政府交往为主、以议会交往和政党交往为辅的传统外交模式不足凸显，中国政府必须同时对外国的社会公众开展工作，说明中国的实际情况和政策意向，取得他们的理解、接受乃至支持。基于此，中国外交面临着大变革的时代，公共外交不仅必要，而且亟须。

一 中国公共外交时代的来临

公共外交是一种区别于政府外交与传统民间外交的新外交形式，它可以将民间外交纳入到国家轨道运行。杨洁篪指出，公共外交通常由一国政府主导，借助各种传播和交流手段，向国外公众介绍本国国情和政策理念，向国内公众介绍本国外交方针政策及相关举措，旨在获取国内外公众的理解、认同和支持，争取民心民意，树立国家和政府的良好形象，营造有利的舆论环境，维护和促进国家根本利益。[①] 公共外交的目的是影响外国公众的知识、态度和行为，增进国家之间的相互理解，塑造国际舆论，提升本国形象和软实力影响，改善外国公众对本国的态度，进而影响外国政府对本国的政策，从而实现本国利益的最大化。

公共外交采取的手段方式弹性灵活，主要通过信息交流和对话交往等方式进行，不同于传统意义的"对外宣传"。它以公开、透明的方式，采用国际通行做法，主动提供准确信息，借助媒体、文化交流等途径传播。

进入21世纪，中国崛起的步伐加快，2010年超过日本成为世界第二大经济强国；中国的对外贸易增长迅速，2014年成为世界第一大对外贸易国；随着金砖国家开发银行、亚洲基础设施投资银行、

---

① 杨洁篪：《努力开拓中国特色公共外交新局面》，《求是》2011年第4期，第43—46页。

"一带一路"倡议的提出和实施,中国对外投资进入加速时期。与此同时,中国高度重视软实力建设,进一步夯实中国和平崛起的基础,全面深化融入国际社会,全面深化改革实现自身变革,面对世界金融失序的窘境,开始积极参与到重塑世界的进程之中,融入—变革—塑造的三维战略框架逐步形成。[1] 面对国际风云变幻,中国外交变得更加主动,中国领导人向世界传递中国寻求合作与共赢的强烈意愿,表达更加积极地参与国际秩序和全球治理的立场,提出一系列重要倡议,达成诸多重要共识,直接影响地区利益格局,进而触动世界格局的演变,有效增强了中国在国际事务尤其是地区事务上的发言权。中国的崛起引起了国际社会的高度关注,"中国威胁论"持续发酵,"中国责任论"呼声日高,向国际社会说明中国的任务日重。

中国的发展成就举世瞩目,但国外受众对中国的印象与中国实际形象之间存在着巨大反差,现实的中国形象与理想的中国形象之间存在着一定的距离。从"中国崩溃论"到"中国威胁论"、从"中国责任论"到"中国不确定论",中国的国家形象在国外舆论中被有意无意地误读、歪曲甚至丑化,中国在国际上的形象依然高度敏感和脆弱。讲好中国故事、向国际社会说明真实的中国是一个战略任务。正如乔舒亚·雷默指出:"国家形象在某种意义上将决定中国改革发展的前途和命运。"[2] 塑造良好、积极的国家形象,对中国显得尤为重要和紧迫。英国BBC公司2014年进行的舆论调查显示,在被调查的23国家中,10个国家认为中国的影响是积极的,9个国家对中国的看法是负面的,而4个国家对中国的看法是分化性的;其中拉丁美洲国家对中国的看法是最为正面的,亚洲国家对中国的看法是高度分化的,日本对中国的好感度是所有调查国家中最负面的,跌破个位数。

---

[1] 门洪华:《中国崛起与国际秩序变革》,《国际政治科学》2016年第1期,第63—93页。

[2] [美]乔舒亚·库珀·雷默:《中国形象:外国学者眼里的中国》,社会科学文献出版社2008年版,第8页。

美国皮尤调查中心（Pew Research Center）2015年4—5月对亚太11个国家的15313位认识进行问卷调查，其结果显示，亚太地区国家对中国的好感度为57%，负面看法为33%。

亚太国家相互看待的好感度调查　　　　　　　　单位：%

国家	中国	日本	印度	韩国
马来西亚	78	84	45	61
越南	19	82	66	82
菲律宾	54	81	48	68
澳大利亚	57	80	58	61
印度尼西亚	63	71	51	42
巴基斯坦	82	48	16	15
印度	41	46	—	28
韩国	61	25	64	—
中国	—	12	24	47
日本	9	—	63	21
平均值	57	71	51	47

资料来源：Bruce Stokes, How Asia-Pacific Publics See Each Other and Their National Leaders, Pew Research Center, September 2, 2015。

上述国际调查表明，中国在全球的国家形象有所提升，但仍存在较大的塑造空间。我们必须深入研究不同国家受众的思维习惯和对中国信息的需求，深层细分国际受众市场，因地制宜、因人制宜，利用各种机会开展公共外交。当前，中国的公共外交仍处在起步阶段，中国国家软实力尚有不足之处，而中国推进的公共外交尚不成熟、成效尚不显著，在密切结合国内国际两个大局、服务于"两个一百年"战略目标方面仍有较大的差距，在消除"中国威胁论"的负面影响、有效传播新型国际关系等创新理念方面尚有较大的空间，在讲好中国故事、提升国家形象方面仍有较大潜力可挖。

二 中国对日公共外交的方向、原则与举措

当前,中国进入全面深化改革开放的新时代,呼唤外交思想和理论创新。恩格斯指出,"每一个时代的理论思维,……都是一种历史的产物,它在不同的时代具有完全不同的形式,同时具有完全不同的内容"。① 面对和平发展、合作共赢的时代诉求,面对中国崛起引发的大国博弈,面对中国与世界互动的巨大变革,中国不仅需要在开辟大国发展新道路的历史进程中奋发有为,更应该思考如何建构面向未来的外交理论体系。由此,中国特色大国外交应运而生。具有标志性意义的是,2014年11月29日,习近平总书记在中央外事工作会议正式提出,"中国必须有自己特色的大国外交。我们要在总结实践经验的基础上,丰富和发展对外工作理念,使我国对外工作有鲜明的中国特色、中国风格、中国气派"。②

以习近平总书记为核心的党中央大力推进外交思想和理论创新,逐步确立起中国特色大国外交理论框架,这就是:站在统筹国内国际两个大局的战略高度,以实现中华民族伟大复兴的中国梦为理想指引;以和平发展为战略选择,恪守和平发展的理念,创新和平发展的思想,夯实和平发展的基础;以塑造新型国际关系为战略目标,以打造人类命运共同体为世界理想,以合作共赢为战略路径,强调发展和安全两手同时抓、两手都要硬,以健康稳定为引领寻求新型大国关系的突破,以亲诚惠容理念为引领重塑周边关系,以正确义利观为引领创新发展中国家关系,以完善全球伙伴关系网络、积极参与全球治理、倡导"一带一路"建设等为引领推动多边合作。党中央推进的一系列外交思想与理论创新,集中回答了在21

---

① 《马克思恩格斯文集》第9卷,人民出版社2009年版,第436页。
② 《中央外事工作会议在京举行》,《人民日报》2014年11月30日第1版。

世纪初新的国际形势下中国在国际舞台上的国际目标、路径选择、政策导向、战略部署等一系列重大问题，从根本上回应了国际社会对中国与世界关系走向的普遍关切。型构中的中国特色大国外交理论展现出开放包容的大国气度，展示了中国立足基本国情、把脉世界潮流、直面内外挑战、抓住国际机遇、实现可持续发展的战略谋划能力，以及通过和平、发展、合作、共赢的方式塑造世界未来的非凡勇气。中国特色大国外交理论聚焦新型国际关系的塑造，以中国特色为根本，以大国定位为基石，以和平主义为底色，以合作主义为路径，以共赢主义为指向。上述中国系统化的外交理论创新，要求我们讲好中国故事，用积极、包容的精神和大度的大国姿态处理国家间关系，促进中国与世界的交流与相互理解，这也为中日关系的未来指明了方向。

中国历来高度重视对日外交。周恩来同志指出，"在远东，日本和中国的关系，对和平起着决定性的作用。我们两国友好，双方都有利；不友好，双方都不利。我们友好就能够共存和共荣；不友好，存在和繁荣都发生影响"。[1] 如何稳定中日关系是摆在决策者面前的重大议题。邓小平同志强调，"我们应该把中日关系放在更长远的角度来考虑、来发展"。[2] 2016年9月5日，习近平主席会见来华出席二十国集团领导人峰会的日本首相安倍晋三时指出，"中日互为重要近邻，两国关系长期健康稳定发展，符合两国人民利益，也有利于地区和平稳定。……中方致力于改善发展中日关系的基本立场没有改变。两国关系现在正处于爬坡过坎、不进则退的关键阶段，双方应该增强责任感和危机意识，努力扩大两国关系积极面，抑制消极面，确保两国关系稳定改善"。

中国和日本的关系历史渊源复杂，现实利益冲突交织，未来相互

---

[1] 《周恩来外交文选》，中央文献出版社1990年版，第226—227页。
[2] 《邓小平文选》第3卷，人民出版社1993年版，第53页。

制约影响巨大，因此对日公共外交面临着格外的难度。我们必须准确判断日本的战略趋向，深入把握中日国情与舆情，以稳定和逐步发展中日关系为目标，明确在公共外交领域加强工作的方向、原则，并提出创新性的举措，这包括：

第一，秉持战略耐心。伴随中国国际地位的历史性改变，中西文化之间已出现了一种"攻守易形"的大趋势，为国家形象的建构提供了前所未有的机遇与挑战。中国国家形象的建设是一项长期工程，我们应冷静看待中国公共外交面临的难题，对待外界不同的声音保持战略耐心。国家形象建构从来就是"润物细无声"的长期过程，一旦与短期或功利性目标相关，就会有揠苗助长的风险。[①] 老子曰："知其雄，守其雌，为天下溪。"面向未来，中国应保持有理、有利、有节的温和形象，秉持不诱于誉，不毁于非的大国气度。[②] 杜维明指出的："面对西方，中国文化应该有一种不卑不亢的胸怀，不屈不挠的志趣和不偏不倚的气度，走出一条充分体现沟通理性的既利己又利人的康庄大道来。"[③] 对于中日双边关系，我们要保持充足的战略耐心，积极开展公共外交工作，相信公共外交在困境之际尤能发挥积极作用。

第二，秉持统筹两个大局的思想，奉行全局性战略。"中国的世界"与"世界的中国"不是两个相互排斥的命题，而是构成互为因果、相互牵引的辩证关系。[④] 统筹两个大局的战略思想由党中央提出并长期秉持。习近平总书记强调，我们要"加强战略思维，增强战略定力，更好统筹国内国际两个大局，坚持开放的发展、合作的发展、共赢的发展，通过争取和平国际环境发展自己，又以自身发展维护和促进世界和平，不断提高我国综合国力，不断让广大人民群众享受到

[①] 孙英春：《中国国家形象的文化建构》，《教学与研究》2010 年第 11 期，第 33—39 页。
[②] 肖晞：《日本战略趋向与中国的应对》，《国际观察》2014 年第 2 期，第 110—120 页。
[③] 杜维明：《现代精神与儒家传统》，生活・读书・新知三联书店 1997 年版，第 468 页。
[④] 朱云汉：《高思在云：中国兴起与全球秩序重组》，中国人民大学出版社 2015 年版，第 194 页。

和平发展带来的利益,不断夯实走和平发展道路的物质基础和社会基础"。① 对中国而言,统筹两个大局这一大战略最大的意义就在于充分利用天时、地利,实现人和。中国崛起的溢出效应引起世界密切关注,诸大国及中国邻邦自是见微知著,中国国家形象面临新局面、新挑战、新考验。针对国际上的各种反应,中国政府对国家形象的塑造应具备一种全方位的策略,进行整体规划。中国和平发展的过程,既是政治、经济、科技、军事、文化实力不断提升的过程,更应是国家形象吸引力、亲和力、影响力不断增强的过程。同时,对任何一个国家而言,形象建构面临的真正考验是其对于自身的态度。国家形象建构的最高目标,对内在于国民的福祉,对外在于寻求信任、理解与尊重,其根本还在于前者。推进对日公共外交,需要提升国家硬实力的同时,注重中国软实力建设,加强国内文化建设,优化发展模式,强化中国参与国际制度的能力并大力提供国际公共物品,建构可预期、建设性、包容开放的和平形象,逐渐减少、弱化日本等邻国对中国的曲解、误解和恐惧感。

第三,秉持客观立场,进行解释和宣传。大部分日本民众对中国并不了解,日本媒体对中国的报道深具误导性和片面性。澄清日本社会对中国现状的各种误解、解释好中国政策、促进日本民众对中国的认知是对日公共外交的重要任务。我们一方面要秉持客观立场,提供辩证性的中国解释,告诉日本公众一个客观、真实的中国,对歪曲事实或恶意抹黑的宣传报道要针锋相对。其间,我们必须将日本民众与一部分别有用心的右翼分子区别开来,高度重视并强化舆论的导向作用,注意战略策略,充分发挥网络公共外交的新阵地作用,坚持真实、客观、全面的原则,树立可靠、可信、可敬的国家形象。

第四,大力开展第二轨道交流,推进一轨半(Track 1.5)交流机

---

① 习近平:《更好统筹国内国际两个大局 夯实走和平发展道路的基础》,《人民日报》2013年1月30日第1版。

制建设，积极开辟更多战略对话渠道。专家学者是社会公信力较高的群体，与政府和其他群体相比，他们在公共外交中有着独特的优势，可以发挥重要的桥梁作用。学术交流的政治背景不明显，专家学者的观点比较客观，因而易于被公众所接受。应积极开辟有影响力的第二轨道，并以此为基础推进一轨半交流机制建设，围绕阻碍中日关系稳定发展的重大问题开展深入研究；疏通中日交流的渠道，邀请日本年轻政治家到中国访问交流，为他们了解中国多开渠道；共同开展日本发展经验教训的研究，加深对日本的了解，促进中日之间相互的积极认知；积极推进教育、文化、科技、地方、媒体等各领域交流合作，促进两国人民的相互了解和理解。

党中央治国理政新理念新思想新战略：一项国际研究议程[*]

一 从国际视角研究党中央治国理政新理念新思想新战略的价值

中国共产党第十八次全国代表大会以来，党中央治国理政新理念新思想新战略的陆续提出和付诸实践，是中国领导人立足国情、世情，预防可能的"中等收入陷阱"和"修昔底德陷阱"风险而进行的战略判断和积极筹划。中国特色社会主义建设取得了巨大的阶段性成功，中国自2010年以来成为世界第二大经济体，并成为世界最大的货物贸易进出口国，可以说，中国从来没有像今天这样处在世界市场舞台的中心，成为世界治理的重要成员，更广泛深入地参与世界治理，中国也从来没有像今天这样引起关注。另一方面，中国大而不强的底色仍在，在经济、社会、政治、文化发展等诸方面仍体现着社会主义初级阶段的显著特点，目前中国经济发展进入"新常态"，仍处于经济起飞阶段，总体基本方向没有变，但必须清醒认识长期制约中国发展的深层次因素以及现实所遇到的突出矛盾和问题，处于经济下行压力增大期、社会矛盾凸显期、人与自然矛盾凸显期，必须积极应

---

[*] 本研究系十八大以来党中央治国理政新理念新思想新战略研究专项工程项目"十八大以来党中央治国理政的外交思想创新与战略布局研究"（项目号：16ZZD033）的阶段性成果。本文公开发表于《世界经济与政治》2017年第1期，第5—29页。

对、妥善处理。中国与世界的互动进入更加密切、更加敏感的时期。世界多极化、经济全球化、文化多样化、社会信息化深入发展，世界在加速转型，与此同时，国际社会对中国崛起的战略走向更为敏感，随着中国新的大战略框架的逐步显现，金砖国家新开发银行、亚洲基础设施投资银行（简称亚投行）等新国际制度的构想与落实，"一带一路"倡议的提出和实施，中国是否正在试图改变既有国际秩序，成为既有国际秩序的塑造者乃至挑战者，已被视为国际社会观察和看待中国崛起的重要标尺。①

当前，世界面对着一个快速崛起和更加自信、开放的中国，中国面对着一个形势更加复杂、变化更加深刻、机遇与挑战并存的世界。"中国威胁论"和"中国责任论"相互交织，中国承担国际责任的意愿、能力与国际社会的期望存在着落差，国际社会对中国崛起的疑虑增加。发达国家加紧制定新的国际规则，围堵中国的意图明显。中国周边环境趋于复杂化，部分周边国家出于对中国崛起的疑虑与恐惧，加紧与美国的联合。可以说，随着中国进一步发展壮大，其面临的疑虑、担心、困难和挑战也在增多。为直面国内外挑战、抓住国际机遇、实现可持续发展，中国正在构建以融入—变革—塑造（融入全球、变革自身、塑造世界）为核心的和平发展战略框架，如何通过和平、发展、合作、共赢的方式塑造世界的未来，成为中国超越和平崛起、丰富和平发展、规划崛起之后的战略着眼点。② 习近平总书记就此指出，"中国和平发展道路能不能走得通，很大程度上要看我们能不能把世界的机遇转变为中国的机遇，把中国的机遇转变为世界的机遇，在中国与世界各国良性互动、互利共赢中开拓前进"。③ 习近平总书记进而指出，尽管国际国内环境发生了深刻复杂变化，但中国发展重要战略机遇期的重大判断没有改

---

① 门洪华：《中国崛起与国际秩序变革》，《国际政治科学》2016 年第 2 期，第 60—89 页。
② 门洪华：《构建新型国际关系：中国的责任与担当》，《世界经济与政治》2016 年第 3 期，第 4—25 页。
③ 《更好统筹国内国际两个大局 夯实走和平发展道路的基础》，《人民日报》2013 年 1 月 30 日第 1 版。

变,"我们比历史上任何时期都更加接近中华民族伟大复兴的目标,比历史上任何时期都更有信心、更有能力实现这个目标"。①

中国崛起与世界转型并行,中国成为当前世界变革的重心。尤其是 2008 年国际金融危机以来,中国综合国力得到了迅猛提升,中国从一超多强的格局中脱颖而出。十八大以来,习近平总书记提出"实现中华民族伟大复兴的中国梦",展现了中国的国家理想,中国梦以其丰富内涵和宏伟愿景为中国勾勒出一幅理想蓝图,成为引领整个国家走向现代化更高阶段的新动员。随之,习近平总书记提出打造"人类命运共同体",展现出积极的世界理想情怀。中国一手抓全面深化改革,一手抓全球利益拓展,成长为世界强国的战略谋划已是国际社会尤其是主要大国的关注重心。党中央治国理政的新理念新思想新战略体现了对时代趋势的科学把握、对实践要求的系统回答、对人民期待的积极顺应,在新的历史条件下进一步丰富和发展了中国特色社会主义理论体系,是把握当代中国实际和时代特征推进马克思主义中国化的最新理论成果。这些新理念新思想新战略不仅在国内凝聚起更多人心、共识、智慧和力量,也赢得国际政要、主流媒体、智库和公众的持续关注,成为当前国内外最受关注、研究也最多的中国议题。

当前,对党中央治国理政新理念新思想新战略的国内外研究如火如荼,成果可谓极其丰硕,从不同视角、不同学科提供了诸多启示,其中也更多展现了中国学术界、政策研究界的赞许之情以及在国际社会引起的巨大反响和存在的各种不理解、误解乃至故意歪曲,尤其是,单一学科角度的研究成果汗牛充栋,但跨学科研究的成果则属凤毛麟角;马克思主义哲学和社会主义理论角度的理论研究比较深入,其他学科的理论研究则明显不足;从国内角度研究的成果非常丰富,但从国际角度进行的比较研究甚少,更多地引述国外人士的观点加以

---

① 《承前启后 继往开来 继续朝着中华民族伟大复兴目标奋勇前进》,《人民日报》2012 年 11 月 30 日第 1 版。

批驳或作为佐证，统筹国内国际两个大局的战略性研究成果甚为缺乏；研究当前具体领域新问题应对的成果丰富，但面向未来尤其是结合国内外情势变化进行战略谋划的成果甚少；相关研究成果具体应用性指向明确，但战略规划性明显不足。

有鉴于此，我们提出一种全局性的研究思路，即站在统筹国内国际两个大局的高度，从国际和大战略的角度，深入研究党中央治国理政的新理念新思想新战略，积极应对中国和平发展进程中的新难题，尤其是防范"中等收入陷阱"和"修昔底德陷阱"风险，着眼于破除崛起困境，规划崛起之后，以理念创新和思想创新为指引，构建并完善面向 21 世纪中叶世界大国前景的中国大战略框架，并就具体的战略议题提出具有针对性的政策建议，为实现"两个一百年"奋斗目标提供扎实的学理支撑。

这一研究的价值在于：第一，统筹国内国际两个大局的高度。中国和平发展与其全面参与全球化进程息息相关。中国统筹国内国两个大局，渐进而坚定地融入国际社会，积 30 余年改革开放之功，积极回答"建设中国特色的社会主义"这一重大命题，逐步形成了中国特色社会主义的新理念新思想新论断，提出了和平与发展的世界主题、社会主义初级阶段理论、社会主义市场经济理论、和平发展道路、全面小康社会等理论，确立了比较稳定的和平发展道路形态，同步发展市场经济和社会主义民主政治，积极推进经济建设、政治建设、文化建设、社会建设、生态文明建设"五位一体"总体布局，形成并积极推进全面建成小康社会、全面深化改革、全面依法治国、全面从严治党的战略布局，将和平发展的社会主义新道路推向新的发展阶段。在当前的情势下，唯有更好地统筹国内国际两个大局，才能全面理解和把握党中央治国理政新理念新思想新战略。

第二，国际的角度。当前关于党中央治国理政新理念新思想新战略的研究立足国内，国际视角的缺乏和对国际相关研究的系统性分析不够，不可谓不是一个较大的缺憾。唯有融合美国、欧洲、东亚等国际社会的研究动向，才能推进对党中央治国理政新理念新思想新战略的全面认识和把握。

第三，大战略的角度。党中央治国理政新理念新思想新战略致力于顶层设计和理论建构，唯有从大战略的角度才能予以深刻理解和全面把握。我们可从大战略角度构建应对全面建设小康社会新问题、面向21世纪中叶世界大国前景，以融入—变革—塑造为三维支柱的中国和平发展战略框架，并就国家治理体系建设、经济体制改革与对外经济合作、参与全球治理建设、促进地区制度化合作和维护周边安全、提升中国国家软实力等议题深入研究，形成对党中央治国理政新理念新思想新战略的系统性、全局性理解和把握。

第四，立足当今、面向未来的角度。党中央治国理政新理念新思想新战略是系统思考和建构，不仅着眼于处理全面建设小康社会的眼前问题，而且布局长远，是实现"两个一百年"奋斗目标、实现中华民族伟大复兴中国梦的思想、理论和战略保障。相关研究也有必要解读中国历史和世界历史，进行必要的横向历史比较和纵向国际比较，尤其是与英国、美国两个先后的世界大国进行战略比较，寻求其历史经验和教训具有重要意义。

二　党中央治国理政新理念新思想新战略研究评估与国际视角的必要

研究党中央治国理政新理念新思想新战略的分析视角多元，涉及政治、经济、文化、社会、外交、生态、安全、马克思主义理论等多个领域，成果极其丰富。

（一）党中央治国理政新理念新思想新战略的时代背景研究

如何深刻剖析世情、国情、党情变化，正确认识和妥善处理中国发展起来后不断出现的新情况、新问题，是研究党中央治国理政新理念新思想新战略的根本出发点。学术界和政策研究界的剖析主要集中在如下方面：

第一，对中国国情的分析。党中央治国理政新理念新思想新战略以对当代中国国情的新认识为立论基础。学术界对此进行了深刻而全面的分析，并以中国和平发展的成就和面临的新问题为底色。当代中国的国情表现为"三个三"：首先是"三个没有变"，中国社会主义仍然处于并将长期处于社会主义初级阶段的基本国情没有变，人民日益增长的物质文化需要同落后的社会生产之间的矛盾这一社会主要矛盾没有变，中国是世界最大发展中国家的国际地位没有变。这"三个没有变"中最根本的就是基本国情没有变，社会主义初级阶段是当代中国的最大国情、最大实际。其次是"三个前所未有"，我们前所未有地靠近世界舞台中心，前所未有地接近实现中华民族伟大复兴的目标，前所未有地具有实现这个目标的能力和信心。最后是"三期叠加"，中国经济正处于从高速到中高速的增长速度换挡期、结构调整阵痛期和前期刺激政策消化期，经济增速换挡、结构调整阵痛和动能转换困难相互交织。"三个三"的新国情带来改革发展稳定任务之重前所未有，矛盾风险挑战之多前所未有，对我们党治国理政的考验之大前所未有。各专业学者对此进行了深入解读，其中以经济学家的解读最为集中。例如，林毅夫指出，经济持续快速增长的优异成就彻底改变了中国在全球经济中的地位，但渐进式双轨制转型是一把双刃剑，它不可避免地带来许多结构性问题，特别是收入分配、消费与储蓄以及国际收支方面的失衡。[1] 蔡昉等指出，中国在中等偏上收入阶段遭遇经济增长减速，应该高度重视收入差距扩大的问题，实现避免中等收入陷阱和缩小收入差距的目标。[2] 胡鞍钢认为，中国必须清醒

---

[1] 林毅夫：《解读中国经济》，《南京农业大学学报》（社会科学版）2013年第2期，第1—10页。

[2] 蔡昉、王美艳：《中国面对的收入差距现实与中等收入陷阱风险》，《中国人民大学学报》2014年第3期，第2—7页。

认识长期制约中国发展的深层次因素，以及现实所遇到的突出矛盾和问题，处于经济下行压力增大期、社会矛盾凸显期、人与自然矛盾凸显期，必须积极应对、妥善处理，通过创新驱动发展，成功地突破并跨越"中等收入陷阱"，更要自觉地坚持社会主义道路，突破并跨越"西方民主化陷阱"。①

第二，对世情变化的分析。研究界深刻认识到世界情势的深刻变化，相关研究汗牛充栋。例如，朱云汉指出，在过去数个世纪里，全球的生产活动重心加速向非西方世界移转，我们过去熟悉的世界即将出现翻天覆地的改变，当前人类社会正处于一个数百年难遇的历史分水岭，这是我们熟悉的历史坐标迅速消失的时代，也是我们视为当然的历史趋势出现转折的时代。② 刘贞晔认为，伴随着全球化的迅速发展，各种全球性问题与危机正日益在人类生活的各领域向纵深发展，人类已然处于应对和解决各种全球性问题与危机的全球治理时代。③ 苏长和强调，国际体系进入累积矛盾和新旧矛盾的多发时期，其权力结构出现从单极向多极、从失衡向更为均衡的方向发展，酝酿着从量变到质变的能量，同时，各种积压矛盾浮现以及新旧矛盾频发。④ 门洪华则用权力转移、问题转移和范式转移来概括世界转型，认为中国崛起与世界转型相辅相成，正在推动新战略时代的到来。⑤

第三，对国情世情互动的洞察。中国共产党第十八届中央委员会

---

① 胡鞍钢：《"十三五"时期的国内外环境》，《紫光阁》2015 年第 8 期，第 37—39 页。
② 朱云汉：《中国兴起与全球秩序重组》，《经济导刊》2015 年第 9 期，第 21—27 页；朱云汉：《高思在云：中国兴起与全球秩序重组》，中国人民大学出版社 2015 年版，第 3—5 页。
③ 刘贞晔：《全球治理时代全球利益与国家利益的调适》，《社会科学》2015 年第 1 期，第 13—22 页。
④ 苏长和：《在新的历史起点上思考中国与世界的关系》，《世界经济与政治》2012 年第 8 期，第 4—19 页。
⑤ 门洪华：《中国崛起与国际秩序变革》，《国际政治科学》2016 年第 2 期，第 60—89 页。

第四次全体会议指出,"全面建成小康社会进入决定性阶段,改革进入攻坚期和深水区,国际形势复杂多变,我们党面对的改革发展稳定任务之重前所未有、矛盾风险挑战之多前所未有"。① 张蕴岭认为,中国与世界关系新变化最突出的特点是中国因素放大、中国被多面解读,在中国与外部世界关系迅速发展的同时,许多国家对中国的疑虑、猜疑甚至不满也随之增加;外部世界把中国描绘成一个咄咄逼人、具有进攻性的超级大国。这样的判定让中国难以接受,必然会增加中国人对外部世界的不信任甚至敌意。② 蔡昉则视之为中国自身国际地位的变化提出的新课题,提醒我们必须关注"修昔底德陷阱",要结合中国的问题和变化来观察其他国家的变化和反应,特别是认识大国必然做出的反应,进而制定相应的国际战略和应对策略。③ 英国伦敦政治经济学院教授巴里·布赞(Barry Buzan)比较中美和平崛起的相似性与差异性,乐观地认为中国当前面临的情况可能会比美国当年"和平崛起"时具备更有利的条件。④ 唐永胜等也认为,国际体系变迁将为中国崛起提供更为广阔的空间,变化就是机遇。⑤ 就此,习近平总书记的提醒发人深省:"我们今天开放发展的大环境总体上比以往任何时候都更为有利,同时面临的矛盾、风险、博弈也前所未有,稍不留神就可能掉入别人精心设置的陷阱。"⑥

第四,对统筹国内国际两个大局的阐发。统筹国内国际两个大局的战略思想由党中央提出并长期秉持。当然,统筹国内国际两个大局

---

① 《中共中央关于全面推进依法治国若干重大问题的决定》,http://news.xinhuanet.com/politics/2014-10/28/ c_ 1113015330. htm, 2015 年 1 月 22 日。

② 张蕴岭:《寻求崛起中国与世界的良性互动》,《国际经济评论》2013 年第 4 期,第 50—59 页。

③ 蔡昉:《中国崛起与"修昔底德效应"》,《美国研究》2014 年第 6 期,第 9—10 页。

④ Barry Buzan and Michael Cox, "China and the US: Comparable Cases of 'Peaceful Rise'?" The Chinese Journal of International Politics, Vol. 6, No. 2, 2013, pp. 109 – 132.

⑤ 唐永胜、李冬伟:《国际体系变迁与中国国家安全战略筹划》,《世界经济与政治》2014 年第 12 期,第 27—36 页。

⑥ 习近平:《在省部级主要领导干部学习贯彻党的十八届五中全会精神专题研讨班上的讲话》,《人民日报》2016 年 5 月 10 日第 2 版。

也是世界政治一个普遍面临的理论问题。① 习近平总书记强调,"加强战略思维,增强战略定力,更好统筹国内国际两个大局,坚持开放的发展、合作的发展、共赢的发展,通过争取和平国际环境发展自己,又以自身发展维护和促进世界和平,不断提高我国综合国力,不断让广大人民群众享受到和平发展带来的利益,不断夯实走和平发展道路的物质基础和社会基础"。② 对此,研究界进行了不多但较为深刻的阐发。苏长和认为,当前没有一个国家能将国内问题与国际问题单纯地割裂开来。③ 朱云汉强调,"中国的世界"与"世界的中国"不是两个相互排斥的命题,而是构成互为因果、相互牵引的辩证关系。④ 胡鞍钢进一步指出,对中国而言,统筹两个大局这一大战略最大的意义就在于充分利用天时、地利,实现人和。⑤ 门洪华则认为,中国密切结合国内国际两个大局,渐进而坚定地融入国际社会,积30 余年改革开放之功,积极回答"建设中国特色的社会主义"这一重大命题,逐步形成了中国特色社会主义的新理念、新思想、新论断,确立了比较稳定的道路形态,同步发展社会主义市场经济和社会主义民主政治,成功开辟了和平发展的社会主义新道路。⑥ 美国乔治·华盛顿大学教授沈大伟(David Shambaugh)全面分析了中国面临的国内外挑战,对中国未来发展表达了深刻的忧虑。⑦ 英国伦敦国

---

① 蒲晓宇:《地位信号、多重观众与中国外交再定位》,《外交评论》2014 年第 2 期,第 25—38 页。
② 习近平:《更好统筹国内国际两个大局 夯实走和平发展道路的基础》,《人民日报》2013 年 1 月 30 日第 1 版。
③ 苏长和:《中国外交能力分析——以统筹国内国际两个大局为视角》,《外交评论》2008 年第 4 期,第 7—13 页。
④ 朱云汉:《高思在云:中国兴起与全球秩序重组》,《理论与当代》第 64 页。
⑤ 胡鞍钢、鄢一龙:《中国大战略:统筹两个大局与天时地利人和》,《国家行政学院学报》2013 年第 2 期,第 11—15 页。
⑥ 门洪华:《两个大局视角下的中国国家认同变迁(1982—2012 年)》,《中国社会科学》2013 年第 9 期,第 54—66 页。
⑦ David Shambaugh, "Assessing China's Political System and New Leadership", Paper Prepared for the Colloquium on Newly Industrialized Countries, the Friedrich Neumann Stiftung, Berlin, November 5, 2013.

王学院教授凯利·布朗（Kerry Brown）则乐观地认为，习近平作为具有国际视野的领导人，把扩大中国的全球影响力作为其战略重点，统筹国内国际两个大局，中国作为一个独立自主的全球政治重要参与者正在日益开放，领导人务实地以国家利益为中心推动对外交往。①

党中央在坚持和平与发展的时代主题判断，对世界局势保持乐观态度的同时，深刻认识到要充分估计国际矛盾和斗争的尖锐性，表达了强烈的忧患意识。在看到和平与发展是时代主题和世界潮流的同时，也看到维护世界和平与发展的艰难和曲折，既有战略的坚定性，也看到在实现目标的实践过程中的复杂性和曲折性。在和平与发展的时代主题判断下，如何维护、实现这一主题是党中央认真思考的重大战略问题。美国学者戴维·兰普顿（David Lampton）指出，中国处在一个艰难的大环境里，作为中国领导人必须很好地应对来自国内外的艰巨挑战。② 美国布鲁金斯学会资深研究员杰弗里·巴德（Jeffrey A. Bader）认为，习近平对世界秩序和国际关系的看法有全新的认识，中国有选择地主动"走出去"积极作为，几乎没有延续毛泽东和邓小平时期的策略，而是秉持一种全新的理念。③ 哈佛大学教授裴宜理（Elizabeth Perry）认为，新一届领导集体在履新伊始就展现出要将社会改革的各项措施全面深入推进的态度，新政策远远超出了保持和提高国内生产总值的增长速度这一范围。④

---

① Kerry Brown, "Expanding China's Global Reach: Strategic Priorities Under Xi Jinping", in Sebastian Heilmann and Matthias Stepan, eds., *China's Core Executive: Leadership Styles, Structures and Processes Under Xi Jinping*, Merics Institute for China Studies, No. 1, 2016, pp. 26–29.

② David Lampton, *Following the Leader Ruling China: From Deng Xiaoping to Xi Jinping*, Berkeley: University of California Press, 2014, p. 5.

③ Jeffrey A. Bader, "How Xi Jinping Sees the World…and Why?" *Asia Working Group Paper*, No. 2, 2016, pp. 1–10.

④ 裴宜理、夏璐：《增长的痛楚：崛起的中国面临之挑战》，《国外理论动态》2014年第12期，第71—78页。

(二) 党中央治国理政的理念创新和思想创新研究

理念是行动的先导,思想是战略的指引,中国最重要的创新机制在于思想创新、观念创新。① 十八大以来,党中央致力于理念创新和思想先行,把全党全国人民的思想和行动统一到中国特色社会主义上来,形成了谋划新战略的理论基础。关于党中央治国理政理念创新和思想创新的研究,主要聚焦于如下三个方面。

第一,中国梦引起国内外高度关注,相关研究成果丰硕。中华民族伟大复兴的中国梦思想是治国理政新理念新思想新战略的核心。对此,中国研究界从不同学科领域进行了深入阐发。许多学者指出,中国梦贯穿着中国的昨天、今天和明天的历史主轴,连接着国家、民族与个人的前途命运,蕴含着国家富强、民族振兴、人民幸福的丰富内涵。② 英国学者柯岚安(William A. Callahan)认为,中国梦体现了中国从注重国家概念向注重个人概念的转变。③ 许多学者强调中国梦的丰富内涵,如韩庆祥指出,"从国际维度看,中国梦就是和平发展之梦、合作共赢之梦;从国家和民族维度看,中国梦就是国家富强、民族振兴、人民幸福;从民众和公民个人维度看,中国梦是构建一个公平正义的社会,人们各显其能、各得其所、和谐相处、人生出彩"。④ 纪亚光、杨晓成强调立足中国、观照世界是中国梦思想的鲜明特征,中国梦思想的提出,既有对世界前途命运的自觉担当,也有对国家民族未来的主动把握,它将中国发展与世界其他国家共同发展紧密联系起来,致力于打破国强必霸的

---

① 胡鞍钢:《思想创新机制:中国迅速崛起的思想密钥》,《人民论坛》2014 年第 9 期,第 33—37 页。

② 李君如:《中国梦的意义、内涵及辩证逻辑》,《毛泽东邓小平理论研究》2013 年第 7 期,第 14—17 页。

③ William A. Callahan, *China Dreams: 20 Visions of the Future*, Oxford: Oxford University Press, 2013, Section 1.

④ 韩庆祥:《人民共创共享思想——党中央治国理政新思想的系统阐发》,《中共中央党校学报》2016 年第 1 期,第 15—27 页。

逻辑。①

第二，新发展理念渐成党中央治国理政新理念新思想分析的核心词。创新、协调、绿色、开放、共享的新发展理念是"十三五"规划乃至更长时期中国发展思路、发展方向和发展着力点的集中体现，也是改革开放30多年来中国发展经验的集中体现，反映出党对我国发展规律的新认识。胡鞍钢认为，新发展理念本身就形成了一个宏大的发展框架、严密的发展逻辑、务实的发展思路，其中创新发展是发展的动力、协调发展是发展的艺术、绿色发展是发展的模式、开放发展是发展的助力、共享发展是发展的目标，其核心和最终目标是实现人的全面发展。②李君如指出，发展新理念指明了破解经济新常态下各种问题的根本路径，是全面建成小康社会决胜阶段的决胜之策，也是协调推进"四个全面"战略布局，实现"两个一百年"奋斗目标的行动指南。③但惜乎研究界对如何实质性落实新发展理念着墨不多，实证研究有待进一步深入。

第三，关于人类命运共同体的研究正在深入。把中国发展与世界发展联系起来，是统筹国内国际两个大局的要义所在，也是落实新发展理念的重要保障条件。"人类命运共同体"一经提出就在世界引起重大反响，被视为毛泽东"三个世界理论"之后中国最重要的国际战略构想。提出这一构想的基础是，世界各国人民的命运从来没有像今天这样休戚与共，今天的人类比以往任何时候都更有条件共同朝着和平与发展的目标迈进。王毅外长指出，命运共同体回答中国追求建设一个什么样的世界，具有丰富的政治、经济、安全、文明、生态内涵。④王

---

① 纪亚光、杨晓成：《习近平和平发展道路思想研究》，《理论学刊》2016年第2期，第4—10页。
② 胡鞍钢、鄢一龙等：《中国新理念：五大发展》，浙江人民出版社2016年版，第9—10页。
③ 李君如：《发展新理念和中国大趋势》，《理论视野》2015年第12期，第14—16页。
④ 王毅：《2015年是中国特色大国外交的全面推进之年》，https://www.gov.cn/zhengce/2015-12/23/content_5026691.htm，2016年10月13日。

公龙等认为，人类命运共同体由和平权力观、共同利益观、全球治理观、国际责任观和文明互鉴观等观念构成，反映了崛起的中国对世界潮流的新认知、对 21 世纪国际关系模式的新主张以及对全球治理时代国际秩序的新思考，丰富了中国和平发展理论。① 门洪华指出，人类命运共同体思想体现了中国国际合作理论的创新，塑造人类命运共同体需要我们致力于构建新型国际关系，并秉持正确义利观，开启以"共同利益""互利共赢""大国责任"为核心的新外交时代。② 秦亚青认为，正确义利观的提出，标志着中国把自身发展与世界发展联系起来，把中国人民利益同各国人民共同利益结合起来，把中国梦与世界梦结合起来，为构建更加公正合理的世界秩序提供了思想依据。③ 以此为基础，中国领导人提出中国特色大国外交的新思想，致力于塑造新型国际关系，在统筹两个大局的基础上推进世界治理更加公平合理发展和构建人类命运共同体，体现了中国外交理论的创新。如何深入总结人类命运共同体、新型国际关系、正确义利观、中国特色大国外交等思想和理论创新，进而创造性统筹国内国际两个大局，是摆在研究界眼前的重大理论课题，也是有待深入挖掘的思想宝藏。就此，胡鞍钢总结指出，中国在社会主义现代化进程中，不仅提出了全面建成惠及十几亿人口的小康社会，而且还要全面建设共同富裕的社会主义社会，这一国内目标也决定了中国在世界发展中提倡共赢主义，共赢主义的核心目标和宗旨就是全世界各国人民一起共同打造更美好世界。④ 王存刚进一步指出，共存、共享、共治、

---

① 王公龙、韩旭：《人类命运共同体思想的四重维度探析》，《上海行政学院学报》2016 年第 3 期，第 96—104 页。

② 门洪华：《构建新型国际关系：中国的责任与担当》，《世界经济与政治》2016 年第 3 期，第 4—25 页。

③ 秦亚青：《正确义利观：新时期中国外交的理念创新和实践原则》，《求是》2014 年第 12 期，第 55—57 页。

④ 胡鞍钢：《习近平的共赢思想：中国与世界》，《紫光阁》2016 年第 3 期，第 45—47 页；《中国为何能打破"国强必霸"逻辑——习近平"共赢主义"思想目标与内涵》，《人民论坛》2015 年第 15 期，第 48—54 页。

共赢、共进是中国外交的核心价值观。① 这些总结深化了对中国和平发展道路的认识,是中国外交理论创新的最新体现。

第四,关于治国理政方法论问题的研究亟待加强。党中央治国理政新理念新思想新战略的提出和付诸实践,是创造性运用马克思主义哲学方法论的结果。正如陈先奎等指出的,马克思主义中国化的历史进程之所以能够在艰难曲折中始终保持与时俱进的上升趋势,始终能够在艰难曲折中冲破僵化和教条的思想桎梏,除了中国实践主题转换的强大动力外,靠的就是辩证法在解放思想、打破教条方面的巨大威力。② 习近平高度关注改革方法论,将马克思主义哲学方法论灵活运用于治国理政实践。他指出,新发展理念的提出,是对辩证法的运用;新发展理念的实施,离不开辩证法的指导。要坚持系统的观点,依照新发展理念的整体性和关联性进行系统设计,做到相互促进、齐头并进,不能单打独斗、顾此失彼,不能偏执一方、畸轻畸重。要坚持"两点论"和"重点论"的统一,善于厘清主要矛盾和次要矛盾、矛盾的主要方面和次要方面,区分轻重缓急,在兼顾一般的同时紧紧抓住主要矛盾和矛盾的主要方面,以重点突破带动整体推进,在整体推进中实现重点突破。③ 不断把中国的经验马克思主义化是中国共产党在 21 世纪最大的理论贡献,而马克思主义哲学方法的运用显然具有指引意义。当前,关于党中央治国理政新理念新思想的研究体系性不够,对方法论的关注甚少,不能不说是相关研究的重要缺憾。

(三) 党中央治国理政的战略布局研究

党中央治国理政的战略布局,以实现中华民族伟大复兴为主题,以

---

① 王存刚:《论中国外交核心价值观》,《世界经济与政治》2015 年第 5 期,第 4—20 页。
② 陈先奎、滕明政:《中国与世界:重新探讨马克思主义中国化的基本特点》,《当代世界与社会主义》2014 年第 2 期,第 33—38 页。
③ 习近平:《在省部级主要领导干部学习贯彻党的十八届五中全会精神专题研讨班上的讲话》,《人民日报》2016 年 5 月 10 日第 2 版。

坚持中国特色社会主义与和平发展道路为主线，其战略布局是统筹推进"五位一体"总体布局、协调推进"四个全面"战略布局、全力推进全面建成小康社会进程，不断把实现"两个一百年"奋斗目标推向前进。到2020年如期全面建成小康社会，是我们党确定的第一个百年奋斗目标，"十三五"时期是全面建成小康社会决胜阶段。有鉴于此，关于党中央治国理政新战略的研究多是围绕"五位一体"总体布局、"四个全面"战略布局、全面建成小康社会来阐发的，更多聚焦于"四个全面"战略布局上，这突出反映了经济社会发展的明确导向。另一方面，研究界也关注党中央治国理政的国际层面，在中国特色大国外交、和平发展道路等方面进行了较为深入的实证分析。

第一，"五位一体"总体布局是党中央治国理政新战略研究的重要出发点。十八大报告强调，建设中国特色社会主义，总依据是社会主义初级阶段，总布局是经济建设、政治建设、文化建设、社会建设、生态文明建设"五位一体"，总任务是实现社会主义现代化和中华民族伟大复兴。习近平总书记对"五位一体"总体布局提出了一系列新要求，做出一系列新部署；与此同时，对新时期的国防和军队建设、外交工作也提出许多重要新思想、新论断和工作举措，以上这些为坚持和发展中国特色社会主义给予了新的引领。[①]"五位一体"总部布局研究着眼于统筹两个大局，不同学科对此进行了非常全面深入的研究，相关成果异常丰富。全面建成小康社会、全面深化改革、全面依法治国、全面从严治党"四个全面"战略布局提出之后，二者之间的关系研究一时成为热点，而关注点很快转向了"四个全面"战略布局。

第二，"四个全面"战略布局是党中央治国理政新战略研究的核心。习近平总书记指出，"五位一体"和"四个全面"相互促进、统筹联动，要协调贯彻好，在推动经济发展的基础上，建设社会主义市

[①] 徐光春：《坚持和发展中国特色社会主义的新理论新实践——学习习近平总书记治国理政思想的体会》，《求是》2015年第18期，第8—11页。

场经济、民主政治、先进文化、生态文明、和谐社会，协同推进人民富裕、国家强盛、中国美丽。①"四个全面"战略布局着力解决发展不平衡、不协调的突出矛盾，把全面建成小康社会作为发展目标；着力解决发展的深层次矛盾，把全面深化改革作为前进动力；着力解决法治建设还存在的许多不适应、不符合的问题，把全面依法治国作为治国理政的基本方式；着力解决政治生态存在的问题，把全面从严治党作为突破关键。从逻辑上看，"四个全面"是实现"五位一体"的战略部署："全面建成小康社会"是"五位一体"的实现目标，"全面深化改革"是实现"五位一体"的强大动力，"全面依法治国"是实现"五位一体"的基本方略，"全面从严治党"是实现"五位一体"的政治保证。②"四个全面"廓清了治国理政的全貌，抓住了治国理政的关键，集中体现了党治国理政的新方略，回答了当代中国发展的战略目标、战略重点和主要矛盾。③可以说，"四个全面"战略布局明确了新形势下落实"五位一体"总体布局的战略重点。"四个全面"不仅引起了中国研究界的全面关注，也为国际社会所深入研究，如哈萨克斯学者詹尼斯·坎巴耶夫（Zhenis Kembayev）认为，"四个全面"形成了中国新的发展纲领，是影响深远的理论突破。

第三，中国特色大国外交研究是国际层面深入研究的重点。当今世界正处在一个加快演变的历史性进程之中，全球治理体系深刻变革，不同制度模式、发展道路深层较量和博弈，能否在世界大变动中把握机遇、在国际大棋局中赢得主动，需要胸怀全局、统筹谋划的大思考、大智慧。我们坚持中国共产党的领导和中国特色社会主义，坚持中国的发展道路和价值观念，坚持并不断完善、丰富和发展和平共处五项原则，坚持为

---

① 习近平：《在庆祝中国共产党成立95周年大会上的讲话（2016年7月1日）》，《人民日报》2016年7月2日第3版。
② 周明海：《比较视野中的"四个全面"战略布局与"五位一体"总体布局》，《中共天津市委党校学报》，2015年第3期，第10—15页。
③ 郝立新：《中国特色社会主义实践的战略布局和发展理念》，《中国特色社会主义研究》2015年第6期，第5—9页。

国内发展和改革开放服务的第一要务,走出一条与传统大国不同的强国之路,中国特色大国外交理论与实践如火如荼,并突出表现在创新和平发展思想、倡导新型国际关系、秉持正确义利观、推动共同体建设、提供全球治理的中国理念和中国方案等方面。当前,围绕中华民族伟大复兴宏伟目标的中国特色大国外交布局基本完成,大国外交的理念和实践特色愈益鲜明。在这一方面,相关研究极其丰富,如何构建中美新型大国关系更是聚焦的热点,诸多人士为此建言献策。[1]

第四,对中国和平发展道路的新探索进行总结。中国是现行国际体系的参与者、建设者、贡献者,是国际合作的倡导者和国际多边主义的积极参与者,要推动全球治理理念创新发展,深入发掘中华文化中积极的处世之道和治理理念同当今时代的共鸣点,努力为完善全球治理贡献中国智慧、中国力量。中国和平发展道路的新探索受到研究界的密切关注。[2] 胡鞍钢深入研究中国和平发展道路的渊源和演变,指出自主性、自觉性、自信性是中国探索的核心词。[3] 郑必坚认为,21世纪第二个十年将是中国把和平发展道路进一步具体化的重要时期,共同体的取向能够在国际社会获得更多共识。[4] 研究界对中国和平发展道路的持续研究,为从统筹两个大局的角度剖析党中央治国理政新战略提供了重要的参考。

(四) 党中央治国理政的战略举措研究

关于党中央治国理政的战略举措研究成果丰富,各学科领域的专家学者均从自己的角度进行了较为全面深入的研究,并就其各自重点

---

[1] Lyle J. Goldstein, *Meeting China Halfway: How to Defuse the Emerging US-China Rivalry*, Washington, D. C.: Georgetown University Press, 2015;[新加坡]李光耀口述,[美]格雷厄姆·艾利森等编:《李光耀论中国与世界》,蒋宗强译,中信出版社2013年版,第46页。

[2] 肖晞:《中国和平发展道路:文化基础、战略取向与实践意义》,《国际观察》2015年第4期,第1—21页。

[3] 胡鞍钢:《中国道路与中国梦想》,浙江人民出版社2013年版,第62—63页。

[4] 郑必坚:《中国和平发展道路与构建利益共同体》,《解放日报》2013年3月24日第7版。

关注的领域提出了丰富而切实的政策建议。

第一,加强国家治理体系建设。国家治理体系是在党领导下管理国家的制度体系,涵盖如下七大领域的治理:经济领域的市场治理;政治行政领域的政府治理;文化领域的文化和思想道德治理;社会领域的社会治理和实行基层群众自治;生态文明领域的生态治理;国防建设领域的军队治理;党的建设领域的执政党治理。[1] 国家治理现代化有四个核心的内容,即国家基本政治制度、国家治理的价值体系、国家治理体系和国家治理能力。[2] 党中央在形成和协调推进"四个全面"战略布局中,不断加强和改善党的领导,注重改进党的领导方式和执政方式,大力推进国家治理体系和治理能力现代化建设。[3] 研究界对中国国家治理体系建设的必要性、紧迫性和路径等方面进行了较为深入的探讨。例如,周光辉指出,国家治理体系和治理能力建设落后于社会利益结构的分化速度是与中国赶超式现代化方式密切相关的。[4] 魏东初认为,"四个全面"实际上体现了国家治理战略构想,即塑造国家治理现代化的价值体系、整合国家治理现代化的法制体系、完善国家治理现代化的组织体系,这是中国国家治理现代化的关键举措。[5] 江必新认为,推进国家治理体系建设和治理能力现代化,必须秉持中国特色社会主义制度,更新治理理念,丰富治理目标,明确战略要点,创新治理方法,协调多元共治,妥善处理国家治理的基本关系。[6] 俞可平建议遵循如下原则建立中国国家治理评估标准:立

---

[1] 许耀桐:《习近平的国家治理现代化思想论析》,《上海行政学院学报》2014年第4期,第17—22页。

[2] 薛澜:《顶层设计与泥泞前行:中国国家治理现代化之路》,《公共管理学报》2014年第4期,第1—6页。

[3] 陈宝生:《政治体制改革在深化》,《求是》2016年第5期,第31—33页。

[4] 周光辉:《推进国家治理现代化的有效路径:决策民主化》,《理论探讨》2014年第5期,第5—10页。

[5] 魏东初:《习近平国家治理现代化思想的三个维度》,《求索》2015年第7期,第10—14页。

[6] 江必新:《国家治理现代化基本问题研究》,《中南大学学报》(社会科学版)2014年第3期,第139—148页。

足中国改革开放的实践,借鉴国外和国际组织治理评估的经验;围绕国家的大政方针,突出重点,兼及治理的基本内容;重在评估治理现状,同时充分注意中国民主治理的未来发展;主客观评估相结合,全面检测中国现行政府治理的现状;治理评估必须具有简便性、实用性和可行性。①

第二,应对经济新常态,防止落入"中等收入陷阱"。党中央面对我国经济增长速度从高速转向中高速,发展方式从规模速度转向质量效率,经济结构从增量扩能转向调存优增,发展动力从资源要素转向创新驱动的形势,及时提出要主动适应、把握、引领经济发展新常态;面对供需关系的明显变化和结构性失衡,针对供给侧调整滞后于需求结构升级的现状,为解决生产要素向有效需求领域和中高端领域配置,果断启动供给侧结构性改革;面对全面建成小康社会的紧迫任务,做出精准扶贫决策,吹响了脱贫攻坚的进军号角。对此,经济学界进行了全面而深入的研究,其他各研究领域对此也多有关注,应对经济新常态成为引领各领域思想创新、战略调整的关键点。李扬等指出,新常态所展示的摆脱中等收入陷阱、迈上经济发展新台阶的美好愿景亟须正确的引领,这包括打造创新驱动引擎、在调结构中发挥市场的决定性作用、构筑全面对外开放新格局、向生态环境改善中求增长以及实现包容性增长。② 王一鸣指出,经济运行的新变化要求创新宏观调控思路和方式,丰富完善新的调控方式,增强调控的科学性、针对性和有效性,使中国经济在进入新常态后继续保持稳定健康发展:保持定力,稳定宏观政策基本取向;主动作为,适时有序预调微调;远近结合,坚持和完善定向调控;改革创新,不断完善宏观调控方式。③ 金碚则强调各领域全面深化改革,并平衡好经济发展的短期和中长期目标

---

① 俞可平:《关于国家治理评估的若干思考》,《华中科技大学学报》(社会科学版) 2014 年第 3 期,第 1—2 页。

② 李扬、张晓晶:《"新常态":经济发展的逻辑与前景》,《经济研究》2015 年第 5 期,第 4—19 页。

③ 王一鸣:《全面认识中国经济新常态》,《求是》2014 年第 22 期,第 40—43 页。

的取舍。① 研究界也对如何积极应对新常态提出了诸多政策建议。②

第三，加强对外经济合作，扎实推进"一带一路"，维护和拓展海外利益。应对经济新常态的另一个重要层面就是如何加强对外经济合作。中国在市场资源、国际事务、治理规则上，由对外依赖、积极参与、被动接受，逐步转向相互依存、主动引导、双向互动，与世界的互动关系进一步深化，在全球金融体系中的地位继续提升，在全球治理体系的话语权不断提高。③ 十八大以来，中国加快构建开放型经济新体制，深入实施"一带一路"倡议，主导筹建亚投行，加快自由贸易试验区建设，推进人民币国际化进程，以开放的主动赢得了发展的主动、国际竞争的主动。可以说，中国对外合作倡议迭出，影响巨大。每一个议题都引起了国内外的广泛关注和深入研究，研究成果丰硕；国外学者对此也高度关注，佳作迭出。④ 与此同时，越来越多的学者关注中国海外利益的维护与拓展问题，发表了系列研究成果。⑤ 可以说，在经济研究领域的成果中，统筹国内国际两个大局的色彩非常浓厚。

---

① 金碚：《中国经济发展新常态研究》，《中国工业经济》，2015年第1期，第5—18页。

② 林毅夫：《新常态下中国经济的转型和升级：新结构经济学的视角》，《新金融》2015年第6期，第4—8页；张占斌、周跃辉：《关于中国经济新常态若干问题的解析与思考》，《经济体制改革》2015年第1期，第34—38页；Michael Pettis, *Avoiding the Fall: China's Economic Restructuring*, Washington, D. C.: Carnegie Endowment for International Peace, 2013, pp. 25 - 60。

③ 毕吉耀、张哲人：《中国与世界经济互动加深》，《经济观察》2014年第10期，第64—66页。

④ 可参见徐绍史：《统筹国内国际两个大局的战略抉择——深入学习近平总书记关于"一带一路"战略构想的重要论述》，《求是》2015年第19期，第10—13页；周天勇：《传统经济模式的增长困局和新的经济增长动力》，《天津行政学院学报》2013年第6期，第83—90页；朱云汉：《高思在云：中国兴起与全球秩序重组》，第177页；Lauren Dickey, *China Takes Steps Toward Realizing Silk Road Ambitions*, China Brief, No. 11, 2014; Scott Kennedy and Christopher Johnson, *Perfecting China inc.: The 13th Five Year Plan*, A Report of the CSIS Freeman Chair in China Studies, No. 5, 2016。

⑤ 可参见门洪华《中国国家利益的维护和拓展》，《国际观察》2015年第6期，第13—25页；肖晞、郎帅：《中国海外利益维护与拓展模式构建探析》，《学习与探索》2015年第9期，第51—58页；王存刚：《外部战略环境的新特点与中国海外国家利益的维护》，《国际观察》2015年第6期，第26—37页。

第四，积极参与全球治理，推进国际秩序建设。中国的国际作为成为研究党中央治国理政新战略越来越重要的议题，如何积极参与全球治理、推进国际秩序建设深受研究界的重视。朱云汉认为，我们可能迎接一个更公正的全球秩序之来临，① 中国如何抓住机遇至为重要。习近平总书记指出全球治理体制变革正处在历史转折点上，明确提出中国参与推动全球治理体制变革的定位和责任，并提供了推动全球治理体制变革的"中国方案"。对此，研究界进行了不同视角的解读。例如，胡键认为，中国可以主动地解决自身存在的障碍性因素，适应全球治理的新形势，加快中国国际角色的转换，实现中国角色的重新定位；加快内部的制度创新，实现内外联动、内外统筹的协同制度；创新外交理念，突破传统外交理念的束缚，积极且有效地融入全球治理体系之中。② 李光耀则审慎地指出，中国并不急于取代美国成为世界第一强国，也不急于承担那个位置上的重负，就当前而言，中国对大型国际组织（如二十国集团）的成员身份很满足，在这里中国的意见受到重视，经济利益得以维护。③ 在此领域，研究者高度关注中美关系，对中美新型大国关系进行了深入而颇为全面的研究，④ 强调了维护中美关系大局对全球和平稳定的重要性。

第五，关于中国周边局势和周边安全的研究更加丰富。国际局势的演变使得中国更加重视周边关系的维护，"亲、诚、惠、容"周边外交新理念的提出和中国在周边地区加深制度化经济合作的努力受到高度关注。研究界剖析周边对中国的重要性，深入研究周边

---

① 朱云汉：《高思在云：中国兴起与全球秩序重组》，第9页。
② 胡键：《中国参与全球治理的制约性因素分析》，《学术月刊》2015年第11期，第63—74页。
③ ［新加坡］李光耀口述：《李光耀论中国与世界》，第14页。
④ David Lampton, "A New Type of Major-Power Relationship: Seeking a Durable Foundation for US-China Ties", *Asia Policy*, Vol. 16, No. 1, 2013, pp. 51 – 68; Avery Goldstein, "First Things First: The Pressing Danger of Crisis Instability in US-China Relations", *International Security*, Vol. 37, No. 4, 2013, pp. 49 – 89; 唐永胜：《理解和适应国际体系变迁》，《现代国际关系》，2014年第7期，第17—18页。

安全局势,① 密切关注中国周边外交新理念和周边政策调整,② 强调维护周边合作与安全大局和建立周边命运共同体的重要意义,③ 并就推动中国—东盟关系深入发展和推动东亚秩序建设提出了具体的政策建议。④ 对此,国外专家有诸多不同的解读,成果颇为丰富,值得我们密切关注。⑤ 但总体而言,在国际问题研究上统筹国内国际两个大局的成果并不丰富,这一现象值得相关研究领域深入思考。

(五) 党中央治国理政新理念新思想新战略的评估与政策建议

党中央治国理政新理念新思想新战略引起各界热议,国际研究界评价尤多。这与越来越热的当代中国研究（中国学）密切相关。中国前景得到各方面重视。例如,中国梦不仅在国内引发强烈共鸣,在国际社会更是产生强烈反响。中国的梦想不仅关乎中国的命运也关系世界的命运,成为国际社会对中国梦的主流认识。与此同时,国际社会也出现一些曲解和误读、疑虑和猜忌,甚至把中国梦曲解为霸权梦,认为中国难以摆脱"修昔底德陷阱"。西方人士尤其关注中国发展地区合作对世界政治经济秩序构成的挑战,认为中国在悄悄占领世界。⑥ 对此,

---

① 肖晞:《加强中国国家安全战略的思考》,《理论视野》2011 年第 6 期,第 51—54 页。

② 陈琪、管传靖:《中国周边外交的政策调整与新理念》,《当代亚太》2014 年第 3 期,第 4—26 页;于向东:《习近平中国周边外交理念的丰富内涵》,《马克思主义与现实》2016 年第 2 期,第 185—193 页。

③ 张蕴岭:《中国的周边区域观回归与新秩序构建》,《世界经济与政治》2015 年第 1 期,第 5—25 页。

④ 徐步、杨帆:《中国—东盟关系：新的启航》,《国际问题研究》2016 年第 1 期,第 35—48 页;门洪华:《四大力量博弈与东亚秩序》,《国际政治研究》2015 年第 5 期,第 49—65 页;唐永胜:《发挥地缘战略优势,积极塑造周边秩序》,《现代国际关系》2013 年第 10 期,第 34—35 页。

⑤ Robert Haddick, *Fire on the Water: China, America, and the Future of the Pacific* Annapolis, Maryland: Naval Institute Press, 2014.

⑥ Juan Pablo Cardenal and Heriberto Araújo, *China's Silent Army: The Pioneers, Traders, Fixers and Work ers Who Are Remarking the World in Beijing's Image*, London: Penguin, 2013; Howard W. French, *China's Second Continent: How a Million Migrants Are Building a New Empire in Africa*, 2015.

哈德逊研究所资深研究员白瑞邦（Michael Pillsbury）对西方当代中国研究的偏见和误判进行了反思，认为西方分析家总是一厢情愿地描述中国，有关中国的研究结论和预测与事实截然相反，误导了西方政府的对华政策。① 耶鲁大学教授斯蒂芬·罗奇（Stephen Roach）则强调不要一味"唱衰"中国，如果中国经济崩溃，中国经济在贸易和金融方面的关联性会使包括日本、韩国、美国和欧盟在内的众多国家和地区遭受严重影响，并拖垮全球经济。②

许多外方人士对中国治国理政新理念新思想新战略进行了总体评述。俄罗斯科学院的弗拉基米尔·彼得罗夫斯基（Vladimir Piotrowski）表示，治国理政新思想是中国在总结改革开放30多年实践经验的基础上、结合中国的具体国情总结提炼而成的，对中国发展具有很强的指导性。联合国经社理事会经济发展委员会副主任西蒙·朱（Simon Zhu）表示，新理念新思想新战略的提出非常及时，它将推动中国经济继续以较快速度发展，继续成为世界经济发展的驱动力。③ 美国学者戴维·兰普顿认为，中国新的治理模式不但可以应对国内和周边安全事务，也是对当今全球和跨国治理的全新尝试。④ 美国著名华人学者熊玠指出，中国领导人更多地将中国传统的治国思想运用到处理国际关系中去，中国不会延续西方帝国主义或斯大林式的大国沙文主义这两种令其厌恶的治理模式，而是更多地关注国际正义。⑤ 尽管有的西方学者认为中国的发展是一种按照西方思维、融入西方体制

---

① Michael Pillsbury, *Misunderstanding China*, September 17, 2014, http://wwwhudsoNo. rg/resear-ch/10623-misunderstanding-china, 2016年10月20日。

② Stephen Roach, *Unbalanced: The Codependency of American and China*, New Haven: Yale University Press, 2014.

③ 《让中国发展更具活力——国际人士高度评价中共中央治国理政新理念新思想新战略》，《人民日报》2016年3月3日第3版。

④ David Lampton, "Xi Jinping and the National Security Commission: Policy Coordination and Political Power", *Journal of Contemporary China*, Vol. 24, No. 95, 2015, pp. 759 – 777.

⑤ ［美］熊玠：《大国复兴：中国道路为什么如此成功》，李芳译，湖北教育出版社2016年版，第232—235页。

的过程,① 但更多的人士认为,中国与其他新兴国家不同,中国想按照自己的方式被世界接受,而非作为西方社会的荣誉会员,② 崛起的中国意味着世界将不再完全由西方主导。③ 加拿大学者罗伯特·韦尔（Robert Ware）强调,中国正在寻求在马克思主义与社会主义思想领域中展开国际合作,中国已经到了超越"机械运用外来思想"的时刻。④

对中国治国理政的新理念新思想新战略不乏积极或肯定性的评价。弗朗西斯·福山（Francis Fukuyama）认为,国家能力、法治和民主堪称三个支柱,国家能力在构建政治秩序中具有基础性作用,而中国在这方面做得较好。⑤ 西方学界和政策界的主流观点认为,习近平是自邓小平以来最受关注的中国领导人,《习近平谈治国理政》为世界提供了了解中国领导人思想的窗口,成为西方名流了解中国特色社会主义的读本。⑥ 西方国家知识界的主流也有很多对中国治理模式的正面分析,包括《泰晤士报》这样老牌的西方主流媒体都罕见地开始呼吁西方学习中国的治理思想。联合国工业发展组织前总干事卡洛斯·马格里诺斯（Carlos Magarinos）指出,中国成为推进全球治理的负责任的贡献者,并成为拉动世界经济摆脱危机的积极主力。⑦ 美国战略与国际研究中心（CSIS）高级研究员克里斯多夫·约翰逊（Christopher Johnson）认为,"一带一路"倡议代表着一个充满活力

---

① Edward Steinfeld, *Playing Our Game: Why China's Rise Doesn't Threaten the West*, Oxford: Oxford Uni- versity Press, 2012.
② ［新加坡］李光耀口述:《李光耀论中国与世界》,第 5 页。
③ Jacques Martin, *When China Rules the World: The End of the Western World and the Birth of a New Global Order*, New York: Penguin Books, 2012.
④ 罗伯特·韦尔:《关于中国马克思主义的思考》,《国外理论动态》2014 年第 4 期,第 57—62 页。
⑤ Francis Fukuyama, *Political Order and Political Decay: From the Industrial Revolution to the Globalization of Democracy*, New York: Farrar, Straus and Giroux, 2014, p.132.
⑥ Elizabeth Economy, "Ten Fun and Fascinating Facts About Xi Jinping", http://blogs.cfr.org/asia/2014/10/15/ten-fun-and-fascinating-facts-about-xi-jinping, 2016 年 10 月 20 日。
⑦ ［阿根廷］卡洛斯·马格里诺斯:《G20 的未来以及中国在其中的角色》,仝真译,《国外社会科学》2013 年第 6 期,第 23—27 页。

的中国，是习近平推进国家复兴和巩固中国世界领导地位之中国梦的体现。① 日本防卫研究所研究员山口信治（Yamaguchi Shinji）正面评价习近平强调的秉持《联合国宪章》、坚守和平共处五项原则在国际秩序建设中的作用，认为中国不是现有国际秩序的挑战者。②

当然，"唱衰"中国的声音依旧存在。正如联合国高级官员马和励（Khalid Malik）指出的，驻中国的西方财经记者年复一年地发给西方媒体的中国经济分析有一个令人惊讶的相同结论，即"中国经济明年会崩溃"。③ 某些人士的观点引起国际社会的高度关注，例如沈大伟片面强调中共治理危机，认为中共政权在衰落；④ 挪威奥斯陆大学教授安娜·阿勒斯（Anna L. Ahlers）等认为，习近平通过反腐倡廉、党风党纪整治运动巩固了层级制统治体系，但长期来看可能存在不利影响。⑤ 英国学者巴里·布赞认为，中国目前选择了冷崛起（cold rise）的大战略，可能会使中国增加军费支出，存在与亚洲邻国对抗和加强美国在西太平洋军事存在的风险，并难以修复与日本和部分东盟国家的关系。⑥

与此同时，"中国威胁论"有了新版本。日本早稻田大学教授天儿慧（Satoshi Amako）指出，中国梦的表述暗示习近平意图把中国定位为超级大国，亲诚惠容的周边外交则暗示中国扩展影响力、创建大

---

① Christopher Johnson, "President Xi Jinping's 'Belt and Road' Initiative", *A Report to the Center for Strategic and International Studies*, No. 3, 2016.

② 山口信治：《中国の国際秩序認識の基礎と変化》，《防卫研究所纪要》2016 年第 18 卷第 2 期，第 45—63 页。

③ Khalid Malik, *Why Has China Grown So Fast for So Long*? New Delhi: Oxford University Press, 2012, pp. xii – xiii.

④ David Shambaugh, The Coming Chinese Crackup, *Wall Street Journal*, No. 6, 2015, pp. 1 – 8.

⑤ Anna L. Ahlers and Stepan Matthias, "Top-Level Design and Local-Level Paralysis: Local Politics in Time of Plitical Centralization", in Sebastian Heilmann and Matthias Stepan, eds., *China's Cone Executive: Leadership Styles, Structures and Processes Under Xi Jinping*, Berlin: Merics Institute for China Studies, No. 1, 2016, pp. 34 – 39.

⑥ Barry Buzan, "The Logic and Contradictions of 'Peaceful Rise/ Development' as China's Grand Strategy", *The Chinese Journal of International Politics*, Vol. 7, No. 4, 2014, pp. 381 – 420.

中华区的战略考虑。① 一些西方学者宣称，随着中国国力的增长，中国外交政策开始显露出"强硬"和"傲慢"，即所谓的"新的盛气凌人（new assertiveness）"，这将导致新的国际安全困境。② 就此，熊玠一针见血地指出，"中国威胁论"实质是惧怕中国复兴论。③

另一方面，关于中国新理念新思想新战略的辩证性评价明显增多，并提出了诸多实质性建议。柯兰安认为，中国治理模式对其他国家的吸引力越来越引起关注，对以美国为首的西方软实力构成了挑战。④ 巴里·诺顿（Barry Naughton）指出，中国供给侧改革具有重大意义，但现在预判成功与否还为时尚早。⑤ 美国外交关系委员会高级研究员易明（Elizabeth Economy）认为，中国在外交和安全领域日益强势，但其经济改革任重道远，出于对美国自身利益的考虑，她建议美国应该鼓励中国参与跨太平洋伙伴关系协定（TPP），同时维持美国在亚太地区强大的军事力量。⑥ 美国前副国务卿詹姆斯·斯坦贝格（James Steinberg）和布鲁金斯学会高级研究员迈克尔·欧海伦（Michael O, Hanlon）指出，中美两国应该坚持互动、透明和弹性的原则，互相尊重对方的核心利益，并在此基础上建立一种新型的相互信赖关系。⑦

---

① 天儿慧：《中国 21 世纪的国际秩序观》，《国外理论动态》2015 年第 5 期，第 63—70 页。

② Andrew Scobell and Scott W. Harold, "An 'Assertive' China? Insights from Interviews", *Asian Security*, Vol. 9, No. 2, 2013, pp. 111 - 131; Michael Yahuda, "China's New Assertiveness in the South China Sea", *Journal of Contemporary China*, Vol. 22, No. 81, 2013, pp. 446 - 459; Kevin Rudd, "Beyond the Pivot: A New Road Map for US-Chinese Relations", *Foreign Affairs*, Vol. 92, No. 4, 2013, pp. 9 - 15.

③ ［美］熊玠：《大国复兴：中国道路为什么如此成功》，第 160 页。

④ William A. Callahan, *China Dreams: 20 Visions of the Future*, Section 1.

⑤ Barry Naughton, "Supply-Side Structural Reform: Policy-Makers Look for a Way Out", *China Leadership Monitor*, No. 49, 2015, pp. 1 - 13.

⑥ Elizabeth Economy, "China's Imperial President: Xi Jinping Tightens His Grip", *Foreign Affairs*, Vol. 93, No. 6, 2014, pp. 80 - 91.

⑦ James Steinberg and Michael O, Hanlon, *Strategic Reassurance and Resolve: US-China Relations in the Twenty-first Century*, Princeton: Princeton University Press, 2014.

相比评价而言，中国学术界倾向于从政策咨询角度建言献策。胡键指出，中国和平发展道路的未来前景如何，在相当大程度上取决于如下三个关键问题：一是中国和平发展能否成功实现；二是和平发展道路是否具有可持续性；三是崛起后的中国会不会谋求霸权地位。[1] 张蕴岭强调，中国与世界需要良性互动，实现良性互动，中国要扮演好自己的角色，即办好自己的事情、坚持和平发展道路不动摇、承担更大的国际责任。[2] 唐永胜认为，中国需要在更复杂的利益关系中综合衡量各种因素，在竞争与合作、适应与塑造、传承与创新、自主与融合中寻求平衡。[3] 门洪华建议深入研究国际潮流、大国历史和中国进程，以丰富中国和平发展战略，前瞻性地规划中国崛起之后，形成整体性的战略布局；在实践中要客观判断国家实力，清晰划定国家利益底线，恪守和平发展承诺，积极承担大国责任，塑造新型大国形象，并强化战略管理意识，妥善应对重大分歧。[4] 许多学者强调中国传统思想的价值，呼吁构建中国话语体系，加强国际政治传播能力建设，更好地促成对党中央治国理政新理念新思想新战略的理解和认识。[5]

综上所述，关于党中央治国理政新理念新思想新战略的研究成果丰硕，尤其是从马克思主义理论、经济学、国家治理现代化、国际关系等角度的前期成果堪称异常丰富，为下一步从统筹国内国际两个大局的高度、从大战略的角度、从国际的视角进行总体性学理研究打下

---

[1] 胡键：《中国和平发展道路：逻辑、经验、前景》，《探索与争鸣》2013年第7期，第38—43页。

[2] 张蕴岭：《寻求崛起中国与世界的良性互动》，《国际经济评论》2013年第4期，第50—58页。

[3] 唐永胜、李冬伟：《国际体系变迁与中国国家安全战略筹划》，《世界经济与政治》2014年第12期，第27—36页。

[4] 门洪华：《构建新型国际关系：中国的责任与担当》，《世界经济与政治》2016年第3期，第4—25页。

[5] 朱云汉：《高思在云：中国兴起与全球秩序重组》，第208—220页；韩庆祥：《全球化背景下"中国话语体系"建设与"中国话语权"》，《中共中央党校学报》2014年第5期，第47—50页；孔根红：《关于对外传播新一届中央领导集体治国理政新理念的几点思考》载《毛泽东邓小平理论研究》2014年第1期，第70—74页。

了坚实的基础。以上三个研究视角恰恰是现有研究所关注较少甚至颇为缺乏的,这也为我们从总体把握的高度进行相关研究指明了方向。

三 党中央治国理政新理念新思想新战略的国际研究议程设计

我们拟站在统筹国内国际两个大局的时代高度,从大战略和国际的角度,深入研究党中央治国理政的新理念新思想新战略。其总体研究思路是:剖析中国与世界的互动关系,从党中央治国理政新理念新思想新战略的背景研究切入,结合定性研究与定量分析的理性判断,对党中央治国理政的国内国际环境进行综合评估,确定党中央治国理政新理念新思想新战略的论证依据与现实背景。在此基础上,对党中央治国理政新理念新思想新战略进行深入的文本分析,剖析其核心内容和战略指向,深入研究新理念新思想新战略三者之间的逻辑关系,并结合中国和平发展过程中新旧难题的应对,总结概括党中央治国理政的观念创新、思想创新、战略思路、战略布局和战略实施,从而提炼出党中央治国理政的思想理论体系;结合"两个一百年"奋斗目标,提炼出全面建成小康社会的总体战略,并以此为基础构建面向21世纪中叶世界大国前景的中国大战略框架;结合党的十八大以来中国观念思想创新、战略构想、实践布局与战略举措的深入剖析,对党中央治国理政新理念新思想新战略进行全面评估,并提出具有针对性的政策建议。

第一,党中央治国理政新理念新思想新战略的时代背景研究。坚持唯物史观与马克思主义世界交往理论的时代逻辑演进,研究党中央治国理政新理念新思想新战略的国内国际背景,深入剖析中国国情和世界发展潮流,剖析中国与世界互动的历程、新特点与新趋势,形成对中国与世界互动关系的理论认识;考察历史上的大国崛起进程的共时性与历时性内在规律,尤其是对英美这两个世界大国与汉唐时代的中国进行比较研究，剖析其不同国别与时代的战略选择动力系统生成机制，进而在比较视野中深入剖析当前中国经济社会全要素发展进程中的优势与劣势，确定中国的全球定位和未来战略指向。全面梳理党的十八大以来关于党中央治国理政新理念新思想新战略的经典文献，进行全面而深刻的文本理论分析，把握党中央治国理政新理念新思想新战略的理论线索和现实逻辑。

第二，党中央治国理政的理念创新与思想创新研究。坚持马克思主义世界历史理论与战略辩证法，深入研究党中央以统筹国内国际两个大局的战略思想为指导，针对中国和平发展面临的"中等收入陷阱"风险和"修昔底德陷阱"风险，以中国梦和"人类命运共同体"为国家理想和世界理想双重维度，致力于治国理政的理念创新和思想创新逻辑分析。全面总结党中央治国理政的理念和思想创新以新发展理念、新型国际关系（包括新义利观等）、总体国家安全观为核心内容，以共赢主义为核心指向的马克思主义理论建构体系，凸显富有时代特色与思想创造的马克思主义中国化最新成果，提炼具有国际影响力的中国标识性概念，彰显党致力于当代中国破除崛起困境、谋划崛起之后的战略智慧和历史担当。

第三，党中央治国理政的战略布局研究。基于党中央治国理政战略框架的时代性建构与中国道路的价值系统、中国特色社会主义制度优势，旨在通过政治自觉和执政自觉的系统辩证思维，进行顶层战略设计层面的整体考察。深入研究"五位一体"总体布局和"四个全面"战略布局互动的战略表达与耦合实践方式，在具体的、历史的统一关系中，贯通战略目标和战略举措、制度和法治、治国和治党、中国特色和世界潮流、当下和未来的逻辑响应，进一步剖析中国特色大国外交的创新机制与中国立场的世界文明多样性交往智慧，在此基础上构建有效应对全面建成小康社会进程中的实践难题，面向21世纪中叶世界大国前景、以融入国际社会—变革自身—塑造世界为三维核心支柱的中国大战略框架。

第四，党中央治国理政的战略举措分析。以马克思主义国家治理思想和全球治理思想为指导，实现国家治理能力和体系现代化，离不开一个公正、公平、合理的全球治理体系的有力支撑，深入研究党中央治国理政聚焦的重要战略问题，始终要把本国利益与各国人民利益结合起来，把中国发展战略与世界发展战略"对接"起来，这就要求：加强国家治理能力建设，推进国家治理现代化；应对经济新常态，深化经济改革，加强经济合作，扎实推进"一带一路"建设，维护和拓展中国海外利益；积极参与全球治理变革进程，推进国际秩序建设；加强地区全方位、制度化合作，维护周边稳定与地区安全，共同打造周边命运共同体，形成战略依托；加强治国理政的话语体系建设，提升中国文化软实力及其国际影响力。以上述重要战略议题的理论与实践逻辑分析为基础，构建国家发展战略、地区战略与全球战略相辅相成的中国国家战略体系。

第五，党中央治国理政新理念新思想新战略的总体评估与政策建议。梳理党中央治国理政新理念新思想新战略的国际影响及其引起的世界反响，对新一届中央领导集体执政以来的成就进行总结评价，有效凝练"中国智慧""中国思想"的时代表达特色，提出"中国方案"的学术话语体系建构实现方式以及创新具有中国属性的战略议题设置，打造一批易于国际社会理解和接受的"中国标识性"新概念、新范畴、新表述，引导国际学术界展开具有战略性和前沿性的研究和讨论，就如何进一步推进理论创新、取得积极实践效果，积极扩大中国学术话语的国际影响力，提出具有针对性的政策建议。

基于上述思路，我们重点关注如下议题。

第一，中国与世界的互动关系研究。研究党中央治国理政新理念新思想新战略产生的历史渊源和现实背景，中国崛起进程中的国内外环境演变及其蕴含的机遇与挑战，具体包括如下问题：如何认识中国的基本国情？如何确定中国的国家定位、国家利益，如何评估中国的国家实力？中国面临着怎样的世界趋势和时代潮流？中国所处的周边形势和东亚地区局势如何？中国崛起对世界有什么影响？其主要研究思路是：站在统筹国内国际两个大局的高度，从历史与理论出发，确立剖析中国与世界互动关系的理论框架；以此为起点，分别从国家、地区和全球三个层面分析中国和平发展的机遇与挑战，判定中国的全球定位和战略指向，明确党中央治国理政新理念新思想新战略提出的历史背景和现实依据，从而实现"现实—未来"以及"理论—实践"的双线逻辑链。

第二，党中央治国理政的观念与思想创新研究。拟解决的主要问题是党中央治国理政的观念与思想创新的内涵和价值。具体包括：以习近平同志为核心的党中央针对治国理政提出了哪些新理念与新思想？这些观念与思想由何发源而来？其主要脉络、核心内容与内在联系分别是什么？党中央治国理政的观念与思想创新对于突破崛起困境、丰富马克思主义中国化思想和中国特色社会主义理论具有哪些助益？其主要思路是：以统筹国内国际两个大局的战略思想为指引，针对中国和平发展面临的"中等收入陷阱"风险和"修昔底德陷阱"风险，以中国梦和"人类命运共同体"为国家理想和世界理想，以新发展理念、新型国际关系、总体国家安全观为核心内容，以共赢主义为核心指向，在梳理与总结党中央治国理政的理念与思想创新中，完善和发展马克思主义中国化的理论基础。其研究目标是，分析论证党的十八大以来党中央治国理政的理论和实践中提出的新观念新思想，指出思想和观念结合的逻辑性，结合对国内国际两个大局的准确理解，明确战略观念、历史观念、辩证思想、创新思想的内在联系，相互贯通；促进治国理政的观念创新和思想创新，推动建设中国特色社会主义话语体系的构建。

第三，党中央治国理政的观念与思想创新研究。拟解决的关键问题是，党中央如何以新理念新思想为指导谋划和平发展的全新战略布局。具体包括：党中央治国理政新理念新思想与战略布局之间的内在联系是什么？党中央在国内国际两个大局层面上采取了哪些战略布局？这些战略布局的总体目标、规划和路径是什么？其研究思路是：以统筹国内国际两个大局作为贯穿始终的原则，首先分析党中央治国理政的总体布局，接着分别在国内和国际两个层面上对总体布局进行解构和探讨，总结归纳出相应的国内战略布局和国际战略布局，最后结合既有的现实成就，从理论深度和战略高度提炼出中国和平发展新阶段的国家大战略，进而实现"利用理论解构现实"到"建构理论指导现实"的逻辑路径。其研究目标是：统筹国内国际两个大局，深入研究"五位一体"总体布局和"四个全面"战略布局的互动，剖析中国特色大国外交，在此基础上提出应对全面建设小康社会难题、面向21世纪中叶世界大国前景的"融入—变革—塑造"的和平发展大战略框架。其基本结构是："五位一体"总体布局构成党中央治国理政战略布局的宏观把握，"四个全面"战略布局与中国特色大国外交战略则是总体布局之下，分别针对国内和国际层面的相应战略布局，而"融入—变革—塑造"和平发展战略框架则是结合党中央既有战略布局而提出的更具学理性、系统性和战略性的凝练与提升。

第四，党中央治国理政的战略举措研究。拟解决的关键问题是，党中央从国家发展战略、地区战略与全球战略三个层面上所采取的战略举措，具体包括：党中央治国理政的战略举措与战略布局之间的关联是什么？国家发展战略有哪些具体的战略安排？地区战略和全球战略有哪些战略举措？这些战略举措之间的内在联系是什么？其研究目标是，以"国家治理现代化"和"全球治理"这两大治理思想为指引，构建基于国家发展战略、地区战略和全球战略为基础的中国国家战略体系模型。基于此，其重点研究内容是：中国国家治理能力建设与国家治理现代化、中国深化经济改革与加强对外经济合作、中国参与全球治理与国际秩序建设、中国地区战略和周边外交的谋划与展开、中国的话语体系建设与国家文化软实力建设。其基本结构是：国家治理现代化构成战略举措的"输入端",中间三方面则分别在国家发展、地区和全球层面总结了党中央治国理政的战略举措,话语体系建设则是战略举措的"输出端"。

第五,党中央治国理政新理念思想新战略的政策建议。拟解决的关键问题是,理性剖析来自国内外的不同声音,深化对党中央治国理政新理念新思想新战略的研究,对未来发展提出针对性的政策建议。这具体包括:党的十八大以来党中央治国理政取得了哪些成就?国内外如何评价党中央治国理政新理念新思想新战略?如何深入借鉴这些评价?展望党的十九大,党中央治国理政新理念新思想新战略如何展开新的探索?我们拟在系统准确地综述既有研究成果的基础上,评估党中央治国理政新理念新思想新战略的成就,同时结合国内外褒贬评价,阐述党中央治国理政新理念新思想新战略的国内外影响,进而对党中央治国理政提出未来应坚持的原则和努力的方向。其研究目标是:系统评估党的十八大以来党中央治国理政新理念新思想新战略取得的成就,总结概括国内外专家学者与各界人士的相关评价,就中国如何进一步实现理论创新与战略创造提出具有针对性的政策建议。结合上述研究目标,其主要关注内容是:党的十八大以来党中央治国理政的战略绩效评估、党的十八大以来党中央治国理政的国内外影响、国内外对于党中央治国理政的褒贬评价和党中央治国理政的未来展望和政策建议。

探国家盛衰之理　究世界风云之源
——门洪华教授访谈[*]

问：您的工作经历非常丰富，是什么原因促使您最终走上了学术道路？

答：作为一个出身农家的学者，我从小就有着强烈的读书愿望，初心未改。1991年7月自山东大学外文系毕业后，我回到家乡山东省东营市外事办公室工作，期间收获了初步的国际交流经验。与此同时，在与各种国际专业人士交往的过程中，深感进一步学习理论知识和提升专业技能的必要，立志再返校园、重温书香。

1995年9月我考入北京大学攻读硕士学位，专业为国际文化传播学。当时尚未志于学，选择学术道路，深受北京大学诸师影响，更与赵宝煦先生直接相关。我曾受命为先生处理英文信件和文稿一年有余，感受先生的儒雅淡定，从容不迫，丹心为人，睿智处事，这份历经沧桑的积淀代表了中国学界的高度，也让我深深感受到了从事学术研究的魅力。这份吸引力指引我在北京大学求学六载，为迈向学术道路打下了基础。

攻读博士学位，我选择了国际政治学专业，有幸成为王杰教授的弟子，慈母严师，授我学养，育我品格。其间，我从国际制度理论着手，选择联合国集体安全机制作为博士论文选题，我的专业研究开篇

---

[*] 本文公开发表于《学术月刊》2018年第11期，第179—184页。收入本书时有所修订。

之路艰辛而扎实。在我博士论文答辩之时，赵宝老担任答辩委员会主席，先生的教诲至今我还清晰地记得："……行文之中，仍然存在匆忙的痕迹。"这份提醒，是对我学术道路的一份永恒关爱。2001年7月博士毕业之后，我选择到中共中央党校工作，同时在清华大学从事博士后研究，期间匆忙仍多，但会不时记起先生的叮咛，努力让自己把脚步放慢，争取把学问做得更扎实些。我的书房中挂着先生撰写和亲自装裱的一幅字，是先生录李白《夜泊黄山闻殷十四吴吟》："昨夜谁为吴会吟？风生万壑振空林。龙惊不敢水中卧，猿啸时闻岩下音。我宿黄山碧溪月，听之却罢松间琴。朝来果是沧洲逸，酤酒醍盘饭霜栗。半酣更发江海声，客愁顿向杯中失。"先生赠字，时年86岁，其笔力之遒劲，包含在静雅之间，使我常常驻足深思。正是有先生的教导，我一直在学术道路上坚持不懈。

人生最大的幸运，在于得遇名师。而我的幸运在于，每在关键时刻都有名师指引。依旧清楚记得2001年2月1日与胡鞍钢教授的第一次面谈，那时我正在完善自己的博士论文，并常常为自己的未来学术方向而迷茫。"我期望你能够成为一个像基辛格、布热津斯基那样的战略家，而不仅仅是某一学科领域的专家。"胡老师既是鞭策又是提醒的箴言奠定了2002—2004年我从事博士后研究的人生轨迹。以中国大战略为博士后研究的选题，就是在这次面谈时确定的。之前，我对大战略的概念一无所知，遑论研究基础，对中国国情的理解更是浮于感性的表面。之后，我从国际关系理论探索进入中国国情研究的宏大视野，时时享受着前沿知识的熏陶，接受着崭新方法的培训，感受着国情研究的启迪。期间，我对中国传统典籍的挚爱被重新激发，时常肩枕手捧古书而眠，间或自嘲"故纸堆里觅乐趣"。先贤博大精深的战略思想赋予我深邃和审慎，这种学术回炉给予我真正的精神力量。三年清修，有困惑，有收获，更是为了洗净铅华。以《构建中国大战略的框架：国家实力、战略观念与国际制度》为题的博士后研究报告，就是博士后期间学术思考的成果。

　　上述努力给我带来了重要的学术积淀。攻读博士学位期间，我曾获北京大学"学术十杰"称号，在《中国社会科学》《世界经济与政治》等学术期刊发表学术论文数十篇，邀请中外国际关系名家组织《国际关系理论前沿译丛》（北京大学出版社）。从事博士后研究期间，致力于将国际关系理论、制度经济学理论与一般经济学理论相结合，构建了开放包容的中国大战略框架，并将创造性理论研究应用于实践分析，撰写了大量的研究报告和学术论文，主编《大战略研究丛书》（北京大学出版社），成为中国大战略研究的重要推手。期间，我于2003年被中共中央党校破格评为副教授，2005年破格评为教授。为日后从容开展学术研究打下了重要基础。

　　身处中共中央党校，我意识到学术交流和实践历练的重要。我曾在美国卡内基国际和平基金会（2003年）、台湾政治大学（2005年）、日本经济研究中心（2006—2007年）、美国艾森豪威尔基金会（2011年）、牛津大学（2013—2014年）、东京大学（2015年）做访问学者，以文会友，在关键时刻经受风云涤荡，锤炼学术锐气。另外，我也曾于2009—2010年被遴选为中共中央组织部"西部博士服务团"，到青海省行政学院挂职副院长。这一年，我深刻认识到社会风潮的变化，我最终深刻领悟到，大转型时代，机遇无处不在，但对具体个人而言，机遇可能只有一个。在这样的大时代，每个人都有展现自己的舞台，但不要期望自己时时刻刻担当主角，而应该思考的是：你想承担什么角色，你如何为此而准备。青海一年，让我进一步坚定了学术研究之路。

　　2015年1月，我受邀担任同济大学同济特聘教授，当年5月创办同济大学中国战略研究院，我所期望的单纯学术生活就此开启。岁月匆匆，体味人生，洗尽铅华，源于学术，归于学术，始感岁月静好，人生这部大书，正在慢慢展开，容我轻装向前。

问：作为中国学界较早研究国际制度理论的学者，您为何在研究初期选择了这样的选题作为学术道路的起点？您是如何理解国际制度的战略价值？

答：选择国际制度理论作为我个人学术研究的起点，源于王杰教授主持的国家级科研项目"国际机制论"，我有幸成为该项目的参与者之一。国际制度理论20世纪80年代兴起于西方，最早的文献都来自西方学者，在研读、整理国际制度理论文献的过程中，我进一步整合自己的国际关系理论架构，弥补自己的专业和知识体系缺陷，基本建立起相对完整的、立体型的理论体系。与此同时，我并不迷信西方理论和学术权威，而是致力于对西方国际制度理论的整合，站在巨人肩膀上进行创新，努力提出自己的见解。在导师的鼓励下，我遍访学界，尤其重点向外交学院秦亚青教授和美国国际制度理论权威罗伯特·基欧汉教授求教，并尝试发表国际制度理论方面的论文。通过学习，我对国际制度理论有了比较全面而深入的认识，并因之加深了对国际关系理论的理解，体味到理论研究的真正快乐之所在。理论研究是需要寂寞的，但理论学习并不孤独，与大师对话，其乐自在。而且，国际制度理论本身是一种边缘性的、实用性非常强的理论体系，对分析国际战略、中国外交甚有价值，是实现理论与实践相结合的绝佳起点。

国际社会的发展过程，是从丛林世界走向秩序化、组织化、机制化的过程。这一过程在20世纪得到了迅速发展，目前任何全球性和区域性重大问题的处理，如果没有相关国际制度的参与，都难以获得圆满解决。另外，衡量一个国家的对外交往能力是否充实，一个政府的外交政策是否成熟，非常重要的标志就是它对国际制度理解和参与的程度。

国家对待国际制度的根本性态度有两种，即所谓的原则性机制主义和工具性机制主义，前者强调国际制度的价值理性，后者则强调国际制度的工具理性，而从工具理性的角度看待国际制度似乎是一种人类本能性的反映。国际关系任何主流范式均不否认国际制度的工具价值。国家，尤其是霸权国家在创立国际制度时必有其利益上的考虑，国际制度往往成为霸权国利益和权力的延伸。国际制度创立之后，就成为国际关系中相对独立发挥作用的变量。总体而言，国际制度可为所有参与国提供便利，堪称利益均占的机制安排。国际制度一方面在客观和主观上加强了霸权国的实力，甚至成为霸权的重要组成部分，在一定程度上支撑着霸权并延缓霸权的衰落；另一方面又对霸权构成约束和制约，从而成为其他国家维护自身利益的战略工具，尤其是，国际制度给予小国发表意见的机会，从而在促进全球机制合法化方面发挥了工具性作用。

从战略的角度讲，国际制度是建构霸权、维护霸权和防止霸权衰落的重要途径，也是其他国家尤其是崛起国家改变其国际地位的重要途径。一般而言，国际制度是霸权最为得心应手的战略工具，建立霸权依赖经济实力、军事实力和文化的吸引力，但是将霸权机制化、结构化的过程，却往往是确立国际规则和规范、组织化的过程。霸权确立之后，国际制度作为结构性权力因素和进程性变革因素，均成为维护霸权和防止霸权衰落的途径。对一般性大国而言，国际制度是确立合作和协调途径的机制化方式，有利于降低大国的交易成本、减少不确定性带来的误会与冲突，从而构建了大国合作的机制框架。此外，国际制度也往往成为大国解决矛盾、化解冲突的主要国际场所，从而稳定大国之间的关系。对崛起大国而言，国际制度首先提供的是外在的国际性约束，大国为改变国际地位而采取的国家机制战略主要有对抗和融入两种途径，而在现在的时代参与国际制度被视为建设性的途径。与此相对应，国际制度也是制约霸权国、约束崛起国家的主要途径。国际制度为霸权国家之战略利益的追求提供了稳定的国际环境，同时也对霸权进行了约束。在这样的情势下，国际制度甚至成为一种战略，成为所有参与国赖以维护、拓展利益的重要战略。

问：您曾经结合国际制度、软实力与美国霸权进行过系统性的研究，同时也接触过许多美国学界、政界的精英。您如何评价美国霸权？

答：霸权像人类一样古老，是国际关系研究的核心议题之一。与此前的罗马霸权、英国霸权不同的是，美国霸权是一种制度霸权。首先，国际制度安排是美国霸权体系结构的核心，国际制度也是美国霸权的重要组成部分。霸权和霸权结构是国际关系的核心因素，而霸权的核心是一种国际社会认可的、关涉国家间关系的制度性安排。美国建立霸权的方式就是在各个领域建立国际制度，填补英国霸权崩溃造成的真空，建立起霸权体系，确立霸权地位。对美国而言，这些国际制度体现出来的主要是美国政治—文化观念，反映着美国式的政治结构和组织原则；美国按照其国内所认可的一套系统的规则，为其他国家制定行为规范，并向其他国家提供公共物品，力求它们遵循这些行为规范。美国霸权与国际制度相辅相成，从某种意义上讲，国际制度为美国霸权提供了便利的权力资源，并成为美国霸权资源的延伸和新要素，其本身也成为美国霸权的重要组成部分，我们称之为"制度霸权"。其次，国际制度是美国霸权护持的主要途径。一个以经济开放、互惠和多边管理为目标的霸权体系是具有合法性的，利用国际制度维护其霸权也成了美国必然的战略选择。国际制度可以降低霸权国维持霸权的成本，但其自身所具有的多边主义精神却是导致霸权削弱的内在根源。鉴于此，当霸权国力量强盛之时，国际制度自然是霸权国得心应手的工具；当霸权国力量式微之时，国际制度的独立性和战略制约意义更容易显现出来。换言之，霸权所追求的垂直管理体制和国际制度所秉持的水平协调体制之间存在持久的张力，使得国际制度成为霸权的烫手山芋。基于对国际制度效用的理解，美国一方面积极利用全球性国际制度为其霸权利益服务，并在可行的范围内实施战略性自我约束，另一方面并不放弃传统维持霸权的战略途径。在涉及关键性战略利益之时，美国常常摆脱国际制度和盟国的牵制，采取单边行动。当前，霸权衰落的忧虑使得承担义务与资源平衡成为美国决策者考虑的核心课题。对既有的国际制度，美国从对自己利益的制约采取"宽容的忽略"变成了对其他国际行为体利益的"恶意的忽视"，成为一个掠夺性的霸主。由于美国实力的下降与意愿的改变，既有的霸权体系受到严重冲击，国际冲突有可能愈加频繁。最后，利用和改造国际制度是霸权延展的主要方式。冷战的结束终结了美国衰落的神话，美国霸权浴火重生，单极霸权、单极世界、单极时代成为美国必然的战略追求。然而，美国所强调的"先发制人""单边主义行动"并没有排除国际制度手段的采用，改造国际制度的冲动彰显。有鉴于此，进一步深入研究美国霸权与国际制度的关系甚有必要。

问：根据对您的研究路线的考察，我们发现您在21世纪初开始从国际关系理论与实践转向了中国国际战略乃至大战略的研究。请问您这种转向的原因是什么？您是如何理解国际关系理论与中国崛起实践之间的关系的？

答：正如前面所指出的，我转向大战略研究既有偶然性，亦有必然性。偶然性在于，跟从胡鞍钢教授从事博士后研究，主题确定为中国大战略研究，从而开启了我学术研究的新领域。必然性在于，进入21世纪，中国崛起成为深化国际关系理论研究的重要驱动力，而中国的战略研究具有深厚渊源，从战略视角研究中国与世界的关系、推动中国国际关系理论创新是必然的学术路径。另外，中国国际关系理论存在的困境，也促使我深刻思考如何实现学术突破。

进入21世纪初，国际关系理论发展进入沉默期，西方亦难在宏大理论上再有突破。进入快车道的中国国际关系研究迎来新的发展瓶颈，这就是如何回归到中国重心，将理论研究与中国活生生的实践相结合，突破对西方国际关系理论范式的模仿与追随，开创国际关系研究的新图景。中国国际关系理论研究的窘境与中国快速发展崛起的现实形成鲜明对照，刺痛着我们的学术神经。一个大国的国际关系研究应该以本国为重心。国际关系研究的美国重心如此耀目，不仅是美国国家强盛的必然效应，也与美国学界的积极努力直接相关。中国的国际关系研究以西方为重心——主要是以西方的理论范式诠释世界和中国的现实，与中国长达一个多世纪的积弱相辅相成，与我们对其理论范式的模仿与追随分不开，也与我们对弘扬文化传统不够直接相关。1978年中国开启的崛起进程正在逐步扫除这些现实和心理的障碍，从而为中国国际关系研究提供了更为宏大的视野和更加宏远的目标，回归中国重心恰其时矣！当然，回归中国重心，并不是完全以自我为中心，而是在继续确保开放、理性且不乏人文精神之心态的同时，将中国面临的重大问题作为国际关系研究的中心议题，弘扬传统哲学、理念和理想，走上本位性的学术创新之路，为国际关系研究贡献中国观点、中国理念、中国理论。正如恩格斯所指出的，"理论在一个国家的实现程度，取决于理论满足这个国家的需要的程度。"

有鉴于此，战略研究的黄金时代正在到来。如何实现崛起是中国最重大的议题，而处于中观层面的战略研究正方兴未艾。关于中国崛起的战略研究将为中国国际关系研究的发展提供坚实的基础，在中国继续面临大一统之国家理想目标尚未实现的情势下，应引入大战略的视角，强调国内战略与国际战略的协调与结合，从而确定国家理想和世界理想的对接点。

问：作为国内最早引介软实力理论以及进行相关研究的中国学者，您是如何评价软实力理论的？您觉得这一理论对于中国国家实力的提升有何现实意义？

答：对软实力的关注，源于我与"软实力之父"——约瑟夫·奈教授的交往。我在主持推进北京大学出版社《国际关系理论经典译丛》的过程中，曾将罗伯特·基欧汉所撰写的新自由主义国际关系理论文章结集，以《局部全球化世界中的自由主义、权力与治理》(2004年)为题出版。随后，基欧汉提议为约瑟夫·奈编辑、出版文集，并主动玉成与他的合作，其文集《硬权力与软权力》2005年正式出版，这是约瑟夫·奈在美国本土之外出版的第一本学术论文集。期间，我与他密切联系，对相关文献的翻译多有磋商。2018年年初，我还应约瑟夫·奈之邀为其专著《总统领导力与美国时代的缔造》中文版撰写了推荐序。

奈在20世纪80年代末明确提出软实力思想，从而确立了分析国际关系和国际战略一个独立的综合性视角。奈指出，如果一个国家可以使其实力被他国视为合法，则它将遭受更少对其所期望的目标的抵制。如果其文化与意识形态有吸引力，其他国家将更愿意追随其后。如果该国能够建立与其社会相一致的国际规范，则它无需被迫改变。如果该国支持使得他国按照主导国家的预期采取行动或限制自身行为的制度，它可能无需以高昂代价运用硬实力。在奈看来，一个国家战略意图的实现，有赖于一个国家通过观念的吸引力或确定政治议程来塑造他者倾向的能力，即让他人做你想让他们做的事情。奈认为，硬实力和软实力相互作用、相互增强，制定议程和吸引其他国家与通过威胁使用军事、经济手段迫使它们改变立场同等重要。软实力思想反映了国际政治的新现实，即实力的性质或来源发生巨大变化。非物质性实力在国际关系中的作用日益凸现。在一定意义上，奈的软实力理论是对传统实力思想的补充和发展，为分析国际舞台上国家的实力定位提出了一个全新的视角。从软实力基本概念的界定来看，奈强调了国内因素和国际因素的融合，从而跨越国内和国际两个层面，且着眼于国家战略能力的提高。奈提出这一概念之时，恰逢世界进入新的实力转移时期、美国进入战略转型时代，这也在一定意义上反映了美国战略界居安思危的素质和能力。当然，奈是根据美国的国家战略资源和战略意图来剖析软实力的，在基本概念界定上存在颇多模糊。他采取枚举法来分析软实力，将文化、意识形态和国际制度视为软实力的核心因素，毋宁说，这种分析模式的目的不是发展严谨的理论，而更是着眼于现实分析的需要。

软实力日益成为衡量一个国家国际地位和国际影响力的重要指标。对中国而言，要实现中华民族伟大复兴的战略目标，离不开软实力的提升。中国是否实现崛起，不仅仅要看其硬实力，还要强调其软实力，真正的崛起应是软实力与硬实力的相辅相成。改革开放以来，中国软实力所受关注程度经历了一个"U"形曲线。一般而言，国家实力增强的基本路径是，硬实力先上升，软实力提升随其后，但到了一定期间，软实力必然成为制约硬实力及国家总体实力发展的重要因素。这种制约性时隐时现，20世纪90年代后期以来愈发明显，这也是自此中国观念变革出现更多主动意识的背后原因。我们看到，这种战略性调整的正面作用已经日益体现出来，近年来特别是进入新时代以来，中国的国际影响力乃至文化投射能力都体现出与经济发展同步的良好态势，中国领导人在多次讲话中明确提出了软实力建设的问题，软实力建设开始上升到国家战略建构的层次。面向未来，软实力建设是中国打破大国崛起悖论的重要途径，是中国坚持和平发展道路的重要指向，是中国实现崛起的重要指标。

问：您在中国大战略研究方面成果颇丰，同时也组织主编了不同系列的战略研究丛书。请您基于多年的研究历程，谈一下您对于研究中国大战略的理解。

答：我确实比较热衷于组织系列丛书，迄今主编的战略丛书包括《大战略研究丛书》（北京大学出版社）、《中国战略传统丛书》（人民出版社）、《大国战略丛书》（人民出版社）、《中国国家战略书系》（中国经济出版社）、《中国国际战略丛书》（格致出版社·上海人民出版社）等。此外，我还主编了以书代刊的《中国战略报告》（格致出版社·上海人民出版社），迄今已出版五辑，并已出版了英文、韩文等不同版本。

作为当前中国战略研究领域最有影响力的一套丛书，《大战略研究丛书》以中国崛起为经，以大战略理论探索为纬，以史为镜、评估当今、展望未来，致力于推动中国大战略研究的民族化、国际化和专业化，力图从研究范围、研究内容、研究方法、技术路线等方面逐步确立中国大战略研究的基础，搭建大战略研究的中国平台，并推进中国大战略研究基地的创建。《大战略研究丛书》由两部分组成：西方学者的经典之作和最近力作，中国学者的最近研究成果。自 2005 年迄今，本丛书总共出版著作 15 本，其中包括《构建中国大战略的框架——国家实力、战略观念与国际制度》《霸权之翼：美国国际战略制度》等论丛 5 本，《大战胜利之后：制度、战略约束与战后秩序重建》《美国大战略》等译丛 10 本。

  大战略是对历史的总结、当前的把握、未来的选择。对大国或潜在大国的未来而言，战略谋划至为关键，而大战略研究可为国家战略谋划奠定理论基础、历史纵深、世界眼光、全球视野，对其战略目标的确定、战略路径的选择、战略步骤的安排至关重要。作为国家实力与世界地位之间的桥梁，大战略研究与大国的前景休戚相关。极言之，它事关一个大国的贫富、兴衰、存亡。

  中国崛起为我们的大战略研究提供了时代机遇和理论诉求。中国崛起在全球化和复合相互依赖加深的背景之下，而它们极大地扩展了中国的战略议程。对于面临重大契机的中国而言，如何确立适宜的大战略至为关键。唯其如此，中国才能据此开发、动员和运用国家政治、经济、军事、外交和精神资源实现国家的根本战略目标，而不至拘泥于一时一事的得失。在思考这一问题之时，我们遗憾地发现，大战略思维储备不足、目标不甚清晰、框架不够宏观、途径不具操作性、手段不够多元化、心态不甚客观等构成了当前中国战略研究的种种缺憾。值得注意的是，当前的相关大战略研究往往以西方历史经验比附中国的战略思想与战略选择，忽视中国五千年的战略思想积淀，这无疑构成制约中国大战略研究取得突破的重要障碍。

  国家实力、战略观念、国际制度等核心因素是构建大战略理论框架的支柱。中国大战略之谋划，应从基本国情和国家战略资源出发，结合其所面临的国际局势，明确基本世界定位及其基本战略选择；在此基础上，确立大战略的基本趋向，并以此为核心确定大战略的基本内容及其实施原则，构建大战略的基本框架。与此同时，对中国大战略态势及其效应的评估，应重点关注其薄弱环节，而不是中国的强项。构筑中国大战略的良好态势与积极效应，首先要强调在既有国家战略资源的基础之上，加强国家对外与安全能力的提高；其次，要加强国家的政治意愿，包括加强政治领导能力和制度化水平，加强实力关系（包括与主要大国及周边国家的战略合作与政策协调），减少战略脆弱性，体现更加积极、稳健和建设性的战略姿态。国家战略目标是多元的，但应强调集中于核心目标的实现，同时强调忧患意识、居安思危的必要性。构成一个国家大战略基础的，不仅有国家总体实力、战略决策者的战略观念、国内外环境的制约，还包括由决策者倡导、向国家精英乃至全民普及的大战略意识。尤其对于身处崛起进程、以自身政治经济改革促进国家战略目标实现的中国而言，培育和加强大战略意识尤为关键。

问：您是中国国际关系学者中少有的关注国内问题的专家，而且对国家发展战略有比较系统的研究，致力于推动中国国家战略体系的建构。请问您这方面研究的体会是什么？

答：中国国际关系研究长期存在的一个弊端是，把国内问题视为一个给定的因素（a given factor），对国内政治、经济、社会、文化、生态等问题的专业性分析不够，未能深刻理解"统筹国内国际两个大局"的深意。

当前，国际体系变革以全球治理为趋向，赋予世界各国更为宽广的战略空间，也施加了更大的战略制约，带来国家理论的重建和国家认同的重塑。尤其是，对尚处于现代化进程的发展中国家而言，世界转型和国际体系变革不仅带来了机遇，其挑战和压力更是巨大乃至严峻的，根据国内外环境变革建构科学完备的国家战略体系是迫在眉睫的重大课题。在经济全球化和地区一体化并行不悖的世界情势下，科学的国家战略体系至少应包括国家战略、全球战略和地区战略等三个相辅相成的层面。

国家战略是国家战略体系的基础。国家战略以基本国情为基础，以完善国内战略布局为核心目标。制定国家战略的根本出发点是维护和拓展国家战略利益，其根基是确保政治稳定、经济发展、社会和谐、文化繁荣，完善现代国家制度建设。鉴于经济全球化正负两方面的冲击，实现国内一体化应视为国家战略的首要任务，这不仅取决于国内市场经济制度的完善，还取决于国内经济社会要素的合理配置。国家战略以富民强国为基本追求，其基本含义是基于民本思想，树立藏富于民的观念，为国民谋福利；确保国家战略资源和综合国力的增强，加强现代国家制度建设，以政治清明、社会和谐、法制完备、文化繁荣、生态平衡为目标指向。

全球战略反映国家战略体系的宏观视野。全球化一种不可逆转的世界发展趋势，在给世界带来巨大发展机遇的同时，也给各国经济和社会安全带来挑战。但是，任何国家要发展，必须抓住经济全球化所提供的机遇，我们没有任何可能不接受这柄"双刃剑"。各国均需根据国情和国家利益需要，制定适宜的全球战略，抓住全球提供的发展机遇，参与和分享全球化的红利，同时防范其风险。一个国家的全球战略以参与、分享为基本诉求，同时积极承担国际责任和义务。

地区战略是国家战略体系的地缘依托。从历史的角度看，没有一个真正的世界大国不是先从自己所在的地区事务中逐渐占主导地位而发展起来的。传统而言，大国地区战略以国家实力为基础，以获取地区主导地位为目标，而在经济全球化和地区一体化并行不悖的趋势之下，大国的地区战略路径转而追求地区共同利益，将开放地区主义作为战略工具，将地区制度建设作为地区合作的主脉络，将地区秩序建设作为地区合作的愿景。

建构科学完备的国家战略体系，其基本原则就是"天时、地利、人和"。目前中国最大的"天时"就是经济全球化，中国融入国际社会，影响进而塑造世界，成为国际制度的积极参与者、建设性完善者，成为世界重大发展问题的倡议者、合作者、引领者；中国最大的"地利"就是东亚一体化，中国成为地区一体化的主要推动者；中国最大的"人和"就是中华民族伟大复兴的中国梦。孟子曰："天时不如地利，地利不如人和"。其基本含义与国家战略体系的基本构架不谋而合，即国家战略是基础、地区战略是依托、全球战略是支撑。

问：在您的理论框架中，全球主义、地区主义和国家主义是其中的核心变量。在您的国家战略体系建构中，您特别重视地区主义和东亚地区的战略价值。您如何理解中国与东亚的关系，中国应在东亚发挥怎样的作用？

答：没有一个真正的世界大国不是先从自己所在的地区事务中逐渐占主导地位而发展起来的。一般而言，不谋全局者不足谋一域。然而，针对经济全球化和地区一体化并行不悖的世界潮流，我们也可以说，不谋一域者不能谋全局。东亚是中国持续发展最重要的舞台，是中国由地区大国走向全球大国、进而发挥全球责任的战略跳板。在整个世界战略重心东移之际，中国当然要把战略重点放在这一地区，提出系统性战略。

20世纪90年代中期以来，中国抓住了新一轮地区一体化的浪潮，开始了由地区合作的被动者、消极观望者到主动参与者、议程创设者的转变，不仅在经济上，而且在政治、安全等方面成为东亚一体化的推手。中国不仅位居东亚的地缘核心，其繁荣的经济还成为东亚、亚太乃至世界经济发展的发动机，作为崛起的大国，中国在东亚的优势地位不仅突出，而且愈加巩固。中国逐渐成为东亚经济和贸易增长的发动机、宏观经济的稳定器、公共物品的提供者、地区矛盾的协调者，在东亚一体化中的导航地位逐渐凸现出来。近年来，中国崛起的溢出效应愈发强烈，美国的战略东移、日本的政治右倾化和重整军备等因素成为搅动东亚不安宁的核心要素,对其他东亚国家的战略取向也产生了重要影响。

党的十八大以来,中国着手进行东亚战略的调整与优化。2013年10月24日,习近平总书记在周边外交工作座谈会上提出,"坚持与邻为善、以邻为伴,坚持睦邻、安邻、富邻。提出体现亲、诚、惠、容的理念",深化互利共赢格局,着力推进区域安全合作。以此为指导方针,中国升级其地区战略,并积极促进地区合作的制度化,这包括:与东盟携手建设中国—东盟命运共同体,设立中国—东盟海上合作基金,发展海洋合作关系,与东盟国家共同建设21世纪"海上丝绸之路",提出打造中国—东盟自由贸易区的升级版,倡议筹建亚洲基础设施投资银行,支持本地区发展中国家包括东盟国家开展基础设施互联互通建设,提出建设孟中印缅经济走廊等构想,通过引导地区安排的方向、促进周边国家对中国崛起的适应,发展开放性全地区合作,缓解东亚疑虑,凝聚共同利益,深化地区认同,力争在新一轮东亚乃至亚太秩序的构建中发挥强有力的塑造和引导作用。

总体而言,中国的东亚战略取得了积极的成效,但由于中国在如何有效参与国际协调、如何维护和拓展国际利益上的经验不足,中国在宏观层面对于如何发挥大国作用的理解尚且不够全面;在中观层面上推进地区经济一体化的主动性尚不够,特别是在东亚自由贸易区的推进上尚乏总体战略框架和路径设计;在微观层面的双边关系处理上还有需要完善的余地。

中国东亚秩序战略的核心目标是,充分认识中国崛起的地区效应,有效降低中国崛起的负面冲击力,促进地区稳定与共同发展,完善东亚共同体的"中国论述",推动地区制度建设的顶层设计,致力于以汇聚共同利益为基础开展开放透明的东亚共同体建设,通过制度性化合作发展东亚利益共同体,创立责任共担、大国多担的责任共同体,大力促成东亚命运共同体,培育并巩固建立在共同利益基础之上的平等、合作、互利、互助、开放的东亚秩序。

作为东亚关键的利益攸关方，中国迎来为地区和平发展做出更大贡献的时代，承担地区大国责任是中国必然的战略选择。中国承担地区责任，以大有作为为目标，以力所能及为条件，以循序渐进为原则。与此同时，地区事务纷繁复杂，各国利益诉求不一，唯有逐步建立责任共担、大国承担重要责任的责任共同体，地区合作才能有更为牢固的制度化基础，地区命运共同体的意识才能逐步强化。有鉴于此，中国要深化对地区公共物品的认识，与各国一道确立地区和平发展的目标，客观评估地区国家的根本利益诉求，既能够做到雪中送炭，又能够实现共享繁荣，从而深化东亚命运共同体意识，实现东亚秩序的重塑。

问：作为一名国际关系学者，全球主义的视角自然必不可少。针对当下的热点议题"全球治理"，同时结合中国在其中的角色问题，您有哪些个人观点呢？

答：全球治理以相互依赖为基础，以人类整体论和共同利益论为价值导向，以大国协调和国际合作为路径选择，是推动时代变迁的重要力量来源。每一次全球治理危机的爆发与应对都是国际秩序变革的契机，也往往是构建新型国际关系的契机。进入 21 世纪，全球化双刃剑效应显现，大国兴衰进程加速，世界迎来一个全球治理发展与转型的新时代。尤以欧美金融和债务危机的应对为契机，全球治理变革成为世界各国高度关注的战略议题。这一波全球治理变革以危机应对为主线，其中不仅涉及国际权力、国际利益的再分配，也涉及国际责任的再分配，以及不同全球观念的折冲，大国激烈竞争势在必然。与此同时，全球治理由局部性向全局性扩展，新的全球性问题层出不穷，既有全球治理领域内的国际规则和制度安排受到严峻挑战，新问题领域的治理迫切需要制定规则和进行制度安排，全球治理危机与转型、发展并行，给各大国战略调整均带来巨大挑战与难得机遇。

中国是全球治理的积极参与者。改革开放以来，中国的快速发展与全球治理转型发展同步，这既是中国融入全球治理体系的过程，也是中国影响全球治理体系变革的进程。20世纪90年代亚洲治理危机的应对和2008年以来全球治理危机的应对，为中国在地区和全球事务中发挥建设性作用提供了难得的空间，积极参与全球治理被视为中国走向世界大国的必由之路。全球治理的危机、转型与发展，为中国全面融入国际社会、参与全球治理提供了难得的战略机遇，也是中国推动全面崛起的重要国际条件。中国参与全球治理的核心目标应是，抓住全球治理转型与发展的契机，积极参与和推动全球治理体系建设，成长为塑造未来全球治理体系的设计师，对新型治理范式的形成做出建设性的贡献，为中华民族伟大复兴创造更好的国际环境。

积极推动全球治理转型发展，是中国成长为世界大国的必由之路，是中国推动全面崛起的重要国际依托。未来5—10年，是全球治理转型发展的关键时期，也是中国实现全面崛起的关键时期，我们必须深化对全球治理的研究，在全球治理理念、理论、构想等方面形成完整的中国论述、中国方案。

问：今年是中国改革开放40周年，中国在这40年中发生了翻天覆地的变化。我们知道您曾经出版相关专著。请问您如何理解开放对于中国和平发展的重要意义？立足当下，您又是如何理解"一带一路"倡议、对外开放基本国策与中国和平发展道路之间的关系呢？

答：1978年至今，以开放和改革为主要路径，中国进入了经济社会全面发展的快车道，主动开启了融入国际体系的进程，从一个闭关自守的贫弱国家成长为名副其实的世界开放大国，成长为国际体系中合作性的、负责任的、建设性的、可预期的塑造者。可以说，对外开放是中国处理与世界关系的核心路径，它实质性地促成了中国与世界的良性互动，成为中国正在开创的和平发展道路的本质特征。中国对外开放基本国策的核心就是全面开放、全面参与、全面合作、全面提升，实现从开放型大国发展为开放型强国的宏大目标。

"一带一路"倡议攸关中国改革开放的成败，身系世界和平与发展的前景。将对外开放置于发展的核心地位让中国获益良多，中国对外开放本身也有其复杂的历史背景和线性的发展脉络。中国的对外开放历程有其自身特点和发展逻辑，既是渐进主义式的演进，又是上台阶式的跨越；既是不断地积累的量变，又是显示部分的质变。"一带一路"正是中国对外开放的上台阶之作。可以说，"一带一路"倡议的提出和落实，是实施更加主动的对外开放战略的客观需要。作为中国全方位主动对外开放的新型国际经济合作平台，"一带一路"倡议推动形成以中国为中心、周边为腹地的全球开放型经济体系，体现了开放包容、灵活务实的东方智慧。

"一带一路"倡议体现了中国国际合作模式的探索，是中国和平发展的全新表达。"一带一路"倡议致力于开创国际合作新模式，以沿线各国发展规划对接为基础，以经济贸易合作特别是互联互通建设为重点，以贸易和投资自由化、便利化为纽带，推动政府、企业、社会机构、民间团体开展形式多样的互利合作，构建多主体、全方位、跨领域的合作平台。"一带一路"倡议体现了以共同发展为核心、以开放包容为特色、以宏观政策协调和市场驱动为两轮的思路，是一种新型的国际合作模式追求，体现了中国的国际合作理论特色追求，即以命运共同体为指向、以共同利益为前提、以共赢为目标、以积极承担大国责任为重要条件。中国深刻认识到中国快速发展的全球震动，申明走和平发展道路的坚定意愿，提出欢迎其他国家搭乘中国发展列车的倡议，致力于同世界各国发展友好合作关系，强调合作者的地位平等，并致力于分享发展红利，适当让渡非战略性利益，积极承担大国责任。

"一带一路"倡议是中国迈向新型世界大国的理想追求与现实路径。"一带一路"是具有全球视野、蕴藏中国智慧、高屋建瓴、内涵深刻的长期构想，具有对外统领性质和深远历史意义。"一带一路"倡议强调中国开放、地区合作、全球发展的有机结合，表明中国确定了走向综合性全球大国的路线图。中国通过"一带一路",将沿线国家紧密联系在一起,通过建设基础设施实现互联互通,在此基础上开展金融、贸易、投资等各方面广泛合作,促进了沿线各国的发展,增进了各国间的相互联系,为世界经济复苏和强劲增长注入了强大动能。中国呼吁共同推进构建人类命运共同体,倡导新型国际关系建设。新型国际关系的基础是中国坚持和平发展道路选择,致力于成为新型大国,奉行具有中国特色的大国外交,并通过国际合作实现共赢,共同为一个更美好的世界而努力。

问:您将个人的论文集命名为《中国与世界关系的逻辑建构:理论、战略与对策》,您如何评判中国与世界的关系?您认为崛起后的中国会对世界带来怎样的影响?

答:自古以来,中国与世界的关系就是探究中国战略的主线,中国的天下情怀由此造就。改革开放以来,中国的快速发展与世界转型并行,赋予中国巨大的战略塑造空间。但同时,中国和平发展过程充满了变革性,这不仅体现在中国自身的变革上,而且体现在国际环境的变化上,体现在各国对中国崛起的认知上。随着中国和平发展及其国际战略空间的拓展,如何制定更具前瞻性的战略,优化国家战略体系,是摆在我们面前的重大议题。

世界转型与中国崛起并行推进,推动着中国时代的到来。冷战结束以来尤其是进入 21 世纪,世界进入深入转型期,并具体体现为权力转移、问题转移和范式转移。所谓权力转移,即行为体及其权力组成发生了巨大的变化,这尤其体现在,非西方国家的群体性崛起引人注目,西方大国总体实力的相对下降,传统大国和新兴大国开始进入相互调和适应、合作竞争的磨合期。权力转移导致具有重大战略意义的问题转移,这具体表现在全球性问题激增,国际议程愈加丰富,安全趋于泛化,非传统安全影响力上升。问题转移导致国家战略的必然调整,生存不再是国家唯一的关注核心,发展和繁荣在国家战略中的重要性进一步提升。以上权力转移和问题转移导致了国际关系的范式转移,即全球性挑战需要各国通力合作来应对,在一定程度上促成了世界各国共存共荣的全球意识,国家间合作得到鼓励,国家间基于共同利益的合作与协调具有更基础性的作用。

这一进程为中国全面崛起开辟出巨大的战略空间。中国正在从一超多强的格局中脱颖而出,世界影响力不断提高,世界大多数国家期待着从中国发展中受益,与中国共享发展与繁荣。当前,全球经济治理的变革为中国参与国际规则的制定提供了难得机遇,全球经济低迷、发达经济体饱受金融危机冲击,为中国海外利益的拓展等提供了难得的机会,中国迎来与世界共同发展的新契机。但同时随着中国快速发展,其面临的国际疑虑、担心、困难和挑战也在增多。世界面对着一个全面崛起和更加自信、开放的中国,中国面对着一个形势更加复杂、变化更加深刻、机遇与挑战并存的世界。

党的十八大以来,中国站到了新的历史起点上,中国特色社会主义进入了新的发展阶段。近代以来久经磨难的中华民族实现了从站起来、富起来到强起来的历史性飞跃,社会主义在中国焕发出强大生机活力并不断开辟发展新境界,中国特色社会主义拓展了发展中国家走向现代化的途径。与此同时,在世界进入深入转型之际,中国嵌入全球化的深度与广度史无前例。为直面国内外挑战、抓住国际机遇、实现可持续发展,中国正在构建以融入全球、变革自身、塑造世界为核心的和平发展战略框架。以此为基础,中国的全球定位进一步明确:现行国际体系的参与者、建设者、贡献者,国际合作的倡导者,和平发展的实践者、共同发展的推动者、多边贸易体制的维护者和全球经济治理的建设性参与者和积极引领者。中国积极发挥引领作用,在完善全球治理、维护地区与全球安全、运筹大国关系等方面,充分体现出大国的自信与责任担当;在解决人类共同面对的问题上,中国以其世界理想为引领,贡献中国智慧、提供中国方案。展望未来,中国将进一步完善融入—变革—塑造的战略框架,持续在世界上发挥关键作用，在一个充满不确定的时代，中国成为世界稳定之锚、发展之锋，积极推进世界和平发展，战略引领者的角色更加凸显。

问：您一直强调盛世修史，我们知道您对历史研究的高度关注，请问您未来研究计划与此相关吗？

答：国际关系理论来源于对历史的哲学思考，国际关系研究与历史探索有着天然的关联。历史研究是国际关系研究最根本的基础所在，而比较研究也是其中必要的特色，因此重视历史研究是最有可能的学术突破。其中，我们要抱持大历史（Grand History）的理念，在人类史的高度看待中国历史，站在中国史的角度审视国际关系史，从而把握人类历史发展的主导脉络与核心走向，形成以中国为重心的国际关系史解释，通过国际比较确定中国的历史方位图，提出国际关系史的中国脉络，进而为中国国际关系理论的发展提供更为深远、广阔的视野和更为坚实的基础。

战略研究深深扎根于历史。历史好比运行在轨道上的列车，战略就是驾车术。战略虽然不能改变历史发展的总趋势，但是它能够决定一个国家和民族的历史列车是在正确的轨道上还是误入歧途，是前进还是倒退，前进速度是飞快的还是缓慢的。在人类发展的关键时期，历史总是迫切地呼唤战略，而战略也总是一再被提到历史的日程上来。对战略重要性的推崇，历代决策者和战略家从来不惜笔墨，真知灼见更是俯拾皆是，如"运筹帷幄之中，决胜千里之外"；"夫权谋方略，兵家之大经，邦国系以存亡，政令因之而强弱"。战略研究对国家的重要性不言而喻，它既是一种历史储备，也是一种现实爆发。战略研究比任何其他研究更接近国家权力中枢，更能结合各主要学科领域，更能吸引党政军系统的人力、财力和注意力，更能通过政策影响到千家万户。

基于上述认识，我一直注重历史学习与研究。博士毕业至今，我一直在准备专门史《中国战略思想史》的撰写。在中国全面融入国际社会、影响进而塑造世界的今天，对历史的深入探究更具有基础性意义和战略价值。这种探究不仅是对中国史的关注，也包含对世界历史的探究，因此我也在准备撰写关于世界主要大国海外利益拓展史的著作。中国先贤博大精深的战略思想，西方史家放眼全球的战略思维，让我心怀仰慕。中国战略思想史、主要大国战略比较研究将是我长期聚焦的学术领域，这就是我盛世修史的决心所在。

贸易摩擦背景下的中美博弈[*]

今天我演讲的主题是：如何沉着应对"修昔底德陷阱"，处理好中美关系，塑造中国外交新时代。

中美关系正在引起全球的关注。当前世界是一个大国竞争的世界，中美关系进入到战略竞争新时期。中美两国有几个陷阱需要超越：这包括中国面临的"中等陷入陷阱"、美国面对的"金德尔伯格陷阱"和两国共同需要跨越的"修昔底德陷阱"。"金德尔伯格陷阱"是美国经济史专家金德尔伯格提出的思考，也被称之为霸权稳定论。他认为："世界稳定需要而且只需要一个霸权，如果霸权不稳定，则世界就会陷入动荡。"当前美国自身变动引致的世界动荡，使得这一判断有了新的力争。"修昔底德陷阱"是古希腊历史学家修昔底德在《伯尼撒战争史》这本书中提出的命题，他指出："雅典实力的增长及这种增长在斯巴达引起的恐惧，使得战争不可避免。"这就是所谓的"安全困境"（security dilemma）。

随着中国实力的增长、世界转型和美国战略的调整，大国竞争进入到一个新的场景中。美国以贸易摩擦为开端，在中美关系上战略调整明显，很多学者和政治家都在担忧，中美是否已经落入了修昔底德陷阱？

---

[*] 本文根据作者 2019 年 6 月 18 日在清华大学国情研究院『国情讲坛』第 31 讲的录音整理而成，全文刊载于光明网"国情讲坛专题直播"栏目，https://topics.gmw.cn/2019-06/25/content_ 32946339.htm。收入本书时有所修订。

在此背景下，如何认识中美关系的过去、现状和未来走向变得非常重要。正如习近平主席在 2018 年 11 月 8 日接见来访的基辛格时指出的，"中美双方对彼此的战略意图要有准确的判断"。

我们可以做一个初步的判断，即中美关系现在正在"修昔底德陷阱"的边缘徘徊，在回顾国际关系史时可以发现，当新兴大国实力加速接近守成大国时，往往是两个国家关系最不稳定也最动荡的时候，这不仅仅是双边关系的动荡，也有可能引起地区乃至世界的动荡。特朗普在竞选的时候实际上就对中美关系作出了与之前美国决策者不同的判断。特朗普当选之后一段时间内似乎是平静的，但其实是在酝酿着对华关系的重大变化，从 2018 年开始，特朗普在贸易、技术等各领域调整对华关系，强化与中国的竞争，使得中美关系进入到战略竞争的阶段。中美贸易摩擦本质上是两国在新产业革命上的竞争，将持续相当长的时间，出现向货币、安全等领域延伸的危险。我们看到的是双方不仅仅在贸易方面出现了激烈的摩擦，甚至出现了"文明对决"等新思考和新认识。有鉴于此，美国知名中国问题专家蓝普顿指出，"中美关系走到临界点（tipping point），存在进一步恶化甚至走向全面对抗的危险。"

今天，我想借这个机会对中美战略意图和战略判断做一些初步的分析。由于中美之间的矛盾是以贸易摩擦作为开端，所以我想首先谈谈关于贸易摩擦的问题，其后梳理一下中美双方关系的现状和如何看待对方，当然，我需要剖析和总结西方强国兴衰的规律，我想强调的这些规律并不是东方所完全认同的，是西方文化背景之下的规律总结，包括"修昔底德陷阱"的认识。其后，我想剖析一下党的十八大以来尤其是最近中国外交的思想和战略创新，最后谈谈中国对美国应该有怎样的战略走向。

一　中美贸易摩擦的进程

改革开放以来，中美经贸关系越来越密切，双方互动越来越频繁，竞争和矛盾也越来越多。过去竞争和矛盾只在一个方面上出现，往往不会影响全盘，现在我们却看到中美关系在各个方面都出现了波动，中美关系的大盘处在波动之中。

从贸易的角度来讲，中美两国在1979年正式建交后，在共同应对苏联的安全威胁状况下，两个国家建立了"菜单式"准同盟关系，虽然这不是正式的，但是双方之间有战略协调。在这种状况下，中国庞大的市场吸引了包括美国在内的外来投资者，中美经贸关系越来越密切。20世纪80年代初，中美之间出现了一些贸易摩擦，但是没有受到各方重视。真正出现比较多的摩擦，是在冷战结束之后，这时中美关系中的安全支柱不复存在，贸易摩擦切实展开，尤其是进入到90年代后，随着日本进入"失去的10年"，美国将贸易摩擦的核心从日本转向了中国。特别是，在中国加入WTO之后，中美之间贸易摩擦越来越多。2008年欧美债务危机和国际金融危机爆发以来，中国的世界影响越来越大，中美两国贸易争端也日趋发展。

回溯美国发起的对华"301调查"，可以看到从1991年到2010年，在长达20年内双方一直存在着贸易摩擦，美国曾5次发起对华"301调查"，但每次双方都以谈判协商的方式妥善解决。这次贸易摩擦，美国的准备比之前都要充分，涉及面也更加宽泛。2017年8月特朗普授权对中国发起贸易调查，双方在2018年2月底就进行了第一轮谈判，经过一段时间的激烈对垒，在2018年5月通过第三轮谈判达成了不打贸易战的共识，但实际上这个共识并没有被很好地遵守。僵局真正的突破是，2018年12月1日，中美领导人在阿根廷G20峰会上达成共识，要举行为期90天的谈判。在随后长达5个多月的谈判中，双方都展示了比较积极的态度，双方不仅重点就贸易平衡、技术转让、知识产权保护、实施机制等共同关心的议题进行了深入磋商，对最后协议文本也进行了认真的梳理。在各界看来，中美可能接近达成协议文本。但就在这样的条件下，美国贸易代表办公室突然在5月8日宣布对华2000亿美元产品征税税率从10%提升至25%，

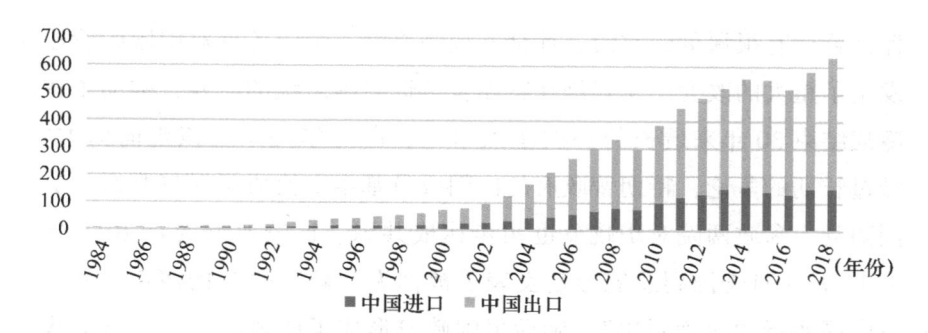

图1 中美贸易关系（1984—2018年）

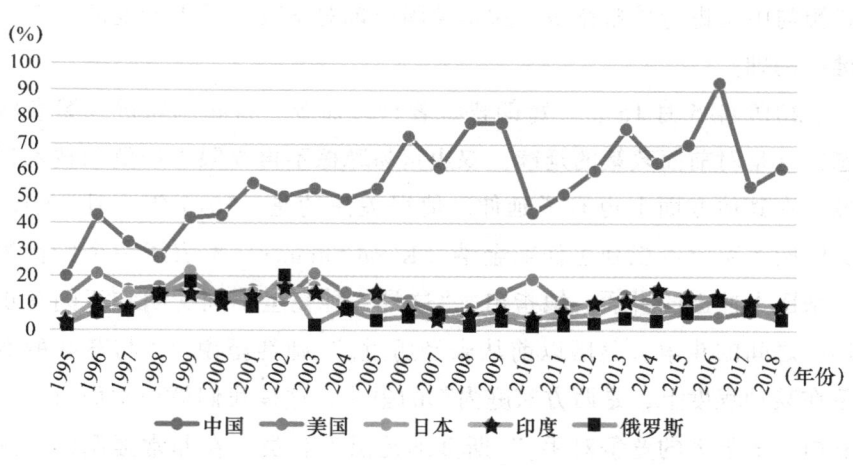

图2 大国受反倾销案件数量（1995—2018年）

5月15日特朗普签署行政命令，宣布国家进入紧急状态，要求美国企业不得使用对国家安全构成风险的企业所生产的电信设备，剑指华为。中国对此采取了反制措施，从2019年6月1日起中国对原产于美国的部分进口商品提高加征关税税率。中国在2019年6月1日发布《关于中美经贸磋商的中方立场》白皮书。中美关系似乎已经很难调和了。大家都在期待6月底大阪G20峰会，两国领导人是否会就这个问题进行进一步谈判，达成某种新的共识。

梳理中美贸易摩擦的进程，我们发现，中美之间不仅仅是贸易摩擦，背后有很深刻的政治、社会和战略原因。美国各界对中国的看法发生了重大的改变，尤其是在特朗普竞选美国总统的时候，推动了在冷战结束30年来最长的一次激烈争论，即对华关系应该走向何方？经过长期的争论，特朗普政府的内阁成员基本上换成了对华鹰派，美国两党、参政两院对华政策也初步达成共识。比较典型的是2018年的11月4日美国副总统彭斯发表了被称为"新冷战"的演说，号召对中国实行"全面对决"，随后美国政府形成了所谓的"全政府对华战略"。这是第一次看到美国能够实现各界步调的统一，以调动所有资源与中国进行战略竞争，这是美国出现对华政策重大转变的一个关键性基础。

2019年5月15日，特朗普签署行政命令，宣布国家进入紧急状态，这是对前面政策的延续，双边贸易摩擦不再局限于经贸和技术领域，在其他方面上也有了延伸。值得关注的是，2019年4月29日，美国国务院政策规划主任斯金纳（Kiron Skinner）发表了一个给世界带来巨大冲击的讲话。她指出，"这是一种完全不同文明和不同意识形态之间的斗争，美国以前从未经历过。"她甚至说："与苏联的竞争在某种程度上，是西方家庭内部的争斗，这是我们第一次面对一个非白人的强大的竞争对手。"斯金纳是黑人官员，在非常强调政治正确的美国社会，一个美国黑人官员讲这是"白人与非白人的竞争"，我们可以视之为一种深入骨髓的理解。综上所述，中美之间的贸易摩擦已经从贸易战、技术战转向文明战，或出现了转向文明战的危险。有鉴于此，中美关系迎来关键时刻。

二　中美关系进入关键时刻

用"修昔底德陷阱"来论述中美关系，已经是一个常规的判断。2006年，美国一些战略家提出"G2"的概念，意在中美两个国家联合起来调控世界。中国没有接受这种说法，我们提出的应对方案是不承认"G2",而应该是"C2",即中美两个国家进行战略协调。随着中国实力的进一步增长,尤其在2008年欧美西方中心出现金融和债务危机时,世界确实在发生重大变化。西方国家不再像过去那么强大,甚至要借助倚重中国来解决希腊债务危机。随着中国再进一步发展,中国从一超多强格局中一马超出,与美国的实力加速接近,美国对这样的接近充满了忧虑。后面我将谈到美国在战略上的一个基本趋向,就是寻找势均力敌的对手(peer competitor),一旦锁定,它就要调动所有的力量对他进行遏制围堵,中国现在就是美国锁定的"势均力敌的对手"。

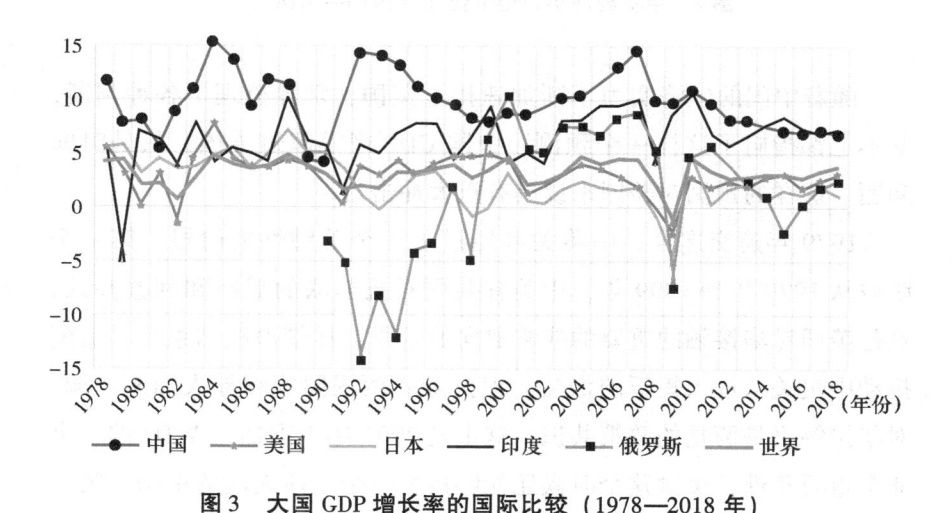

图3 大国GDP增长率的国际比较(1978—2018年)

中美关系是目前世界上最重要也最具有复合性的双边关系,对于中国来讲,美国最有可能也最有能力给我们造成最大伤害,对美国来讲,中国也最有资格成为美国的假想敌。之前美国担心中国不能和平崛起,所以当2003年中共中央党校常务副校长郑必坚提出和平崛起理论的时候,美国一片赞赏之声。但现在的情况是,美国对坚持走和平发展道路的中国疑虑重重。中美关系变动的核心的原因是什么?我认为,是中国全面崛起的效应和美国相对衰落的忧虑。

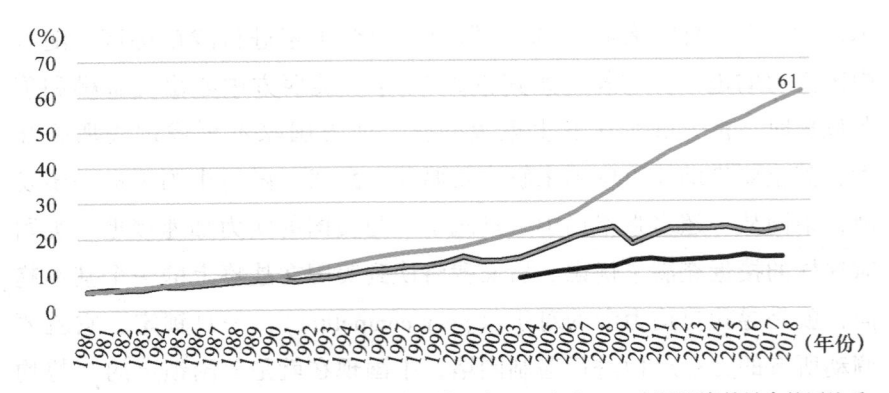

```
(%)
70                                                          61
60
50
40
30
20
10
 0
   1980 1981 1982 ... 2018 (年份)
```

——从中国进口占美国总进口比重 ——美国进口占GDP比重 ——中国经济总量占美国比重

图4　中美经济实力地位变迁（1980—2018年）

随着中国的经济实力不断加速接近美国，学界梳理了各种判断，基本上都指向了这样一个预测：中国 GDP 规模超过美国，只是时间问题。这样的预测对美国来说具有重大冲击力。

1979 年建交迄今，中美关系经过了三个关键性的阶段。第一个阶段从 1979 年到 1999 年，中美有共同对抗苏联的战略和利益基础，这是美国对华接触的重要的战略取向的阶段，尽管冷战结束后，美国挑动中美关系进入短暂的漂流，但是随着两国国家领导人加速协调，对华接触仍是两党的政策共识，这也是 2001 年中国加入 WTO 的一个非常重要条件，美国这个时候还能够接受一个走向崛起的中国。第二个阶段是从 1999 年开始，美国实际上已经开始强调与中国的竞争，1999 年的"炸馆事件"和 2001 年的"南海撞机事件"，都代表中美关系进入新的波动阶段。2000 年，美国共和党政纲提出"中国是美国的战略竞争对手，而非战略合作伙伴"的战略判断。随后爆发的"9·11"事件使得美国需要与中国合作来共同应对恐怖主义，开始对中国实行"接触+遏制"战略（congagement）。

2008 年欧美债务危机以来，随着中国在全球影响力进一步增强，美国实力相对衰落，2010 年中国超过日本成为世界第二大经济体。

在奥巴马时代，美国已经开始实行所谓"亚太再平衡的战略"，调整过去以欧洲为中心的布局战略，转向亚太地区。特朗普担任美国总统以后，美国已经走向了对华战略遏制。

现在中美两国在"修昔底德陷阱"边缘徘徊。回顾历史可以发现，世界历史上有七次新兴强国超过传统强国，六次发生了持久的对抗和战争，其中五次热战、一次冷战。这分别是16世纪西班牙对荷兰，17世纪荷兰对英国，18、19世纪英国对法国，20世纪英法对德国，1914和1941年德国挑起两次世界大战（这是五次热战），一次冷战爆发于美苏之间。只有英美霸权转移是以和平方式处理的，但也存在争斗。英美之间能够出现和平的权力转移，是因为美国崛起没有挑战到欧洲主导的国际秩序，没有像欧洲国家一样进行殖民地或者领土扩张，因为一旦出现这样的扩张，就必然要出现和它们激烈的战争对垒。美国依靠国际贸易增加国民财富，建立商业帝国，这是美国独特的发展道路，随后在应对法西斯的问题上，美国和英国通过1941年《大西洋宪章》实现了理念接近，从而为霸权的和平转移提供了观念基础。这种解决方式对中美关系是否有启示意义，还有待观察，而中美之间能否避免冷战、热战和冷核，能够实现战略创新，这是我们现在关心的核心问题。

对世界而言，现在的忧虑不仅仅是中国全面崛起的效应，还有美国衰落的效应，当然美国衰落被形容为是一个"狼来了"的故事，美国人经常把美国衰落先喊起来。美国是一个在战略上有很长远考虑的国家，它对自己和世界实力的变化是密切关注的。比如说冷战爆发之后，苏美之间经过长期的对垒，到20世纪60年代末就出现了苏攻美守的局面。1968年美国时任总统尼克松在堪萨斯城发表演说，指出世界存在五大力量中心，即美国、苏联、日本、西欧和中国，开始高度重视中国的国际地位。1969年的中苏"珍宝岛事件"爆发，两个国家之间出现军事冲突。有鉴于此，美国总统尼克松在没有和中国建立正式外交关系情况下，于1972年访问中国，达成了中美共同对抗苏联扩张的共识。到20世纪80年代苏联出现了衰落，出现苏守美攻的局面。冷战刚结束时，曾经一度有过"美国衰落"的争论，但是随后美国着力实施"单极世界"战略，走向"先发制人"。可以说，美国战略调整是随时的，长于进行战略谋划，随时进行战略调整，关注自己有可能出现的衰落。2008年欧美债务危机在发达国家中心爆发，这对美国的打击是非常深重的。从经济实力角度上讲，美国确实不像第二次世界大战刚刚结束的时候那么强大。按照约瑟夫·奈的观点：美国不仅仅硬实力发生了变化，更重要的是软实力也发生了变化。特朗普采取的战略措施是退出它曾积极承担的国际责任，只关注自身利益，和诸多国家打贸易战。从这个角度来看，美国确实进入了衰落状态。当然，正如约瑟夫·奈指出的："不能把中国崛起和美国衰落对照来看，仅仅以中国崛起对照看待美国衰落是不完整的，容易得出错误的结论。"如果对照来看，把中美推入到全面对抗的状态，这是不符合现在事实，也是不符合中国长远利益的。

美国的衰落确实已经出现，在一个新全球化时代，一个大国兴衰加速的时代，随着发展中大国的群体性崛起，传统的大国进入到衰落状态已经成为必然。而且现在世界发生了重大的变化，可以总结为三个转移：权利转移（power shift）、问题转移（problem shift）和范式转移（paradigm shift）。大国兴衰在加速，国际组织、跨国公司、地区集团的作用都在彰显，这时世界的行为体已经不单单是国家。随着世界发生的变化，越来越多的全球性问题出现，这些问题的应对不能靠一个国家单一的力量去处理。随着全球性问题的增加，解决全球性问题的范式也发生了变化，以协调与合作为主导的方向决定了任何国家都不可能在全球问题上一锤定音，如果没有其他的国家帮助，美国无法实现其战略意愿。这种情况美国当然是焦虑的。我们认为，美国不再是英文意义上的"霸权"，因为英文上的"霸权"是中性词，它代表主导和管控，而在中文中，"霸权"就是所谓的霸权主义，实行霸道。现在的美国的做法完全符合中文意义上"霸道"这个词，同时，由于他将其自身衰落原因锁定中国，对中国充满了疑虑，因此美国的衰落不仅仅是美国自身的忧虑，也引起了世界的动荡。

由于美国把竞争的重心锁定在中国，中美关系发生了巨大的变化。虽然中美之间仍然有紧密的接触，但是双边关系的稳定性明显下降。在政治和安全领域，由于缺乏战略信任，双方早就多有碰撞。在经济贸易金融领域，特朗普针对华为采取的一些措施令我们明显感觉到，中美在经贸领域的纷争是很难在短期之内消除的，我们可能要做好充分长期的准备。在人文社会这个领域双方的交流其实非常密切，有非常多的二轨（track 2）、一轨半（track 1.5）的交流机制，但是在最近两年，美国对中国设防非常严重。很多从事美国问题的专家被吊销了签证，无法进入美国。在国际事务方面，现在是一个变动的世界，一个变动的世界就需要两个大国进行密切的合作和更多的交流，但实际上情况并非如此。双方立场相左，在国际事务当中经常出现的一个局面是，不管中国提出的方案是否合理，美国都会跳出反对，就像一个律师在法庭上睡着了，醒来以后不管对方说什么都说"我反对"。这样，中美之间就存在发生冲突的风险，这种风险是中美之间的矛盾和冲突导致的，因为中美之间存在结构性的矛盾，在地区和全球事务上处于不同的位置，有不同的战略考虑，在结构层面上有一些冲突也是自然的，同时也有不同的国家利益，而且在一些问题的处理上，双方不仅仅着眼于一时的处理，而是更加着眼于长远和战略判断，双方矛盾突显。此前中美国之间冲突摩擦的内容相对单一，领域也比较集中，例如1990—2010年的5次中美贸易冲突中真正和其他问题挂钩的不是特别多，相对来说比较容易解决。近年来，中美博弈几乎涉及方方面面，各种问题环环相扣，美国明显表现出对中国战略遏制的心态，甚至走向极限施压，"全政府对华战略"的提出，显然代表了美国要调动一切力量跟中国进行竞争的决心。

三　西方大国兴衰的规律

我想跟大家分享的第三个方面是西方大国兴衰的规律。之所以说是西方的，是因为它并没有对东方的历史进行深入的总结。东西方文化之间存在很大差异，尤其在国际问题上，西方惯有冲突性思维，就像英国首相帕麦斯顿曾指出的，"没有永恒的朋友，也没有永恒敌人，只有永恒的利益。"而中国强调义利之辩，讲求正确义利观，这两种思想有很大的对照性。

按照西方的理解，不管守成大国和新兴大国的实力是否接近，都会出现一种制衡冲突甚至战争的状态。从地图上可以看出，欧洲的边界都是打出来的，而中国的边界很多是自然形成的，因为中国有朝贡体系，历史上更多地将文化、贸易作为战略手段，但欧洲并非如此。看西方历史时可以发现，战争是常态。前面谈到英美出现了和平的权力转移，实际上19世纪第二个十年英美之间也出现了小规模的战争，英军放火焚烧了美国白宫，只不过双方没有爆发大规模的战事。真正出现相对无战争的状态，大致是在第二次世界大战结束之后，由于核武器的存在，大国之间没有出现直接战争。

"修昔底德陷阱"概念走红，是因为美国哈佛大学教授艾利森（Graham Allison）的著作《注定一战：中美能避免修昔底德陷阱吗？》。从这本书中展现的西方的逻辑来看，战事是不断的，作者梳理了历史上的16次冲突，只有4次是没有战争的，无战争的情况我们前面也谈到了两次，英美之间的和平转移和美苏之间的冷战，其他两次根本还没有到所谓的新兴大国超过传统大国出现实力对垒的状态。所以我个人认为，这本书不是一个特别严肃的历史著作，它可能只是给我们提供这样的启示，中美之间能否和如何超越修昔底德陷阱。当然，这本书对中美关系的分析有其深刻之处，这两年中美之间的矛盾也使得我们对相关问题进行了深入的思考。

表 1　　　　　　　　格雷汉姆·艾利森笔下的"修昔底德陷阱"

历史时期	守成国	新兴国	竞争领域	结果
15 世纪后期	葡萄牙	西班牙	全球帝国与贸易	无战争
16 世纪上半叶	法国	哈布斯堡王朝	西欧陆权	战争
16—17 世纪	哈布斯堡王朝	奥斯曼帝国	中欧东欧陆权、地中海海权	战争
17 世纪上半叶	哈布斯堡王朝	瑞典	北欧陆权、海权	战争
17 世纪中后期	荷兰	英格兰	全球帝国、海权与贸易	战争
17 世纪后期—18 世纪中期	法国	大不列颠	全球帝国与欧洲陆权	战争
18 世纪后期—19 世纪中期	大不列颠联合王国	俄国	欧洲海权与陆权	战争
19 世纪中期	法国、英国	俄国	全球帝国、中亚和东地中海	战争
19 世纪中期	法国	德国	欧洲陆权	战争
19 世纪后期—20 世纪早期	中国、俄国	日本	东亚海权与陆权	战争
20 世纪早期	英国	美国	全球经济主导与西半球制海权	无战争
20 世纪早期	英国	德国	欧洲陆权与全球海权	战争
20 世纪中期	苏英法	德国	欧洲海权与陆权	战争
20 世纪中期	美国	日本	海权与亚太影响力	战争
20 世纪 40—80 年代	美国	苏联	全球大国	无战争（冷战）
20 世纪 90 年代	英法	德国	欧洲政治影响力	无战争

网上盛传的"60%定律"，"当另一个国家经济规模达到美国的 60%并保持强劲的增长势头，甚至有快速的超越美国的可能之时，美国就一定会将其定位为对手，千方百计遏制对手的成长。"① 过去美国对苏联、日本是这样，现在对中国也是这样。我认为"势均力敌的对手"之说更符合美国的战略考虑。由于美国处于霸权地位，其战略基本特点就是寻找势均力敌的对手，一旦锁定，他要调动各种力量对它进行围堵和遏制，比如冷战时期的苏联、20 世纪 80 年代的日本、

---

① 任平：《美国挑起贸易战的实质是什么?》，《人民日报》2018 年 8 月 9 日。

20世纪90年代末21世纪初的欧盟、现在的中国。冷战的爆发是与美国对苏联的全面对抗联系在一起的，通过两大阵营的对垒，美国成西方世界的领袖，到80年代中期苏联走向衰落时，美国把眼光盯向了日本。日本这个国家也是值得关注的，1868年日本开始明治维新，1968年日本的经济实力超越德国，成为西方世界第二，这100年中日本采取了很多侵略其他国家的做法。就像日本人总结的，中日不同，中国强大的时候实行的是王道，但是每当日本强大起来就实行霸道。所以到80年代中期，美国把打击的对象转向了号称"购买美国"的日本，一场广场协议打掉了日元的强势，逼迫日元升值，使日本进入经济调整状态，日本人称之为"失去的10年"。到20和21世纪转轨时候，欧洲联合进入新状态，欧元即将诞生，美国开始把对手锁定为欧盟。众所周知欧美之间是有《大西洋条约》的，但是美国并没有放弃对欧洲的打击。随着中国进一步的发展，2009年之后美国开始把新的竞争对手锁定为中国。所以"势均力敌的对手"是一个合理的对美国战略趋向的解释。

特朗普有其一贯性，他在1988年在奥普拉的脱口秀节目中就表达了自己的外交理念，他说："我并不谴责日本人，我对日本人抱有很大的敬意，但是他击败的是我们自己。"他表示如果自己能够当选，就让美国从25年来占他们便宜的国际那里，赚很多钱来改变现状。当他作为美国总统面对中国时，他采取的理念和30多年前的想法是一致的，只是他的竞争对象从日本转到了中国。

美国现在之所以如此不安和忧虑，是因为美国的软实力确实衰落了。无论是退出国际组织，还是放弃承担国际责任，都使美国软实力受到了巨大的损害。与此同时美国的硬实力也受到了挑战，美国的硬实力的物质基础是美军和美元。当然美军仍然是世界上最强大的军队，有盟友体系，有全球性的军事基地，拥有先进的军事技术，美国一国的军事开支比紧随其后的15个大国军事开支之和还要多。但是美国陷入很多战争泥潭之中，难以从中东、西亚和欧洲抽身。再加上现在出现的财政困境，美国一方面要让自己的经济强大起来，一方面又要从全球进行战略收缩。美元作为国际货币有巨大收益，但是最近几年，诸多币种都进行了国际化的努力，欧元、日元、人民币三者所占份量虽然还没有像美元那么强大，但已经对美元构成了挑战。所以，从硬实力和软实力两方面看，美国面临的挑战是全面的。作为一个霸权国家，当面临内外挑战时，内心深处肯定是躁动的，目前并没有十足把握通过战略调整实现其意愿，这就是现在的美国。

四　中美相互的战略认识

在中国眼里，美国是值得深入研究的对象，原因是美国担当世界霸主这么多年，其战略思考是深远的。1893年，美国GDP成为世界第一，1900年其工业产值是英法德三国之和，但是美国并没有在1929—1933年世界经济危机的时候接过世界经济的领导权，而是1956年第二次苏伊士运河危机才接过世界领导权。当时英法要从中东撤军，苏联要进入，如果让苏联主导中东，美国在全球的战略布局就要受到挑战，美国这才接过了西方世界领导权。从国家实力占据世界第一，到接过西方世界的领导权，美国用了六七十年的时间，美国的思考和耐心值得我们深入分析。

美国国家从成为世界霸权之后，就有一种恒久战略意愿，即护持霸权。面对东亚变局，美国人坚决不让步的原因就在于，如果美国退出东亚，它就将不再是一个全球霸权，而退守为一个地区性的国家，这是美国无法承受的战略底线。所以美国的目标很明确，就是护持他在全球的领导地位，确保在东亚的主导地位，维系他所主导的东亚安全格局。在历史上，东亚地区曾经在全球一马领先，随着日本、"亚洲四小龙"、中国、印度的崛起，东亚有可能恢复历史上的荣光，美国想要独霸东亚是不可能的，所以其长期战略方式就是联合地区二等强国对抗一等强国。

有记者问美国前国务卿鲍威尔，能否用两个词概括美国的战略。鲍威尔的答案是"partnership 和 leadership"，具体地说，美国的战略就是通过建立同盟关系，维系世界霸权，这是恒久的意愿，也是长期的战略。

现在的美国仍然力图维系在全球的领导地位，世界发生了变化，美国的战略方式也发生了变化，但是他的目标并没有发生变化，比如说构建由盟国新伙伴国际制度等组成的全球体系，美国提出了所谓"菜单式联盟"，即根据任务不同而确定新的伙伴，目的就是为了调控大国关系，制衡它要管控的对手。第二个路径，就是要确保在东亚的主导地位，美国在东亚的主导地位是靠其安全上的主导保持的，在东亚，美国安全上的这种设置被称为"轮辐体系"，美国是车轮，其他国家是辐条，美国通过双边的方式，管控东亚的安全，但是随着中国实力的进步，它发现这样一种方式恐怕不稳定，所以它现在促进盟国之间建立横向的关系，目的就是形成对中国软性的包围圈。在维系东亚的军事方面，美国采取了更多的手段。但是美国的问题在于它的实力越来越不够了，因为它的目标太过宏远，如何保持实力和意愿之间的平衡，这是美国最焦虑的战略议题。美国对华政策已经发生质变，但中美关系还没有完全定型，这是一个塑造中美关系的关键时刻。

美国密切关注世界趋势、大国动向和本国形势，进行战略谋划和战略调整。最近几年美国非常明显的战略调整是，把中国作为锁定的竞争核心，在经济上，美国强调要使它自己再次强大，这是美国霸权的基础，为此美国不惜挑起一系列的贸易争端。第二个方面，调整地缘战略的布局，改变过去先欧后亚的战略，转向重点应对亚洲问题。美国发现传统的亚太概念无法建立对中国的软性包围圈，于是接受了日本提出的"印太"概念。美国谈印太的时候是把安全作为主导方面的，以安全为抓手，调整和它们之间的关系，同时也致力于构建新的霸权，调整同盟关系，重心是加强双边关系，构建一些新的同盟和准同盟关系。近年，美国和印度、越南的关系都发生了重大变化。在安全方面，把中国当作最大威胁已成美国新共识。近几年，美国全面转向东亚及其周边地区，构建印太战略。美国发布《印太战略报告》，全面加大对印度太平洋地区的外交、经济和军事投入，其中有一个非常重要的值得关注的地方，就是通过加强军事同盟、深化安全合作、调整经贸关系的途径在亚洲打造对华包围圈。这些国家还有安全上靠美国、经济上靠中国的二分趋向，因此美国要用安全抓手逼迫它们选边站，但这些国家并不愿意为美国火中取栗，典型的就是新加坡。在2019年香格里拉安全对话会上，新加坡总理李显龙发表重要讲话，呼吁中国和美国不要打起来，这代表了新加坡对美国和中国的新考虑。美国要强化多边军事合作，大幅度提升与印度、日本的战略合作关系，视之为制衡中国影响力扩大的亚洲之石，以此为基础打造美国主导的印太安全体系。虽然中印关系存在着领土上的矛盾，但是印度作为发展中大国，中印合作大于冲突，印度绝对不愿意为美国火中取栗，且自视为不结盟领袖，这是我们可以利用的战略因素。

面对党的十八大以来中国发展的走向和外交态势，美国战略界进行了激烈的辩论，辩论的结果就是出台了一系列的报告，锁定中国是对手。2017年《美国国家安全战略报告》明确提出"加速崛起的中国是美国最大的长期性的威胁，中国是美国是战略竞争者和经济侵略者。"2018年年初，特朗普在当年的《国情咨文》中把中国定位为"对手"（rival）。2018年《美国国防战略报告》指出，"对美国繁荣和安全的主要挑战来自修正主义大国的竞争。这种竞争不是一般意义上的、暂时的和单个领域的，而是战略性、长期性和全面性的竞争。"修正主义主要指的是中国和俄罗斯，这种竞争不是一般意义上的暂时的和单个领域的，而是战略性长期性和全面性的竞争，这些报告基本上锁定了美国对华的战略趋向。2018年10月4日，彭斯发表"新冷战"演讲，认为中国比以往更活跃地使用其力量，来影响并干预美国的国内政策和政治。美国开始对中国的行动展开决定性回击。

总体上来说，美国对华的政策已经从接触转向"规锁"，即规范中国的行为，锁定中国经济增长的空间和水平，把中国的发展方向和增长极限控制在无力威胁和挑战美国世界主导权的范围之内。这样的一种战略目标无疑是非常全面的，美国在诸多方面上对中国进行了全面的极限压制。

五　新时代的中国新外交

党的十九大报告对中国的外交进行深入分析总结和战略前瞻，明确提出"经过长期努力，中国特色社会主义进入了新时代，这是我国发展新的历史方位"，"中国要继续发挥负责任大国的作用，积极参与全球治理体系改革和建设，不断贡献中国的智慧和力量。"我们强调了两大目标，即"建设相互尊重、公平正义、合作共赢的新型国际关系"，"构建人类命运共同体，建设持久和平、普遍安全、共同繁荣、开放包容、清洁美丽的世界"。人类命运共同体包含着三个方面：第一个利益共同体我们强调共享，不强调独占；第二个是责任共担、大国多担的责任共同体；第三个是共同规划世界未来的命运共同体，它代表了中国的世界理想。中国是一个有理想的国家，中国的国家理想是大一统，中国的社会理想是大同，中国的世界理想是天下，在当代，这些理想都在复兴，中华民族伟大复兴代表了中国的新国家理想，人类命运共同体代表着新时代的中国世界理想。

中国笃定地走和平发展的道路，实现中华民族的伟大复兴。但是也要认识到崛起国家最大的风险在于，高估自己，盲目扩张，民族主义情绪激进，走偏方向。风险主要来自于内部，当然外部也有风险。对中国来讲，第一个路径就是继续确认，以国内建设为核心的战略布局，促进国家平衡性的发展，这里的平衡性发展，不仅仅是要应对三大差距（城乡差距、地区差距和收入差距），还要解决政治、经济、社会、文化、安全生态六大领域的平衡发展问题，这样才能夯实中国全面崛起的基础；第二要坚持和平发展道路，积极承担国际责任，同时理性扩大国际责任，当然也要讲求责权利的平衡，积极要求增加相应国际权利；第三要把握好能力和责任的平衡，不能放弃韬光养晦，也要争取更大作为。

党的十八大以来，中国外交思想进行了一系列的创新。前面谈到了人类命运体和新型国际关系，我们还有对和平发展思想的继承和创新，强调除中国外的其他的国家也要走和平发展道路，只有大家都走和平发展道路，这条路才能走得通。中国强调与发展中国家的关系，坚持正确义利观，这些都是具有创新性的。我们的外交总结就是中国特色大国外交，它以中国特色为根本，强调中国独有的制度基础和源远流长的文明传统，致力于走出一条与传统大国不同的强国之路；以大国定位为基石，中国从一超多强的格局中脱颖而出，成长步伐坚定而从容；以和平主义为底色，强调始终不渝走和平发展道路，是基于时代潮流和自身利益的抉择；以合作主义为路径，以变革自身为基础，以融入国际社会为路径，以渐进为核心方式；以共赢主义为指向，强调以共赢取代独占，推动各国同舟共济、携手共进。

作为一个全球性的大国，中国正在积极锤炼全球视野。全球治理进入一个新的阶段，尤其在2008年金融危机爆发以来，过去的治理无法适应全球化的新形势，于是出现了二十国集团（G20），中国成为二十国集团中举足轻重的大国，开启了全球治理的改革。在全球治理的发展过程中，中国有了新的战略指向，就是要做全球治理的积极参与者和理念引领者。1997年亚洲治理危机，中国积极应对，宣布人民币不贬值，要做世界负责任的大国，确定了与东亚共存共荣的积极关系，推动中国成为东亚重要的战略支柱。2008年全球治理危机，中国和西方国家推动共渡难关，迅速扩展成为世界上举足轻重的全球大国。应对这些危机，中国斩获甚多，积累了信心和经验。可以说，在未来参与全球治理这方面，中国是有信心的；在应对中美经贸摩擦方面，也是有信心的。

中国的战略诉求就是抓住机遇发展自己，同时积极承担国际责任和义务，积极参与全球治理，为其他国家提供共同发展的机遇和空间。同时现在中国体量太大，已经没有便车可供中国搭乘，我们应该为其他国家提供发展的便车，欢迎大家搭乘中国发展的快车，分享中国发展的红利。这是中国新的角色，也是党的十九大报告所确立的新定位。

中国从国内、地区、全球三个层面都进行一系列的实践。在国内，中国推进国家治理体系和治理能力的现代化建设，深化改革，进一步夯实国家发展的基础。在全球层面上，中国同时注重发达国家和发展中国家，积极担当发展中世界和发达世界的桥梁，促动发展中世界和发达世界的合作，积极塑造长期稳定、均衡发展的大国关系，以正确义利观为引领创新发展中国家的关系，同时在全球致力于塑造战略伙伴关系网络。如果说过去我们更加重视战略伙伴在政治上的协调和经济上共享，现在就是更加着重战略伙伴关系，使它更具有全面性和战略性。

当然，中国已经是区域大国，但还不是世界大国，我们距离世界大国还很遥远。我们积极加强与东亚的关系，推进与周边国家的关系，提出"与邻为善，以邻为伴，坚持睦邻、安邻、富邻"和亲诚惠容的新周边理念。无论是和东盟的关系还是和中亚的关系，我们都在积极深入，"一带一路"就是明证。虽然"一带一路"是一个全球性的构想，但它也是有重心的，重心就在东南亚和中亚。

夯实中国全面快速发展的战略重心，就是我们的周边，尤其是东亚。21世纪的世界是地区组成的世界，地区合作澎湃汹涌。中国所在的东亚地区，各种合作都在进行。东亚一直是世界大国竞争的重地。中国在东亚的一举一动牵动了周边国家的神经。现在的东亚出现了中国、东盟、美国三架马车鼎足的局面。

对此最不能释怀的当然是日本，面对中国实力的增长，日本曾采取非常高调的姿态，利用各种因素遏制中国。现在中日关系开始全面回暖，这一次回暖经过了较长时间的对冲。从2014年开始，日本认识到，中国的崛起将是一个持续的过程，与中国对垒下去，日本会受到很大的损失。在这种状况下，日本开始调整对华战略。中国也期望在全球波动的时候，地区关系是稳定的。现在的中日关系正在经历一个历史性的重构。从未来的角度上讲，中日关系从竞争走向协调的主线，如何塑造中日关系的新时代就变得至关重要，但是中日之间的矛盾还是要关注，如果历史摩擦的问题能解决好，双方的基础就更加坚实了。中日两国在这个方面都表达了一定的信心和管控能力。面向未来，笔者认为，对于中国来讲，要深入解读日本。除了消极的方面，我们也要看到日本积极的方面，我们不能忘记历史，但是更要面向未来。历史上来说，不仅仅要看到中日之间不友好的历史，还要看到数千年友好的历史，还要看到第二次世界大战以来日本总体走的和平发展道路，以及对中国改革开放的支持，我们对日本应该进行一个全面而辩证性的评价。在积极发展中日经济关系的同时，要在非传统领域加强合作，开展更有效的对日本的公共外交。民调显示，日本的精英非常期望与中国加强交流和合作，日本民众对于加强与中国的合作却深有顾虑。《人民日报》和日本言论 NGO 合作调查的结果表明，日本对中国好感率依旧低于 20%，因此，非常有必要加强人文交流、化解积怨，为中日关系转暖打下更加坚实的基础。

　　东盟虽然实力不大，但是政治影响很大，它扮演着东亚一体化的领导者和制衡者的角色。东盟非常担心丧失它的主导地位，实施大国平衡术。面对东盟，中国采取了非常积极的做法，支持东盟在东亚一体化进程中发挥领导作用，在加强中国东盟自贸区升级版、推进"一带一路"建设在东盟的落地方面，中国都在努力。

　　美国在东亚的核心利益，就是要确保势力均衡状态，这种状态以美国安全上的主导作为支撑。美国积极充当"离岸平衡手"的角色，有意在东亚保持甚至制造紧张关系，推动中国邻国与美国的合作，可以说，美国是东亚秩序外部的"搅局者"。尽管日本积极推动中日关系的转暖，但在东亚格局上其不会放弃既有的战略两面性。

在这种状况下，中国要积极推动东亚合作，首先要有一种开放的心态，要进行战略协调，推进东亚合作，坚持共同利益的路径，积极承担大国责任，提供更多的公共产品，既要做到雪中送炭也要做到锦上添花，真正让东亚国家感受到中国是积极的、真诚的、是发自内心地希望东亚合作。同时我们还要认识到，东亚的这种状况是历史造就的，不是一时能够改变的，要坚持循序渐进的原则，抱持战略耐心，善于等待时机。

六　中国对美新方略

中美关系新的战略趋向在逐步形成。中美战略竞争的范围和深度在不断扩大，美国认为中国的挑战不仅仅是经济挑战、安全挑战，也是意识形态挑战、制度挑战乃至文明挑战，在这样一个层层推进的关系下，中美关系有走向战略对抗的风险。双方的竞争将向安全领域和地缘政治领域延伸，目前贸易、技术领域美国表现得已经很充分了，我们要做好充分准备应对未来可能发生的国家安全冲击。

中美战略竞争和东亚地区的主导权是密切相关的，东亚主导权的竞争已经出现在中美之间，所以美国利用南海、东海向中国发难的次数增加，美国甚至提出印太战略新构想，以广领域、全方位应对中国崛起。中美关系站在了新的十字路口，旧的共识不复，但新的政策框架尚未定型。

当然，中美关系还有塑造的空间，中美进入战略竞争阶段有其历史必然性，我们要保持战略定力，抱持战略远见，不盲目自大，亦不妄自菲薄，稳住阵脚，沉着应对，不诱于誉，不毁于非。应对中美变局，要认清中美之间存在的巨大的实力差距，尤其是在硬实力方面。在这样状况下，我们必须要坚持和平发展道路，这样才能够形成全球对中国的深入理解和接受的基础，同时我们要充分理解美国对于相对衰落的忧虑。在可能的情况下，要促进中美战略理解和战略信任，努力消除误解和误判。两个大国不应该仅仅把解决分歧作为目标，因为解决分歧只是消极的，更加积极的措施就是寻求共同利益的拓展。

应对中美贸易，中国的两份白皮书清楚表明了中国的战略路径。《关于中美经贸摩擦的事实与中方立场》（2018 年 9 月 24 日）指出了中国的态度，即坚定维护国家尊严和核心利益、坚定推进中美经贸关系健康发展、坚定维护并推动改革多边贸易体制、坚定保护产权和知识产权、坚定保护外商在华合法权益、坚定深化改革扩大开放、坚定促进互利共赢合作、坚定推动构建人类命运共同体。[①]《关于中美经贸磋商的中方立场》（2019 年 6 月 1 日）清晰阐明了双方进行磋商的过程，表明了我们的立场就是相互尊重平等互利，相向而形，诚信为本。[②] 同时也可以看到，中国采取了很多积极的措施扩大全面开放，在深化改革基础上大幅度放宽了市场准入和营造营商环境，打造开放高地，并且在知识产权保护各方面都采取了积极的措施，开放领域方面尺度之大也超过了过去。党的十九大以来，我们推动了进一步的全面开放，形成了良好的布局，为我们国内的经济发展创造了良好的条件。

应对美国战略竞争，我们可以有如下应对策略：第一，坚持和平发展道路，聚焦经济发展和国家建设，夯实中国全面崛起的基础；第二，抓住时机塑造战略机遇期，全面深化改革，推进全面对外开放；第三，积极推进"一带一路"建设，实现中国国际合作创新；第四，坚持和斗相兼、斗而不破的战略原则，加强双边战略管控，深化复合相互依赖；第五，在经贸问题上，稳住阵脚，善于通过合作和妥协来化解冲突，同时继续在全球拓展经济合作空间，积极寻求占领战略制高点；第六，在安全问题上，善于守拙，防止东亚和亚太地区冲突频现；第七，在国际事务上，共同推进新型全球化，抓住机遇推进国家

[①] 《关于中美经贸摩擦的事实与中方立场》，中华人民共和国人民政府网，2018 年 9 月 24 日，http：//www.gov.cn/zhengce/2018 – 09/24/content_ 5324957. htm#allcontent。

[②] 《关于中美经贸磋商的中方立场》，中华人民共和国人民政府网，2019 年 6 月 2 日，http：//www.gov.cn/zhengce/2019 – 06/02/content_ 5396858. html。

利益的全球布局；第八，推进总体稳定、均衡发展的大国关系框架建设，形成平衡和制衡美国战略对冲的稳定态势。

习近平总书记指出，"中国处于近代以来最好的发展时期，世界处于百年未有之大变局，两者同步交织、相互激荡。"当前，人类社会正处在何去何从的十字路口。在和平发展与冲突对抗之间，在开放包容与封闭排他之间，在合作共赢与零和博弈之间，在文明互鉴与傲慢偏见之间，我们应该做出怎样的选择？中美关系的变动无疑会促使我们有更加深入的思考。最后，笔者想引用罗曼罗兰的诗句，结束本文："我们镇静而从容地迈进，我们不想追上时间，因为时间就在我们这一边。"

外部环境演变与中国的战略应对（2008—2020年）*

随着中美战略竞争的加剧和新冠肺炎疫情的全球蔓延，中国与世界的互动关系愈加密切，如何维护和塑造中国和平发展的外部环境至为关键。2020年4月8日，习近平总书记在中央政治局常务委员会会议上指出："面对严峻复杂的国际疫情和世界经济形势，我们要坚持底线思维，做好较长时间应对外部环境变化的思想准备和工作准备。"[①] 2020年7月30日，中共中央政治局召开会议指出，"我们遇到的很多问题是中长期的，必须从持久战的角度加以认识"。[②] 上述战略判断与"百年未有之大变局"的认识一脉相承，构成了我们进行战略调整和创新的基本逻辑。

1978年至今中国的和平发展，以改革开放为核心抓手，以融入国际社会为主要路径，营造良好而稳定的外部环境具有基础性意义。外部环境与国内建设密切相关，一个有利的外部环境能够减少其与国际互动的成本，增强从外部获得促进国家实力增长的机会；一个敌对的外部环境则显著消耗本来能用于发展的资源，从而降低发展速度。[③] 有鉴于此，外部环境演变与国家战略调整之间存在着

---

* 本文公开发表于《教学与研究》2020年第10期。
① 《中共中央政治局常务委员会召开会议》，《人民日报》2020年4月9日第1版。
② 《中共中央政治局召开会议》，《人民日报》2020年7月31日第1版。
③ 钟飞腾：《中国周边安全环境：分析框架、指标体系与评估》，《国际安全研究》2013年第4期，第64—82页。

明晰的互动关系，中国领导人历来高度关注外部环境的营造，强调世界和平与中国发展的战略关联。例如，邓小平同志1984年5月指出，"中国对外政策的目标是争取世界和平。在争取和平的前提下，一心一意搞现代化建设，发展自己的国家，建设具有中国特色的社会主义"。① 冷战结束以来，中国与世界的关系发生巨大变革，随着融入国际社会的加速，中国影响乃至塑造世界的能力和意愿在提升，中国崛起与世界转型相辅相成，推动国际关系新时代的展开。② 2008年是中国与世界关系变化的重要节点，爆发于资本主义中心的欧美债务危机和随后的国际金融危机严重冲击了既有的国际体系，中国则抓住机会全球拓展，其崛起效应全球瞩目。2018年美国对华贸易战和随后对华战略竞争的深入展开，严重恶化了中国和平发展的外部环境。2020年年初暴发的新冠疫情席卷200多个国家和地区，导致对全球主义的强烈质疑和国家主义的强势回归，迫使我们认真思考国际关系的未来走向。可以说，当前的中国外部环境正在加速演变，我们必须慎重应对。

如何冷静认识、客观评估国家所处的外部环境，是一项具有重要价值的战略议题。阎学通指出，"外部环境主要是看一个国家的安全受到多大的威胁，政治上受到多大的国际压力，经济上受到外部什么制约"。③ 笔者认为，从统筹国内国际两个大局的视角着眼，认识和评估外部环境，既要强调其消极因素，更要关注其积极方面，以及如何化危为机；既要强调其结构约束，更要关注其过程演进，以及如何运用观念创新；既要强调其外在制约，更要关注其内生动力，以及如何主动谋划。党的十八大以来，习近平总书记多次就中国外部环境变化进行分析判断，提出"百年变局"的命题，强调坚持战略定力和

---

① 《邓小平文选》第3卷，人民出版社1993年版，第57页。
② 门洪华：《新时代中国国际战略研究与反思》，《学术月刊》2018年第11期，第68—76页。
③ 阎学通：《中国国家利益分析》，天津人民出版社1996年版，第303页。

底线思维、加强顶层设计的必要性和迫切性,为我们认识和应对中国外部环境演变提供了思想指引和战略指向。鉴于中国外部环境发生巨大变化,我们有必要秉持统筹两个大局的战略思路,进行深入剖析,把握规律,做好战略部署,提出应对方案。

一 外部环境演变与中国战略创新发展(2008—2017年)

进入21世纪,全球转型加速与中国崛起加速并行。2008年起源于欧美的国际金融危机推动各国共克时艰,经历了一个短暂的蜜月阶段。随着国际金融危机应对的深入,各国实力对比发生巨大变化,世界进入国际环境变局丛生、大国战略博弈加剧,而国际合作却极其需要的时代。中国抓住机遇在全球拓展,2010年GDP超过日本位居世界第二位,国家实力和国际影响力均加速提升。与之相对照的是,美国和少数国家以中国奉行"咄咄逼人的外交政策"(Assertive Policy)为借口,对中国外部环境急遽变化起到了推波助澜的作用。

2008年肇始的国际金融危机暴露了既有国际体系中的缺陷和不足,展现了全球化的双刃剑效应,加速了国际体系的转型和国家兴衰,促使国际格局经历冷战结束以来最深刻的演变。其基本体现是,发达国家GDP占世界比重下降,发展中国家群体性崛起,东升西降的趋势有所呈现,全球化进程有所退潮、大国力量对比变化加速、国际战略格局深度调整、各国公共管理遭遇难题、不同社会思潮相互角力。[1] 在一定意义上,2016年特朗普当选美国总统和英国脱欧堪称上述变动在欧美国家的集中体现,成为西方国家思潮激变的重要征兆。全球主要国家博弈者之间实力对比发生深刻变化,一些新兴经济体越

---

[1] 冯玉军:《国际形势新变化与中国的战略选择》,《现代国际关系》2017年第3期,第9—15页。

来越成为解决国际问题的不可或缺者,通过全球治理来维护和拓展自身利益的意识不断增强。① 与此同时,国际体系转型不仅表现为权力转移的不平衡性,而且表现为一系列新的领域和新的规则创制,全球治理的重要性得到更高重视,国际体系转型与全球治理变革并行,国际体系转型中出现的全球性问题需要更有效的全球治理,转型后的权力格局呼唤新的全球治理安排。当时的国际转型不是非此即彼的体系更替或你死我活的体系革命,无论是旧体系的霸权维护者还是新兴大国都期望通过更多国际合作来实现自身目标。尽管作为全球治理机制主导者的西方国家缺乏足够的变革意愿和胸怀气度,作为后来者的新兴大国尚需足够的实力和担当。② 唐永胜等总结指出,"国际政治从来没有像今天这样复杂,系统效应日益突出,因果关系错综交织"。③

在此大背景之下,中国发展的内外环境发生重大变化。从国内角度看,中国经过30多年的改革开放,积累了丰厚的物质财富,经济总量位居世界第二,人民生活不断改善,确立了中华民族伟大复兴战略目标并加速迈进。与此同时,多年高速发展积淀了各类艰巨难题,可持续发展面临的形势颇为严峻,"中国发展面临一系列突出矛盾和挑战,前进道路上还有不少困难和问题",④ 亟须启动经济结构再平衡进程。从外部环境看,总体上中国与主要大国、周边国家、发展中国家的关系取得了重大进展,与世界的相互依赖加深,国际影响力不断提高,迎来与世界共同发展的新契机。另外,中国发展引起美国的疑虑和欧日诸大国的不适应。美国推行"战略东移",利用亚洲国家对中国意图与战略走向的忧虑,通过加强军事同盟、深化安全合作、扩大经贸合

---

① 张宇燕:《当前中国面临的国际战略环境》,《新金融评论》2017年第5期,第18—28页。
② 黄仁伟:《当代国际体系转型的特点和趋势》,《现代国际关系》2014年第7期,第10—11页;吴志成、董柞壮:《国际体系转型与全球治理变革》,《南开学报》(哲学社会科学版)2018年第1期,第124—133页。
③ 唐永胜、李冬伟:《国际体系变迁与中国国家安全战略筹划》,《世界经济与政治》2014年第12期,第27—38页。
④ 《习近平谈治国理政》,外文出版社2014年版,第71—72页。

作的制度化等途径进一步介入亚太事务，与这些国家密切捆绑在一起，打造对华柔性包围圈。美国战略调整的矛头直指中国，在热点问题上采取明显偏袒中国邻国的干预立场，对中国进行战略试探，使得中国感受到了军事遏制态势和强大的战略压力。① 美国的举措在一定程度上鼓励了日本的冒险。2010 年钓鱼岛争端导致中日"政冷经凉"，两国敌对态势明显，如何塑造双边关系渐次成为两国深入思考的重大议题。进入 21 世纪，欧洲不少大国对中国迅速崛起不太适应，在人权、西藏等问题上频频对中国发难，导致中欧关系多有起伏。与之相关，"中国威胁论"和"中国责任论"相互交织，中国承担国际责任的意愿、能力与国际社会的期望存在着落差，国际社会对中国崛起的疑虑增加。发达国家加紧制定新的国际规则，围堵中国的意图明显。周边国家对实现与中国的共享发展充满兴趣，但对中国的战略走向多有疑虑。上述疑虑与美日战略调整相互影响，导致中国周边环境趋于复杂化，部分周边国家出于对中国崛起的疑虑与恐惧，加紧与美日联合。

中国领导人对外部环境的变革有着清醒的认识和判断。胡锦涛同志在庆祝中国共产党成立 90 周年大会上的重要讲话中强调，"世情、国情、党情继续发生深刻变化，……外部环境考验是长期的、复杂的、严峻的"。② 习近平总书记对国际形势的演变有着深刻的思考。他指出，当今世界是一个变革的世界，是一个新机遇新挑战层出不穷的世界，是一个国际体系和国际秩序深度调整的世界，是一个国际力量对比深刻变化并朝着有利于和平与发展方向变化的世界。我们看世界，不能被乱花迷眼，也不能被浮云遮眼，而是要端起历史规律的望远镜去细心观望。③ 2017 年 10 月 18 日，他在党的十九大报告中指出，国际形势正在发生深刻复杂变化，我国发展仍处于重要战略机遇

---

① 门洪华：《中国对美国的主流战略认知》，《国际观察》2014 年第 1 期，第 69—82 页。
② 胡锦涛：《在庆祝中国共产党成立 90 周年大会上的讲话》，《人民日报》2011 年 7 月 2 日第 1 版。
③ 《中央外事工作会议在京举行》，《人民日报》2014 年 11 月 30 日第 1 版。

期,前景十分光明,挑战也十分严峻。世界正处于大发展大变革大调整时期,和平发展大势不可逆转,同时世界面临的不稳定性不确定性突出。① 2017年12月28日,习近平主席在中国驻外使节工作会议上发表讲话时,站在人类历史演进的高度,深刻把握时代风云,做出了"百年未有之大变局"的战略判断。

进入21世纪第二个十年,面对国内改革进入攻坚期和深水区、国际形势复杂多变的情势,中国进行了全新的战略设计和布局。习近平总书记提出中华民族伟大复兴的"中国梦"和人类命运共同体的世界理想,号召决胜全面建设小康社会,创造性地复兴了中国的国家理想、社会理想和世界理想。面对世情、国情的巨大变化,中国积极推进经济建设、政治建设、文化建设、社会建设、生态文明建设"五位一体"的总体布局,积极推进全面建成小康社会、全面深化改革、全面依法治国、全面从严治党的"四个全面"战略布局,提出和落实创新、协调、绿色、开放、共享五大发展理念,指明破解经济新常态下各种问题的根本路径,在推动供给侧结构性改革和形成全面开放新布局的同时,大力推进国家治理体系和治理能力的现代化建设,推动中国特色社会主义建设进入新时代。

统筹国内国际两个大局,构建陆海内外联动、东西双向互济开放格局,把中国发展与世界发展联系起来,是中国战略创新的根基所在。习近平总书记指出,"加强战略思维,增强战略定力,更好统筹国内国际两个大局,坚持开放的发展、合作的发展、共赢的发展,通过争取和平国际环境发展自己,又以自身发展维护和促进世界和平,不断提高我国综合国力,不断让广大人民群众享受到和平发展带来的利益,不断夯实走和平发展道路的物质基础和社会基础"。② 中国直面国际挑战、抓住机遇实现国际影响力的全球拓展,构建起以融入—

---

① 习近平:《决胜全面建成小康社会 夺取新时代中国特色社会主义伟大胜利——在中国共产党第十九次全国代表大会上的报告》,《人民日报》2017年10月28日第1版。
② 《习近平谈治国理政》,外文出版社2014年版,第247页。

变革—塑造（融入全球、变革自身、塑造世界）为核心的和平发展战略框架。[①] 习近平总书记呼吁，"把世界的机遇转变为中国的机遇，把中国的机遇转变为世界的机遇，在中国与世界各国良性互动、互利共赢中开拓前进"。[②] 这一判断成为中国推进国际合作的重要标准。尽管不乏"外部环境是未来最大风险"的认识，[③] 中国继续秉持营造良好国际环境的传统目标和深化国际合作的战略路径，为中国和平发展创造有利的外部环境是高度共识。与此同时，中国积极提升塑造世界的意识和能力，尤其是积极参与和引领全球治理，积极推动由国际事务的参与者向积极引领者的历史性转变。[④]

以此为指引，中国以继续融入国际体系为主要路径，大力推动国际战略的全面创新，这具体表现在：第一，在洞察国际形势和世界格局演变趋势的基础上，对人类社会发展进步潮流进行前瞻性思考，提出构建"人类命运共同体"和"新型国际关系"的战略目标。第二，创新大国是关键、周边是首要、发展中国家是基础、多边是舞台的国际战略布局，提出构建新型大国关系的战略思考，进而发展为构建新型国际关系的宏大设计；提出亲诚惠容的周边战略新理念，积极推动与周边国家构建命运共同体；提出正确义利观，创新与发展中国家的关系，夯实应对全球变局的政治基础；确立理念引领者、智慧贡献者、方案提供者和积极行动者的多边舞台新定位，积极推动全球治理走出困境、转型发展，实现国家战略利益的全球拓展。第三，在夯实国家发展基础、推动全球治理体系建设的同时，聚焦地区合作的创新，实现中国—东盟自由贸易区升级，使中国—东盟关系成为地区内

[①] 门洪华：《构建新型国际关系：中国的责任与担当》，《世界经济与政治》2016年第3期，第4—25页。
[②] 《习近平谈治国理政》，外文出版社2014年版，第248页。
[③] 刘振冬：《外部环境是未来最大风险——经济形势展望之一》，《经济参考报》2013年4月9日第1版。
[④] 门洪华：《应对全球治理危机与变革的中国方略》，《中国社会科学》2017年第10期，第36—46页。

和平、发展、合作、共赢的范例,稳妥处理地区领土领海争端,致力于中国—东盟命运共同体建设。与此同时,稳健应对中日关系变局,推动中日关系从谷底起步,逐步从波折不断到重回正常轨道。第四,创造性提出共建"一带一路"倡议,针对经济增长乏力、合作动力不足的双重困境,顺应各国要求加快发展的愿望,坚持共商共建共享的理念,从全球更大范围整合经济要素和发展资源,为破解发展难题、完善经济治理、实现可持续发展、推动全球化再平衡开辟了新路径。① 第五,积极落实自由贸易区战略,在国内积极推进自由贸易区试验区试点,为加入更高水准的自由贸易协定做准备,在加大双边自由贸易协定谈判的同时,分类推进 RCEP、中日韩、海湾合作组织等多边谈判,为推进"一带一路"自由贸易区做好准备。② 第六,抓住既有国际金融秩序坍塌、亟须重建的机遇,大力构建战略伙伴关系网络延伸其国际影响力,深化金砖国家合作,主导创建亚洲基础设施投资银行、金砖国家开发银行等,积极推动国际秩序重塑。以上述战略设计和布局为抓手,中国秉持融入—开放—塑造的战略路径,积极应对来自美国的挑战和中美关系演变,基本保证了中美关系的动态稳定和良性竞争发展。

二 外部环境激变与中国战略调整
（2018—2020 年）

2017 年下半年,中美双方先后宣布进入"新时代"。2017 年 10 月 18 日,习近平总书记在党的十九大报告中"中国特色社会主义进入了新时代,这是我国发展新的历史方位",强调这是"我国日益走进世界

---

① 王毅:《进入新时代的中国外交:开启新航程 展现新气象》,《国际问题研究》2018 年第 1 期,第 1—12 页。
② 陈文玲:《TPP 对中国的外部环境造成新的压力》,《中国外资》2016 年第 3 期,第 20—25 页。

舞台中央、不断为人类做出更大贡献的时代"。① 2017 年 12 月 18 日，美国白宫发布《国家安全战略报告》，宣布"大国竞争时代业已回归"，把中国定位为排名第一的"战略竞争者"和"经济侵略者"，② 进入 2018 年，美国打响对华贸易战，围绕遏制中国进行全面战略调整，推动国际体系加速进入失序状态。2020 年新冠肺炎疫情集中暴发并蔓延全球，极大地冲击了世界经济和国际秩序，严重干扰了各国经济社会发展，美国变本加厉开展对华恶性竞争，导致国际风云突变，中国面临的风险挑战集中爆发，中国和平发展的外部环境发生激变。

中国外部环境的激变，与 2008 年以来的世界转型一脉相承，是权力转移和大国兴衰的延伸。世界格局深度调整，国际环境复杂多变，主要大国积极调整对外战略，力争形成有利的战略环境，大国关系的竞争性日益突出。③ 王毅指出，"国际格局和力量对比正处于发展演变的重要关头，各种不稳定不确定因素日益增多，人类社会再一次走到历史的十字路口，是开放还是封闭，是合作还是对抗，是共赢还是零和？对这些问题，各方都在认真思索"。④ 习近平总书记将其概括为"百年未有之大变局"，⑤ 认为"未来 10 年，将是世界经济新旧动能转换的关键 10 年，是国际格局和力量对比加速演变的 10 年，是全球治理体系深刻重塑的 10 年"，⑥ 强调"世界

---

① 习近平：《决胜全面建成小康社会 夺取新时代中国特色社会主义伟大胜利——在中国共产党第十九次全国代表大会上的报告》，《人民日报》2017 年 10 月 28 日第 1 版。

② The White House, National Security Strategy of the United States, Washington, D. C., the United States, December 2017, https://www.whitehouse.gov/wp-content/uploads/2017/12/NSS-Final-12-18-2017-0905.pdf, p. 25.

③ 王灵桂：《聚焦当今世界大变局化解外部环境风险》，《旗帜》2019 年第 4 期，第 38—39 页。

④ 王毅：《进入新时代的中国外交：开启新航程 展现新气象》，《国际问题研究》2018 年第 1 期，第 1—12 页。

⑤ 习近平：《坚持以新时代中国特色社会主义外交思想为指导 努力开创中国特色大国外交新局面》，《人民日报》2018 年 6 月 24 日第 1 版。

⑥ 《习近平出席金砖国家工商论坛并发表重要讲话》，《人民日报》2018 年 7 月 26 日第 1 版。

大变局加速深刻演变,全球动荡源和风险点增多,我国外部环境复杂严峻"。①

美国对华战略发生严重误解误判,"想当然地认为中国的战略另有图谋,甚至要取代其全球领导地位",蓄意制造经贸摩擦,并扩大化、极限化。②特朗普政府发动对华贸易战、技术战、脱钩战,深化、恶化中美战略竞争,在国家统一、周边安全等核心议题上频频制造事端,成为中国外部环境激变的重要推手。特朗普政府全面开展对华竞争,谋求在高新技术和国防产业链上与中国脱钩,对中国机构和个人在美国的活动施加越来越严格的限制,在经济、安全、外交等领域对华施压,③使得中美之间的结构性矛盾、进程性冲突和观念性对立全面突出。与此同时,特朗普政府在中国周边频频出手,力图组建施压中国、孤立中国的包围圈,恶化了中国周边环境;美国在中国国家统一和周边安全上制造麻烦、挑起争端,威胁中国;打造把中国排除在外的信息链、产业链、供应链、创新链,脱钩中国,使得中美关系陷入建交以来最严重的挑战之中。

2020年年初暴发的新冠疫情在全球肆虐及其应对,成为百年变局最突出的新表现。新冠肺炎疫情大流行席卷全球经济,迫使各国封锁边界,关闭企业,暂时性地阻止正常的货物、资本和人员流动,引发"去全球化"进程,④全球市场面临萎缩之虞。受疫情影响,百年变局将在多个方面加速演进甚至裂变,中国与世界的关系因此走到新的十字路口。⑤肆虐的疫情加剧了全球或区域政治、经济、

---

① 习近平:《在省部级主要领导干部坚持底线思维　着力防范化解重大风险专题研讨班上的讲话》,《人民日报》2019年1月29日第1版。
② 曾培炎:《积极应对外部环境深刻变化》,《全球化》2019年第2期,第5—7页。
③ 吴心伯:《竞争导向的美国对华政策与中美关系转型》,《国际问题研究》2019年第3期,第7—20页。
④ 邓世专、林桂军:《新冠疫情全球蔓延对亚洲工厂的影响研究》,《国际贸易》2020年第7期,第32—44页。
⑤ 袁鹏:《新冠疫情与百年变局》,《现代国际关系》2020年第7期,第1—7页。

安全风险,[1] 更让世界连成一体,如何让新冠肺炎疫情成为人类历史上首次可控的大流行病,成为我们面临的最为迫切的议题。应对好这一全球难题,我们需要深入思考国际关系,探究人类共存共荣之道。然而,当前"全球性疫情、国家化应对"的局面表明,[2] 实现人类共存共荣并不容易,其间强国家主义的回归、对全球主义的质疑和对地区合作的倚重并行不悖,预示着一个弱全球化的时代正在到来。新冠肺炎疫情冲击着以现实主义为主线的传统安全观,使得合作安全、共同安全受到更大关注,这表明世界需要共克时艰,而不是同舟共挤。然而,国家的现实选择却并不与之契合。新冠肺炎疫情发生后,中国付出巨大经济和社会代价防止疫情输出,同时积极开展国际合作,推动信息共享,大力展开高层外交和公共外交,积极回应国际关切,受到多方肯定。与此相对照,美国主导国际舆论不遗余力地败坏中国声誉,加紧推进"脱钩"中国,企图推动世界陷入"十字路口"的选择。世界经济论坛主席克劳斯·施瓦布指出,"新冠危机影响到人类生活的方方面面,但悲剧并非其唯一遗产。相反,疫情也提供了绝无仅有的机会,来反思如何重塑我们的世界"。[3]

外部环境发生更为复杂的变化,使得中国面临关键性选择。今天的中国适逢中华民族伟大复兴的关键时刻,处于爬坡过坎的关键阶段,这是走向世界大国必经的痛苦时期。面对百年变局的全面深化和国际关系的波诡云谲,中国唯有不畏浮云遮望眼,秉持战略定力和底线思维,全面推进战略创新,才能实现战略突破,展现责任与担当,为实现中华民族伟大复兴铺就一条康庄大道。

首先,冷静认识、稳健应对外部环境激变具有根本性意义。我们不需要把世界形势看成一团漆黑。20世纪80年代末90年代初,国内

---

[1] 肖晞、宋国新:《共同利益、身份认同与国际合作:一个理论分析框架》,《社会科学研究》2020年第4期,第125—133页。

[2] 刘贞晔:《全球化"熔断"及其历史大转折》,《国际政治研究》2020年第3期,第138—146页。

[3] 《世界迈入"大重启时代"》,《参考消息》2020年6月8日第10版。

外形势发生深刻变化,风云激荡。东欧剧变,苏联解体,两极格局终结,世界社会主义处于低潮。1989年春夏之交,以美国为首的西方国家对中国实施制裁,在重大的历史关头,邓小平同志高瞻远瞩,有针对性地提出"韬光养晦、有所作为"的战略方针。他强调,"我们谁也不怕,但谁也不得罪,按和平共处五项原则办事,在原则立场上把握住"。① 基于此,中国经受住了东欧剧变、苏联解体的冲击,稳住了阵脚,顶住了挑战,打破了以美国为首的西方国家的制裁和施压,同时避免了意识形态争论以及与以美国为首的西方国家的对抗,使中国改革开放和现代化建设得以顺利进行。相对而言,当前中国国内外情势要比国外好得多。中国不仅国家实力强大,而且有着广泛而深入的国际影响,全面而积极地参与国际事务,开放程度也非当年可比,对我们有利的条件和机遇依旧存在。习近平总书记指出,"我国仍处于发展的重要战略机遇期,但面临的国际形势日趋错综复杂。我们要清醒认识国际国内各种不利因素的长期性、复杂性,妥善做好应对各种困难局面的准备。最重要的还是做好我们自己的事情,统筹研究部署,协同推进改革发展稳定各项工作,谋定而后动,厚积而薄发"。② 他提出,我们要坚持底线思维,做好较长时间应对外部环境变化的思想准备和工作准备,要求我们"统筹国内国际两个大局、发展安全两件大事,既聚焦重点、又统揽全局,有效防范各类风险连锁联动"。③ 当前世界尚处于百年变局的前期,面对中国外部环境的历史性巨变,我们在保持信心和发展动力的同时,要保持冷静观察,坚持底线思维,增强忧患意识,既要敢于斗争,又要善于斗争。

其次,稳健应对来自美国的挑战。当前,中美关系跌入特朗普政府所设计的冰点,面临1979年建交以来最严重的挑战,中美战略竞

---

① 《邓小平文选》第3卷,人民出版社1993年版,第363页。
② 《贯彻新发展理念推动高质量发展 奋力开创中部地区崛起新局面》,《人民日报》2019年5月23日第1版。
③ 习近平:《在省部级主要领导干部坚持底线思维着力防范化解重大风险专题研讨班上的讲话》,《人民日报》2019年1月29日第1版。

争举世瞩目。对此,我们要前瞻性地认识美国所处的历史方位,尽管其世界第一的国家实力遥遥领先、世界大国的地位高高在上,但"任何评估都必须承认,美国的地区独霸时代正在接近尾声,这是权力转移进程中不可避免的现实"。[1] 特朗普政府在全球层面上盲目追求"美国优先",频繁采取废约、退群之举,导致大量国际组织停摆、国际协议废止、国际合作弱化,使得国家间战略矛盾深化,也在相当大程度上对美国的联盟体系造成了实质性损害,美国全球领导力遭受普遍质疑。我们一方面要深刻认识到自身实力、国际影响力与美国的差距不是短时间可以消除,中国应秉持韬光养晦的战略姿态,努力维系和斗相兼、斗而不破的基本局面,稳健应对来自美国的战略挑战;另一方面也要深刻认识到百年变局对美国的冲击,积极处理好与其他既有大国和发展中大国的关系,致力于通过增进互信、聚同化异、避免对抗、互利合作推动实现国际体系的和平转型,建立合作共赢的新模式,平衡和制衡美国的战略对冲。我们要深刻认识到中美战略竞争具有长期性、全面性、全局性的特征和影响,我们一定要做好充分的心理准备和物质准备,全力避免陷入美国所设定的对华政策议程,管控好显在和潜在的风险,防止出现重大冲突并引发全面对抗。

再次,坚持自力更生,积极扩大对外开放,以自身发展的确定性应对外部环境的不确定性。面对外部环境激变,中国开启改革开放新征程。2020年7月30日,中共中央政治局召开会议指出,我们遇到的很多问题是中长期的,必须从持久战的角度加以认识,加快形成以国内大循环为主体、国内国际双循环相互促进的新发展格局。[2] 双循环发展格局的提出,既是外部环境变化的必然结果,也是国内发展阶段转换的必经之路。以国内大循环为主体,意味着我们要立足自身深化改革,以开发国内市场、满足国内需求为出发点,积极推动结构改

---

[1] 乔纳森·波拉克:《理解中美关系的裂痕》,《中国社会主义学院学报》2020年第1期,第5—9页。

[2] 《中共中央政治局召开会议》,《人民日报》2020年7月31日第1版。

革和转型升级，大力实施创新驱动发展战略，着力加快建设实体经济、科技创新、现代金融、人力资源协同发展的产业体系，着力构建市场机制有效、微观主体有活力、宏观调控有度的经济体制。① 强调"双循环"的战略布局，是统筹国内国际两个大局思想在经济领域的体现，意味着中国继续推进全面开放，建立起新形势下有效应对挑战的国内外市场联动，有效应对"脱钩"中国的图谋，要利用一切积极因素建立国际经贸合作统一战线，有重点、有选择地积极应对、主动作为。② 我们还要以扩大开放塑造外部环境，抓住国际经济格局调整带来的机遇，应对外部挑战，不断提升国际竞争力和全球分工地位，为我国顺利实现社会主义现代化强国、中华民族伟大复兴目标奠定坚实基础。③

最后，立足东亚和周边地区，积极推动双边协调和多边合作的创新结合，实现中国外部环境的稳步改善。中国外部环境的重心在东亚和周边，其重要性在大变动时刻愈发凸显。中国应明确把东亚和周边视为未来10—15年中国国际战略的重中之重，全面落实亲诚惠容的理念，强调对话、协调、合作的路径选择，结合"一带一路"倡议、亚洲基础设施投资银行等制度性安排，全面深化与周边国家的协调合作，致力于促成周边地区全面合作的制度框架，加强地缘政治经济的塑造能力，有效阻止美国等在周边捣乱、破坏中国和平发展大局的战略企图。要有效利用和发展中国与相关国家的伙伴关系，使之结成战略性伙伴关系网络，实现双边协调与多边合作的创新结合。2020年7月28日，习近平总书记在亚洲基础设施投资银行第五届理事会年会视频会议开幕式上致辞指出，"解决经济全球化进程中出现的矛盾，

---

① 门洪华：《推动中国对外开放进入新时代——党的十八大以来中国对外开放战略的总结与前瞻》，《社会科学》2019年第1期，第3—13页。
② 王跃生：《如何应对复杂的外部环境和形势变化》，《国企管理》2020年第13期，第27页。
③ 隆国强等：《中国应对国际经济格局变化的战略选择》，《中国发展观察》2019年第2期，第9—12页。

各国应该努力形成更加包容的全球治理、更加有效的多边机制、更加积极的区域合作"。[①] 对中国而言，多边主义是融入国际社会之道，随着中国国际影响力的提升，中国应进一步强调多边主义的战略意义和道义价值，在坚持联合国权威的同时，积极参与和引领全球治理变革，创造条件与发达国家共同推动包容、公平、可持续的新型全球化，实现在多边条件下稳定和深化双边关系的战略目标，为实现中国在地区和全球两个层面战略利益的拓展奠定更好的基础条件。

三　中国外部环境激变与国际战略学科发展

国际战略学是探究国际风云变幻规律的科学与艺术，自然与外部环境研究密切关联。作为国际关系研究的重要分支，国际战略学科发展深受中国与世界关系的影响。改革开放 40 余年来，中国外部环境发生天翻地覆的变化，中国国际关系研究得到全面发展，学科建制走向完善和成熟。随着中国与世界互动关系的愈加密切，实践需求、战略选择、外交作为都给中国国际关系研究提供了取用不竭的素材和营养，为其发展提供充足的动力，统筹国内国际两个大局的战略思路将国际关系研究与政治学发展密切关联，进一步推动了跨学科交融发展，使得中国国际关系研究体现出越来越鲜明的时代特色，在国际战略等领域的研究已经超越国际同行，在其他领域也具备了与国际同行进行建设性对话的实力和底气。有鉴于对中国崛起过程中重大议题的关注，中国国际关系研究也带有鲜明的中国特色：密切关注中国与世界的关系，注重对全球趋势的研究和把握；随着中国在全球利益的拓展而愈加关注区域国别研究，从而在

[①] 《习近平在亚洲基础设施投资银行第五届理事会年会视频会议开幕式上致辞》，新华网，2020 年 1 月 28 日，http://www.gov.cn/xinwen/2020-07/28/content_5530696.htm，访问时间：2020 年 8 月 8 日。

微观研究层面上有所深入;从强调西方理论的引介和应用转向中国理论的创新,开始注重中国传统思想理论的汲取;随着中国发展前景的勾勒与顶层设计,中国战略传统得到更大重视,战略研究尤其是国际战略研究得以兴起和发展。

进入 21 世纪的第二个十年,尤其是世界转型与中国崛起的相辅相成推动一个新的战略时代的展开,中国与世界的关系出现根本性变革,众多新的重大问题扎堆出现,引起了决策者的高度关注,也刺激着学术界的兴趣,国家战略需求给中国国际战略学的发展插上了翅膀。在此基础上,有关国际战略学的理论著述日渐丰富和完善,学理探讨更加规范化和系统化,初步形成和建立了独立的国际战略学学科,专门的国际战略研究机构和学位教育也陆续建立并完善起来。[1] 在时代诉求的促动之下,国际战略研究的跨学科、交叉学科属性得到了高度的重视,国际战略学科建设水平有了稳步的提升,国外研究的借鉴、中国学界的创新、政府对高等教育的超常规投入、智库发展等成为推动中国国际战略研究进步的重要动力。[2]

中国外部环境激变为国际战略学科的发展提出了新要求、提供了新动力、创造了新机遇,推动着国际战略研究黄金时代的到来。当前,推动中国国际战略调整与创新,我们必须关注如下重要议题:如何评估全球趋势和百年变局的影响;如何吸取中国历史上应对外部环境挑战、塑造外部环境的经验教训;如何对既有大国的崛起战略和崛起之后的战略重塑进行比较研究,以寻求中国可以吸取的经验教训;如何客观评估中国外部环境现状与走向,提出中国塑造外部环境的应对策略;如何应对中美关系的挑战,塑造中美关系的未来;如何塑造中国东亚和周边战略布局,实现中国地区战略的

---

[1] 《当代中国的国际战略研究:进展与创新——唐永胜教授专访》,《国际政治研究》2015 年第 6 期,第 132—152 页。

[2] 杨洁勉:《中国国际战略研究的成就和不足》,《国际政治研究》2007 年第 4 期,第 5—8 页。

优化；等等。研究上述议题，不仅需要梳理历史、评估当前、谋划未来，还需要推动国际战略学科建设，尤其是深化跨学科研究、交叉学科研究，实现理论与实践的有机结合，推动国际战略理论创新和中国战略传统的复兴。

构建新时代中国国际统一战线*
——一项战略研究议程

作为颇具中国特色的联合战略，统一战线在中国内政外交中发挥着关键性作用。毛泽东把统一战线视为中国共产党战胜敌人、取得胜利的重要法宝。[①] 邓小平指出，"没有统一战线工作，任何一件事情都是办不好的……只要有敌人，有朋友，就得团结朋友，孤立和打击敌人，就还得有统战工作"[②]。习近平总书记在2015年中央统战工作会议上指出，"统战工作的本质要求是大团结大联合，解决的就是人心和力量问题。这是我们党治国理政必须花大心思、下大气力解决好的重大战略问题"[③]。他进一步强调："统战工作是全党的工作，必须全党重视，大家共同来做。"[④] 中国共产党第十九次全国代表大会报告载明："统一战线是党的事业取得胜利的重要法宝，必须长期坚持。要高举爱国主义、社会主义旗帜，牢牢把握大团结大联合的主题，坚持一致性和多样性统一，找到最大公约数，

---

* 本文公开发表于《世界经济与政治》2021年第6期，第4—24页。

① 1939年10月，毛泽东在《〈共产党人〉发刊词》中提出："统一战线，武装斗争，党的建设，是中国共产党在中国革命中战胜敌人的三个法宝，三个主要的法宝。"参见《毛泽东选集》第2卷，人民出版社1991年版，第606页。

② 《邓小平文选》第1卷，人民出版社1994年版，第186—187页。

③ 中共中央文献研究室编：《十八大以来重要文献选编》中，中央文献出版社2016年版，第556页。

④ 中共中央统战部编著：《巩固发展最广泛的爱国统一战线：中央统战工作会议精神〈中国共产党统一战线工作条例（试行）〉解答》，华文出版社2015年版，第39页。

画出最大同心圆。"① 长期在统一战线领域担任领导工作的刘延东曾指出,从新中国成立以来党的历史来看,"凡是统战工作搞得好的时候,也就是党的事业和国家建设取得成功和胜利的时候。由此可见,党的统一战线的成败,直接关系到革命的进退、人民的祸福和国家的盛衰"。② 可以说,越到关键时刻,统一战线的重要性就愈加凸显。

国际统一战线是统一战线基本原理在对外工作中的拓展,其主旨是调动国际上的一切积极因素,克服消极因素,为中国的发展创造有利条件。③ 国际统一战线历来在党的对外工作中占据重要地位,巩固和壮大国际统一战线是中国特色社会主义事业的重要方面。④ 与国内统一战线相比,国际统一战线团结和联合的范围更广,追求的目标更高。⑤ 习近平总书记将统一战线思维进一步纳入党的对外工作,提出人类命运共同体的世界理想和构建新型国际关系的核心路径,秉持合作共赢的战略思路,落实正确义利观的新时代价值理念,实现了国际统一战线理论与实践的创新发展。

当前,世界处于百年未有之大变局,国际风云呈现出大分化、新组合的鲜明时代特征,各国着眼于未来竞争加速战略调整,世界不确定性、不稳定性异常突出。站在统筹国内国际两个大局的战略高度,面对外部环境激变和中美战略博弈向纵深展开,构建新时代国际统一战线,进一步完善国际统一战线的全球布局,把握应对中美战略博弈

---

① 习近平:《决胜全面建成小康社会 夺取新时代中国特色社会主义伟大胜利——在中国共产党第十九次全国代表大会上的报告》,人民出版社 2017 年版,第 39—40 页。
② 刘延东:《新中国统一战线五十年》,《中央社会主义学院学报》1999 年第 10 期,第 9—14 页。
③ 冉绵惠、周黎:《论邓小平、江泽民同志对毛泽东统一战线思想的继承和发展》,《毛泽东思想研究》2001 年第 1 期,第 65—67 页。
④ 亢升、范秀娟:《"一带一路"战略与中国国际统战工作新进路》,《云南行政学院学报》2016 年第 6 期,第 160—165 页。
⑤ 莫岳云:《习近平总书记关于加强统一战线工作重要论述的精髓要义》,《马克思主义研究》2019 年第 12 期,第 45—53 页。

的主导方向,在稳步提升国家硬实力的同时着重塑造国家软实力,具有极其关键的战略价值。

构建国际统一战线的战略考量

国际统一战线与同盟(alliance)相比,有其明确的非正式性和更多的灵活性,堪比冷战结束以来兴起的议题联盟(issue coalition)或菜单式同盟(alliance a la carte)。中国素有构建国际统一战线的战略传统,无论是春秋时代的"尊王攘夷"还是战国时代的"合纵连横"、汉初的"南郑对"、三国时代的"隆中对"均堪称经典案例,其包含的团结竞争对手的对立面、使其孤立的战略思想堪称国际统一战线的精髓所在,而化解不同力量之间的矛盾冲突、协调各方利益关系、形成有利于己方的联合阵线是其主要的路径选择。

统一战线是指不同政治力量在一定历史条件下为实现特定共同目标、在某些共同利益基础上组成的政治联盟。有鉴于此,统一战线可视为一种联合战略,其根本目的在于团结尽可能多的力量,包括利用敌人内部矛盾、在敌人的营垒内部寻找朋友,最大限度地孤立主要敌人。[1] 国际统一战线则指在国际范围内由不同社会政治力量在某些共同利益基础上为实现特定共同目标而结成的团体、政治联盟或联合行动组织。[2] 与同盟(alliance)相比,国际统一战线有其明确的非正式性和更多的灵活性,同冷战结束以来兴起的议题联盟(issue coalition)或菜单式同盟(alliance a la carte)有一定相似性。[3]

---

[1] 伍绍勤:《毛泽东统一战线思想与"三个世界"划分的理论渊源》,《新疆社会科学》2012年第1期,第9—12页。

[2] 谭来兴、亢升:《胡锦涛国际统一战线思想研究》,《人民论坛》2014年第19期,第209—211页。

[3] Charles Krauthammer, "The Unipolar Moment Revisited", *The National Interest*, No. 70, 2002/2003, pp. 5 – 17; Joseph S. Nye, Jr., "U. S. Power and Strategy after Iraq", *Foreign Affairs*, Vol. 82, No. 4, 2003, pp. 60 – 73.

国际统一战线战略是基于反对共同敌人、追求共同利益的需要形成和发展起来的，① 其针对性颇为明确。改革开放以来，在统一战线从革命策略转变为治国方略的背景下，中国国际统一战线从过去侧重于分清敌友向大团结、大联合方向发展，营造良好的外部环境成为中国国际统一战线的核心考虑。冷战结束以来，中国积极扮演负责任大国的角色，其国际统一战线逐步界定为以共同发展、共享繁荣为导向的发展联合阵线，共同利益、共赢主义成为国际统一战线的核心价值追求。中国共产党第十八次全国代表大会以来，一方面，中国领导人高度重视构建国际统一战线，提出人类命运共同体的新世界理想，并以构建新型国际关系、落实正确义利观、共建"一带一路"和拓展伙伴关系网络建设为重要抓手，推动形成中国国际合作的全球新布局；另一方面，身处百年未有之大变局，中国国际统一战线面临着严峻挑战。尤其是中美战略博弈成为国际社会关注的焦点，引致中国外部环境激变，国际力量大分化新组合加速进行。在继续塑造有利外部环境的同时，中国必须把孤立和制衡主要竞争对手、反制美国拉建遏华同盟作为国际统一战线的核心目标，为实现第二个百年奋斗目标创造良好的国际条件。

恩格斯指出："没有共同的利益，也就不会有统一的目的，更谈不上统一的行动。"② 习近平总书记指出，做好统一战线工作必须尊重包容差异，尽可能通过耐心细致的工作找到最大公约数。③ 检视国际统一战线的演进，我们认为，共同利益、共同目标与合作共赢是其核心要素和本质诉求。共同利益是国际统一战线形成的基础，是维系统一战线中不同社会政治力量团结合作的纽带，④ 也是巩固和发展国

---

① 刘晓楠：《统战文化在国际争端中的作用》，《人民论坛》2012 年第 20 期，第 176—178 页。
② 《马克思恩格斯选集》第 1 卷，人民出版社 1995 年版，第 490 页。
③ 参见中共中央文献研究室编：《习近平关于全面深化改革论述摘编》，中央文献出版社 2014 年版，第 31 页。
④ 罗振建、张成明：《论合作共赢是统一战线的本质》，《理论月刊》2017 年第 2 期，第 61—68 页。

际统一战线的主要动力。基于共同利益确定共同目标是构建国际统一战线的基础条件。第二次世界大战期间，基于打败法西斯主义国家的共同目标，数十个国家组建反法西斯同盟。毛泽东就此指出："凡属反对法西斯德意日，援助苏联与中国者，都是好的，有益的，正义的。凡属援助德意日、反对苏联与中国者，都是坏的，有害的，非正义的。"① 他强调，"凡是愿意参加这个共同战线的，都将作为友好国家受到我们的欢迎"。② 建立国际统一战线，必须要确定参与各方的共同目标。例如，中国长期把反对霸权主义和强权政治、促进世界和平发展作为构建国际统一战线的重要目标和抓手，③ 人类命运共同体作为新时代中国构建国际统一战线的核心目标得到了国际社会的积极认同。合作共赢是国际统一战线的本质追求，实现共赢才能保证国际统一战线长期持续，合作则是实现共赢的必要手段，是建立、巩固和发展国际统一战线的根本要求和标志。④

统一战线的基本要义是基于共同利益团结大多数，推进共同目标的实现。邓小平强调统一战线的广泛性，提出统战工作宜宽不宜窄的原则"凡是可以团结、可以争取使其中立的，都要加以团结、加以争取，这也就是孤立了敌人。"⑤ 习近平总书记指出："做好新形势下统战工作，必须善于联谊交友。"⑥ 应该说，国际统一战线各参与方既有共同利益的基础，亦有自身利益的诉求，还存在着发展水平、文化根基、社会制度和意识形态等方面的差异，唯有协调好各方利益诉求，才能巩固和发展国际统一战线。因此，弥合差异、协调利益、化

---

① 《建党以来重要文献选编》第 18 册，中央文献出版社 2011 年版，第 496 页。
② 唐正芒、李国亮：《毛泽东关于建立反法西斯国际统一战线的策略思想》，《党的文献》2019 年第 6 期，第 67—74 页。
③ 王少普：《试论新时期国际统一战线与我国国际统一战线政策》，《社会科学》2002 年第 6 期，第 25—29 页。
④ 罗振建、张成明：《论合作共赢是统一战线的本质》，《理论月刊》2017 年第 2 期，第 61—68 页。
⑤ 《邓小平文选》第 1 卷，第 187 页。
⑥ 中共中央文献研究室编：《十八大以来重要文献选编》中，第 562 页。

解矛盾和实现共赢是国际统一战线得以建立的条件,也是其巩固和持续存在的基础。鉴于各方利益考虑不同,在建立、维护和扩大国际统一战线的过程中,既要广泛联合又要区别对待,还要以必要的斗争求必需的团结,这就要求我们在坚持原则的同时讲究灵活性和策略变通。① 与此同时,国际统一战线天然具有尊重差异、开放包容的特征,在构建新时代中国国际统一战线的过程中应积极寻求价值理念的最大公约数,为深入落实中国特色大国外交的新理念创造实践条件。

构建国际统一战线的中国探索

统一战线是马克思主义与中国革命实践相结合的产物,是中国共产党在长期革命和建设实践中形成的宝贵经验和光荣传统。② 马克思、恩格斯是无产阶级统一战线思想的奠基者。他们在《共产党宣言》中号召"全世界无产者联合起来",并于1864年领导成立了第一国际。列宁创制了统一战线这个概念,提出"全世界无产者和被压迫民族联合起来"的口号,致力于组建工人阶级统一战线和反帝统一战线,进一步夯实了统一战线的国际性质。第二次世界大战期间,斯大林利用帝国主义之间的矛盾,与英美等国建立国际反法西斯统一战线,扩展了统一战线的内涵。创建之初,中国共产党就深刻认识到,要战胜强大的敌人,必须团结一切可以团结的力量,建立革命的统一战线,国内统一战线与国际统一战线相结合成为中国共产党统一战线思想和实践的突出特征。中国共产党国内统一战线的基本特征就是分清敌友,领导工人阶级、农民阶级、小资产阶级和民族资产阶级结成革命联盟,结成最广泛的人民民主统一战线,推翻帝国主义、封建主

---

① 唐正芒、李国亮:《毛泽东关于建立反法西斯国际统一战线的策略思想》,《党的文献》2019年第6期,第67—74页。

② 蔡宇宏、李俊:《论统一战线主题内容的发展演变》,《马克思主义与现实》2010年第5期,第90—94页;李照修:《统一战线与群众路线内在逻辑的四重维度》,《求实》2014年第12期,第20—25页。

义和官僚资本主义三座大山,取得新民主主义革命胜利,并在新中国成立之后实现从阶级联盟向非阶级联盟的转变,从划分敌友向大团结大联合的转变,从革命策略向治国方略的转变。① 与此同时,中国共产党在领导中国革命、建设和改革开放的过程中,注重构建国际统一战线,积累了丰富的经验。

毛泽东同志是构建国际统一战线的伟大战略家,也是国内统一战线和国际统一战线有机结合的先行者。1935年12月,中国共产党政治局会议在瓦窑堡召开,提出抗日民族统一战线的策略。毛泽东会后作了《论反对日本帝国主义的策略》的报告,为反对日本法西斯斗争和中国民族革命指明前进方向。1936年5月,中国共产党提出"停止内战,一致抗日"的主张,并随后建议国共两党重新合作。中国共产党在领导抗日民族统一战线中,始终坚持共同对日抗战这个最大的"同",最大限度地包容阶级立场、政治主张、思想观念、利益诉求等各方面的"异",维护了统一战线的团结。② 1937年5月,毛泽东在中国共产党全国代表会议(当时称"苏区代表会议")上提出"中国的抗日民族统一战线和世界的和平阵线相结合"的任务。③ 中国共产党倡议建立东方国际反法西斯统一战线,1941年10月在延安组织召开"东方各民族反法西斯代表大会",领导建立起"东方各民族反法西斯联盟"。④ 毛泽东将抗日民族统一战线与反法西斯国际统一战线结合起来,灵活运用国际统一战线来维护抗日民族统一战线,秉持又联合又斗争的原则,以必要的斗争求必需的团结,实现了打败日本侵略者的战略目标。⑤ 他提

---

① 路璐:《马克思主义统一战线概念的内涵及其演进》,《当代世界社会主义问题》2018年第2期,第63—74页。

② 《弘扬抗日民族统一战线优良传统为实现中华民族伟大复兴中国梦凝心聚力》,《人民日报》2015年9月2日第6版。

③ 《毛泽东选集》第1卷,人民出版社1991年版,第253页。

④ 姜廷玉:《中国共产党与国际反法西斯统一战线》,《军事历史》2015年第6期,第42—48页。

⑤ 唐正芒、李国亮:《毛泽东关于建立反法西斯国际统一战线的策略思想》,《党的文献》2019年第6期,第67—74页。

出的"发展进步势力,争取中间势力,孤立顽固势力"的策略方针,"利用矛盾、争取多数、反对少数、各个击破"和"有理、有利、有节"的对敌斗争策略,以及把原则的坚定性和策略的灵活性结合起来的工作方法,在党的国际统一战线发展史上发挥着不可替代的作用。①

早在1946年,毛泽东就提出了"中间地带"的观点。② 新中国成立后,中国在"倒向以苏联为首的社会主义阵营"的同时,强调推动亚非拉新独立国家的联合,推动和平共处五项原则在全球的实践。20世纪60年代,毛泽东密切关注世界的动荡分化和重组,提出两个"中间地带"的理论,即亚非拉是一个中间地带,欧洲、加拿大、澳洲、新西兰和日本是第二个中间地带,在继续发展与亚非拉国家关系的同时,重视建立和改善与西方国家的关系,③ 团结和利用更多可以争取的力量,致力于扩大中国的国际统一战线。随后,毛泽东利用美国急切需要,推动中美关系走向缓和。在此基础上,毛泽东1974年提出了著名的"三个世界"理论,致力于通过"一条线、一大片"的策略联美抗苏,推动形成国际反霸统一战线。④ "三个世界"理论确定了第三世界在中国国际统一战线中的基础地位,并将第二世界纳入其中,扩大了中国国际统一战线的范围,20世纪70年代,中国在反对霸权主义和强权政治的主线中侧重于反苏,最大限度地团结国际社会一切可以团结的力量共同反对苏联霸权主义,并通过1978年《中日和平友好条约》形成了孤立苏联的大国合作,这为中国走出外交困境、捍卫国家独立与主权完整进而推动改革开放打下了坚实的基础。邓小平就此指出:"毛泽东同志在他晚年为我们制定的关于

---

① 李照修:《统一战线与群众路线内在逻辑的四重维度》,《求实》2014年第12期,第20—25页。
② 《毛泽东选集》第4卷,人民出版社1991年版,第1193—1194页。
③ 宫力:《毛泽东的国际战略视野与新中国大国地位的确立》,《当代世界与社会主义》2010年第3期,第90—94页。
④ 伍绍勤:《毛泽东统一战线思想与"三个世界"划分的理论渊源》,《新疆社会科学》2012年第1期,第9—12页;洪源:《"三个世界划分"理论是毛泽东对外交理论创新的杰出贡献》,《人民论坛》2019年34期,第83—85页。

划分三个世界的战略,关于中国站在第三世界一边,加强同第三世界国家的团结,争取第二世界国家共同反霸,并且同美国、日本建立正常外交关系的决策,是多么英明,多么富有远见。这一国际战略原则,对于团结世界人民反对霸权主义,改变世界政治力量对比,对于打破苏联霸权主义企图在国际上孤立我们的狂妄计划,改善我国的国际环境,提高我们的国际威望,起了不可估量的作用。"①

邓小平高度强调国际统一战线的重要性,推动了时代主题从战争与革命到和平与发展的认知的转变,提出和平发展主题下中国的主要任务是加紧社会主义现代化建设,争取实现祖国统一,反对霸权主义、维护世界和平,开启了中国特色社会主义建设的时代。他强调指出:"统一战线仍然是一个重要法宝,不是可以削弱,而是应该加强,不是可以缩小,而是应该扩大……新时期统一战线的任务,就是要调动一切积极因素,团结一切可以团结的力量,为在本世纪内把我国建设成为现代化的社会主义强国而共同奋斗,还要为促进台湾归回祖国,完成祖国统一大业而共同努力。"② 邓小平国际统一战线思想的总出发点是致力于为国家经济建设创造一个良好的外部环境。③ 他高度重视国内统一战线和国际统一战线的结合,强调社会主义现代化建设的中心地位,认为新时期统一战线已经扩张为两个范围的联盟:一是大陆范围内以爱国主义和社会主义为政治基础的团结全体劳动者和全体爱国者的联盟;二是大陆范围以外以爱国和维护祖国统一为政治基础的团结台湾同胞、港澳同胞和国外侨胞的联盟。④ 为此,他提出"一国两制"解决港澳台问题、实现国家统一的战略思路,为推动港澳回归和台湾最终统一提供了理论创新和实践指引。邓小平高度关注世界动向,把反对霸权主义和强权政治、推动政治经济新秩序建设作

---

① 《邓小平文选》第 2 卷,人民出版社 1993 年版,第 160 页。
② 《邓小平文选》第 2 卷,第 203 页。
③ 参见《邓小平文选》第 3 卷,人民出版社 1994 年版,第 82 页。
④ 段治文、钟学敏:《目前我国统一战线发展的一些新现象新特点》,《理论探讨》2002 年第 3 期,第 79—82 页。

为构建改革开放时代国际统一战线的重要抓手。邓小平发展了"三个世界"理论,提出了"东西南北"问题:"现在世界上真正的大问题,带全球性的战略问题一个是和平问题,一个是经济问题或者说发展问题。和平问题是东西关系问题,发展问题是南北关系问题。概括起来,就是东西南北四个字。"① 基于此,邓小平倡导南北对话和南南合作,推动形成以发展为指向的国际合作框架。随着国际形势的发展和中国实力的增强,建立国际政治经济新秩序成为邓小平关注的战略重点。1988 年,邓小平提出国际新秩序建设应当用和平共处五项原则作为指导准则。② 1990 年 12 月 24 日,邓小平在同中央负责同志的谈话中指出,"在国际问题上无所作为不可能,还是要有所作为。作什么?我看要积极推动建立国际政治经济新秩序"。③ 建立国际政治经济新秩序成为组建冷战后时代反霸统一战线的重要抓手。

面对冷战后急剧变革的国际形势,江泽民进一步强调国内统一战线与国际统一战线的结合,并把爱国统一战线作为重要关节点。江泽民在 1990 年 6 月全国统战工作会议上讲话指出:"要建设有中国特色的社会主义,要实现统一祖国、振兴中华的大业,要挫败国内外敌对势力的颠覆、渗透与和平演变战略,没有一个包括中华民族绝大多数人在内的最广泛的爱国统一战线,也是不可能的。"④ 在此基础上,面对经济全球化的蓬勃汹涌和冷战后各国聚焦经济发展的强烈愿望,江泽民积极推动中国构建新的以大国伙伴关系为重心的国际统一战线,致力于形成以共同发展为指向的合作伙伴体系。⑤ 面对美国的围堵和孤立,江泽民积极推动同各国朝野政党、民间团体和政治组织的

---

① 《邓小平文选》第 3 卷,第 105 页。
② 《邓小平文选》第 3 卷,第 283 页。
③ 《邓小平文选》第 3 卷,第 363 页。
④ 中共中央文献研究室编:《十三大以来重要文献选编》中,人民出版社 1991 年版,第 1124 页。
⑤ 门洪华、刘笑阳:《中国伙伴关系战略评估与展望》,《世界经济与政治》2015 年第 2 期,第 65—95 页。

友好往来，利用各国共产党和左翼政党为中国内政外交进行客观宣传，以冲淡西方主流媒体妖魔化中国的伎俩。① 面对"中国威胁论"的泛起，江泽民积极主张将"负责任大国"作为中国国际地位的标识，推动中国国际战略由内向性转为外向性，成为国际社会的全面参与者。随着亚洲尤其是东亚的重要性愈加突出，江泽民抓住亚洲金融危机的应对契机，推动东亚地区东盟与中日韩（"10＋3"）合作机制建设，夯实了中国地区合作的基础。

胡锦涛进一步推动统一战线由"中国向度"向"世界向度"转变，②在国际统一战线的建设上着墨甚多。胡锦涛强调国际统一战线的国内基础和华人华侨的重要性，要求认真做好"三胞"及其眷属、海外留学人员的工作，加强联系、广泛联谊，引导他们为社会主义现代化建设和祖国统一大业做出更大贡献。③ 在中国积极参与国际反恐统一战线的背景下，中美关系实现了积极发展，中国把抓住和用好重要战略机遇期作为国际统一战线的核心目标，大力推动中国国家利益在全球的拓展。胡锦涛认为，"在人类漫长的发展史上，各国人民命运从未像今天这样紧密相连、休戚与共。共同的目标把我们联结在一起，共同的挑战需要我们团结在一起"④。在上述理念的指引下，中国明确和平发展的道路选择，提出推动国际秩序朝着更加公正合理方向发展的新主张。与此相关，胡锦涛提出和谐社会的新纲领，并将这一传统理想引申到国际问题的处理上，提出和谐世界、和谐亚洲、和谐地区的理念，强调和谐社会与和谐世界互为条件。将和谐世界作为结合对内和谐、对外合作的战略中间点。如果说和谐世界是一种理念

---

① 杜俊华：《论抗战时期马克思主义国际统战理论的中国化——简论马克思主义国际统一战线理论》，《马克思主义研究》2013年第9期，第42—47页。
② 刘新庚、肖瑞建、刘邦捷：《论统一战线思想的历史变革与现代创新》，《思想教育研究》2016年第8期，第47—52页。
③ 谭来兴、亢升：《胡锦涛国际统一战线思想研究》，《人民论坛》2014年第19期，第209—211页。
④ 《胡锦涛文选》第2卷，人民出版社2016年版，第356页。

表达，现实配合的战略路径就是共同利益和互利共赢的追求。2005年10月党的十六届五中全会提出实施互利共赢的开放战略。以此为基础，中国进一步扩大伙伴关系建设，着手自由贸易协定在全球的布局，致力于促成以共促发展、共享繁荣为导向的国际发展统一战线。

党的十八大以来，中国发展速度之快，影响之深远百年未有，处于由大国迈向强国的关节点上，中国战略构想与动向举世瞩目。2013年1月，习近平总书记提出"把世界的机遇转变为中国的机遇，把中国的机遇转变为世界的机遇，在中国与世界各国良性互动、互利共赢中开拓前进"的战略构想。[1] 在世界各国普遍陷入迷茫之际，中国紧紧抓住时代发展的脉搏，积极推动构建新型国际关系和人类命运共同体，推动全球治理体系朝着更加公正合理的方向发展，成为世界乱象中的中流砥柱。[2] 中国的快速发展带动了发展中大国的群体崛起和发展中世界的深入合作，成为推动百年变局向战略合作与良性竞争发展的引领性力量。百年变局被视为资本主义与社会主义两种制度的深度博弈，[3] 中国走向对百年变局的影响举世关注。在此基础上，中国国际统一战线迎来了创新发展的新时代。习近平总书记将构建统一战线视为党的中心工作之一，强调"统一战线是党领导的统一战线"，[4] 要牢牢把握统一战线的领导权。他指出，做好统战工作必须"充分发扬民主、尊重包容差异……尽可能通过耐心细致的工作找到最大公约数"[5]。习近平总书记提出人类命运共同体、新型国际关系、正确义利观等一系列创新理念，为新时代中国国际统一战线的构建提供了思想理论和实践指引。习近平总书记对人类命运共同体的深刻论述体现

---

[1] 《更好统筹国内国际两个大局 夯实走和平发展道路的基础》，《人民日报》2013年1月30日第1版。

[2] 王毅：《2018中国外交：乘风破浪砥砺前行》，《国际问题研究》2019年第1期，第1—10页。

[3] 李拓：《"百年未有之大变局"中的中国特色社会主义》，《科学社会主义》2019年第3期，第23—31页。

[4] 中共中央文献研究室编：《十八大以来重要文献选编》中，第561页。

[5] 中共中央文献研究室编：《十八大以来重要文献选编》中，第562页

了推动中国与世界良性互动的哲学思考,① 展现了新时代中国国际统一战线的哲学高度。在实践中，习近平总书记做出百年变局的重大判断，高举构建人类命运共同体旗帜，倡导推进"一带一路"建设行稳致远、构建均衡发展的大国关系框架、积极参与全球治理，团结海外华侨同胞共同实现中国梦，开创新时代中国国际统一战线新局面。尤其是，"一带一路"建设超越了发展合作的传统范畴，上升到国家治理与全球治理的高度,② 是中国开放与地区合作、全球发展的有机结合，体现了中国构建以共商共建共享为导向的国际合作统一战线的积极努力。

四　百年变局与国际力量分化组合

进入21世纪以来，全球转型与中国的快速发展并行，二者相互促进、相互影响，大发展大变革大调整成为时代主调，推动世界迎来百年变局。中国处于近代以来最好的发展时期，中华民族伟大复兴迎来关键时刻。迈入21世纪第三个十年，百年变局与中国"两个一百年"奋斗目标这三个"百年"深刻交集。百年变局对中国有着深刻而广远的影响，不仅给中国和平发展带来了难得的机遇，也必然带来严峻的挑战。2018年3月以来，中美战略竞争加剧，2020年初开始的新冠疫情在全球蔓延，推动中国—世界互动关系激烈演进，重新构建国际统一战线、维护中国和平发展外部环境成为中国外交的核心议程。

百年变局是世界新旧力量博弈的演进过程，其变革广度与深度前所未有。现在的变局是从西方中心到非西方中心，或者是西方中心和

---

① 门洪华：《中国的世界理想及其实现维度》，《世界经济与政治》2020年第4期，第27—52页。

② 顾春光、翟崑：《"一带一路"贸易投资指数：进展、挑战与展望》，《当代亚太》2017年第6期，第4—23页。

非西方并列的大变局,目前正处于全球化发展调整期、世界权力结构转移期和科学革命发展孕育期叠加出现的阶段,这个变局刚刚开始,还要很长时间才能完成。① 与之相关,百年变局最深刻的体现是世界充满不确定性。② 面对世界大变局,各主要力量加紧内外战略调整,抢占战略制高点,力争在博弈中占据优势,③ 导致国际形势加速深刻演变,不确定性不稳定性凸显。由于国家实力对比的显著变化,美国及其他西方国家"逆全球化"民粹思潮蔓延,新一轮贸易保护主义、逆全球化思潮乃至新孤立主义在美国这一世界中心国家兴起,④ 大国战略竞争趋于激烈,世界主要力量的大分化新组合势在难免。

在百年变局的冲击之下,国际关系中各种矛盾错综交织,各种力量分化组合加快,我们正在迎来大分化的新时代,国家内部分裂、西方分化、发展中国家分化有诸多新表现,正在推动多极时代的到来。其一,全球化进程促成了国家政治经济发展的分化,导致了"失败国家"频现和大国内部分裂的加剧。颇具典型和代表意义的是美国国内的政治社会分裂。政治极化成为美国政治最显著的新特征,美国外交被打上深深的党派烙印。第二,西方内部的分裂更趋严重,特朗普时代美国假借欧盟力量分化组合之际大搞分化活动,支持英国脱欧,削弱了欧盟力量,造成了欧洲的新裂痕。美欧裂痕因特朗普政府的一意孤行而加大,拜登政府在短期内难以将其弥合。其三,发展中国家更是呈现加速大分化的态势,内部矛盾和冲突进入多发期,曾经在国际政治经济生活中扮演重要角色的发展中国家联盟(不结盟运动、七十七国集团等)活力消退,甚至内部陷入争吵。其四,发达国家与发展

---

① 黄仁伟:《如何认识百年未有之大变局》,《东亚评论》2019 年第 1 辑,第 4—5 页。
② 王毅:《坚持以习近平外交思想为指引谱写中国特色大国外交新篇章》,《时事报告(党组中心学习)》2019 年第 1 期,第 5—17 页。
③ 中国现代国际关系研究院课题组:《世界大变局深刻复杂》,《现代国际关系》2019 年第 1 期,第 1—6 页。
④ 权衡:《"百年未有之大变局":表现、机理与中国之战略应对》,《科学社会主义》2019 年第 3 期,第 9—13 页。

中国家的矛盾更趋严重，发展中国家进一步反思其发展战略和国际关系，在加强南南合作和进一步依赖地区合作的同时对发达国家推动的金融开放等目标充满警惕。[1] 其五，大分化也蔓延到了地区合作内部，促成新的权力组合。例如，欧元区经济南两极分化加剧，欧盟内的东西矛盾上升，各国在欧元区改革、欧盟未来发展方向上冲突明显。英国脱欧堪称是欧盟加速分化的重要标志，促使疑欧主义甚至反欧情绪潜滋暗长。[2] 中国、美国、日本和东盟四股战略力量在东亚地区的博弈深化，美国肆意挑拨周边国家与中国的关系，美日印澳等国推动所谓"印太战略"落地，分化地区国家与中国关系的图谋凸显。中国必须深入研究西方制造分裂的策略，审慎思考构建针对性的国际统一战线。

与此同时，国际主要力量出现了值得密切关注的新组合，议题联盟渐成新态势，堪称国际统一战线重新组合的重要信号。这些新组合主要在既有大国之间发生，凸显了大国的战略主动性和国际影响力；中国是某些新组合的重要促成力量，但另一些新组合也对中国的战略利益构成了制约和挑战。例如，中国主导推进的"一带一路"建设促成共建国家的发展联合阵线，第三方市场合作成为推进国际统一战线创新发展的重要体现；中国主导推动的金砖国家峰会机制形成了"金砖国家+"的新合作模式，促成以发展中大国合作为主体的跨区域合作拓展。中国在气候合作领域的主动角色得到国际社会积极认可，中欧气候合作结出硕果，中国与除美国之外的主要大国联袂推进落实2015年气候变化《巴黎协定》，提升了中国的国际影响力。与此同时，有些新组合颇具针对中国的色彩，但中国仍采取了合作姿态。例如，世界贸易组织（WTO）改革引起各方密切关注，欧盟、美国、日本、加拿大、澳大利亚等发达经济体与中国、印度、南非等发展中

---

[1] 孙伊然：《全球化进程的正反方、分野及其转化》，《南京社会科学》2012年第4期，第24—30页。

[2] 张健：《欧盟发展态势及战略动向》，《现代国际关系》2017年第12期，第14—16页。

大国围绕"发展中国家特殊与差别待遇"问题逐渐形成两大阵营。美国希望在WTO改革上与欧盟和日本形成统一战线,[1] 然而,因反对美国采取的贸易保护措施,欧盟推动争端机制改革的努力并没有解决美国的核心关切。欧盟将重心放在动员日本、加拿大、澳大利亚等发达成员就特殊与差别待遇议题结成统一战线上。[2] 日本和欧盟联手推出WTO的改革议案,对中美都构成了挑战和制约。中欧推动建立WTO改革副部级联合工作组,开启了WTO改革合作机制。[3] 有些新组合则彰显围堵中国意图,中国采取了鲜明的反对立场。例如,美日澳积极推动的所谓"印太战略"落地,国务委员兼外长王毅2020年10月13日访问马来西亚指出,"印太战略"以美日印澳四国机制(QUAD)为依托,企图构建"印太版北约",推行集团对抗和地缘博弈,这一战略本身就是巨大的安全隐患,如果强行推进,不仅是历史的倒退,也将是危险的开端。[4]

上述世界主要力量分化组合以中美关系为牵引,[5] 以美国对国力衰落的焦虑和中美战略博弈为矛盾焦点,长期看中国战略空间更为广阔,短期内对华压力也颇为显眼。为自己衰落而焦虑的美国对华战略发生逆转,蓄意制造经贸摩擦,并扩大化、极限化。[6] 特朗普以极端和激进的方式开启了中美战略竞争时代,使得中美之间的结构性矛盾、进程性冲突和观念性对立全面突出。与此同时,特朗普政府在中国周边频频出手,力图组建施压中国、孤立中国的包围圈。拜登上台以来,强

---

[1] 柯静:《新一轮世贸组织体制市场导向之争及其前景》,《国际关系研究》,2020年第3期,第89—112页。

[2] 刘玮、徐秀军:《发达成员在世界贸易组织改革中的议程设置分析》,《当代世界与社会主义》2019年第2期,第164—172页。

[3] 姚玲:《世贸组织的欧盟改革方案及我国应对策略》,《国际贸易》2019年第5期,第4—9页。

[4] 《王毅:美"印太战略"损害东亚和平与发展前景》,参见http://www.fmprc.gov.cn/web/wjbz_673089/tpsp/20220/t20220113_10494815.shtml,2020年11月1日。

[5] 袁鹏:《新冠疫情与百年变局》,《现代国际关系》,2020年第5期,第1—6页。

[6] 曾培炎:《积极应对外部环境深刻变化》,《全球化》2019年第2期,第5—7页。

调以恢复美国盟友关系为战略抓手，重塑美国领导地位，把中国视为"唯一有能力将其经济、外交、军事和科技力量结合起来并持续挑战国际体系的竞争对手"，继续在各领域与中国竞争。当前，世界主要大国都在积极调整对外战略，力争形成有利于己的战略环境，大国关系的竞争性日益突出。[1] 2020 年初暴发的新冠疫情在全球肆虐促成了强国家主义的回归、对全球主义的质疑和对地区合作的倚重，预示着国际力量组合的新时代正在到来。面对百年变局的全面深化、国际关系的波诡云谲和中美竞争的全面展开，中国必须秉持战略定力和底线思维，从战略高度进行审慎思考，构建中美战略竞争时代的国际统一战线，才能为实现中华民族伟大复兴铺就一条康庄之道。

五　构建新时代中国国际统一战线的格局与方向

拜登政府上台推动美国进入战略调整期，中美关系走向何方自然引起各方瞩目。拜登政府对外政策的重点体现在四个方面。第一，以"让美国重新领导世界"为目标，以恢复美盟国关系为抓手，重塑美国领导地位。第二，重回多边主义路线，努力恢复美国在联合国、世界银行、国际货币基金组织和 WTO 等多边机构的领导地位。第三，重拾意识形态路线，把价值观置于美国外交的中心，延续重视民主、人权等问题的民主党传统，致力于建立更加紧密的所谓"民主国家联合体"，维系全球秩序和美国的主导地位。第四，继续视中国为竞争对手，同时在气候变化等领域与中国进行有条件的合作。组建对华遏制的国际"联合阵线"应为拜登政府第一年对华政策的核心目标。[2] 拜登政府对华政策的战略考虑是继续战略竞争，更加注重中美竞争的

---

[1] 曾培炎：《积极应对外部环境深刻变化》，《全球化》2019 年第 2 期，第 5—7 页。
[2] Kevin Rudd, "Short of War: How to Keep U. S. – Chinese Confrontation from Ending in Calamity", *Foreign Affairs*, Vol. 100, No. 2, 2021, pp. 58 – 72.

长期性、战略性和手段的多元性，更加强调组建所谓"民主国家同盟"形成一致对华政策。2021年2月4日，拜登在美国国务院发表了就任以来首次外交政策演讲，将中国定义为美国"最严峻的竞争对手（most serious competitor）"，声言将在经济、人权和知识产权等领域直面中国挑战，同时提出在符合美国利益的情况下同中国开展合作。2021年4月，美国通过针对中国展开长期竞争的"2021年战略竞争法案"，强调与盟友和伙伴国家一道在各个领域与中国展开竞争。拜登政府致力于推进联手制华的局面，在涉台、涉疆、涉港、涉海和人权等问题上全面向中国施加压力，使得中美战略竞争的局面更趋复杂和广泛。拜登政府的上述举动体现了其核心战略思路，为我们构建更具针对性的国际统一战线提供了新的国际背景和战略依据。构建新形势下以稳健应对中美战略博弈为焦点、以合作共赢为核心的新时代中国国际统一战线，实属当务之急。

（一）构建新时代中国国际统一战线的指导原则

首先，新时代中国国际统一战线的构建应着眼长远而立足当下。党的十八大以来，面对国内改革进入攻坚期和深水区、国际形势复杂多变的情势，中国进行了全新的战略设计和布局。习近平总书记提出中华民族伟大复兴的中国梦和人类命运共同体的世界理想，号召决胜全面建成小康社会，创造性地复兴了中国的国家理想、社会理想和世界理想。面对世情、国情的巨大变化，中国积极推进"五位一体"的总体布局，积极协调推进"四个全面"战略布局，提出和落实创新、协调、绿色、开放、共享的新发展理念，指明破解经济新常态下各种问题的根本路径，推动供给侧结构性改革和形成全面开放新布局，大力推进国家治理体系和治理能力的现代化建设，致力于以国内大循环为主体、国内国际双循环相互促进的新发展格局建设，推动中国特色社会主义进入新时代。面向未来，中国国家建设布局稳健，目标宏远。2021年3月11日，第十三届全国人大四次会议表决通过的

《国民经济和社会发展第十四个五年规划和2035年远景目标纲要》载明,进入新发展阶段,中国将用三个五年规划期到2035年基本实现社会主义现代化,再用三个五年规划期建成富强民主文明和谐美丽的社会主义现代化强国。与此同时,中国在国际事务上扮演着更为积极、建设性和引领性的角色。在世界经济站在十字路口之际,中国大力推动全球治理体系朝着更加公正合理的方向发展,积极推进总体稳定、均衡发展的大国关系建设,佐以金砖国家的制度化合作,形成平衡和制衡美国战略对冲的态势,积极应对中美战略博弈。在此基础上,中国致力于维护世界和平和总体稳定,积极维护和发展开放型世界经济,推动形成以共同发展为导向、以合作共赢为核心的新时代中国国际统一战线,其战略主动性和创造性凸显。

当前,构建新时代中国国际统一战线的条件和时机正走向成熟。中国和平发展的战略效应是构建中国新国际统一战线的基础,美国执意恶化中美关系和新冠肺炎疫情肆虐则为加快构建国际统一战线提供了压力与动力。党的十八大以来,中国在成为世界经济增长的主要动力源和稳定器的同时,以负责任大国的姿态积极参与国际事务的解决,国际影响力遍布全球。中国提出人类命运共同体的世界理想,确定理念引领者、智慧贡献者、方案提供者和积极行动者的新定位,以构建新型国际关系为主要路径,以落实正确义利观为价值共识,以实现互利共赢为核心,其新时代国际合作理论正在形成。中国国际合作理论以命运共同体为指向,以共同利益为基础,以共赢为目标,以积极承担大国责任为重要条件。中国强调合作者的地位平等,致力于分享发展红利,适当让渡非战略性利益,积极承担大国责任。上述中国国际合作理论为构建新时代中国国际统一战线奠定了坚实思想基础,中国经济实力则为构建新时代中国国际统一战线提供了物质条件,①

---

① 乔治·海瑞尔认为,统一战线建立的重要动力是有一个能为其盟友提供经济援助的主导国。参见 George C. Herring, *Aid to Russia, 1941–1946*: *Strategy, Diplomacy, the Origins of the Cold War*, New York: Columbia University Press, 1973, pp. 9–10.

以共同发展为导向的国际合作布局（包括共建"一带一路"）等为构建新时代中国国际统一战线提供了可行路径。中国领导人高度重视国际统一战线的构建，倡导寻求利益契合点和合作最大公约数，不仅强调国际统一战线对化解国际压力的重要性，更关注其推进中国国家利益拓展的战略价值。

其次，适应复杂多变的环境、联合多元共存的力量、采取灵活有效的方法是新时代统一战线实践的新要求。[①] 在百年变局的背景下，国际形势更趋复杂，各国战略显著调整，构建国际统一战线要充分利用各国利益交错、相互借重的特征，淡化意识形态和阵营色彩，强调复合相互依赖的现实性与合作共赢的重要性。与此同时，还要抓住主要矛盾和矛盾的主要方面，以应对中美战略博弈为焦点来构建国际统一战线。我们强调：其一，积极落实人类命运共同体、新型国际关系与正确义利观等理念，强调合作互利共赢作为核心原则的重要性，"把合作共赢理念体现到政治、经济、安全、文化等对外合作的方方面面"[②]。其二，继续强调反对霸权主义和强权政治，尤其是在中美战略博弈的背景下，这一政治主张有了强化自我约束的含义，更易引起国际社会的共鸣；其三，致力于原则性与灵活性的结合，把"寻求最大公约数"作为主要策略，[③] 积极适应国际形势的变化，扩大团结面，凝聚正能量。[④] 其四，重视提升软实力，积极塑造建设性、可预期、负责任、敢担当的大国形象。国际统一战线是一个国家软实力在国际事务上的延伸和体现，搭建合作共赢的平台和渠道，加强相互沟通与协作，实践中国共赢主义的创新理念，既是构建新时代中国国际

---

① 丁凌、方雷：《中华优秀传统文化与新时代统一战线创新发展》，《理论学刊》2019年第2期，第103—110页。

② 《习近平谈治国理政》第2卷，外文出版社2017年版，第443页。

③ 莫岳云：《习近平总书记关于加强统一战线工作重要论述的精髓要义》，《马克思主义研究》2019年第12期，第45—53页。

④ 参见中共中央文献研究室编《习近平关于社会主义政治建设论述摘编》，中央文献出版社2017年版，第128页。

统一战线的重要目标，也是提升中国软实力的核心路径。

最后，构建新时代国际统一战线，应坚持统筹国内国际两个大局，实现爱国统一战线和国际统一战线的相互支撑。在全球化遭遇挫折之际，地区合作的价值得到更大重视，国际统一战线不仅强调全球视野，也要关注地区重心。有鉴于此，构建新时代中国国际统一战线，可在全球统一战线和地区统一战线两条线索上探索前进。具体而言，应以爱国统一战线为基础。我们要依托中华民族血脉相连的优势，准确把握台港澳统一战线工作的发展，切实调动海外华人华侨的爱国积极性，最大限度地争取各方人士为国家发展和民族复兴共同努力。华人华侨广布世界各地，同国内保持着千丝万缕的联系，有着深厚的中国情结和爱国热情，是新时代中国国际统一战线必须紧紧依靠的力量。[1] 中国高度重视全球统一战线的构建，强调在政治经济两方面发挥关键性作用，即在政治上构建以反对霸权主义和强权政治为核心的国际和平统一战线，在经济上构建以共同发展为导向、以合作共赢为核心的国际发展统一战线。构建全球统一战线需要密切关注国际秩序、全球治理、宏观经济稳定与跨地区合作等重大议题，致力于确保全球动态稳定的总体局面，中国的全球伙伴关系网络建设在其中发挥着重要作用。构建地区统一战线则是冷战结束以来中国着力甚多的领域。鉴于中国周边海陆邻国甚多，诸多历史遗留问题尚未解决，现实利益考虑颇为复杂，保持地区合作大局对中国而言具有重要的战略意义。进入21世纪，东亚成为最重要的全球经济增长极，各主要大国的高度关注和深度介入使得该地区渗透性更强，东亚成为中美两国博弈的核心地域，地区分化的风险持续存在。面对外部环境的演变和内部分化的可能，中国如何护持地区和平发展是全球关注的焦点问题。

---

[1] 朱新光、张文潮：《中国统一战线的国际化路径》，《云南社会科学》2011年第5期，第29—33页。

(二) 新时代中国国际统一战线的领域布局

从领域分布来看，新时代中国国际统一战线主要体现在政治、经济以及低政治和非传统安全等领域。首先，在政治领域，中国应致力于构建维护全球和平稳定的国际和平统一战线，最大限度地联合国际和平力量，反对霸权主义和强权政治，加强战略自我约束，为世界和平贡献中国方案、提供中国智慧。习近平总书记提出的构建人类命运共同体重大倡议以反思近代以来的现代化过程为前提，强调在新的时代条件下要克服过去的征服型文明、建构相互合作的新文明，[①] 这是超越霸权的世界理想，与美国的霸权诉求形成了鲜明对照。人类命运共同体思想一方面顺应了"历史"向"世界历史"转变过程中世界市场不断扩大的趋势，另一方面超越了世界市场形成过程中侵略扩张和霸权战争此起彼伏的现状和局限，集中反映了中国积极寻求全人类共同利益和共同价值的重大理论与实践创新，是构建新时代中国国际统一战线的政治武器，其所蕴含的文明互鉴价值有利于提升中国软实力。

与此同时，中国主导推动构建新型国际关系，大力推动全球治理体系朝着更加公正合理的方向发展，致力于稳定国际体系变革的方向。中国认识到全球化转型的方向之争已经将矛头指向中国，[②] 中国必须致力于寻求共识，在应对国际恐怖主义、核武器及其他先进技术的扩散、"失败国家"和气候变化等共同威胁上开放合作，与发达国家协商推进新型全球化，实现共同进化，防止形成战略对抗的局面。[③] 在这一进程中，中国致力于为世界提供新的战略机遇期，让中国机

[①] 李淑梅：《建构人类命运共同体的时代要求和路径》，《学术研究》2017年第9期，第1—6页。

[②] 徐坚：《美国对华政策调整与中美关系的三大风险》，《国际问题研究》2018年第4期，第1—18页。

[③] 门洪华：《新时代的中国对美方略》，《当代世界与社会主义》2019年第1期，第15—24页。

遇、中国贡献为世界所共享，防止世界其他国家"脱钩"之念，以共商共建共享为主线推动实现国际合作的新境界。有鉴于此，中国要充分利用国际资源，加强政党交往包括同世界各国社会主义政党的亲密合作，推进伙伴关系网络化，强化与重点国家的互动，延伸国际影响力。

其次，在经济领域，中国致力于构建以共同发展为导向、以合作共赢为核心的国际发展统一战线。中国是经济全球化的积极参与者和坚定支持者，也是重要建设者和主要受益者，① 当前已成为全球推动贸易和投资自由化便利化的最大旗手，正在引领世界发展潮流。中国积极落实以国内大循环为主体、国内国际双循环相互促进的新发展格局，继续推进全面开放，建立起新形势下有效应对挑战的国内外市场联动，有效应对同中国"脱钩"的图谋，利用一切积极因素建立国际经贸合作统一战线，有重点、有选择地积极应对、主动作为。② 在此基础上，中国秉持共商共建共享原则积极参与全球经济治理，维护和发展开放型世界经济。国家实力的增强不仅源于国内市场的发展和培育，还来自全球化条件下战略资源的获得。中国必须立足国内、面向世界，在更大范围内获取更多的国际资源、国际资本、国际市场和国际技术，实现全球范围内的资源优化配置。在此意义上，维护和发展开放型世界经济至关重要。正如习近平总书记指出的"各国经济，相通则共进，相闭则各退"③。因此，"我们要放眼长远，努力塑造各国发展创新、增长联动、利益融合的世界经济，坚持维护和发展开放型世界经济"。④

共建"一带一路"是构建国际发展统一战线的关键路径和平台。"一带一路"倡议是中国通过陆海构建对外经济合作、实现亚太地区

---

① 《习近平谈治国理政》第 2 卷，第 126 页。
② 王跃生：《如何应对复杂的外部环境和形势变化》，《国企管理》2020 年第 13 期，第 27 页。
③ 习近平：《习近平谈治国理政》，外文出版社 2014 年版，第 337 页。
④ 习近平：《习近平谈治国理政》，第 335 页。

经济一体化的顶层设计，是新形势下中国应对国内外困境、把握国际规则制定权、构建国际话语权体系的重要举措，与相关国家共同探讨建立包括商品贸易、投资便利化、金融风险防范、经济发展互助以及货币与汇率协调等在内的合作机制势在必行。① "一带一路"建设以各国政策与规划对接实现发展的国际协同，以合作路径和方式的创新推进经济全球化，同时也推动了中国开放型发展布局的历史性转型升级。② 可以说，"一带一路"建设超越了发展合作的传统范畴，上升到国内治理与全球治理结合的高度，③ 是中国开放与地区合作、全球发展的有机结合。在"一带一路"建设中，第三方市场合作作为一种新形式凸显出来。根据国家发展改革委发布的《第三方市场合作指南和案例》，截至 2019 年 6 月中国已与 14 个国家签署关于第三方市场合作的联合声明、谅解备忘录和项目清单等正式文件，④ 一个多边合作的新蓝图正式铺开。第三方市场合作是国家合理配置资源、拓展海外利益的重要渠道，也是国家在相关地区塑造国家形象与地区影响力、提升全球治理能力和防范系统性风险的重要途径，有着三方共赢的追求。在实际运作过程中，中国倡导的共商共建共享与互利共赢原则得到了遵循，多边主义理念得到重视，共赢主义成为共同追求。有鉴于此，第三方市场合作堪称推动国际合作的新探索、实现国际关系良性变革以及推动构建新型国际关系的重要路径和抓手。

最后，在低政治领域和非传统安全领域，应基于共同利益团结更多国家和更广泛的国际力量，积极搭建议题联盟，为构建和扩大国际统一战线提供基础。当前，全球性问题激增，国际议程愈加丰富，这

---

① 陈明宝、陈平：《国际公共产品供给视角下"一带一路"的合作机制构建》，《广东社会科学》2015 年第 5 期，第 5—15 页。
② 张幼文：《"一带一路"建设：国际发展协同与全球治理创新》，《毛泽东邓小平理论研究》2017 年第 5 期，第 88—94 页。
③ 顾春光、翟崑：《"一带一路"贸易投资指数：进展、挑战与展望》，《当代亚太》2017 年第 6 期，第 4—23 页。
④ 国家发展和改革委员会：《第三方市场合作指南和案例》，https://www.ndrc.gov.cn/fzggw/jgsj/ws/sjjdt/201909/t20190903_1037027_ext.htl，2021 年 2 月 15 日。

些问题与各国利益相关,难以通过单边方式解决安全趋于泛化,非传统安全上升为国际议程的主导因素之一,国际恐怖主义、难民危机、重大传染性疾病和气候变化等非传统安全威胁持续蔓延。这些情况要求国际合作和大国决断,为构建新时代中国国际统一战线提供了难得的机遇和空间,我们应抓住机遇迎难而上。

(三) 新时代中国国际统一战线的战略聚焦

从战略针对性看,应对中美战略竞争的挑战是当前和未来一段时间构建新时代中国国际统一战线的焦点。当前,中美关系面临1979年建交以来最严峻的挑战。对此,我们要前瞻性地认识美国所处的历史方位,尽管其世界第一的国家实力仍遥遥领先,但"任何评估都必须承认,美国的地区独霸时代正在接近尾声,这是权力转移进程中不可避免的现实"。[①] 我们一方面要深刻认识到自身实力、国际影响力与美国的差距不是短时间可以消除的,中国应努力维系和斗相兼、斗而不破的基本局面,稳健应对来自美国的战略挑战另一方面也要深刻认识到百年变局对美国的冲击,应当积极处理好与其他大国的关系,致力于通过增进互信、聚同化异、避免对抗和互利合作推动国际体系的和平转型,建立合作共赢的新模式,平衡和制衡美国的战略对冲。拜登主政的美国处于战略调整期,这是中国展现塑造能力的重要战略机遇,应借此调动世界范围内的积极因素,推动美国回归与中国接触的轨道,力争实现中美关系的动态稳定和有限合作。

构建以应对中美战略博弈为焦点的新时代中国国际统一战线,明确统战对象,深入研究不同国家的国际立场与战略选择,区分可以团结、需要分化与努力争取的国际力量,在地区、跨地区和全球等诸范围和政治、经济、安全等诸领域深入布局,其侧重点主要有四个方面。

[①] [美]乔纳森·D. 波拉克:《理解中美关系的裂痕》,《中国社会主义学院学报》2020年第1期,第5—9页。

首先，夯实东亚和周边战略依托，积极推动双边协调和多边合作的创新结合。中美战略竞争的焦点在东亚和中国周边地区。中国外部环境的重心在东亚和周边，其重要性在百年变局的背景下更加凸显。当前，美国在事关中国领土主权和统一大业的涉疆、涉港、涉台等问题上肆意挑起争端，在南海问题上蓄意挑起地区国家间冲突，在中国周边制造事端的恶意彰显。有鉴于此，中国应明确把东亚和周边视为未来 10—15 年国际战略的重中之重，把周边放在第一位，① 全面落实亲诚惠容理念，强调对话、协调与合作的路径选择，结合"一带一路"、亚洲基础设施投资银行（亚投行）等制度性安排深化与周边国家的协调合作，构建起周边地区全面合作的制度框架，加强地缘政治经济的塑造能力，有效阻止美国等在周边挑起事端、破坏中国和平发展大局的战略企图。在国、际体系转型、地区组织分化组合、各种力量此消彼长的大变局下，中国继续对地区主义的前景抱有信心，② 加大地区经济合作的力度，加快落实区域全面经济伙伴关系协定 RCEP 各项事务，进一步发展中巴、中蒙俄、孟中印缅等跨境经济走廊，致力于将经济效益外溢到政治和安全领域，③ 稳固以共同发展、共享繁荣与稳定为导向的地区统一战线。

与此同时，中国应深刻认识到美国给东亚和周边国家施加的选边站队压力，努力通过共建"一带一路"、地区机制建设与安全合作等措施深化双边和多边合作关系，贯彻亲诚惠容理念，采取让渡非战略性经济利益等措施，防止这些国家投向美国怀抱，阻止美国塑造和加固旨在防范、钳制和抵御中国的"战略统一战线"。④ 中国还应继续

---

① 张沱生：《中美关系已进入一个摩擦高发期》，《经济导刊》2018 年第 12 期，第 51—53 页。

② 孙德刚：《合而治之：论新时代中国的整体外交》，《世界经济与政治》2020 年第 4 期，第 53—80 页。

③ 卢光盛、邓涵：《经济走廊的理论溯源及其对孟中印缅经济走廊建设的启示》，《南亚研究》2015 年第 2 期，第 1—14 页。

④ 时殷弘：《战略透支问题：历史经验和当今实践》，《政府管理评论》2017 年第 2 辑，第 40—49 页。

针对美国东亚盟国采取分化策略，如加大对菲律宾的援助力度，消解美国同盟体系带来的压力。[1] 当然，中国的东亚和周边地区战略要有创新意识，要有效利用和发展中国与相关国家的伙伴关系，使之结成战略性伙伴关系网络，实现双边协调与多边合作的创新结合。对中国而言，多边主义是融入国际社会之道。随着国际影响力的提升，中国应进一步强调多边主义的战略意义和道义价值，在坚持维护联合国权威的同时积极参与和引领全球治理变革，创造条件与包括发达国家在内的世界各国共同推动包容、公平、可持续的新型全球化，实现在多边条件下稳定和深化双边关系的战略目标，为实现中国在地区和全球两个层面战略利益的拓展奠定更好的基础。

其次，深化与发展中国家的制度化合作，积极推动新合作机制的形成。发展中国家构成当代国际关系国家行为体的大多数，是当代国际关系民主化的主要动力。[2] 大批新兴经济体和发展中国家群体性崛起，促使国际体系和世界格局力量对比更趋均衡，打破了全球化主要在西方国家之间循环的历史逻辑。[3] 以中国为代表的广大发展中国家和以金砖国家为代表的新兴经济体经济实力持续走强，使西方世界在经济上丧失了绝对优势。[4] 发展中国家在中国战略布局中占据基础性地位，加强同发展中国家的团结合作被视为中国国际政治思想的基本立足点。[5] 中国以正确义利观为引领创新发展中国家关系，发展中国家与发达国家之间桥梁的新定位无疑是中国外交实践创新的突出表

---

[1] 唐永胜：《美国强化亚太同盟体系对中国安全的影响》，《现代国际关系》2013年第4期，第12—13页；陈奕平、王琛：《中美关系周期变化与东南亚国家的外交选择》，《东南亚研究》2019年第1期，第48—59页。

[2] 杨洁勉：《新时期中国外交思想、战略和实践的探索创新》，《国际问题研究》2015年第1期，第17—28页。

[3] 阮宗泽：《"百年未有之大变局"：五大特点前所未有》，《世界知识》2018年第24期，第14—15页。

[4] 李文：《百年未有之大变局的构成与应对》，《东北亚学刊》2019年第3期，第24—29页。

[5] 门洪华：《构建新型国际关系：中国的责任与担当》，《世界经济与政治》2016年第3期，第4—25页。

现，而制度化合作成为中国深化与发展中国家关系的重要方向，中非合作论坛、中国—中东欧合作以及金砖国家合作等多边机制是南南制度化合作的突出案例。中国应进一步加强与发展中国家的制度化合作，共同构建以共享发展与繁荣为导向的国际发展统一战线。因此，中国应长期秉持正确义利观，积极加大对发展中国家的支持，尤其是扩大对外援助的力度，牵头开展南方国家间治理经验交流和新型能力建设，给它们提供更多搭中国发展便车的条件和机会。中国要支持发展中国家在全球治理体系中的代表性和发言权，使之能够更加平衡地反映大多数国家的意愿和利益。[①] 在此基础上，中国应继续拓展朋友圈，建立和扩大全球伙伴关系网络，提供更加丰富和直接的双边对话合作框架，提升政治互信、经济互赖、文化交融和社会互动的成效。在全球层面上，争取与大部分新兴经济体、发展中大国以及主要区域经济集团建立自由贸易区，构建金砖国家大市场、新兴经济体大市场和发展中国家大市场。

再次，积极应对中美战略博弈，分化瓦解美国内部和盟友伙伴。我们应当做好较长时间应对外部环境变化的思想准备和工作准备，保持冷静观察，增强忧患意识，坚持底线思维，既要敢于斗争，又要善于斗争。通过构建反对霸权主义和强权政治、维护全球宏观稳定的国际和平统一战线，我们要力争实现中美关系的动态稳定与有限合作。上述目标的实现与孤立美国国内的极右翼力量、分化美国国内强硬反华势力密切相关。就前者而言，我们要团结各国理性力量共同开展针锋相对的斗争就后者而言，我们既要敢于斗争也要善于斗争，与之开展必要的对话，即使不能使其转圜，也要有针对性地加强公共外交工作。我们还要加强与美国国内理性力量的对话交流，力争形成稳定中美关系大局的新战略框架利用美国政府重回多边主义路径的机遇，促

[①] 秦亚青、魏玲：《新型全球治理观与"一带一路"合作实践》，《外交评论》（外交学院学报）2018年第2期，第1—14页。

进中美在气候变化等领域的有限合作,协调中美利益,防止国际体系进一步分化,共同促成全球化的回潮。美国不可能放弃对华遏制与围堵,中国有必要对美国盟友体系进行分化,[1] 进一步撬动美国领导下针对中国的大西洋联盟和太平洋联盟的裂痕,分化美国建立的制衡中国持续发展的战略同盟体系。中国应强化经济对外开放力度,加强与多边贸易体制坚定维护者的战略协调,积极争取美国盟国的支持,削弱美国的力量而不是被其所孤立。[2] 与此同时,中国可以有效利用特朗普带来的盟国裂痕和盟国对拜登政策的疑虑,加强与美国盟国在共建"一带一路"、开展第三方市场合作上的力度,积极寻求稳固和扩大与美国盟国的共同利益包括双边利益和多边利益,有效避免这些国家选边站队,寻求其采取中立立场的可能。[3]

最后,积极争取国际中间力量的理解支持,努力确保中国外部环境总体稳定。在中美战略博弈之间存在着多个力量中心,它们的战略取向对中美博弈的过程和结果具有关键性影响。争取它们的理解、支持、中立或者最低程度的不选边站队是新时代中国国际统一战线的核心目标之一。毛泽东"三个世界"理论的伟大创意体现在为组建反对苏联霸权主义最广泛的统一战线,团结国际社会一切可以团结的力量,他将处于第二世界的欧洲、日本和加拿大视为可以团结和倚重的"中间派",从而改变了国际力量对比的格局,极大丰富了统一战线的内涵。[4] 我们同样认为,现在依旧存在国际中间力量,"变宽的大西洋"是冷战结束以来对美欧矛盾深化的生动描述,美日关系的不平等性和曲折性也经常暴露在世人面前。面向未来,美国仍然会加强与

---

[1] 周建仁:《同盟理论与美国"重返亚太"同盟战略应对》,《当代亚太》2015年第4期,第26—54页。
[2] 黄永富:《推进中美经贸关系的出路》,《经济研究参考》2018年第24期,第61—62页。
[3] 韩召颖、黄钊龙:《楔子战略的理论、历史及对中国外交的启示》,《厦门大学学报》(哲学社会科学版)2019年第6期,第62—72页。
[4] 姜安:《毛泽东"三个世界划分"理论的政治考量与时代价值》,《中国社会科学》2012年第1期,第4—26页。

其盟国的战略互动,进而组建针对中国的"菜单式联盟"或采取战略胁迫方式组建围堵中国的各种集团。我们要沉着应对、见招拆招,以全球伙伴关系网络应对美国同盟体系。

现实表明,在世界深入转型的今天,各国均有其战略考虑,我们应该抓住这一契机,推动建设均衡发展的大国关系框架,致力于促成世界稳定转型的战略格局,平衡和制衡美国的战略对冲。作为世界上最大、最成熟的超国家组织,欧盟珍视其独立性,天然有制衡美国霸权的倾向,德国、法国和意大利等欧洲大国与美国战略利益存在诸多差异,其作为国际中间力量的重要性应得到中国的高度重视。中国应从战略高度看待欧盟和欧洲诸大国,通盘考虑对欧与对美战略,将欧盟作为可以积极争取的中间派,把避免欧盟成为美国反华同盟军视为对欧核心战略目标。[1] 尽管美国竭力组建以遏制中国为目标的美日印澳四国联盟,但日本和印度都不会轻易把自己绑定到美国的战车上。可以观察到,日本和印度等国在对待中美经贸摩擦时,并没有按照现实主义的逻辑,根据与美国关系的亲疏远近重新安排与中国的经贸关系,[2] 中日关系甚至在中美经贸摩擦期间出现回暖。印度不会放弃不结盟战略,中印作为发展中大国在金砖国家合作、全球治理等诸多领域有着深厚的共同利益和积极的战略共识。尽管目前印度有机会主义倾向,但长远看在中美之间保持中立是其更可能的战略选择。另外,我们还要看到"印太战略"对印度在南亚和印度洋主导权的损害,印度对此必然心存忌惮。对日本而言,其希望在中美之间左右逢源,但在现实中面临着左右为难的境地。如果日本试图拓展回旋空间与增加对美交涉筹码,深化中日经济合作无疑是其明智选择。近年来日本政府积极推进与中国的第三方市场合作,以此表明在事关国家重大利

---

[1] 胡宗山:《欧盟的多元困境与中国的对欧战略》,《人民论坛·学术前沿》2019年第6期,第42—52页。
[2] 钟飞腾:《超越霸权之争:中美贸易战的政治经济学逻辑》,《外交评论》(外交学院学报)2018年第6期,第1—30页。

益问题上其并不完全唯美国马首是瞻。① 如何深刻理解中日关系的敏感性、加强中日战略协调值得深入研究。中国要面向未来，继续深化中日在RCEP和中日韩自由贸易协定上的合作，择机启动加入全面与进步跨太平洋伙伴关系协定（CPTPP），欢迎日本加入亚投行，让经济利益深深将两国捆绑在一起。同时，中日两国在反对贸易保护主义、捍卫多边主义和自由贸易体制、推动开放型世界经济等方面不仅拥有共同利益，也有一定的战略共识，这是中日关系保持稳定的重要基础，值得进一步夯实。与此同时，我们应择机加大与韩国、菲律宾和泰国等国的合作力度，争取把美国在中国周边的更多盟友塑造为中间力量。

六　结论

合作与竞争是国际关系的永恒主题，国际统一战线既是合作战略，亦可视为竞争战略。在中国对外战略中，国际统一战线一直发挥着重要乃至关键作用，在中国社会主义建设的不同时期均有创新发展和不同的表现形式。学术界和政策界一般着重于从内政角度探讨统一战线的作用，专题研究国际统一战线者甚少。本文把巩固和壮大国际统一战线视为中国特色社会主义事业的重要方面，聚焦探究国际统一战线的战略逻辑，梳理中国共产党领导人的国际统一战线思想与实践，研判新时代中国面临的国际情势变革，探讨如何构建以应对中美战略竞争为焦点的新时代中国国际统一战线。本文研究表明，百年变局引动世界主要力量大分化新组合，为第二个百年奋斗目标的实现，中国有必要高度重视、及早布局国际统一战线的构建。构建新时代中国国际统一战线，中国应坚持统筹国内国际两个大局，强调国际和平

---

① 门洪华：《化竞争为协调的新时代中日关系》，《日本学刊》2020年第5期，第31—55页。

统一战线和国际发展统一战线相互支撑，并在低政治领域和非传统安全领域积极搭建议题联盟，为壮大国际统一战线提供更广泛的基础。新时代中国国际统一战线以应对美国对华战略博弈为焦点，并应借此推动实现中国国际战略布局的深入调整。作为一项战略研究议程，本文着重探讨新中国成立以来的国际统一战线思想与实践，对历史分析和国际比较着墨不多，这两个方面将是进一步研究的方向。

构建面向未来的中国战略新布局[*]

　　进入21世纪以来,中国逐步构建起大国关键、周边首要、发展中国家基础、多边舞台的战略格局,为形成中国特色大国外交奠定了坚实的基础。党的十八大以来,中国以中华民族伟大复兴为国家理想、以"两个一百年"奋斗目标为战略设计锐意拓展,推动形成全方位、多层次、立体化布局。[①] 与此同时,中国全面崛起、大国战略调整与世界转型相互促进、相互影响,推动世界进入百年未有之大变局,中国面临的国际形势与外部环境急剧变革。2021年7月1日,习近平总书记庄严宣告我们实现了第一个百年奋斗目标,开始向着全面建成社会主义现代化强国的第二个百年奋斗目标迈进。2021年11月11日通过的《中共中央关于党的百年奋斗重大成就和历史经验的决议》明确提出推进和完善全方位、多层次、立体化的外交布局的战略目标,强调发展全球伙伴关系、运筹大国关系、深化周边国家关系、加强发展中国家团结合作的重要性。[②] 王毅就此提出以系统观念深化完善全方位外交布局的主张,并把巩固以平等、开放、合作为特征的全球伙伴关系网络放在关键性位置。[③] 对此,学术界也有相应的讨论

---

[*] 本文公开发表于《探索与争鸣》2022年第1期,第43—50页。
[①] 《习近平谈治国理政》第3卷,外文出版社2020版,第6页。
[②] 《中共中央关于党的百年奋斗重大成就和历史经验的决议》,《人民日报》2021年11月17日第1版。
[③] 杨洁篪:《推动构建人类命运共同体(学习贯彻党的十九届六中全会精神)》,《人民日报》2021年11月26日第6版。

和建议,如冯维江提出树立"全球一盘棋"的整体观念,强调战略设计要覆盖全方位的主张;① 胡宗山建议构建"周边为先、大国为要、发展中国家为本、多边为翼、人文为桥"的总体新型外交布局体系。② 可以说,根据国内外形势变化和长远战略目标优化战略布局已成为各界共识。在世界大潮变革之际,如何立足长远进行谋划,推动中国战略新布局,事关中国第二个百年征程。笔者认为,顺利实现第二个百年奋斗目标,完善战略布局最为重要,近五年的战略探索最为关键。有鉴于此,本文拟探讨世界潮流、剖析当前形势,在此基础上提出未来战略方针和战略布局的新思考。

第二个百年新征程面临的国际形势

中国持续强大是第二个百年新征程开启最重要的基础和决定性因素。中国的发展壮大从根本上改变了中国人民和中华民族的前途命运,深刻影响了世界历史进程,成为世界格局演变背后的主要推动力量。习近平总书记在党的十九大报告中提出新时代中国特色社会主义发展的战略安排,为实现第二个百年奋斗目标规划了时间表,提供了战略指引。③ 与此同时,我们深刻认识、务实判断中国现阶段国家实力水平,把发展与安全作为两件大事同时来抓,并把发展作为首要任务。

与此同时,世界百年变局深入发展,新冠疫情持续肆虐,国际形势和外部环境加速演变。世界仍处于动荡变革期,国际力量对比深刻调整,单边主义、保护主义、霸权主义、强权政治对世界和平与发展

---

① 冯维江:《新时代中国特色大国外交——科学内涵、战略布局与实践要求》,《国际展望》2018年第3期,第13—28页。
② 胡宗山、张庭晖:《新时代中国外交布局的体系创新》,《中南民族大学学报》(人文社会科学版)2022年第8期,第105—113页。
③ 陈曙光:《习近平新时代中国特色社会主义思想是指导中国阔步前进的战略体系》,《教学与研究》2021年第6期,第70—83页。

威胁上升，逆全球化思潮上升，不稳定性不确定性显著上升，① 世界还会继续呈现乱象。② 另一方面，世界多极化加速发展，国际多极化格局迈向国际多极的步伐明显加快加大，美西方已不能维持在国际格局上的许多主导权，③ 正如杨洁篪指出的，力量对比向更加均衡方向发展，④ 发达国家主导的国际政治经济秩序越来越不适应国际关系新的现实。

不可否认，全球化进程遭受挫折，弱全球化、慢全球化的特征正在显现。在地区合作更为被看重的同时，两种全球化主张正在角力，一种是美国以贸易保护主义为主导的俱乐部式全球化，一种是中国所主张的以多元一体、共生包容为主要特征的新型全球化，⑤ 世界正在发生从旧全球化向新全球化的转换，中美战略博弈成为焦点所在。在全球化前景未明的时期，是各方力量博弈以发挥自身建设性作用的最佳时机。⑥ 与此同时，世界经济衰退情势会催生新的发展动力，新技术新产业加速发展为下一轮经济增长准备了条件。

在此基础上，如何看待世界潮流就成为关键性议题。世界潮流浩浩荡荡，顺之者昌。美国推动大国竞争回归，但和平发展大势未改；全球化进程虽受挫折，逆全球化依旧顽固，但其趋向仍然是积极的，新型全球化必将体现超越性和先进性；新冠疫情持续肆虐，使得全球性问题越来越突出，联袂应对全球挑战的呼声愈加强烈；其间地区合

---

① 《中共中央关于党的百年奋斗重大成就和历史经验的决议》，《人民日报》2021年11月17日第1版。
② 《以习近平外交思想为引领 开创新时代外交工作新局面（深入学习贯彻习近平新时代中国特色社会主义思想）》，《人民日报》2021年12月7日第9版。
③ 杨洁勉：《疫情下国际格局和世界秩序变化趋势分析》，《俄罗斯研究》2020年第5期，第3—23页。
④ 杨洁篪：《积极营造良好外部环境（学习贯彻党的十九届五中全会精神）》，《人民日报》2020年11月30日第6版。
⑤ 张福贵：《人类命运共同体意识与"新全球化"理念》，《学习与探索》2020年第12期，第1—7页。
⑥ 郭静：《经济全球化的走向：政治思潮的风向标意义》，《国外社会科学》2021年第3期，第46—57页。

作受到更大关注，地区意识和地区认同愈加强烈。有鉴于此，国家的战略选择就变得无比重要。

展望未来，随着新科技革命如火如荼展开，新一轮全球化浪潮必然到来。由人工智能、生命科学、物联网、机器人等技术革新组成的新科技革命进入拓展期，高科技领域的大国竞争异常激烈，并向国际规则、标准等领域延伸。[1] 在传统的地缘战略博弈依旧积累的情势下，技术政治的导入将重塑国际关系，使得诸大国在科技前沿创新和国际规则标准两个领域展开深度竞争，[2] 并推动了产业革命的升级提速。习近平总书记指出，全球科技创新进入密集活跃期，新一轮科技革命和产业变革对全球经济结构产生了深刻影响。[3] 展望未来，新科技革命和产业革命将导致新的分化组合，发达国家与发展中国家的关系将迎来新的挑战和机遇，随着科技产业革命延伸至发展中国家所在地区，新一波全球化浪潮将如期而至。美国不惜成本和代价对中国进行科技围堵和打压，推动技术脱钩，倒逼中国增强自主创新能力，攻克关键核心技术，提升产业链竞争力和现代化水平，[4] 也使得中美战略博弈进入深水区。与此同时，主要在中美欧之间展开的国际规则博弈给多边国际制度带来了新考验，中美战略博弈在促进全球多元化的同时，也成为塑造全球秩序的重要动力源。

随着中美战略博弈的深化，大国关系迎来新变革。当前，大国竞争主要围绕中美关系在中国、美国、俄罗斯、日本、印度和欧盟之间展开。随着美国针对中俄的战略竞争全面展开，日本进一步与美国实现

---

[1] 谢伏瞻：《论新工业革命加速拓展与全球治理变革方向》，《经济研究》2019年第7期，第4—13页；郑华、聂正楠：《科技革命与国际秩序变迁的逻辑探析》，《国际观察》2021年第5期，第127—156页。

[2] 唐新华：《西方"技术联盟"：构建新科技霸权的战略路径》，《现代国际关系》2021年第1期，第38—46页。

[3] 《习近平向2021年大湾区科学论坛致贺信》，《人民日报》2021年12月12日第1版。

[4] 王一鸣：《百年大变局、高质量发展与构建新发展格局》，《管理世界》2020年第12期，第1—13页。

"战略捆绑",欧盟的"战略自主"倾向和印度的战略调整方向愈发引起各界关注。2016年以来,欧盟明确强调其战略自主,将维护欧盟内部稳定、推广欧盟标准、倡导欧盟的价值观列为其核心目标。① 美欧素有战略协调的传统,但大西洋的变宽也是不争的事实;中欧之间有价值观分歧,但在多边主义、全球治理、伊核问题、气候变化等问题上与中国立场相近,合作前景广阔。印度奉行机会主义,利用美国"印太战略"的推行寻求边境收益的企图昭然若揭,印美双方在遏制中国上有共同利益诉求,但印度全球性领导大国的追求、印俄关系、不结盟运动领袖地位等限制了印美的进一步靠拢,美国利用"印太战略"蚕食其印度洋霸权的企图也彰显出二者的根本分歧。大国关系的复杂性进一步展现,推动我们对全球关系和全球布局进行深入思考。

迈向第二个百年新征程的战略指向

深入剖析当前国内外情势,我们深刻认识到,面对复杂严峻的国际形势和前所未有的外部风险挑战,必须统筹国内国际两个大局,加强对外工作顶层设计,对中国特色大国外交做出战略谋划,推动建设新型国际关系,推动构建人类命运共同体,弘扬和平、发展、公平、正义、民主、自由的全人类共同价值,引领人类进步潮流。② 我们必须要深入提高、把握和运用市场经济规律、自然规律、社会发展规律的能力,提高科学决策、民主决策的能力,增强全球思维、战略思维的能力,必须清醒认识国际国内各种不利因素的长期性、复杂性,做好应对各种困难局面的准备,注重战略运筹,避免战略误判,防止陷入战略误区,紧扣战略机遇期新内涵进行谋划和实施,在百年变局中稳健

---

① 房乐宪、殷佳章:《欧盟的战略自主追求及其国际含义》,《现代国际关系》2020年第11期,第57—63页。
② 《中共中央关于党的百年奋斗重大成就和历史经验的决议》,《人民日报》2021年11月17日第1版。

发展，积极塑造新战略机遇期，体现"仁以天下、拘之以利、结之以信"（《国语》）的优良战略传统，为中国赢得未来奠定坚实的基础。

鉴于中国发展情势和世界潮流，我们既要谋划长远，又必须做到立足当下；既要维护核心利益坚定不移，又必须做到全盘统筹；既要顶层设计，又必须做到守住底线；既要整体推进，又必须做到突出战略重点；既要聚焦美国，又必须做到放眼全球；既要争取战略主动，又必须防止战略被动；既要积极进取，又必须做到量力而行。总体而言，我们要以"两个构建"（构建人类命运共同体、构建新型国际关系）为抓手，秉持融入—变革—塑造的战略思路，锐意改革，开放包容，稳健推进，全面布局，重点突破，在国家、地区和全球构建战略新格局。在塑造新型全球化进程中，深化融入国际社会，防止被脱钩，尤其是在国际规则博弈中赢得主动，成为建设性利益攸关方，在全球性和地区性国际制度重塑中成为重要的议程提出者、理念引领者、智慧贡献者、规则制定者、方案提供者、积极行动者。

当前的世界全面陷入焦虑，尤其是大国为战略博弈所绑架，难以对全球挑战做出正面和全面回应。世界潮流的趋向表明，尽管大国竞争全面深化，但国际合作仍属大势所趋，深化地区一体化和加强全球治理符合所涉各国共同利益，推动国际制度朝着公正合理的方向发展符合大多数国家的期望。当然，中国40多年改革开放的成功，与紧紧抓住国际合作这条主线有直接关系。有鉴于此，坚定推进国际合作当属中国核心战略路径，推动形成中国特色的国际合作理论乃众望所归，推动形成中国国际合作的全球新布局是战略主动所在。我们认为，中国国际合作理论应以人类命运共同体为指向，以共同利益为基础，以共赢为目标，以积极承担大国责任为重要条件，强调合作者地位平等，致力于分享发展红利，适当让渡非战略性利益，积极承担大国责任。[1]

---

[1] 门洪华：《构建新时代中国国际统一战线——一项战略研究议程》，《世界经济与政治》2021年第6期，第4—27页。

与此同时,我们要对国际竞争持辩证态度,对于"国际竞争"的正面性要有深刻理解。积极意义上的大国竞争会促使行为者对自身的行为加以调整,使之成为最为社会所接受的和成功的实践。① 在相互竞争的逻辑下,大国为争取更多的国际支持和更大的全球影响力,在全球和地区范围内的不同领域可能会增加公共产品供给、完善制度安排、提供更多恩惠等,间接成为一支有助于推动全球和地区治理的积极力量。在特定条件下,如果大国能够避免恶性竞争,并以积极承担国际责任的方式提升全球影响力,也能客观上为世界带来福祉。我们要避免的是大国之间为一己私利而恶意竞争,我们要管束的是他国以恶意方式对我极限施压,我们要维系的是合斗相兼、斗而不破的竞争格局,我们所期望的是大国良性竞争共同维护全球战略稳定与世界和平发展。

有鉴于此,我们面向未来的主导战略方向是,聚焦中国全面发展,推动全面开放,以此为基础打造以国内大循环为主体、国内国际双循环相互促进的新发展格局,为中国经济发展开辟空间,为世界经济复苏和增长增添动力。② 与此同时,积极塑造中国重要战略机遇期,为其他国家提供搭中国发展便车机会,为全球和地区发展提供更多公共产品,全面深化地区战略依托,推动建设开放型世界经济,坚定维护以联合国为核心的国际体系,以深化战略布局为依托大力发展全球伙伴关系,在稳重应对中美战略竞争及其溢出效应的同时,积极与世界各国包括美国共同推进新型全球化,全面参与全球治理体系变革和建设,推动新型国际关系和人类命运共同体建设。

迈向第二个百年新征程的战略新布局

统筹国内国际两个大局,统筹发展和安全两件大事,优化新征程

---

① [美]肯尼思·华尔兹:《国际政治理论》,上海人民出版社 2003 年版,第 103 页。
② 胡鞍钢:《中国与世界百年未有之大变局:基本走向与未来趋势》,《新疆师范大学学报》(哲学社会科学版)2021 年第 5 期,第 38—53 页。

的战略布局，是当前我们面临的重要战略任务。鉴于世界变局进一步加速演进，国际社会经历多边和单边、开放和封闭、合作和对抗的重大考验，① 如何拨开竞争迷雾、牢牢把握主线，构建起面向未来30年的新战略格局，考验着我们的战略智慧。有鉴于百年变局的风云激荡，我们应着眼于丰富完善统筹国家、地区和全球的国家战略体系，确立以国际合作为主线的战略取向，搁置长期以来大国与周边孰先孰后的地位之争，推进和完善全方位、多层次、立体化的战略布局。从以下几点具体分析。

其一，丰富完善统筹国家、地区和全球的国家战略体系。以塑造21世纪第二个重要战略机遇期为抓手，推动中国在国家、地区和全球战略布局的统筹，形成开放包容的战略取向。在国家发展战略上，聚焦自身全方位发展，坚持自力更生，深化结构改革，推进全面开放，继续保持相对较高的经济增长率，以自身发展的确定性应对外部环境的不确定性。在地区战略上，致力于夯实东亚重心和周边基础，坚持优化中国地缘政治经济环境。中国的国家定位以全球性影响和地区性重心为主要特征，中国面临的重要挑战虽则来自全球，实则体现在东亚地区和中国周边，把东亚和周边塑造为和平发展的战略依托地带是新时代中国大战略的重要支撑。在此方面，共建"一带一路"发挥着重要作用。"一带一路"倡议是以东南亚和中亚为重心，以亚洲国家为重点，以构建陆上和海上经济合作走廊为形式，以运输通道为纽带，以互联互通为基础，以多元化合作机制为特征，以打造命运共同体为目标的区域合作安排。在全球战略上，中国聚焦全球视野的锤炼，积极为世界提供新战略机遇。随着中国走近世界舞台中心，成为百年变局的内生因素和内生动力，中国不只是世界发展机遇的搭便车者，更应是世界发展机遇的创造者。中国要有发展的眼光和全球的

---

① 《以习近平外交思想为引领 开创新时代外交工作新局面》，《人民日报》2021年12月7日第9版。

视野，不仅要紧盯亚太、北美和西欧三大核心地带，还要聚焦非洲、拉丁美洲等发展中世界，推动实现战略角色转换，担当发展中国家和发达国家之间桥梁作用，推动聚焦国际发展的大联合。

其二，以深化国际合作为主轴，以推动国际共同发展为主线，以丰富完善国际统一战线为抓手。合作与竞争是国际关系的永恒主题，我们应在敢于斗争、善于斗争的同时，深刻认识国际合作的重要性，以国际合作为主轴经营国际关系。40多年的改革开放表明，国际合作带来巨大收益，深化国际合作是中国实现和平发展的重要路径。进入新时代以来，中国提出人类命运共同体的世界理想，确定理念引领者、智慧贡献者、方案提供者和积极行动者的新定位，以构建新型国际关系为主要路径，以落实正确义利观为价值共识，以实现互利共赢为核心，推动中国特色国际合作理论的形成。中国国际合作理论以命运共同体为指向，以共同利益为基础，以共赢为目标，以积极承担大国责任为重要条件。中国强调合作者的地位平等，致力于分享发展红利，适当让渡非战略性利益，积极承担大国责任。① 落实国际合作主轴，我们应将构建全球伙伴关系置于对外关系首位，以富有包容性的全球伙伴关系来统摄整体战略布局，② 以共商共建共享为原则推动国际共同发展，推动国家之间的国际战略协调和发展战略对接，"立足扩大同各国利益交汇点，坚持在和平共处五项原则基础上广交朋友。"③ 与此同时，我们应把构建国际统一战线作为维护国际合作主轴的战略抓手，在政治领域构建维护全球和平稳定的国际和平统一战线，最大限度地联合国际和平力量，反对霸权主义和强权政治，加强战略自我约束，为世界和平贡献中国方案、提供中国智慧；在经济领

---

① 门洪华：《构建新时代中国国际统一战线——一项战略研究议程》，《世界经济与政治》2021年第6期，第4—27页。
② 冯维江：《新时代中国特色大国外交——科学内涵、战略布局与实践要求》，《国际展望》2018年第10期，第13—28页。
③ 杨洁篪：《推动构建人类命运共同体（学习贯彻党的十九届六中全会精神）》，《人民日报》2021年11月26日第6版。

域构建以共同发展为导向、以合作共赢为核心的国际发展统一战线；在低政治领域和非传统安全领域，基于共同利益团结更多国家和更广泛的国际力量，积极搭建议题联盟，为构建和扩大国际统一战线提供基础。

其三，全力应对美国的战略聚焦，以此为基础重组世界关系和大国关系，促成世界各大力量平衡和制衡美国的态势。在当前国际变局中，霸权国家与崛起国家的战略竞争必然给地区和全球带来重大影响。① 随着美国推动中美战略竞争的深入展开，如何避免"系统性对抗"的持续，② 如何防止"修昔底德陷阱"的溢出效应成为中美关系的核心。中美当前的战略态势为战略对手，还不是战略敌手，避免两国关系由对手转为敌手是当务之急，③ 关键是要建设性管控分歧和敏感问题，避免扩大化、激烈化，防止中美关系脱轨失控。④ 我们认为，中美关系的未来不一定取决于美国的战略取向，更取决于中国的战略选择。有鉴于此，我们既要聚焦美国进行战略调整，又要防止被美国推动的战略竞争所全面牵引，丧失战略主动权和主导权。我们要深刻认识到，在百年变局的态势下，各个国家都在加紧制定和调整自己的国际战略，真正紧跟美国步伐的国家并不多，每一个国家都有自己的战略主动性。如何在此基础上推动形成以应对百年变局为聚焦点的世界关系，并在此基础上推动形成动态稳定的大国关系、形成对美的大国战略平衡或制衡，对我们具有关键性价值。在世界关系方面，我们要以联合应对百年变局、推动实现新型全球化、强化全球治理体系建设为重点，以深化南南合作为基础，以强化南北对话为主线，推动世

---

① 唐永胜：《在国际变局中引导中美战略竞争发展方向》，《东北亚学刊》2019 年第 3 期，第 8—12 页。
② 孙哲：《中国对美战略的演进：模式及挑战》，《亚太安全与海洋研究》2021 年第 1 期，第 12—27 页。
③ 王帆：《中美关系的未来：走向"新冷战"抑或战略合作重启？》，《国际问题研究》2021 年第 1 期，第 55—68 页。
④ 《习近平同美国总统拜登居性视频会晤》，《人民日报》2021 年 11 月 17 日第 1 版。

界各国再度聚焦于美西方的国际责任和义务,实现世界战略关注点的再平衡。在大国关系方面,我们要密切关注中美俄欧日印几大力量博弈,具体分析上述五大力量各自的战略调整、双边和多边关系,在继续关注中美俄大三角的同时,要积极运筹中美欧关系,稳健应对中日关系和中印关系的新挑战,形成平衡和制衡美国对华战略聚焦的新大国关系。中俄关系在中国大国关系中仍扮演着战略稳定器的作用,稳定和强化中俄关系是大势所需。与此同时,我们要深刻剖析欧、日、印与中美双方的关系走向,积极推动与三方力量的战略协调。我们要密切关注欧美对华战略的协调,深刻认识到欧盟基于自身利益和"战略自主"参与中美博弈,并不谋求与美国建立反华联盟,因此推动欧方在国际事务中发挥更多积极作用,真正体现战略自主,深化中欧务实合作,就重大国际问题密切沟通协调,同时积极助力欧洲"不选边",促进中美欧三边关系的相对平衡当属稳妥的战略选择。① 日本在深化与美国"战略捆绑"的同时致力于摆脱战略捆绑的负面效应,体现出深刻的政治安全战略和经济战略两分的趋向,我们要深刻把握日本战略趋向的内在矛盾,持续保持中日密切的经济合作态势,防止中日关系再陷波折不断之中。印度是美国集团对抗中国的"印太战略"的重要支柱,美印战略合作取得实质性进展。② 美国致力于把印度塑造为"反华先锋",但印度自身有其明确的战略诉求,与美国对印度的战略定位有着难以调和的矛盾,短期内美印关系还会进一步深化,但长远看俄印关系和中印关系都会对此形成强烈牵制,印度不会把自己绑在美国的战车上。有鉴于此,我们拥有推动上述六大力量战略形成相互平衡和制衡局面、防止中国战略孤立的可能与

---

① 《习近平同法国德国领导人举行视频峰会》,《人民日报》2021年7月6日第1版;《习近平同欧洲理事会主席米歇尔通电话》,《人民日报》2021年10月16日第1版;赵怀普:《欧盟应对中美博弈的策略选择与美欧对华政策协调》,《国际展望》2021年第5期,第25—46页。

② 李青燕:《印度融入美国"印太战略"新动向:驱动因素与局限性》,《国际论坛》2021年第5期,第140—154页。

机遇。在大国关系和世界关系的运筹中，我们要积极应对好针对中国的安全热点问题，把安全重点放在台海问题和南海问题的应对上，妥善应对美国在东海问题上给中国捣乱，防止安全热点频现打乱中国的现代化进程。

其四，以经略周边、共建"一带一路"、深化与发展中国家的战略合作为基础，夯实中国国际影响力拓展的基础，促成中国国家实力的有效扩展。中国长期视周边为安身立命之所、发展繁荣之基，塑造稳定的周边环境始终是中国战略之需。[1] 中国将周边置于战略布局的关键，强调争取有利国际环境首先要从周边做起,[2] 强调推动建设人类命运共同体"从周边先行起步"。[3] 检视中国外部环境的演变，周边的挑战日益增多和突出，美国全面介入中国周边事务，日本、澳大利亚、印度与美国相唱和，在致力于打造将中国孤立在外的海洋秩序的同时，通过周边介入遏制中国亦是其战略企图。有鉴于此，全面深入经略周边，强化塑造周边地缘政治经济的能力，争取周边国家的理解与支持，共建地区命运共同体应视为中国地区战略的重中之重。我们要以坚定不移支持东盟在区域架构中的中心地位为基础条件，推动落实中国—东盟自贸区的3.0版为抓手，实现与东盟国家关系的深化升级，同时积极推动共建"一带一路"与 RCEP 的相对接，建设包容、现代、全面、互利的中国—东盟经贸关系。[4] 与此同时，抓住东盟诸国对大国战略竞争充满担心与忧虑的心理，强化与东盟各国的战略协调，共同维护和践行多边主义，进一步塑造周边地区和平发展保障性力量的共识，巩固作为周边国家可信任合作伙伴的良好形象。[5] 共建"一带一路"是当

---

[1] 韩爱勇：《百年未有之大变局下中国周边外交的策略选择》，《教学与研究》2020年第12期，第78—89页。

[2] 《胡锦涛文选》第2卷，人民出版社2016年版，第96页。

[3] 《习近平访越南、新加坡：推动建设命运共同体 周边先行》，http://politics.people.com.cn/n/2015/1109/c1001-27794897.html，2021年12月9日。

[4] 《携手并进三十载，命运与共谱新篇——习近平主席出席并主持中国—东盟建立对话关系30周年纪念峰会确立了双方关系史上新的里程碑》，《人民日报》2021年11月23日第1版。

[5] 周方银：《世界大变局下的中国周边外交》，《当代世界》2019第9期，第11—16页。

今世界深受欢迎的国际公共产品和国际合作平台,① 我们要把共建"一带一路"与经略周边密切结合,进一步将周边打造为中国战略布局的关键支撑,同时将周边打造为推动共建"一带一路"高质量发展的试验田。与此同时,共建"一带一路"是深化发展中国家合作的关键抓手,我们要进一步发挥发展中国家在中国战略布局中的立足点地位,将我们的未来与发展中国家密切关联,将其作为中国全球战略大后方进行经营。周边、"一带一路"、发展中国家三者相互关联,是中国战略新布局的基础支撑,我们要同时关注、关联推动,实现中国国家实力的有效扩展和国际影响力的稳步提升。

其五,以塑造新型全球化为抓手,积极发展全球伙伴关系,引领全球治理体系变革,深化中国战略利益的全球拓展。面向未来,中国致力于构建以融入—变革—塑造为核心的大战略框架,通过和平、发展、合作、包容、共赢的方式塑造世界未来,丰富和平发展,规划崛起之后。其中,发展全球伙伴关系、积极构建伙伴关系网络,是重要的支撑条件,与此同时,中国深刻认识到,必须全面提升国际议程设置能力和国际话语权,以此为基础在理念创新方面发挥引领性作用;秉持观念先行与行动并举的战略思路,高举多边主义旗帜引领建设新型国际关系,② 以实际行动推动全球治理体系变革,对塑造新型全球化进行积极探索,积极推动全球化朝着更加开放、包容、普惠、平衡、共赢的方向发展。新型全球化使得市场化竞争逻辑与包容性发展实现了有机契合,③ 其突出特征是合作共赢原则的秉持,④ 这与中国传统文化中的多元一体思想有异曲同工之妙,在引领全球治理体系变

---

① 《推动共建"一带一路"高质量发展不断取得新成效——论学习贯彻习近平总书记在第三次"一带一路"建设座谈会上重要讲话》,《人民日报》2021年11月23日第2版。
② 于洪君:《新时代中国特色大国外交的指导思想和总体布局》,《当代世界》2018年第2期,第4—8页。
③ 熊光清:《新型全球化的兴起及发展趋势》,《人民论坛》2021年第13期,第36—39页。
④ 张福贵:《人类命运共同体意识与"新全球化"理念》,《学习与探索》2020年第12期,第1—7页。

革中推动自身国家利益的全球拓展，亦是中国战略布局的应有之义。与此同时，中国要坚定维护以联合国为核心的国际体系、以国际法为基础的国际秩序、以联合国宪章宗旨和原则为基础的国际关系基本准则，推动联合国成为各国共同维护普遍安全、共同分享发展成果、共同掌握世界命运的核心平台，在广泛协商、凝聚共识的基础上改革和完善全球治理体系。①

其六，强调文明互鉴，加强文化对话，从哲学高度审视时代之问，推进中国战略新布局的展开。正如习近平总书记指出的，文明多样性是人类社会的基本特征，人类历史就是一幅不同文明相互交流、互鉴、融合的宏伟画卷。② 我们要强调文明互鉴的战略价值，③ 坚定文化自信与文明互鉴的并行不悖，尊崇和平、发展、公平、正义、民主、自由的全人类共同价值，推动以各美其美、美美与共为指向的文化对话，为世界摆脱焦虑提供文明处方，为解决世界不稳定性、不确定性提供文化路径。与此同时，我们要深刻认识到百年变局给世界各国带来的震荡，必须要从哲学高度加以认识，探究人类向何处去、国际关系向何处去、中国向何处去的时代之问；必须从方法论角度予以剖析，探究辩证思维、系统思维、战略思维、底线思维指导下的解题方案，为中国战略新布局的深入展开提供源泉与动力。

---

① 《习近平出席第七十六届联合国大会一般性辩论并发表重要讲话——提出全球发展倡议，强调携手应对全球性威胁和挑战，推动构建人类命运共同体》，《人民日报》2021年9月22日第1版；杨洁篪：《推动构建人类命运共同体（学习贯彻党的十九届六中全会精神）》，《人民日报》2021年11月26日第6版。

② 习近平：《论坚持推动构建人类命运共同体》，中央文献出版社2018年版，第256页。

③ 门洪华：《中国的世界理想及其实现维度》，《世界经济与政治》2020年第4期，第27—52页。

中国三大全球倡议的战略逻辑*

进入新时代以来，世界之变、时代之变、历史之变以前所未有的方式展开，人类社会面临前所未有的共同挑战，无论是发展还是安全，乃至思想文化取向，世界都处在何去何从的十字路口。在美国对华展开全面战略竞争、百年变局深化演进的情势下，如何统筹国内国际两个大局、统筹发展安全两件大事、统筹精神和物质两大力量，中国在深入思考，世界在关注中国动向。习近平总书记带领全党和全国各族人民以中国式现代化全面推进中华民族伟大复兴的同时，不断回答世界之问、时代之问，先后提出全球发展倡议、全球安全倡议和全球文明倡议，就如何构建人类命运共同体展开全面系统深入的思考，为不确定的世界提供了确定的中国选项和坚定的中国支柱。

中国三大全球倡议是关涉全人类和整个世界走向的思想与战略，共同构成了推动构建人类命运共同体的强大支撑，体现出中国对构建一个持久和平繁荣世界的整体思考。[1] 中国三大全球倡议的先后提出，展现了中国对世界多角度、多方位的理论思考、思想创新和战略诉求，代表着中国全球治理思想体系的新发展；三大全球倡议秉持开放包容的精神，致力于凝聚共识、汇聚力量、共同实践，体现了为世界和平发展事业共同努力的追求；三大全球倡议基于中国式现代化的国

---

* 本文公开发表于《现代国际关系》2023年第7期，第5—21页。

① 刘建超：《积极落实全球文明倡议　合力推动人类文明进步》，《求是》2023年第7期，第53—57页。

内实践总结，致力于通过破解世界发展难题、应对国际安全挑战、促进全球文明互鉴来构建人类命运共同体，展现了中国智慧、中国机遇与中国贡献。

一 不确定的世界站在十字路口

当前，百年变局加速演进。世界之变体现在，国际力量对比发生深刻调整，东升西降态势继续发展，"全球东方""全球南方"的新提法表明了世界格局之变，单极化不得人心，两极化全球担忧，多极化遭受挑战，我们从中看到了美西方的不甘心、"全球南方"的不情愿和中国的被聚焦。可以说，现在的世界，已经不是我们曾经经历过的世界，既有的国际体系和国际秩序遭受挑战，大国博弈正在全面展开，我们深刻感受到了巨变的来临。时代之变体现在，随着"冷战后时代"的结束，合作与良性竞争的时代不复存在，和平与发展均遭受严峻挑战；国家安全被所有大国都提升到前所未有的战略高度，"安全化"时代正在来临，一切问题的判断和处理均与国家安全联系在一起，过度安全化正在成为全球的焦虑。历史之变体现在，我们正在迎来发展中世界、后发国家大放异彩的时代，昔日被凌辱、被欺负、被轻视的国家复兴的时代，"全球南方"是一个重要的时代符号；这是东方思想备受重视的时代，"全球东方"的提出代表了东方全面复兴的时代正在来临；这也是中国被全面聚焦的时代，中国集发展中国家、东方国家、后发国家、复兴国家等于一身，代表了历史之变的重要方向。

百年变局加速演进是一个正在展开的过程，其未来"大势所趋决定了人类前途终归光明"，但当前面临的挑战却全面而深刻，中国使用"世界又一次站在历史的十字路口"的判断，意味着发展还是衰落、合作还是对抗、互利共赢还是零和博弈、开放还是封闭，价值追求并不趋同，政策导向并不一致，我们需要深入探索与共同努力。

百年变局加速演进伴随着和平赤字、发展赤字、安全赤字、治理赤字和文明赤字的加重，导致世界面临的不稳定性和不确定性愈发突出，国际力量对比深刻调整，单边主义、保护主义、霸权主义、强权政治对世界和平与发展威胁上升，逆全球化思潮上升，世界进入动荡变革期。① 党的二十大报告强调："逆全球化思潮抬头，单边主义、保护主义明显上升，世界经济复苏乏力，局部冲突和动荡频发，全球性问题加剧，世界进入新的动荡变革期。"② 新的动荡变革期表现在：既有的国际体系和国际秩序遭受挑战，国际规则之争激烈，国际局势不稳定性突出，地区热点持续动荡，冷战思维阴魂不散，强权政治随处可见；经济格局正在发生巨变，保护主义、单边主义不断抬头，"脱钩""断链""小院高墙"等思想作祟，开放型世界经济遭受挑战；全球性问题日益繁多复杂，西方既有的全球治理模式缺乏代表性、包容性，导致制度失灵、秩序失范、正义缺失，治理赤字凸显；③ 国家安全在整体战略中的地位上升，导致过度安全化泛滥，国际安全挑战纷繁复杂，"黑天鹅""灰犀牛"事件随时可能发生，安全赤字与过度安全化构成双重挑战，个别国家追求自身绝对安全，热衷于搞排他性"小圈子""小集团"，加剧全球安全治理赤字，④ 使得冷战思维与热战冲突并行；正常的文化交流和文明互鉴为偏见、误解乃至歪曲所裹挟，文明赤字凸显。上述难题将持续存在并有扩大的趋向，国际战略互信正在跌入冰点，世界动荡变革期还将持续一段相当长时间。

世界进入新的动荡变革期，其根源在于：一是全球严重发展失衡。发展问题久拖不决，发达国家逆全球化思维作祟，采取单边主

---

① 《中共中央关于党的百年奋斗重大成就和历史经验的决议》，《人民日报》2021年11月17日第1版。
② 习近平：《高举中国特色社会主义伟大旗帜　为全面建设社会主义现代化国家而团结奋斗——在中国共产党第二十次全国代表大会上的报告》，人民出版社2022年版，第26页。
③ 陈曙光：《"世界之问"与中国方案》，《马克思主义与现实》2019年第6期，第14—21页。
④ 吴晓丹、张伟鹏：《全球安全倡议：内涵、意义与实践》，《国际问题研究》2022年第4期，第39—57页。

义、保护主义或以本国"再工业化"为口号肆意扭曲国际准则、全球产业链价值链,① 放弃承担推动开放型世界经济的责任,而发展中国家遭受严重的发展挑战并趋向分化。二是国际安全遭遇挑战。地区热点持续动荡,国际安全格局正经受冷战结束以来最为严峻的挑战,大国安全关系朝着战略竞争升级的方向发展,② 国际安全的不稳定性和不确定性显著上升。三是既有的全球治理架构遭受倾覆。美国力挽全球霸权颓势,西方不甘退出主宰地位,新兴大国谋求扩展国际权力,大国竞争博弈白热化,尤其是美国致力于相互依赖关系"武器化"、经济关系"泛安全化"、国际公共物品"工具化"、单边政策"联盟化",③ 企图重新挑起新的集团对抗与意识形态对立,严重威胁全球战略稳定。四是文明形态遭受质疑,世界动荡加剧深刻反映出当前人类文明面临的挑战,凸显出长期在世界上占统治地位的西方文明的窘境,④ 文明冲突论重回人们的视野,而时代呼唤新的人类文明形态。上述挑战表明,世界正处于何去何从的十字路口。

二 确定的中国与中国期待的贡献

检视世界历史进程,人类总是在不确定性中寻求确定性、在变局中开辟新局,而新的确定性总是在不确定性的变局中孕育产生。⑤ 进入新时代以来,中国主动调整内外战略,致力于加快构建新发展格局、国家安全新格局,采取一系列战略性举措,推进一系列变革性实

---

① 于江、贾丁:《统筹全球发展倡议和全球安全倡议的几点思考》,《国家安全研究》2023 年第 2 期,第 5—25 页。
② 徐步、唐永胜等:《全球安全倡议的重大理论意义与实施路径笔谈》,《国际问题研究》2022 年第 4 期,第 20—38 页。
③ 裘援平:《世界百年变局与中国的战略安全》,《国家安全研究》2022 年第 4 期,第 5—14 页。
④ 卢静:《全球文明倡议:理念与行动》,《人民论坛》2023 第 11 期,第 84—88 页。
⑤ 吴宏政:《世界变局中的"历史确定性"》,《马克思主义理论学科研究》2023 年第 3 期,第 56—65 页。

践,实现一系列突破性进展,取得一系列标志性成果,经受住了来自政治、经济、意识形态、自然界等方面的风险挑战考验,党和国家事业取得历史性成就、发生历史性变革,推动中国迈上全面建设社会主义现代化国家新征程。在新中国成立特别是改革开放以来长期探索和实践基础上,经过党的十八大以来理论实践上的创新突破,成功推进和拓展了中国式现代化,确立了以中国式现代化全面推进中华民族伟大复兴的战略目标。① 在不确定性、不稳定性突出的世界,坚定的中国和中国的确定性为各界高度注目。

中国式现代化的探索拓展了发展中国家走向现代化的路径选择,展现了中国智慧、中国理念、中国方案、中国机遇与中国贡献。中国式现代化的探索与构建人类命运共同体紧密关联,是推动中国与世界良性互动的重要桥梁、渠道与纽带。全面建设社会主义现代化国家,需要密切关注世界百年变局的走向,应对全球性问题加剧和新动荡变革期的冲击,准备经受风高浪急甚至惊涛骇浪的重大考验。与此同时,中国应致力于为世界和平发展提供新的战略机遇,追求全球发展繁荣与安全稳定,积极倡导文明交流互鉴,推动创新人类文明新形态,这是新时代新征程中国的使命担当。

世界的发展离不开中国,中国的发展离不开世界。改革开放以来,中国始终坚持维护世界和平、促进共同发展的外交政策宗旨,进入新时代以来,中国积极参与全球治理,提出新的全球治理观,致力于构建人类命运共同体,推动弘扬和平、发展、公平、正义、民主、自由的全人类共同价值。构建人类命运共同体是世界各国人民前途所在。经过十年的持续努力,人类命运共同体思想内涵不断丰富拓展,理论体系日臻完善,实践方案不断落实落地。习近平总书记先后提出全球发展倡议、全球安全倡议和全球文明倡议,就是中国应对百年变

---

① 习近平:《高举中国特色社会主义伟大旗帜 为全面建设社会主义现代化国家而团结奋斗——在中国共产党第二十次全国代表大会上的报告》,第6—22页。

局深化演进、推动全球治理体系改革和建设、与世界各国携手共建人类命运共同体的全球性公共产品，代表着中国在思想理念、价值体系和战略实践等方面的积极贡献。

中国三大全球倡议触及当前世界百年变局加速演进最为突出的发展、安全和文明三大议题，致力于从根源上、从哲学高度探究和把握新动荡变革期的应对，直面当今世界和平发展面临的关键议题和具体问题，强调共同发展、普遍安全、文明进步的人类指向，呼吁通过国际合作联袂应对挑战、实现共同目标的路径。安全是发展、文明的前提，发展是安全与文明的条件，文明是发展与安全的沟通渠道，[①] 全球安全倡议为全球发展倡议的推行保驾护航，全球发展倡议的落实有利于全球安全倡议的可持续性实施，而全球文明倡议则是推动高质量全球发展和实现高水平全球安全的根基和土壤，三者集中体现了新时代新征程中国在应对全球事务上的立场、观点、方法和战略。三大全球倡议丰富了人类命运共同体理念的思想内涵、实践路径和价值意蕴，代表着中国对世界和平发展繁荣持续作出贡献的愿景与路线图。

三　中国三大全球倡议的战略思想

中国三大全球倡议不仅着眼于应对当前的严峻挑战，而且着眼布局长远，致力于促进通过国际合作实现共同发展、共同安全与文明互鉴，因而蕴含着丰富的战略思想，这主要体现在以下几个方面。

其一，聚焦世界的整体性、一体性，强调政治、经济、社会、文化、生态、安全六位一体。中国三大全球倡议以构建人类命运共同体为目标指向，聚焦世界和平发展与繁荣，强调各国命运与共，强调各问题领域相辅相成，强调各问题的解决互联互通。全球发展倡议将发展置于全球

[①] 高蕾、黄翠：《以"三大倡议"协同构建人类命运共同体》，https://baijiahao.baidu.com/s? id =1766106722846135628&wfr = spider&for = pc，2023 年 7 月 7 日。

宏观政策框架的突出位置，致力于构建更加平等均衡的全球发展伙伴关系；全球安全倡议坚持共同、综合、合作、可持续的安全观，致力于共同维护世界和平和安全，反对把本国安全建立在他国不安全的基础之上；全球文明倡议倡导弘扬全人类共同价值，呼吁共同推动人类文明发展进步。三大全球倡议均把世界视为一个整体。与此同时三大全球倡议均强调发展和安全两件大事，强调政治、经济、社会、文化、生态、安全的相互关联，体现出共同的和平、安全、发展、文明追求。

其二，秉持辩证思维，以发展的眼光看待百年变局演进，强调多样性、多元化、相互尊重与合作意愿。与冷战结束之际的"历史终结论"形成鲜明对照的是，在"冷战后时代"结束之际，中国秉持辩证思维和积极的战略姿态，开启了关于世界未来走向的开放性探讨，强调百年变局蕴藏着巨大的不确定性和不稳定性，但也体现出无限的可能性。[①] 以发展的眼光看待世局时局，中国强调坚决反对霸权霸道霸凌行径，积极应对和平赤字、发展赤字、安全赤字、治理赤字和文明赤字的加重，坚信和平、发展、合作、共赢的历史潮流不可阻挡。中国三大全球倡议强调各国国情不同、目标不一、追求各异、选择多元，强调相互尊重的前提性与深化合作的关键性。其中，坚持尊重各国主权、领土完整、尊重各国人民自主选择的发展道路和社会制度是基础性条件，遵守联合国宪章宗旨原则和尊重联合国目标导向是约束性条件，坚持理念创新、合作导向、行动导向是建设性路径。有鉴于此，中国强调"站在历史正确的一边"的重要性。党的二十大报告指出，"我们坚定站在历史正确的一边、站在人类文明进步的一边，高举和平、发展、合作、共赢旗帜，在坚定维护世界和平与发展中谋求自身发展，又以自身发展更好维护世界和平与发展。"[②]

[①] 梁春柳：《〈习近平谈治国理政〉第四卷与"世界之问"》，《南方论刊》2023年第5期，第43—45页。

[②] 习近平：《高举中国特色社会主义伟大旗帜 为全面建设社会主义现代化国家而团结奋斗——在中国共产党第二十次全国代表大会上的报告》，第23页。

其三，统筹国内国际两个大局，强调国家本位与合作路径。统筹国内国际两个大局，是中国治国理政取得成功的法宝，是中国为世界和平发展做出实质性贡献的基础所在。三大全球倡议均立足于新中国成立以来的中国现代化道路探索，彰显着中国式现代化的理念、思想与战略布局，其中全球发展倡议彰显中国式现代化的发展理念、全球安全倡议承继中国式现代化的和平基因、全球文明倡议展示中国式现代化的文明内涵。① 三大全球倡议代表着中国对世界未来的期望和战略设计，中国亦为此提出可行的路径，强调应有的"坚持"、必要的"反对"和共同的"倡导"，其中所凸显的是中国对真诚合作的倡导与坚守。中国三大全球倡议在揭示世界演进规律和探讨合作路径的同时，也积极彰显中国独特的理念和主张，表明了"不将自己的价值观和模式强加于人，不搞意识形态对抗"的鲜明立场，表达了"同世界人民携手开创人类更加美好的未来"的坚定期望。

其四，以文明为"发展和安全两件大事"筑牢根基，把握世界发展的命脉。三大全球倡议相辅相成。统筹发展和安全，既是重大理论问题，也是重要实践要求。② 进入新时代以来，我们强调统筹发展和安全两件大事，准确把握发展和安全的辩证关系，把发展作为安全的基础，把安全作为发展的条件，实现高质量发展和高水平安全相互支持、相互促进，既善于运用发展成果夯实国家安全的实力基础，又善于塑造有利于经济社会发展的安全环境。③ 把发展建立在更加安全、更为可靠的基础之上是坚定的愿望，唯有文明能为此筑牢根基。与"文明冲突论"形成鲜明对照的是，中国一直秉持文明包容互鉴的战略姿态，强调既尊重各国的差异性与世界多样性，又超越狭隘的国家

---

① 高玉林：《"三大倡议"是中国式现代化对世界的重要贡献》，http://archive.wenming.cn/wmpl_pd/gsj/202305/t20230517_6604938.shtml，2023年7月12日。
② 陈文清：《统筹发展和安全 筑牢国家安全屏障》，《中国信息安全》2021年第1期，第6—9页。
③ 钟开斌：《统筹发展和安全：理论框架与核心思想》，《行政管理改革》2021年第7期，第59—67页。

利益冲突、意识形态纷争和地缘文明差异，展现了对世界大势的准确把握和对人类命运的深刻思考，是对西方文化中心主义的辩证超越。[①]

其五，秉持可持续理念，创新合作路径。可持续既是核心理念，又是关键性指标。全球发展倡议突出落实联合国2030年可持续发展议程，强调保持连续性、稳定性、可持续性的必要性和迫切性；全球安全倡议强调秉持可持续的安全观，坚持重视各国合理安全关切，秉持安全不可分割原则，构建均衡、有效、可持续的安全架构，反对把本国安全建立在他国不安全的基础之上；全球文明倡议倡导尊重世界文明多样性，坚持文明平等、互鉴、对话、包容，寻求可持续的文明互鉴和共同进步。值得强调的是，反对霸权主义和强权政治的战略思想始终贯穿在三大全球倡议之中，构成可持续的基础条件，也是国际合作达成的重要支撑，而树立共同体意识、落实人类命运共同体思想是实现可持续的重要保障。与此同时，三大全球倡议都强调创新合作路径的重要性，唯有创新驱动，才能更好地弥合分歧、凝聚共识、规划路径、锁定方向。

四　中国三大全球倡议的战略理念

中国三大全球倡议展现出丰富而颇具创新性的战略理念，这具体体现在以下几点。

其一，中国贡献的战略底气。作为世界综合国力第二大强国，中国坚持和发展中国特色社会主义，致力于以中国式现代化全面推进中华民族伟大复兴，强调全面深化改革开放，发展全过程人民民主，以新发展理念引领高质量发展，建设美丽中国、平安中国和社会主义文化强国，坚决维护国家安全，依靠顽强斗争打开事业发展新天地，在

[①] 门洪华：《中国的世界理想及其实现维度》，《世界经济与政治》2020年第4期，第27—52页。

让现代化建设成果惠及全体人民的同时,积极推动构建人类命运共同体,中国发展站在更高历史起点上,中国拥有道路自信、理论自信、制度自信、文化自信、历史自信和战略自信。党的二十大对党和国家事业发展作出重大战略部署,中国坚定而从容地迈向新时代新征程。中国强调胸怀天下,强调责任担当,坚信可以更大的决心和更有力的举措深化与外部世界的交流合作,在不断积累战略互信与共识的同时,为国际社会提供更多公共产品,为深刻变化的世界注入更多确定性。[①] 中国三大全球倡议立足于中国和平发展累积的雄厚基础和光明前景,致力于通过国际合作解决世界和平发展面临的诸多关键性难题,致力于共同塑造人类文明新形态,并不断探索如何将自身发展寓于全球发展过程之中,彰显了中国与时俱进的精神品格。[②] 有鉴于此,中国不断回应世界各国携手应对共同挑战迫切诉求,以前所未有的广度、深度、力度参与全球治理,不断拓展参与全球治理的领域,[③] 强化人类命运共同体的思想底蕴,拓宽人类命运共同体的建设范畴。习近平总书记多次在重要场合明确提出中国愿意为其他国家提供共同发展的机遇和空间,欢迎其他国家搭上中国发展的"便车",为世界各国提供多元的合作模式、丰富的公共产品以及可资参考的发展经验。[④]

其二,以人民为中心的价值理念。习近平总书记着重指出,要坚持以人民为中心,树牢群众观点,观察群众路线,尊重人民首创精神,坚持一切为了人民、一切依靠人民,永远把人民群众对美好生活的向往作为奋斗目标。全球发展倡议强调,发展的目的是服务于人的自由解放和全面发展。在发展中保障和改善民生,保护和促进人权,

---

① 徐步、唐永胜等:《全球安全倡议的重大理论意义与实施路径笔谈》,《国际问题研究》2022 年第 4 期,第 34 页。

② 侯冠华:《习近平全球发展倡议的多维论析》,《理论探索》2023 年第 2 期,第 79—86 页。

③ 吴志成、徐菁忆:《习近平外交思想的理论指引与实践伟力》,《教学与研究》2023 年第 5 期,第 5—12 页。

④ 任琳、彭博:《全球发展倡议:全球发展公共产品供需再平衡的中国方案》,《拉丁美洲研究》2022 年第 6 期,第 52—67 页。

做到发展为了人民、发展依靠人民、发展成果由人民共享,不断增强民众的获得感、幸福感、安全感,实现人的全面发展;全球安全倡议强调尊重各国人民自主选择的发展道路和社会制度,构建均衡、有效、可持续的安全架构,积极维护和捍卫"人的安全";全球文明倡议立足于人民,强调促进各国人民相知相亲,共同推动人类文明发展进步。以人民为中心是中国价值理念的集中体现,解决了为什么人、由谁创造、为谁所享的根本问题,是推动历史进步的原动力。

其三,各美其美、美美与共的思想境界。中国三大全球倡议均强调对各国自主战略选择的尊重,这包括:坚持遵守联合国宪章宗旨和原则,尤其落实国家间平等的原则;尊重各国主权、领土完整,不干涉别国内政,尊重各国人民自主选择的发展道路和社会制度;尊重世界文明多样性,坚持文明平等、互鉴、对话、包容,以各美其美为基本原则。与此同时,三大全球倡议直面发展、安全和文明诸领域面对的共同挑战,倡导共同价值,包容多元价值,致力于维护自身制度和民主方式的多样性。在此基础上,三大全球倡议坚守合作原则,追求美美与共的目标,强调在发展领域加强主要经济体政策协调,构建更加平等均衡的全球发展伙伴关系,推动多边发展合作进程协同增效;在安全领域致力于通过和平谈判与磋商解决争端与分歧,以合作谋和平、以合作促安全,通过多边主义和务实合作切实维护自身安全和共同安全;在文明领域落实求同存异原则,强化全人类共同价值的理念指引,致力于通过加强人文交流合作、开展不同文明对话来消除文化差异带来的隔阂,共同为世界文明发展进步注入强大动力。①

其四,以解决问题为导向的战略路径。习近平总书记指出,"每个时代总有属于它自己的问题,只要科学地认识、准确地把握、正确地解决这些问题,就能够把我们的社会不断推向前进。"坚持问题导

---

① 邢丽菊:《全球文明倡议引领人类和平发展》,《当代世界》2023 年第 4 期,第 48—53 页。

向,就是要善于把发现和认识矛盾作为打开工作的突破口,正视问题、直面问题、掌握解决问题的主动。① 三大全球倡议基于战略思维、历史思维、辩证思维、系统思维和创新思维,直面全球发展、安全与文明诸领域的核心问题和重大难题,深刻剖析和把握问题产生的根源,明确提出解决问题之道,既有哲学高度,又有可行规划,展现了积极回应各国人民普遍关切、为解决人类面临的共同问题作出贡献的勇气,体现了积极的责任担当。

其五,共赢主义的战略追求。中国致力于通过和平、发展、合作、共赢的方式塑造世界未来,强调共赢主义的战略追求。习近平总书记指出,"各国分工合作、互利共赢是长期趋势",② "弱肉强食、赢者通吃是一条越走越窄的死胡同,包容普惠、互利共赢才是越走越宽的人间正道"③。共赢主义强调,只有各国行大道,开放包容、和睦相处、合作共赢,繁荣才能持久,安全才有保障。共赢主义以真正的多边主义为基础,致力于深化拓展平等、开放、合作的全球伙伴关系。三大全球倡议贯穿始终的不是本国利益的追求,而是共同难题和挑战的应对、世界和平发展共同目标的追求与实现。三大全球倡议强调针对性,如全球发展倡议强调关注发展中国家特殊需求,全球安全倡议强调反对冷战思维及其新战略动向,安全文明倡议强调反对将自己的价值观和模式强加于人、不搞意识形态对抗,致力于以弘扬全人类共同价值为基础,为实现共赢主义筑牢底线。

五 推进中国三大全球倡议的战略路径

推进三大全球倡议落实落地,中国积极担当引领者角色,提出中

---

① 中共中央宣传部:《习近平新时代中国特色社会主义思想学习纲要(2023年版)》,学习出版社、人民出版社2023年版,第300页。
② 习近平:《在企业家座谈会上的讲话》,人民出版社2020年版,第10页。
③ 《习近平谈治国理政》第3卷,外文出版社2020年版,第202页。

国方案，注入中国元素，进行高水平、高质量、多难度、多视角的统筹、协调与谋划、实施，体现为中华民族与世界同行、与时代同步的伟大过程。① 中国三大全球倡议内容丰富，谋划长远，其落实落地应因地因时制宜。从宏观角度看，其务实推进的战略路径包括：

其一，以发展为中心的战略布局，强化文明互鉴筑基，防止过度安全化。发展是解决所有问题的总钥匙，我们需要安全的发展、文明的发展，因此统筹发展和安全两件大事具有前提性价值，而在当前某些国家以安全为名操弄国际关系、推进国家竞争博弈全面深化，使得对安全赤字与过度安全化的担忧同时并存，深刻影响着百年变局的演进方向。与此同时，冷战思维和单边主义持续作祟，将自己的价值观和发展模式强加于人、推动意识形态对抗的做法屡见不鲜，文明偏见、文明隔阂与文明冲突影响国家战略选择。有鉴于此，我们需要重申反对将发展模式与文明差异对立起来，② 坚持发展优先，将发展置于全球宏观政策框架的突出位置。当前，全球增长动能不足，全球发展水平失衡，保护主义、"筑墙设垒"、"脱钩断链"、单边制裁、极限施压上升，双重标准盛行，发展成果无法普惠共享，广大发展中国家在多重压力叠加的作用下陷入困局。③ 我们应将发展置于国际议程的核心，着眼全球共同发展的长远目标和现实需要，凝聚促进发展的国际共识，培育全球发展新动能，致力于通过共同发展共建团结、平等、均衡、普惠的全球发展伙伴关系，推动世界各国共同发展进步，④ 为构建人类命运共同体打下坚实的物质基础。

其二，以弘扬全人类共同价值为重要指向。和平、发展、公平、

---

① 于洪君：《以总体国家安全观为指导 统筹安全与发展新格局》，《公共外交季刊》2022 年第 3 期，第 4—10 页。

② 郭树勇、舒伟超：《论习近平外交思想理论内涵的丰富发展》，《世界经济与政治》2022 年第 11 期，第 4—28 页。

③ 于江、贾丁：《统筹全球发展倡议和全球安全倡议的几点思考》，《国家安全研究》2023 年第 2 期，第 5—25 页。

④ 习近平：《共迎时代挑战共建美好未来——在二十国集团领导人第十七次峰会第一阶段会议上的讲话》，《人民日报》2022 年 11 月 16 日第 2 版。

正义、民主、自由是人类的共同理想和愿望,也是各国共建更加美好世界的普遍信念和价值取向。我们应以宽广胸怀理解不同文明对价值内涵的认识,倡导尊重世界文明多样性,以平等、互鉴、对话、包容的姿态推动全人类共同价值落地生根,筑基铸魂。全人类共同价值赋予人类命运共同体理念明晰的核心价值,是引领各国人民共同构建人类命运共同体的价值遵循,使人类命运共同体理念更加契合世界人民的精神认同和价值追求,有助于实现中国价值理念与世界价值共识的对接共鸣。① 唯有坚守全人类共同价值,才能真正实现以人民为中心的发展,实现发展的普惠包容;才能真正落实共同、综合、合作、可持续的安全观,真正构建起均衡、有效、可持续的安全架构;才能真正实现以文明交流超越文明隔阂、文明互鉴超越文明冲突、文明共存超越文明优越。

其三,以共担、共商、共建、共享为原则。世界走向,各国责任共担、大国更应多担。推动三大全球倡议落实落地,应秉持共商共建共享原则,尊重各国安全与发展诉求,坚持通过经贸交往、政治谈判和文明交流等和平方式实现共同发展与安全,营造合作共赢、共同繁荣的发展格局,营造公平正义、共建共享的安全格局,② 营造交流互鉴、开放包容的文明格局,其中相互尊重是基础、协调合作是路径、互利共赢是目标。共建"一带一路"的十年实践为我们提供了落实共商共建共享原则的典范,作为推动全球发展的国际顶层合作倡议,"一带一路"将不同文明的国家联系起来寻求共同发展,为破解全球发展赤字、促进全球均衡发展作出了重要贡献,值得深入进行个案研究。

其四,务实作为、持续推进。中国三大全球倡议立意高远,所涉议题关键、任务艰巨,唯有秉持务实作为、久久为功。中国秉持统筹

---

① 吴志成:《全球治理体系改革和建设的大国担当》,《光明日报》2022年12月3日第8版。

② 王明国:《统筹推进全球发展倡议与全球安全倡议的落实——基于制度化峰会的视角》,《国际展望》2023年第2期,第18—36页。

思想和系统思维，强调三大全球倡议的协同推进。围绕全球发展倡议，中国搭建"全球发展和南南合作基金"、中国—联合国粮农组织第三期南南合作信托基金等资金平台，成立全球发展促进中心，积极推进各领域合作机制建设。中国发布《中国联合国合作立场文件》，强调中国推动国际社会加快落实2030年可持续发展议程，实现更加强劲、绿色、健康的全球发展的决心和战略部署，倡议遵循务实合作的行动指南，把握全球发展脉搏和迫切需求，把减贫、粮食安全、抗疫和疫苗、发展筹资、气候变化和绿色发展、工业化、数字经济、互联互通等作为重点合作领域，提出合作设想和方案，将发展共识转化为务实行动；中国发布《全球安全倡议概念文件》，强调开展与世界各国和国际、地区组织的双多边安全合作，积极推进安全理念对接和利益共融；中国正在制定《全球文明倡议概念文件》，致力于构建全球文明对话合作网络，丰富交流内容，拓展合作渠道，促进各国人民相知相亲，共同推动人类文明发展进步。

其五，立足全球视野，坚持以身作则，展现大国担当。今年是构建人类命运共同体理念提出十周年。十年来，构建人类命运共同体理念的思想内涵不断丰富拓展，形成了比较科学完备的思想理论体系，三大全球倡议的提出和落实就是构建人类命运共同体的成果展现。中国始终不渝走和平发展道路，强调只有同世界各国一道维护世界和平、促进世界发展，中国才能实现自己的目标，才能为世界做出更大的贡献。习近平总书记指出，必须把握和顺应和平发展合作共赢的世界潮流和发展大势，站在历史正确的一边，站在人类进步的一边。他提出的三大全球倡议致力于共同破解全球发展难题、应对国际安全挑战、促进文明互学互鉴，广泛凝聚共识、汇聚力量，以实际行动践行人类命运共同体理念，为世界和平发展事业增添更多正能量。[①] 三大

[①] 中共中央宣传部：《习近平新时代中国特色社会主义思想学习纲要（2023年版）》，第276页。

全球倡议落实落地，要求中国以身作则、率先垂范，展现大国担当，以中国之治、世界眼光科学回答世界之问，以务实行动和坚毅勇气引领百年变局向着有利于世界和平发展的方向演进。